Titre original : *Tre metri sopra il cielo*
Édition originale publiée en Italie par
Giangiacomo Feltrinelli Editore Milano dans la collection
Universale Economica- SUPER UE, février 2004

Federico Moccia

3 MÈTRES AU DESSUS DU CIEL

Traduit de l'italien par Monique Baccelli

GALLIMARD

1

« Cathia a le plus beau cul d'Europe. » Le graffiti rouge resplendit dans toute son insolence sur une colonne du pont du corso di Francia.

Tout près, un aigle royal — sculptée il y a bien longtemps — a sûrement vu le coupable, mais elle ne parlera jamais. Juste en dessous, comme un aiglon protégé par les cruelles serres de marbre, il est assis. Cheveux courts, presque en brosse, coupés en dégradé sur la nuque comme ceux d'un marine, un blouson noir Levi's. Le col relevé, une Marlboro au bec, des Ray-Ban sur les yeux. Il joue les durs, même s'il n'en a pas besoin. Un magnifique sourire, mais il n'y a pas grand monde qui a eu la chance de l'apprécier.

Quelques voitures au bout du saut-de-mouton se sont arrêtées, menaçantes, au feu tricolore. Elles sont là, en rang comme pour une compétition, bien qu'elles soient toutes différentes. Une Fiat 500, une New Beatle, une Micra, une voiture américaine pas identifiable, une vieille Punto.

Dans une Mercedes 200, des doigts fins aux petits ongles rongés donnent une légère impulsion à un CD. Sortant des baffles latéraux Pioneer, la voix d'un groupe de rock prend brusquement vie.

La voiture repart en suivant le flot de la circulation. Elle, elle voudrait savoir « Where is the Love... ». Mais existe-t-il vraiment ? Ce dont elle est sûre, c'est qu'elle se passerait volontiers de sa sœur qui, à l'arrière de la voiture, répète avec insistance : « Mets Eros Ramazzotti, allez, je veux écouter Eros. »

La Mercedes passe juste au moment où la cigarette en question, désormais finie, tombe par terre, éjectée par un souffle précis et aidée par un peu de vent. Lui descend les marches de marbre, arrange son 501 puis enfourche sa Honda bleue VF 750 Custon. Comme par enchantement il se retrouve au milieu des voitures. Avec sa basket droite, il change de vitesse, sollicite puis laisse aller le puissant moteur, qui le pousse comme une vague dans la circulation.

Le soleil est en train de monter, c'est une belle matinée. Elle va en cours, lui n'a pas dormi cette nuit. Un jour comme un autre. Mais au feu ils se trouvent l'un à côté de l'autre. Et alors ce ne sera pas un jour comme les autres.

Rouge.

Lui la regarde. La vitre est baissée. Une mèche de cheveux blond cendré découvre par moments son joli cou. Un profil léger mais décidé, des yeux bleus, doux et sereins, à moitié fermés et rêveurs à l'écoute de la chanson. Un tel calme le frappe.

– Eh !

Surprise, elle se retourne vers lui. Il lui sourit, arrêté près d'elle sur sa moto, les épaules larges, les mains déjà trop bronzées pour la mi-avril.

– Ça te dit de venir faire un tour avec moi ?

– Non, je vais au cours.

– N'y va pas, fais semblant, allez ? Je viens te prendre juste devant.

– Excuse-moi – Elle fait un sourire forcé et faux – Je me suis trompée de réponse : ça ne me dit rien d'aller faire un tour avec toi.

– Tu vas voir, on va s'amuser.

– J'en doute.

– Je résoudrai tous tes problèmes.

– Je n'ai pas de problème.

– Cette fois, c'est moi qui en doute.

Vert.

La Mercedes bondit en avant, éteignant le sourire suffisant du garçon. Le père se retourne vers elle :

– Mais c'était qui, ce type ? Un de tes copains ?

– Non, papa, seulement un crétin...

Quelques secondes plus tard, la Honda s'approche de nouveau. Il s'accroche à la vitre de la main gauche, et de la droite met les gaz, pour ne pas faire trop d'efforts, même si, avec sa carrure, il ne devrait pas avoir de problème.

Le seul qui semble avoir un problème, c'est le père.

– Mais que fait-il, cet inconscient ? Pourquoi vient-il si près ?

– Reste calme, papa, je m'en occupe...

Elle se tourne vers lui d'un air décidé.

– Écoute, tu n'as vraiment rien de mieux à faire ?

– Non.

– Eh ben, trouve !

– J'ai déjà trouvé quelque chose qui me tente.

– Et c'est quoi ?

– Aller faire un tour avec toi. Allez, je t'emmène sur l'Olimpica*, on roulera vite sur la moto, ensuite je t'offre à bouffer et après je te ramène pour la sortie de l'école. C'est juré.

– Je crois que tes serments ne valent pas grand-chose.

– C'est vrai, dit-il en souriant. Tu vois que tu sais déjà beaucoup de choses de moi. Dis la vérité, je te plais déjà, hein ?

Elle rit et secoue la tête.

– Bon, maintenant ça suffit – et elle ouvre un livre qu'elle sort de son sac en cuir Nike –, je dois penser à mon seul et unique problème.

– C'est-à-dire ?

– L'interro de latin.

– Je croyais que c'était le sexe.

Gênée, elle tourne la tête. Cette fois elle ne sourit plus, même pour faire semblant.

– Enlève ta main de la vitre.

– Et où veux-tu que je la mette ?

Elle appuie sur un bouton.

– Je ne peux pas te le dire, il y a mon père.

La vitre électrique commence à monter. Lui attend jusqu'au dernier instant, puis il enlève sa main.

– A bientôt.

Il n'a pas le temps d'entendre son – Non sec. Il se penche légèrement vers la droite. Il amorce le virage, accélère, met les gaz et disparaît à toute vitesse au milieu des voitures. La Mercedes continue son voyage, désormais plus tranquille, vers l'école.

---

* Route des environs de Rome (N. d. T.) Toutes les notes sont de la traductrice.

– Mais tu sais qui c'est, ce mec ? – La tête de sa sœur pointe brusquement entre les deux sièges – Nous, on l'appelle the Beau Gosse.

– Pour moi ce n'est qu'un blaireau.

Puis elle ouvre son livre de latin et commence à réviser l'ablatif absolu. Tout à coup, elle s'arrête de lire et regarde dehors. Est-ce vraiment son seul problème ? Évidemment, ce n'est pas celui dont parle ce type. De toute façon, elle ne le reverra plus jamais. Elle se remet à lire, bien décidée. La voiture tourne à gauche, vers la Falconieri*.

– Oui, moi je n'ai pas de problème, et je ne le reverrai plus jamais.

En fait, elle ne sait pas à quel point elle se trompe. Sur ces deux choses.

---

* École privée pour jeunes filles

2

La lune est haute et pâle entre les dernières branches d'un arbre déjà couvert de feuilles. Les bruits sont étrangement lointains. Quelques notes d'une musique lente et agréable arrivent d'une fenêtre. Un peu plus bas, les lignes blanches du court de tennis resplendissent, bien droites sous la pâleur lunaire et le fond de la piscine vide attend tristement l'été. Au premier étage de la résidence, une jeune fille blonde, pas très grande, aux yeux bleus et à la peau veloutée, se regarde, indécise, dans la glace.

– Tu as besoin du tee-shirt noir élastique de l'Onyx ?

– Je ne sais pas.

– Et du pantalon bleu ? hurle plus fort Daniela de sa chambre.

– Je ne sais pas.

– Et les *fuseaux**, tu les mets ?

Maintenant Daniela est immobile sur le pas de la porte, elle regarde Babi qui a ouvert tous les tiroirs du lit et balancé toutes les affaires un peu partout.

– Alors je prends celui-ci...

Daniela avance au milieu de quelques paires de Superga de toutes les couleurs, étalées par terre, toutes du trente-sept.

– Non ! Pas celui-ci, j'y tiens.

– Je le prends quand même – Daniela se relève brusquement, les poings sur les hanches – Excuse-moi, mais je ne l'ai encore jamais mis...

– Tu pouvais le mettre avant. Et puis tu m'élargis tout.

Daniela regarde ironiquement sa sœur.

---

* Les termes en italique suivis d'un astérisque sont en français dans le texte.

– Quoi ? Tu plaisantes ? C'est toi qui a mis ma jupe en Stretch bleue l'autre jour, et maintenant, pour voir mes belles formes, c'est une vraie devinette.

– Je n'y suis pour rien, Celle-là, c'est Chicco Brandelli qui l'a élargie. :

– Quoi ? Chicco l'a essayée et tu ne me l'as pas dit ?

– Y avait pas grand-chose à dire.

– J'en doute, si j'en juge par ma jupe.

– Ce n'est qu'en apparence. Qu'est-ce que tu dis de cette veste bleue avec le chemisier rose pêche dessous ?

– Ne change pas de sujet. Dis-moi comment ça s'est passé.

– Oh, tu sais très bien comment se passe ce genre de chose.

– Non.

Babi regarde sa petite sœur. C'est vrai qu'elle ne sait pas. Elle ne peut pas encore savoir. Elle est trop ronde, et elle n'a rien d'assez joli pour donner envie à quelqu'un de déformer sa jupe.

– Rien. Tu te rappelles que l'autre après-midi, j'avais dit à maman que j'allais travailler chez Pallina ?

– Oui, et alors ?

– Et alors je suis allée au cinéma avec Chicco Brandelli.

– Et après ?

– Ben, le film n'était pas terrible, et en le regardant mieux, Chicco non plus.

– Oui, mais venons-en au fait. Comment ça se fait que ma jupe se soit élargie ?

– Bof, le film avait commencé depuis dix minutes et lui s'agitait sans arrêt sur son siège. J'ai pensé : c'est vrai que les sièges ne sont pas très confortables, mais d'après moi, Chicco va tenter le coup. Et en effet, un peu plus tard, voilà qu'il se déplace un peu sur le côté et passe son bras derrière mon dossier. Dis, qu'est-ce que tu en penses si je mets cet ensemble, le vert avec des petits boutons devant ?

– Continue !

– Bref, du dossier, tout doucement, son bras est descendu, jusqu'à mon épaule.

– Et toi ?

– Moi... rien. Je faisais comme si je ne m'apercevais de

rien. Je regardais le film, faussement intéressée. Ensuite il m'a attirée contre lui et m'a embrassée.

– Il t'a embrassée, Chicco Brandelli, wouah !

– Qu'est-ce qui te prend ?

– Ben, c'est un beau garçon.

– Oui, mais il le sait trop... il est toujours en train de se contrôler, de se regarder dans la glace. Pff... Presque tout de suite après, il a repris sa position. Il m'a acheté un cône glacé. Le film s'était nettement amélioré, peut-être aussi grâce à la partie supérieure de la glace, celle avec les noisettes. C'était fabuleux. J'étais donc un peu distraite, quand je me suis aperçue que ses mains étaient un peu trop bas, à mon goût. J'ai essayé de le repousser, mais lui, rien, il s'est agrippé à ta jupe bleue. C'est là qu'elle s'est élargie.

– Quel cochon !

– Sûr, et dis-toi qu'il n'était pas question qu'il s'arrête. Et ensuite, tu sais ce qu'il a fait ?

– Non, qu'est-ce qu'il a fait ?

– Il a déboutonné son pantalon, il m'a pris la main, et il la poussait vers le bas. Bref vers son machin...

– Non ! Alors c'est vraiment un cochon ! Et après ?

– Alors moi, pour le calmer j'ai dû sacrifier mon cône. Je l'ai pris et je l'ai enfilé dans son pantalon ouvert. Si tu avais vu le bond qu'il a fait !

– Bravo sœurette, tu ne te dégonfles pas...

Elles éclatent de rire. Puis, profitant de ce moment de gaieté, Daniela s'éloigne avec l'ensemble vert de sa sœur.

Un peu plus loin, dans le bureau, sur un divan moelleux recouvert de cachemire imprimé, Claudio bourre sa pipe. Ça l'amuse de fumer ce tabac, mais en réalité ce n'est qu'un compromis. A la maison, on ne lui permet plus de fumer ses Marlboro. Sa femme, mordue de tennis, et ses filles, un peu trop écolos, le reprennent dès qu'il allume une cigarette. C'est comme ça qu'il en est venu à la pipe. « Ça te donne plus de classe. Ça te fait paraître plus sérieux ! » avait dit Raffaella. En fait il y avait bien réfléchi. Il valait mieux garder ce bout de bois entre les lèvres et un paquet de Marlboro bien caché dans sa poche de veste, plutôt que de discuter avec elle.

Tout en tirant sur sa pipe, il passe une à une les chaînes de télévision. Il sait déjà sur laquelle s'arrêter. Quelques jolies filles descendent d'un escalier latéral en fredonnant une petite chanson idiote et en montrant leurs seins fermes.

– Claudio, tu es prêt ?

Il change tout de suite de chaîne.

– Bien sûr, trésor.

Raffaella le regarde. Claudio, toujours sur le divan, perd un peu de son assurance.

– Tiens, change de cravate, mets celle-ci, la *bordeaux**.

Raffaella quitte la pièce. Pas de discussion possible.

Claudio défait le nœud de sa cravate préférée. Puis il appuie sur la touche 5 de la télécommande. Mais à la place des jolies filles, il doit se contenter d'une pauvre ménagère qui, encadrée par un alphabet, tente de devenir riche. Claudio se passe la cravate bordeaux autour du cou et accorde toute son attention au nouveau nœud.

Dans la petite salle de bains qui sépare la chambre des deux sœurs, Daniela est en train d'abuser de l'eye-liner.

Babi s'approche d'elle.

– Qu'est-ce que tu en penses ?

Elle a mis une robe à fleurs, légère, dans les tons roses. Légèrement serrée à la taille, elle retombe avec fluidité sur ses hanches délicates.

– Alors, je suis comment ?

– Bien.

– Mais pas très, très bien ?

– Très bien.

– Oui, mais pourquoi ne dis-tu pas : très, très bien ?

Daniela essaye de tracer bien droit la ligne censée lui allonger un peu les yeux.

– Ben, je n'aime pas cette couleur.

– Oui, mais à part la couleur ?

– Je n'aime pas beaucoup ces grosses épaulettes.

– Oui, mais à part les épaulettes...

– Ben, tu le sais, je n'aime pas les fleurs.

– Non, mais n'en tiens pas compte.

– Alors oui, tu es très très bien.

Babi, pas satisfaite du tout, et ne sachant même pas ce qu'elle aurait voulu s'entendre dire, prend le flacon de

Caron qu'elle acheté avec ses parents dans un duty-free en revenant des Maldives. En sortant, elle heurte Daniela.

– Hé, fais gaffe ! proteste Daniela.

– Fais gaffe toi-même. Moi, il me faudra beaucoup moins de temps pour te mettre un œil au beurre noir : regarde un peu comment tu te maquilles !

– C'est pour Andrea.

– Andrea comment ?

– Palombi. J'ai fait sa connaissance devant la Falconieri. Il était en train de parler avec Mara et Francesca, les filles de troisième. Quand elles sont parties, je lui ai dit que j'étais dans leur classe. Maquillée, quel âge tu me donnerais ?

– Ben, tu parais plus âgée, au moins quinze ans.

– Mais j'ai quinze ans !

– Estompe un peu ici... – Babi met son doigt dans sa bouche pour le mouiller et le pose sur les paupières de sa sœur en les massant – Voilà !

– Et maintenant ?

– Tu peux en paraître seize.

– C'est encore trop peu.

– Les filles, vous êtes prêtes ?

Raffaella, près de la porte d'entrée, branche l'alarme. Claudio et Daniela passent rapidement devant elle, Babi arrive en dernier. Ils entrent tous dans l'ascenseur. La soirée commence. Claudio redresse son nœud de cravate. Raffaella passe plusieurs fois rapidement sa main droite sous ses cheveux. Babi arrange sa veste noire à larges épaules. Daniela se regarde simplement dans la glace, sachant déjà qu'elle va rencontrer le regard de sa mère.

– Tu ne serais pas trop maquillée, toi ? – Daniela essaye de répondre – Laisse tomber, nous sommes en retard, comme d'habitude.

Et cette fois c'est le regard de Claudio que Raffaella croise dans le miroir.

– Mais moi je vous attendais, j'étais prêt à 8 heures !

Ils passent en silence les derniers étages. L'odeur de la viande cuisinée par la femme du concierge pénètre dans l'ascenseur. Cette odeur de Sicile se mélange pendant un instant avec l'étrange compagnie française de Caron, Drakkar et Opium. Claudio sourit :

– C'est Mme Terranova. Elle mijote un fameux ragoût !

– Elle y met trop d'oignons, affirme catégoriquement Raffaella ; elle a opté depuis peu pour la cuisine française, ce qui inquiète toute la famille et désespère son employée de maison sarde.

La Mercedes, conduite par Claudio, s'arrête devant la barrière.

Raffaella, dans un bruit doré de bijoux — souvenirs de Noëls plus ou moins heureux, presque toujours très coûteux –, monte à l'avant. Ses deux filles s'installent à l'arrière.

– On peut savoir pourquoi vous ne garez pas votre scooter plus prés du mur ?

– Encore plus près du mur ? Mais papa, tu es ravagé...

– Daniela, je ne te permets pas de parler comme ça à ton père.

– Dis maman, demain on pourra aller au lycée en Vespa ?

– Non Babi, il fait encore trop froid.

– Mais on a le pare-brise.

– Daniela...

– Mais maman, toutes nos copines...

– J'aimerais bien les voir, toutes ces copines en scooter.

– Si c'est pour ça, Daniela on lui a remis à neuf son Peugeot, et elle va encore plus vite.

Fiore, le concierge, lève la barrière. La Mercedes reste arrêtée, comme chaque soir, devant le long tube métallique à rayures rouges qui se lève lentement. Claudio fait un petit signe. Raffaella ne pense qu'à clore la discussion.

– S'il fait plus chaud la semaine prochaine, nous verrons.

La Mercedes démarre, un brin d'espoir en plus pour les occupantes de la banquette arrière et une égratignure sur le rétroviseur droit. Le concierge se remet devant la télé.

– Alors, tu ne m'as pas dit comment j'étais, habillée comme ça.

Daniela regarde sa sœur. Elle a des épaulettes un peu trop grosses et, à son goût, elle est un peu trop sérieuse.

– Très très bien. Elle a parfaitement compris ce qu'il fallait dire.

– C'est pas vrai, j'ai de trop grosses épaulettes, et je suis trop « impeccable », comme tu dis. Tu es une menteuse, et écoute ça : tu vas le payer. Andrea ne te regardera même pas. Non ! Il le fera, mais avec tout cet eye-liner il ne te reconnaîtra même pas et partira avec Giulia !

Daniela essaye de répondre, surtout en ce qui concerne Giulia, sa pire ennemie. Mais Raffaella règle le problème :

– Les filles, arrêtez ! Sinon je vous ramène à la maison.

– Je fais demi-tour ? Claudio sourit à sa femme, en faisant semblant de tourner le volant. Mais un regard lui suffit pour comprendre qu'il n'en est pas question.

3

Agile, rapide, noir comme la nuit. Lumières et reflets vont et viennent dans les petits rétroviseurs de sa moto. Il arrive sur la place, ralentit un peu pour voir si personne ne vient de la droite, puis il s'engage à toute vitesse dans la via di Vigna Stelluti.

– J'ai une de ces envies de le voir, il y a deux jours qu'on ne s'est pas appelés.

Une jolie fille brune aux yeux verts, dont le beau derrière est emprisonné dans un cruel Miss Sixty, sourit à sa copine, une blonde aussi grande qu'elle, mais plus ronde.

– Eh ! Madda, tu sais comment c'est, même s'il ne s'est rien passé, ça veut dire que maintenant il y a quelque chose entre vous.

Assises sur leurs mobylettes, elles fument des cigarettes trop fortes, en cherchant à se donner un genre, quelques années de plus.

– Ça n'a rien à voir : ses copains m'ont dit qu'il n'appelait jamais, d'habitude.

– Pourquoi, il t'a appelée, toi ?

– Oui !

– Tu parles, il a dû se tromper de numéro.

– Deux fois ?

Elle sourit, contente d'avoir cloué le bec à sa copine, qui a la repartie facile et ne se décourage pas pour autant.

– Tu peux jamais te fier aux copains. Tu as vu leurs gueules ?

Non loin d'elles, avec leurs motos aussi puissantes que leurs muscles, Lucone, Hook, le Sicilien, Bunny, Schello et quelques autres. Des noms bizarres aux histoires difficiles. Ils n'ont pas de job fixe. Certains même n'ont pas d'argent en poche, mais ils s'amusent et sont entre copains. Ça leur suffit. En plus, ils aiment se bagarrer, et ça, ça ne manque jamais. Ils sont là, sur la piazza Jacini, assis sur leurs Harley, sur de vieilles Four avec leurs vieux pots d'origine, ou sur une Honda classique au bruit plus puissant. Rêvées, désirées et finalement obtenues grâce à d'exténuantes demandes à leurs parents, ou aux dépens du pauvre benêt qui a laissé son portefeuille dans le coffre de son scooter, ou dans la poche intérieure d'un Henry Lloyd, bien trop facile à dépouiller pendant la récré.

Sculpturaux et souriants, la repartie facile, les mains trapues zébrées de quelques cicatrices, souvenirs d'une bagarre. John Milius aurait été fou d'eux.

Les filles, plus silencieuses, sourient, presque toutes sorties en douce de chez elles, inventant une nuit tranquille chez une copine, qui est justement à côté d'elles, usant du même mensonge.

Gloria, une fille au caleçon moulant bleu foncé et au tee-shirt de la même couleur semé de petits cœurs bleu ciel, arbore un splendide sourire.

– Hier soir, je me suis amusée comme une dingue avec Dario. Il y a six mois qu'on est ensemble et on a fêté ça.

Six mois, pense Maddalena. Moi, un seul m'aurait suffi.

– On est allés manger une pizza chez Baffetto.

– Dis donc, moi aussi j'y suis allée.

– A quelle heure ?

– Bah... vers les onze heures.

Elle déteste cette copine qui lui coupe le sifflet. Il y a toujours quelqu'un ou quelque chose pour gâcher le moment.

– Ah ! Nous, on était déjà partis.

– Bon, vous voulez bien m'écouter ?

Un seul – oui sort de ces bouches aux étranges odeurs de gloss fruités et de rouges chipés à des vendeuses distraites, ou bien dans les salles de bain de leurs mères, si fournies en produits de beauté.

– A un moment le serveur est arrivé avec un bouquet d'énormes roses. Dario a souri, pendant que toutes les filles qui étaient dans la pizzeria me regardaient, émues et un peu envieuses.

Elle regrette presque sa phrase, quand elle voit le même genre de regards tout autour d'elle.

– Pas pour Dario... Pour les roses !

Éclat de rire général.

– Ensuite il m'a embrassée sur la bouche, il m'a pris la main et m'a passé ça.

Elle montre à ses copines une petite bague avec une minuscule pierre aux reflets presque aussi joyeux que ses yeux pleins d'amour. Des cris de stupeur et un – Super ! accueillent cette bague toute simple.

– Ensuite, on est allés chez moi et on est restés ensemble. Mes parents n'étaient pas là, ça a été formidable. Il a mis le CD de Cremonini, celui que j'adore. Ensuite on s'est couchés sur la terrasse, sous la couette, pour regarder les étoiles.

– Il y en avait beaucoup ?

Maddalena est sans aucun doute la plus romantique du groupe.

– Un paquet !

Un peu plus loin, la version est différente.

– Ok, mais hier soir tu étais seul au monde.

Hook. Un bandeau sur l'œil, inamovible. Ses cheveux longs et frisés, légèrement décolorés aux pointes, lui donneraient l'air d'un angelot s'il n'avait pas une réputation infernale.

– Alors, on peut savoir ce que tu as fait hier soir ?

– Mais rien, je suis allé manger chez Baffetto avec Gloria, et après, comme ses vieux n'étaient pas là, on est allés chez elle et on a fait la chose. Comme d'habitude, rien de particulier... Au fait, vous avez vu qu'ils ont refait Le Panda ?

Dario essaye de changer de sujet. Mais Hook ne lâche pas.

– Tous les trois, quatre ans, ils refont toutes les salles... Mais comment ça se fait que vous ne nous ayez pas appelés, pour qu'on sorte avec vous ?

– On est sortis comme ça, à l'improviste.

– Tiens, c'est drôle, toi qui ne fais presque jamais rien à l'improviste !

Le ton ne promet rien de bon. Les autres s'en aperçoivent. Pollo et Lucone s'arrêtent de jouer au foot avec une boîte de conserve aplatie. Ils s'approchent en souriant. Schello tire un peu plus longuement sur sa cigarette et fait sa grimace habituelle.

– Vous savez, les gars, hier Gloria et Dario fêtaient leurs six mois, et lui, il a voulu les fêter tout seul.

– C'est pas vrai.

– Comment ? On t'a vu manger ta petite pizza. Mais c'est vrai que tu veux te mettre à ton compte ?

– Oui, on dit que tu veux devenir fleuriste.

– Wouah – et tous commencent à lui donner des tapes dans le dos, pendant que Hook lui passe un bras autour du cou et lui frictionne la tête avec son poing fermé.

– C'est un grand tendre, lui...

– Aïe ! lâchez-moi...

Et tous les autres lui tombent dessus, en riant comme des fous et en l'étouffant presque avec leurs muscles anabolisés. Puis Bunny, montrant les deux grosses dents de devant qui lui ont valu son surnom, crie sans se dégonfler :

– On chope Gloria.

Les All Star bleu clair, avec la petite étoile rouge qui marque le centre du rond de caoutchouc sur la cheville, descendent de la Vespa et touchent rapidement terre. Gloria ne fait que deux pas en courant : déjà, elle est soulevée à bout de bras par Hook. Ses cheveux blonds font un drôle de contraste avec les yeux noirs du Sicilien, son sourcil mal recousu, son nez écrasé et mou, privé d'os par un beau direct, quelques mois plus tôt dans la cave de la Fiermonti.

– Lâche-moi, allez, arrête.

Schello, Pollo et Bunny arrivent aussitôt et font semblant de l'aider à lancer en l'air ces cinquante-cinq kilos bien distribués, en s'arrangeant pour mettre les mains aux bons endroits.

– Arrêtez, allez !

Les autres filles s'approchent aussi du groupe.

– Foutez-lui la paix !

– Ils ont fait les gros vilains en faisant la fête sans nous ? Eh ben, maintenant on va leur faire leur fête à notre façon.

Ils lancent de nouveau Gloria en l'air, en riant et en blaguant.

Dario, même s'il est un peu plus petit que les autres et offre des roses, se fraie un passage à grand renfort de coups. Il prend Gloria par la main juste au moment où elle redescend, et l'emmène en la tenant derrière lui.

– Maintenant ça suffit, arrêtez.

– Sinon ?

Le Sicilien sourit et se poste devant lui, les jambes écartées. Son jean, légèrement plus clair sur les gros quadriceps, se tend. Gloria, s'appuyant sur les épaules de Dario, n'en mène pas large. Jusqu'à présent elle a retenu ses larmes, maintenant elle retient son souffle.

– Sinon, qu'est-ce que tu fais ?

Dario regarde le Sicilien dans les yeux.

– Tire-toi, merde ! Qu'est-ce que tu veux ? Tu es toujours en train de faire le con.

Le sourire a disparu des lèvres du Sicilien.

– Qu'est-ce que tu dis ?

La rage fait bouger ses pectoraux. Dario serre les poings. Un doigt caché entre les autres craque avec un bruit sourd. Gloria ferme à moitié les yeux. Schello est immobile, une cigarette pendant de sa bouche ouverte. Silence. Tout à coup un rugissement brise le silence. La moto de Step arrive en faisant un bruit d'enfer. Il se penche au virage, se redresse rapidement et freine une seconde plus tard au milieu du groupe.

– Alors, qu'est-ce qu'on fait de beau ?

Gloria pousse un long soupir. Le Sicilien regarde Dario. Un léger sourire remet la question à plus tard.

– Rien, Step, on tchatche trop et on bouge pas assez.

– Tu as envie de te dérouiller un peu ?

La béquille gicle comme un couteau à cran d'arrêt et se plante par terre. Step saute et enlève son blouson.

– On accepte des concurrents.

Il s'approche de Schello et, en l'embrassant, lui enlève de la main la Heineken qu'il vient juste d'ouvrir.

– Salut, Sche.

– Salut.

Schello sourit, content d'être son copain, un peu moins de ne plus avoir sa bière.

Quand Step remonte son visage après avoir longuement bu, ses yeux tombent sur Maddalena.

– Salut.

Les lèvres de la fille, pâles et légèrement rosées, bougent à peine en murmurant un « salut » à voix basse. Elles laissent voir de petites dents blanches, régulières qui s'éclairent. Les superbes yeux verts de Maddalena expriment vraiment son amour. C'est trop. Step s'approche d'elle en la regardant dans les yeux. Maddalena le fixe, incapable de baisser les yeux, de bouger, de faire quoi que ce soit, d'arrêter ce petit cœur devenu fou, qui joue un solo à la Clapton.

– Tiens-moi ça.

Il enlève sa Rolex Daytona à bracelet en acier et la lui confie. Maddalena le regarde s'éloigner, puis serre la montre tout près de son oreille. Elle entend ce léger bourdonnement, qu'elle a déjà entendu quelques jours plus tôt sous son oreiller, pendant qu'il dormait et qu'elle le regardait. A ce moment-là, le temps avait semblé s'arrêter.

Step, qui a escaladé avec agilité la grille du cinéma Odéon, se hisse sur l'auvent de la patisserie Lazzareschi.

– Alors, qui vient ? Quoi, il vous faut un carton d'invitation ?

Le Sicilien, Lucone et Pollo ne se font pas prier. L'un après l'autre, comme des singes, ils escaladent facilement la grille. Ils arrivent tous sur l'auvent. Schello est déjà plié en deux pour reprendre son souffle.

– Oh, moi je suis déjà lessivé, je fais l'arbitre – et il avale une gorgée de la Heineken qu'il a miraculeusement réussi à ne pas renverser.

Les silhouettes se détachent dans la pénombre.

– Prêts ? hurle Schello en levant rapidement la main.

Un jet de bière tombe sur Valentina, une belle petite brune à queue-de-cheval, qui s'est mise depuis peu avec Gianluca, un gars trapu, fils d'un riche marchand de cravates.

– Merde, laisse-t-elle échapper, ce qui ne va pas du tout avec son visage distingué. Tu peux pas faire gaffe, non ?

Les autres rigolent, en essuyant les éclaboussures qu'ils ont reçues.

Presque tous ensemble, une dizaine de corps musclés et bien entraînés se préparent sur l'auvent. A plat ventre, les mains au sol, parallèles, le visage tendu, la poitrine gonflée.

– Allons-y ! Un ! hurle Schello – Tous les bras se plient, sans effort. Silencieux et pas encore échauffés, les poitrines touchent le marbre froid et ont à peine le temps de remonter – Deux ! – Les voilà de nouveau en bas, plus rapides et plus décidés – Trois !

– Plus vite – Quatre ! – Leurs visages aux grimaces toujours presque irréelles, aux nez plissés, descendent avec eux. Ils descendent vite, facilement, touchent presque le sol et remontent aussitôt – Cinq ! hurle Schello, qui avale une dernière gorgée de bière et lance la boîte en l'air – Six ! – Avec un saut en ciseaux précis, il la touche – Sept ! – La boîte s'envole plus haut. Et, telle une lente palombe, retombe sur le scooter de Valentina.

– Merde, mais t'es vraiment con ! Moi je m'en vais.

Ses copines éclatent de rire. Gianlu, son petit ami, cesse les pompes et saute sur le trottoir.

– Allez Vale, sois pas comme ça.

Il la prend dans ses bras, essaye de la retenir, et y arrive avec un doux baiser qui lui enlève les mots de la bouche.

– D'accord, mais dis-lui quand même quelque chose, à celui-là !

– Huit !

Schello danse sur le toit en agitant joyeusement les mains.

– Les gars, déjà un qui a molli, sous prétexte que sa copine est furax. Mais la compétition continue.

– Neuf !

Tous éclatent de rire et finissent par redescendre. Gianluca regarde Valentina.

– Qu'est-ce que tu veux que je lui dise, à un mec comme ça ? – Il prend son visage entre ses mains – Mon petit trésor, pardonne-lui, il ne sait pas ce qu'il fait. Faisant ainsi preuve d'assez bonnes connaissances religieuses tout en commençant à tripoter Valentina devant les autres filles, appuyé sur la Vespa.

La grosse voix du Sicilien, avec son accent particulier – assorti au teint olivâtre qui lui a valu ce surnom – résonne sur la place :

– Eh ! Sche ! accélère un peu, je suis en train de m'endormir.

– Dix !

Step descend facilement. Son tee-shirt bleu et court lui découvre les bras. Ses muscles sont gonflés. Son cœur, encore calme, bat fortement. Pas comme l'autre fois, le jour où son cœur de jeune homme s'est emballé, comme s'il était devenu fou.

4

Deux ans plus tôt. Via Fleming.

Un après-midi quelconque, sauf pour sa Vespa flambant neuve, en rodage, pas encore trafiquée. Step est en train de l'essayer, il passe devant le Café Fleming, quand il entend qu'on l'appelle.

– Stefano, salut !

Annalisa, une belle jeune fille blonde qu'il a connue au Joueur, vient à sa rencontre. Stefano s'arrête.

– Qu'est-ce que tu fais par ici ?

– Rien, je suis allée travailler chez un copain, et maintenant je rentre à la maison.

Un instant plus tard, quelqu'un, derrière lui, lui arrache son bonnet.

– Je te donne dix secondes pour filer d'ici.

Un certain Poppy, un grand et gros type, se campe devant lui. Il a son bonnet entre les mains. Un bonnet à la mode. Dans le quartier Flaminia, ils en ont tous un. Coloré, fait à la main, tricoté par une fille quelconque. Celui-là, c'est sa mère qui lui en a fait cadeau, car il n'a pas encore de petite amie.

– Tu as entendu ? fous le camp !

Annalisa regarde autour d'elle. Elle a compris. Elle s'éloigne. Stefano descend de sa Vespa. Le groupe de copains s'approche. Ils se passent le bonnet en riant, jusqu'au moment où il finit entre les mains de Poppy.

– Rends-le-moi !

– Vous avez entendu ? C'est un dur. *Rends-le-moi* ! – Il l'imite en faisant marrer tous les autres – Sinon qu'est-ce que tu fais, hein ? Tu me files une patate ? Allez, file-la-moi, hein ? Allez, vas-y.

Poppy s'approche, les mains basses, rejetant la tête en arrière. De sa main libre, il pointe son menton.

– Allez, cogne ici.

Stefano le regarde. La rage lui brouille la vue. Il va le frapper, mais, dès qu'il bouge le bras, quelqu'un le bloque par-derrière. Poppy passe rapidement le bonnet à son voisin et lui balance un coup de poing à l'œil droit, lui ouvrant le sourcil. Puis le salaud qui l'a immobilisé le pousse en avant contre le rideau de fer du Café Fleming que le patron a baissé plus tôt que prévu, voyant ce qui se passait. Stefano se tape la poitrine contre la tôle. Il reçoit aussitôt une décharge de coups de poing dans le dos, puis quelqu'un le retourne. Il se retrouve à moitié assommé contre le rideau de fer. Il essaye de se protéger mais n'y arrive pas. Poppy lui passe les mains derrière le cou et le coince. Il commence à lui flanquer des coups de tête. Stefano essaye de se défendre comme il peut, mais avec ses mains bloquées, il n'arrive pas à se dégager. Il sent le sang couler de son nez et entend une voix de femme qui crie :

– Assez, assez, arrêtez, vous allez le tuer !

Ce doit être Annalisa, pense Stefano. Il essaie de donner des coups de pied, mais il n'arrive plus à bouger les jambes non plus. Il n'y a plus que le bruit des coups. Ils ne font presque plus mal. Puis des gens arrivent, quelques passants, la propriétaire du bar.

– Allez, foutez le camp.

Ils dispersent les garçons en les bousculant, en les tirant par leurs tee-shirts, arrachant presque leurs blousons. Stefano s'affaisse lentement, le dos appuyé contre le rideau de fer, et se retrouve assis sur la marche. Sa Vespa est juste là, par terre comme lui. Peut-être que le coffre latéral est cabossé. Dommage ! Il y faisait toujours très attention en passant par le portail.

– Ça va, mon petit ?

Une belle dame se penche sur son visage. Stefano fait signe que oui avec la tête. Le bonnet de sa mère est là, par terre. Annalisa est partie avec les autres. Mais ton bonnet je l'ai toujours, maman !

– Tiens, bois – Quelqu'un arrive avec un verre d'eau – Avale lentement. Quels vauriens, des voyous des rues, mais moi je sais qui c'est, toujours les mêmes ! Des bons à rien qui passent leurs journées au bar.

Stefano boit la dernière gorgée, remercie un monsieur à côté de lui en souriant. Des inconnus. Il essaye de se relever, mais pendant un instant ses jambes cèdent sous lui. Quelqu'un s'en aperçoit et se précipite pour le soutenir.

– P'tit gars, tu es sûr que ça va ?

– Ça va, merci. Vraiment.

Stefano tape sur son pantalon, de la poussière s'envole de ses jambes. Il essuie son nez sur la manche de son pull en lambeaux et pousse un gros soupir. Il remet son bonnet et démarre la Vespa.

Une épaisse fumée blanche sort bruyamment du pot d'échappement. Le volet latéral droit vibre plus que d'habitude. Il est cabossé. Il passe la première et, alors que les dernières personnes s'éloignent, il embraye lentement. Sans se retourner, il s'engage dans la descente.

Souvenirs.

Un peu plus tard, à la maison, Stefano ouvre doucement la porte et essaye de rejoindre sa chambre sans qu'on l'entende, en passant par le salon. Mais le parquet est traître : il grince.

– C'est toi, Stefano ?

La silhouette de sa mère apparaît à la porte du bureau.

– Oui maman, je vais me coucher.

La mère s'avance un peu :

– Tu es sûr que tu vas bien ?

– Mais oui maman, je vais très bien.

Stefano tente de rejoindre le couloir, mais sa mère est plus rapide que lui. Elle appuie sur l'interrupteur du salon, et Stefano est en pleine lumière. Il s'arrête, comme figé par une photo.

– Mon Dieu ! Giorgio, vite, viens ici !

Le père accourt, pendant que la mère approche timidement sa main de l'oreille de son fils.

– Qu'est-ce qui t'est arrivé ?

– Mais rien, je suis tombé de ma Vespa.

Stefano recule.

– Aïe, maman, tu me fais mal !

Le père regarde les autres blessures, sur les bras, les vêtements déchirés, le bonnet sali.

– Dis la vérité, on t'a battu ?

Son père a toujours été un type attentif aux détails. Stefano raconte plus ou moins comment les choses se sont passées et naturellement la mère, sans comprendre qu'à seize ans on puisse faire autant de résistance, lui demande :

– Mais pourquoi ne leur as-tu pas donné ton bonnet ? Je t'en aurais refait un autre...

Tandis que le père, abandonnant les détails, passe à quelque chose de plus important :

– Stefano, dis la vérité, la politique n'a rien à voir là-dedans, n'est-ce pas ?

On appelle le médecin de famille, qui lui donne la traditionnelle aspirine et l'envoie au lit. Avant de s'endormir Stefano décide : Plus jamais personne ne lèvera la main sur moi. Jamais plus, ou bien il le paiera.

Au bureau du secrétariat, il y a une femme aux cheveux roux flamboyant, au nez un peu long et aux yeux globuleux. Vraiment pas une beauté.

– Bonjour, tu veux t'inscrire ?

– Oui.

– Eh bien, oui, tu peux t'asseoir, dit-elle en regardant son œil encore un peu noir.

Elle prend une fiche sous le bureau. Elle n'est même pas sympa.

– Nom ?

– Stefano Mancini.

– Age ?

– Dix-sept ans en juillet. Le 21.

– Adresse ?

– 39, Francesco Benziacci. Puis il ajoute : 01 43 27 38 90, devançant ainsi la question suivante.

La femme lève la tête.

– C'est votre numéro ? Uniquement pour le dossier d'inscription...

– Sûrement pas pour aller boire un verre.

Les yeux globuleux le fixent un instant. La femme finit de remplir la fiche.

– Ça fait cent quarante-cinq euros, cent euros pour l'inscription et quarante-cinq euros par mois.

Stefano met l'argent sur le bureau. La femme le glisse

dans un sachet à fermeture eclair qu'elle enferme dans le premier tiroir, puis après avoir posé un tampon sur une petite éponge imbibée d'encre, elle l'applique sur la carte d'un air décidé : *Budokan*.

– On paie au début de chaque mois. Le vestiaire est au sous-sol. Le soir nous fermons à 21 heures.

Stefano remet son portefeuille dans sa poche, avec la nouvelle carte dans l'emplacement qui lui est réservé, et cent quarante-cinq euros en moins.

– Touche, touche-moi ça, c'est du fer. Qu'est-ce que je dis, de l'acier !

Lucone, un petit gars trapu avec un visage sympathique montre un biceps important mais pas très dessiné.

– Arrête ! Moi, si je le pique avec une aiguille, je le fais disparaître.

Pollo se tape sur l'épaule, en faisant du bruit – Ça c'est du costaud : sueur, effort, biftecks ! Toi, ce que tu as, c'est que de la flotte !

– Mais toi, tu es un bébé, tu es minuscule !

– En attendant je viens de soulever cent vingt kilos. Merde, quand est-ce que tu le fais, toi ?

– Tout de suite. Eh quoi, tu rigoles ? Je le fais deux fois, c'est rien, tu veux voir, hein ?

Lucone se glisse sous le balancier. Il écarte les bras, empoigne la longue barre. Il descend lentement et, tout en gardant le balancier à quelques centimètres du menton, il donne une forte poussée, gonflant ses pectoraux. « Un ! » Puis, se contrôlant toujours, il descend le balancier, le pose sur sa poitrine, et pousse de nouveau. « Deux ! Et si je veux je peux le faire avec encore plus de poids. »

Pollo ne se le fait pas dire deux fois :

– Vraiment ? Alors essaye avec ça.

Avant que Lucone ne puisse poser le balancier sur les chevalets, il enfile dessus un petit disque latéral de deux kilos et demi. Le balancier commence à pencher vers la droite.

– Eh ! merde qu'est-ce que tu fous ? T'es pas con... ?

Lucone essaye de le retenir, mais le balancier commence à descendre tout doucement. Ses muscles lâchent. D'un seul coup, la barre lui tombe lourdement sur la poitrine.

– Putain, enlève-moi ça, j'étouffe.

Pollo rit comme un fou.

– Qu'est-ce qu'il te faut ? Moi je peux le faire avec deux poids en plus. Là, je t'en ai mis qu'un seul et t'en es déjà là ? Tu es complètement détruit, hein ? Pousse, allez, pousse, hurle-t-il presque sous son nez. Et pousse ! Et il se remet à rire.

– Enlève-moi ça, allez ! Lucone est devenu écarlate, un peu parce qu'il est fou de rage, un peu parce qu'il étouffe vraiment.

Deux gamins, aux prises avec un appareil tout proche se regardent, se demandant ce qu'ils doivent faire. Voyant que Lucone commence à tousser et que malgré des efforts bestiaux il n'arrive pas à se débarrasser du balancier, ils décident de l'aider.

Pollo est à plat ventre par terre. Il rit comme un fou en se tapant les mains sur le plancher. D'un seul coup, il se retourne vers Lucone, les larmes aux yeux, et le trouve debout devant lui. Les deux gamins l'ont libéré.

– Oh merde, comment tu as fait ?

Pollo prend aussitôt le large, en riant et butant sur le balancier. Lucone le suit en toussant.

– Arrête, je te bute, je te tue. Je te fiche un poids à la tête et tu deviendras encore plus nain que tu l'es.

Ils se poursuivent furieusement à travers tout le gymnase en tournant autour des appareils, s'arrêtant derrière des colonnes, repartant brusquement. Pollo, essayant d'arrêter son copain, lui jette quelques altères Des disques de caoutchouc rebondissent pesamment par terre. Lucone, que rien n'arrête, les évite. Pollo s'engouffre dans l'escalier qui conduit au vestiaire des filles. En courant il heurte une nana qui atterrit contre la porte, et l'ouvre. Toutes les autres, complètement nues parce qu'elles se changent pour aller au cours d'aérobic, se mettent à crier comme des folles. Lucone s'arrête sur les dernières marches, en extase devant ce panorama de douces collines humaines et rosées. Aussitôt, Pollo revient en arrière.

– Merde, c'est pas croyable, c'est le paradis...

– Allez vous faire foutre !

Une fille légèrement plus couverte que les autres court

vers la porte et la lui claque au nez. Les deux copains restent silencieux pendant un instant.

– Tu as vu, celle qui était au fond à droite, les nichons qu'elle avait ?

– Parce que la première à gauche... son cul, tu t'en fous ?

Pollo prend son copain par le bras, secouant la tête.

– C'est incroyable. Non je ne m'en fous pas... je ne suis pas un pédé comme toi !

Après cette brève pause érotique, ils recommencent leur poursuite.

Stefano ouvre la feuille qui est à l'intérieur de sa carte. C'est Franco, le moniteur de la salle de gym, qui la lui a donnée.

– Commence avec quatre séries d'ouvertures, sur ce banc. Prends des poids de cinq kilos, tu dois un peu t'élargir et t'ouvrir les épaules, mon gars. Plus tu te fais des bases solides, plus tu pourras construire dessus.

Il s'étend sur le banc arqué et commence. Ses épaules lui font mal, ces poids semblent énormes ; il fait des exercices latéraux, descend jusqu'à toucher le sol et remonte. Puis derrière la tête. De nouveau. Quatre séries de dix, chaque jour, six jours sur sept. Au bout de quelques semaines, il n'a plus mal aux épaules et ses bras ont légèrement grossi. Sa poitrine commence à se développer, et ses jambes se sont fortifiées aussi. Il change d'alimentation. Le matin, un jus de fruit avec des protéines en poudre, un œuf, du lait, du foie de morue. Au déjeuner, peu de pâtes, un steak saignant, de la levure de bière et du germe de blé. Et le soir, au gymnase. Toujours. En faisant alterner les exercices, en travaillant un jour la partie supérieure du corps, le jour suivant la partie inférieure. Ses muscles semblent devenus fous. En bons chrétiens qu'ils sont, ils ne se reposent que le dimanche. Le lundi on recommence. Quelques kilos en plus, semaine après semaine, pas à pas, c'est pour ça qu'on l'a surnommé Step*. Il est devenu le copain de Pollo et de Lucone et de tous les autres garçons de la salle de gym.

---

* Forme de gymnastique consistant à faire des pas en montant et descendant d'un piédestal. *Step* signifie : pas, en anglais.

Un jour, deux mois plus tard, entre le Sicilien.

– Bon, qui est-ce qui fait un peu de pompes avec moi ?

Le Sicilien est l'un des premiers membres du Budokan. Il est gros et puissant, personne ne veut rivaliser avec lui.

– Merde, je vous ai pas dit de faire un casse, j'ai juste proposé de faire quelques pompes.

Pollo et Lucone ont continué de s'entraîner en silence. Avec le Sicilien, on finit toujours par se bagarrer. Si tu perds, il arrête pas de se foutre de toi, si tu gagnes, tu ne sais jamais trop ce qui peut t'arriver. Personne n'a jamais réussi à battre le Sicilien.

– Alors, y a personne dans ce gymnase de merde pour faire des pompes avec moi ?

Le Sicilien regarde autour de lui.

– Moi.

Il se retourne. Step est devant lui, le Sicilien le regarde de la tête aux pieds.

– OK, allons par ici.

Ils entrent dans une petite pièce. Le Sicilien enlève son sweat-shirt, découvrant d'énormes pectoraux et des bras bien proportionnés.

– Alors, t'es prêt ?

– Quand tu veux.

Le Sicilien se redresse. Step est en face de lui. Ils commencent à faire des pompes. Step résiste autant qu'il peut. A la fin, effondré, il s'écroule. Le Sicilien en fait encore cinq autres, très vite, puis il se relève et donne une tape à Step.

– Bravo, mec, tu te débrouilles pas trop mal. Les dernières, tu les as faites avec ça – et il lui donne un coup amical sur le front.

Step sourit. Il ne s'est pas foutu de lui. Ils retournent tous les deux à leurs exercices. Step masse les muscles endoloris de ses bras. Il n'y a pas à dire : le Sicilien est beaucoup plus fort que lui, c'est encore trop tôt.

5

Ce jour-là. Huit mois plus tard seulement. Poppy et ses copains sont devant le Café Fleming, ils rient et plaisantent en buvant de la bière. Les uns mangent une pizza, encore fumante, en en léchant les coins pour retenir la tomate qui coule. D'autres fument une cigarette. Quelques filles écoutent, amusées, le récit d'un type qui gesticule trop en parlant de ses démêlés avec son patron : il a été licencié, mais pour finir il s'est payé un petit plaisir. Il a cassé toutes les bouteilles du magasin, et la première d'une façon bien particulière.

– Vous savez ce que j'ai fait ? Il m'avait tellement cassé les couilles qu'en guise de préavis, je lui ai flanqué un coup de bouteille sur la tête.

Annalisa est là, elle aussi. Le soir de la bagarre, elle n'a pas appelé Stefano, et elle n'a plus cherché à le voir. Mais ça ne fait rien. Step n'est pas le type à souffrir de solitude. Depuis, il n'a plus eu de nouvelles d'aucun d'entre eux. Cependant, un peu inquiet ce jour-là, c'est lui qui est allé les trouver.

– Poppy, mon pote, comment va ?

Poppy regarde ce type inconnu qui vient à sa rencontre. Il a quelque chose de familier, les yeux, les cheveux, les traits du visage, mais vraiment Poppy ne se souvient pas. Le gars se tient droit, il a de gros bras et un beau thorax. Step, voyant son regard interrogateur, lui sourit et essaye de le mettre à l'aise.

– Ça fait un bout de temps qu'on s'est pas vus, hein ? Comment ça va ?

Step passe le bras derrière les épaules de Poppy, amicalement.

Le Sicilien, Pollo et Lucone, tout contents de l'accompagner, se mettent au milieu du groupe. Annalisa est encore en train de sourire, quand elle rencontre le regard de Step. Elle est la seule à l'avoir reconnu. Peu à peu le sourire disparaît de ses lèvres. Step cesse de la regarder et fixe son attention sur son ami Poppy, qui continue à le regarder d'un air perplexe.

– Excuse-moi, mais pour l'instant je ne me souviens pas vraiment...

– Eh quoi ! – Step lui sourit en le tenant par le bras, comme deux vieux copains qui ne se sont pas vus depuis longtemps – Tu me fais de la peine. Attends. Tu te souviens peut-être de ça ?

Et il sort le bonnet de la poche de son jean. Poppy regarde le bonnet de laine, puis le visage souriant du costaud qui le tient par le bras. Mais bien sûr. Et cette raclée qu'il lui a foutue il y a quelque temps !

– Merde !

Poppy essaye de se dégager du bras de Step, mais une de ses mains l'attrape en un éclair par les cheveux, et le coince.

– On a la mémoire courte, hein ? Salut Poppy. Et l'attirant vers lui il lui flanque un coup de tête bestial qui lui fend le nez. Poppy se penche en avant, cachant son visage dans ses mains. Step lui balance un coup de pied dans la figure, de toutes ses forces. Poppy saute en arrière, et atterrit contre la grille dans un bruit de ferraille.

Step est sur lui avant qu'il ne retombe, et d'une main il le retient par la gorge. De l'autre, il lui décoche une série de coups de poing, en frappant du haut vers le bas, sur le front, lui ouvrant les sourcils et lui éclatant la lèvre.

Il fait un pas en arrière et lui donne un coup de pied en plein ventre qui lui coupe le souffle.

Un des copains de Poppy essaye d'intervenir, mais le Sicilien l'arrête tout de suite :

– Tout doux, calmos, tu vas gentiment à ta place, hein ?

Poppy gît par terre, Step le bourre de coups de pied sur la poitrine, dans le ventre. Poppy tente de se mettre en boule comme un hérisson, en se couvrant le visage, mais Step est inexorable. Il cogne partout où il trouve de la place. Il lève la jambe et assène un coup de pied avec son talon. Sec, de toutes ses forces, sur l'oreille qui se fend tout de suite, sur les jambes, les hanches, lui sautant presque dessus de tout son poids. Poppy, plus écrasé sous chaque coup, remuant par saccades, prononce un pitoyable : – Assez, assez ! je t'en supplie ! en toussant à cause du sang qui lui descend directement du nez dans la gorge, et en crachant le peu de salive qui coule de sa lèvre complètement ouverte et sanglante. Step s'arrête. Il reprend son souffle en sautillant sur place et en regardant son ennemi par terre, immobile, fini. Puis il se retourne d'un seul coup et se dirige vers un blondinet qui est derrière lui. C'est celui qui l'avait bloqué par-derrière, il y a huit mois. Du coude, il le frappe en plein dans la bouche, en lui tombant dessus de tout son poids. Le gars crache trois dents. Tous deux finissent à terre. Step lui pointe les genoux sur les épaules. Il le coince et lui martèle le visage de coups de poing. Ensuite il le prend par les cheveux et lui cogne violemment la tête par terre. Tout à coup, deux bras solides le bloquent. C'est Pollo. Il le tire par les aisselles.

– Allez Step, ça suffit, tu vas le massacrer.

Le Sicilien et Lucone s'approchent eux aussi. Le Sicilien a déjà eu quelques problèmes. Plus que les autres.

– Oui, filons, ça vaut mieux. Il doit bien y avoir un connard qui a appelé les flics.

Step reprend une respiration normale, fait demi-tour devant les copains de Poppy, qui le regardent sans piper – Tas de merde ! lance-t-il, et il crache sur un type qui a un verre de coca à la main, l'atteignant en pleine figure. Il passe devant Annalisa et lui sourit. Elle, un peu effrayée, essaye de lui rendre son sourire, ne sachant pas très bien ce qu'elle doit faire. Elle bouge à peine la lèvre supérieure, ce qui fait faire une drôle de grimace. Step et les autres montent sur leurs scooters et s'éloignent.

Lucone, avec le Sicilien derrière lui, conduit comme un dingue. Ils hurlent tous les deux en virant à droite et à gauche, maîtres de la route. Puis ils se mettent à côté de Pollo, qui a Step à l'arrière.

– Merde, cette petite blonde, tu pouvais te la faire. Elle attendait que ça.

– Tu exagères, Lucone. Tu veux toujours tout faire à la fois. Du calme, non ? Il faut savoir attendre. Chaque chose en son temps.

Le soir même, Step va chez Annalisa et suit le conseil de Lucone. Elle regrette de ne pas l'avoir appelé plus tôt, elle jure que ça l'ennuie, qu'elle aurait voulu le faire plusieurs fois, mais qu'elle avait un tas de trucs à faire. Les jours suivants, Annalisa l'appelle souvent. Step est tellement occupé qu'il ne trouve même pas le temps de répondre au téléphone.

6

Une fille qui habite tout près à allumé une radio portable.

– Cent neuf !

Schello, complètement saoul, sautille sur l'auvent et danse dans ses Clark en cuir, brûlées par la sueur et sans lacets, en faisant une tentative de break. Ça va mal – Yahououou ! Il tape fort dans ses mains – Cent dix !

– Attention, nous donnons le classement des champions de la sueur. En numéro un, le Sicilien. Taches apparentes sous les aisselles et sur le dos, on dirait une fontaine. Cent onze.

Step, Hook et le Sicilien font des efforts incroyables. Ils sont en train de remonter tous les trois, lessivés, rouges et haletants.

– Dans notre hit-suade, au numéro deux, nous avons Hook. Comme vous pouvez le voir, son splendide tee-shirt Ralph Lauren a changé de couleur. Maintenant je dirais qu'il est d'un vert pisseux, ou plutôt, vert pourri.

Schello, en agitant les poings et la tête marque le rythme du nouveau morceau, que l'animateur de radio a annoncé comme le tube de l'année : *Soirs noirs*. Il fait une pirouette et continue :

– Cent douze ! Et le dernier, c'est évidemment Step... Presque parfait, légèrement décoiffé, même si ses cheveux sont tellement courts que ça ne se voit pas...

Schello se penche pour mieux le voir, puis il recule brusquement en mettant ses mains devant son visage.

– Incroyable, j'ai vu une goutte de sueur, mais je vous assure, une seule ! Cent treize !

Step redescend, ses yeux le brûlent. Quelques gouttes de transpiration lui descendent le long des tempes et finissent entre ses cils, tel un collyre gênant. Il ferme les yeux, il a mal aux épaules, ses bras sont gonflés, ses veines battent... Il pousse encore et lentement, remonte de nouveau – Ouiiiii ! Step regarde de côté. Le Sicilien aussi arrive à en faire une. Il détend complètement ses bras, et le rattrape. Hook est le seul à faiblir.

Step et le Sicilien regardent leur ami rival monter en tremblant et en soufflant, centimètre par centimètre, seconde par seconde, pendant que les hurlements d'en bas augmentent :

– Hook, Hook, Hook... !

Hook, comme paralysé, s'arrête brusquement, puis tremblant, il secoue la tête.

– Non, j'en peux plus !

C'est sa dernière pensée : il reste un moment immobile puis retombe violemment, ayant tout juste le temps de tourner la tête. Il s'affale de tout son poids à plat ventre sur le marbre.

– Cent quatorze !

Step et le Sicilien descendent plus lentement pour finir la pompe et remontent rapidement, comme s'ils avaient retrouvé de nouvelles forces, de nouvelles énergies. tre les seuls à la ligne d'arrivée. Ou premier ou rien.

– Cent quinze !

Ils redescendent. Le rythme augmente. Comme s'il avait compris, Schello se tait.

– Cent seize !

Les uns après les autres, il se contente d'annoncer les chiffres. Très vite, en attendant qu'ils remontent pour donner le suivant

– Cent dix-sept !

Et de nouveau en bas.

– Cent dix-huit !

Step continue, en soufflant.

– Cent dix-neuf !

Il redescend et remonte tout de suite après. Le Sicilien le suit, en se forçant, en gémissant, en devenant de plus en plus rouge.

– Cent vingt, cent vingt et un. Incroyable, les gars !

Plus personne ne parle. En bas règne le silence des grands moments.

– Cent vingt-deux – Il n'y a plus que la musique de fond – Cent vingt-trois...

Mais le Sicilien s'arrête, il se met à hurler, comme si quelque chose se déchirait en lui.

Step, du haut de sa pompe, le regarde. Le Sicilien est comme bloqué. Il tremble et halète en hurlant, mais ses bras ne veulent plus rien entendre, ils ne lui obéissent plus. Alors il pousse un dernier cri, comme une bête blessée à qui on arrache un bout de chair : son record. Et inexorablement, tout doucement, il commence à descendre. Il a perdu. Un cri monte d'en bas. Quelqu'un ouvre une bière :

– Ouiiii, le voilà, le nouveau vainqueur, c'est Step !

Schello s'approche de lui, tout content, mais Step secoue la tête.

Comme pour obéir à ce geste, le silence revient sur la place. En bas, à la radio, signe du destin : un morceau de Springsteen, *I'm going down*. Step sourit intérieurement, met sa main gauche derrière son dos, puis s'abaisse sur une seule main, en criant.

Il effleure le marbre, le regarde en écarquillant les yeux, puis remonte de nouveau, en tremblant et en ne poussant que sur sa main droite de toutes ses forces, avec toute sa rage. Un hurlement de libération sort de sa gorge.

– Ouiiii !

Là où sa force ne pouvait plus rien, sa volonté a pris le relais. Il reste immobile, à plat ventre, le front levé vers le ciel, comme une statue hurlante, face au noir de la nuit et à la beauté des étoiles.

– Yahououou !

Schello hurle comme un fou. Sur la place tous explosent en suivant ce cri, ils mettent en route motos et Vespa en klaxonnant et en braillant. Pollo commence à donner des coups de pied dans le rideau de fer du marchand de journaux.

Lucone lance une bouteille de bière contre une vitrine. Les fenêtres des immeubles alentour s'ouvrent. Une alarme lointaine se met à hurler. Des vieilles en chemise de nuit sortent sur les balcons et crient, tout affolées : « Qu'est-ce qui se passe ? » Quelqu'un braille : « Silence ! » Une bonne femme menace d'appeler la police. Comme par enchantement, toutes les motos démarrent. Pollo, Lucone et les autres montent en vitesse, sautant sur leurs selles, pendant que les moteurs dégagent des fumées blanches. Quelques canettes de bière continuent à faire du bruit en roulant, tandis que toutes les filles rentrent chez elles. Maddalena est plus amoureuse que jamais.

Hook se place à côté de Step.

– Merde, un beau challenge, hein ?

– Pas mal.

Les autres motos se rangent les unes à côté des autres, occupant toute la route et se foutant des voitures qui klaxonnent en passant à toute allure à côté d'elles. Schello se met debout sur sa Vespa déglinguée.

– Tu sais qu'il y a une fiesta via Cassia. Au 1130. C'est une résidence.

– Mais ils nous laisseront entrer ?

Schello l'affirme.

– Je connais une fille qui habite là-bas.

– C'est qui ?

– Francesca.

– Mais tu as eu des problèmes, là-bas.

– Oui.

– Alors ils nous laisseront pas entrer.

En riant, ils rétrogradent presque tous en même temps. Puis, freinant et faisant crisser les pneus, ils tournent à gauche. Quelques-uns en cabrant leur moto et en se foutant du feu rouge. Puis ils s'élancent et descendent à fond la caisse la via Cassia.

7

Un appartement confortable, de grandes baies vitrées à travers lesquelles on voit la via Olimpica. De beaux tableaux au mur, sûrement un Fantuzzi. Quatre baffles aux angles du salon diffusent un CD bien mixé. La musique enveloppe des jeunes qui, en parlant, battent presque tous la mesure.

– Dani, eh ! un peu plus et je ne te reconnaissais pas.

– Tu ne vas pas t'y mettre, toi aussi, non ?

– Je parlais de ta robe, elle te va très bien, sérieusement...

Daniela regarde sa jupe, Giulia la connaît déjà, pendant un instant elle est tombée dans le piège.

– Hé ! Giuli !

– Ben, qu'est-ce qui te prend ? Tu as l'air de Bonapane, la plouc de troisième B qui est chaque matin trop maquillée...

– Comment tu fais pour être toujours aussi sympa, hein ?

– C'est pour ça qu'on est copines.

– J'ai jamais dit que j'étais ta copine !

Giulia se penche en avant.

– Bisou, on fait la paix ?

Daniela sourit et s'approche d'elle, quand elle voit Palombi derrière elle.

– Andrea !

Elle abandonne la joue de Giulia, en espérant viser tôt ou tard sa bouche à lui.

– Comment ça va ?

Andrea hésite un instant.

– Bien, et toi ?

– Très bien.

Ils échangent un baiser hâtif. Puis il la dépasse pour aller saluer quelques copains. Giulia rejoint Daniela et sourit.

– Ne t'inquiète pas, il fait son cinéma habituel.

Elles restent un petit moment à le regarder. Andrea parle avec quelques jeunes, puis il se tourne vers elle, la regarde de nouveau et finit par sourire. Il vient de comprendre.

– Wouah ! t'y es allée un peu fort... Je t'avais vraiment pas reconnue.

Babi traverse le salon. Quelques filles dansent entre elles. Dans un coin, un DJ approximatif, pseudo-émule de DJ Francesco, tente un rap qui a peu de succès. Une fille, déchaînée, danse en lançant les bras en l'air.

Babi secoue la tête en souriant.

– Pallina !

Un visage légèrement rond, encadré de longs cheveux châtains et avec une drôle de couette sur le côté, se retourne.

– Babi, wououaouah ! – Elle court vers elle et la prend dans ses bras en l'embrassant la soulevant presque – Comment tu vas ?

– Très bien. Tu m'avais dit que tu ne venais pas !

– Oui, je sais, on est allé à une fiesta à l'Olgiata, mais c'était d'un chiant ! J'étais avec Dema, mais on s'est tout de suite barrées. Et on est là ; pourquoi ? ça ne te fait pas plaisir ?

– Tu plaisantes... ça me fait super plaisir. Tu as préparé la leçon de latin ? Fais gaffe parce que demain la prof t'interroge.

– Oui, je sais, j'ai travaillé tout l'après-midi, et ensuite j'ai dû sortir avec ma mère, je suis allée dans le centre. Regarde ce que j'ai acheté, tu aimes ?

Et en faisant une drôle de pirouette, de danseuse plus que de mannequin, elle présente une amusante salopette en velours bleu.

– Beaucoup...

– Dema m'a dit qu'elle m'allait très bien...

– Évidemment. Tu connais ma théorie, non ?

– Encore ? Mais enfin ! On est amies depuis une éternité !

– Toi, laisse-moi ma théorie.

– Salut Babi.

Un garçon à l'air sympathique, aux boucles brunes et au teint clair, s'approche.

– Salut Dema, comment ça va ?

– Très bien. Tu as vu comme elle est chouette, la salopette de Pallina ?

– Oui. Indépendamment de ma théorie, elle lui va très bien – Babi lui sourit – Je vais saluer Roberta, je ne lui ai pas encore souhaité son anniversaire. Elle s'éloigne.

– Qu'est-ce qu'elle voulait dire avec cette histoire de théorie ?

– Oh, rien. Tu sais comme elle est... C'est la femme aux mille théories et sans aucune pratique, ou presque.

Pallina rit, puis elle regarde mieux Dema. Pendant un instant leurs regards se croisent. Espérons que cette fois elle n'a pas entièrement raison...

– Allez, viens danser... – Pallina le prend par la main et l'entraîne dans le groupe.

– Salut Roby ! Bon anniversaire !

– Oh ! Babi, salut !

Elles échangent des bises sincères.

– Le cadeau t'a plu ?

– Super, vraiment. Exactement ce dont j'avais besoin.

– On le savait... C'est une idée à moi. Après tout, tu continues à sauter les premières heures, alors que tu n'habites pas très loin, toi.

Chicco Brandelli arrive derrière elles.

– Qu'est-ce que vous lui avez offert ?

Babi se retourne en souriant, mais, quand elle le voit, elle change d'expression.

– Salut Chicco.

– Ils m'ont offert un magnifique radioréveil.

– Ah, très classe, vraiment.

– Tu sais, lui aussi m'a fait un très beau cadeau.

– Ah oui ? C'est quoi ?

– Un oreiller tout en dentelle. Je l'ai déjà mis sur mon lit.

– Fais gaffe, il va sûrement te demander de l'essayer avec lui.

Et, avec un sourire forcé à Brandelli, elle s'éloigne vers la terrasse. Roberta la regarde.

– Moi, cet oreiller m'a fait très plaisir, vraiment...

En réalité elle aimerait bien l'essayer avec lui. Chicco lui sourit.

– Je te crois, excuse-moi.

– Mais... on va bientôt servir les pâtes... lui crie Roberta en essayant à tout prix de l'arrêter.

Sur la terrasse, fauteuils moelleux avec coussins clairs brodés de fleurs, et pergola aux lumières diffuses bien cachées derrière des touffes de plantes. Un jasmin grimpe le long de la balustrade. Babi se promène sur le pavement de brique. Le vent frais du soir agite ses cheveux, lui caresse la peau en lui enlevant un peu de parfum et ne lui laissant que quelques frissons.

– Qu'est-ce que je dois faire pour que tu me pardonnes ?

Babi, qui sourit intérieurement, ferme sa veste pour se couvrir.

– Ce que tu n'aurais pas dû faire, pour ne pas me faire enrager.

Chicco s'approche d'elle.

– La nuit est si belle. C'est bête de la gâcher en se disputant.

– Moi, j'aime beaucoup me disputer.

– Je m'en suis aperçu.

– Mais après j'aime aussi faire la paix... Et c'est surtout ça qui me plaît. Alors que toi, je ne sais pas pourquoi, je n'arrive pas à te pardonner.

– C'est parce que tu es partagée entre deux sentiments. Tu avais un peu envie d'être avec moi, et un peu envie de ne pas l'être. Classique ! C'est la même chose pour toutes les femmes...

– Et voilà, c'est ton – toutes qui te perd...

– Je me rends... Le film t'a plu, l'autre soir ?

– Si seulement on m'avait laissée le voir !

– Je t'ai dit que je me rendais. Bon, ça veut dire que je t'enverrai la cassette. Comme ça tu le regarderas tranquillement, toute seule, sans personne pour te déranger. A propos, tu sais ce qu'on m'a dit ?

– Quoi ?

– Qu'elle a beaucoup plus de goût, recouverte de chantilly.

Babi essaye de le frapper, en riant.

– Cochon !

Chicco arrête ses bras.

– Je plaisantais. La paix ?

Leurs visages tout près l'un de l'autre. Babi regarde ses yeux, ils sont très beaux, presque autant que son sourire.

– La paix – Elle se rend.

Chicco s'approche d'elle et lui donne un petit baiser sur

la bouche. C'est en train de devenir quelque chose de plus sérieux, quand Babi se détache de lui pour regarder dehors.

– Quelle nuit splendide, regarde cette lune.

Chicco lève les yeux vers le ciel, en soupirant. Quelques légers nuages naviguent lentement dans le bleu foncé du ciel. Ils caressent la lune en s'imprégnant de lumière et en s'éclairant par moments.

– Elle est belle, hein ?

Chicco répond simplement – Oui, sans apprécier vraiment toute la beauté de cette nuit. Babi regarde au loin. Les maisons, les toits, les prés aux abords de la ville, les rangées de hauts pins, une longue route, les phares d'une voiture, des bruits lointains. Si elle pouvait mieux voir, elle apercevrait des garçons qui se doublent, en riant et en klaxonnant. Peut-être reconnaîtrait-elle aussi ce type sur sa moto. Celui qui l'a draguée un matin où elle allait à l'école. Et qui est en train de s'approcher.

Chicco l'embrasse et lui touche les cheveux.

– Tu es très belle ce soir.

– Seulement ce soir ?

– Toujours.

– Ça va mieux comme ça.

Babi se laisse embrasser.

8

Beaucoup plus loin, dans la même ville.

Dans une tenue blanche impeccable, un serveur en sueur, bien en chair et presque chauve, passe parmi les invités avec un plateau en argent. De temps en temps une main émerge d'un petit groupe de personnes et s'empare d'un cocktail léger où flottent quelques morceaux de fruits. Une autre, plus rapide, pose un verre vide. Traces de rouge à lèvres sur le bord. On peut parfaitement voir où la dame a bu et quelle est la forme de ses lèvres. Le serveur pense que ce serait amusant de reconnaître les femmes d'après leurs verres. Empreintes digitales sensuelles. Avec cette pensée excitante, il retourne à la cuisine où il oublie bien vite ces fantaisies à la Sherlock Holmes. En effet, la cuisinière lui rappelle en criant qu'il doit apporter les plateaux de beignets.

– Ma chérie, tu es superbe.

Au salon, une femme aux cheveux trop colorés se tourne vers son amie et lui sourit, jouant le jeu.

– Mais tu as fait quelque chose ?

– Oui, je me suis trouvé un amant.

– Ah oui ? Et que fait-il ?

– Chirurgien esthétique.

Toutes deux éclatent de rire. Puis, attrapant un morceau de chou-fleur cuit, qui passe justement par là, elle avoue son secret.

– Je me suis inscrite au gymnase de Barbara Bouchet.

– Ah oui ? Et c'est comment ?

– Fabuleux ! Tu devrais venir.

– Je vais sûrement le faire.

Et, voulant lui en demander le prix mensuel, elle se dit qu'elle le découvrira à ses dépens, au sens propre du terme. Puis elle saisit une tranche de mozzarella et l'avale sereinement, puisqu'elle l'éliminera vite.

Claudio sort son paquet de Marlboro et allume une cigarette. Il avale la fumée, la savourant jusqu'au bout.

– Hello ! Tu as une magnifique cravate.

– Merci.

– Elle te va vraiment bien, sérieusement.

Claudio exhibe, tout fier, sa cravate *bordeaux** puis cache instinctivement sa cigarette dans sa main et cherche Raffaella. Il regarde autour de lui, croise quelques personnes qui viennent d'arriver, les salue en souriant, puis, ne la trouvant pas, aspire plus tranquillement une autre bouffée.

– Magnifique, n'est-ce pas ? C'est un cadeau de Raffaella.

Une table basse en ivoire, avec des olives et des pistaches disposées dans de petites coupes en argent. Une main fuselée aux ongles bien soignés laisse tomber les deux coques d'une pistache.

– Je suis inquiète pour ma fille.

– Pourquoi ?

Raffaella arrive à se montrer suffisamment intéressée pour que Marina avance dans sa confidence.

– Elle fréquente un bon à rien, un fainéant, un de ceux qui traînent toujours dans la rue.

– Et depuis quand se voient-ils ?

– Hier, ils ont fêté leurs – six mois ! Je l'ai su par mon fils. Et tu sais ce qu'a fait ce type, hein, tu sais ce qu'il a fait ?

Raffaella repousse une pistache pas assez ouverte. Maintenant elle est sincèrement intéressée.

– Non, dis-le-moi.

– Il l'a emmenée dans une pizzeria. Tu te rends compte ? dans une pizzeria de l'avenue Vittorio.

– Eh bien, ces jeunes ne gagnent pas encore leur vie, peut-être que les parents...

– Oui, mais qui sait d'où il sort ? Il lui a apporté dix misérables roses, horribles, toutes petites, de celles qui perdent leurs pétales dès qu'elles arrivent à la maison. Il les a sûrement achetées près du feu rouge. Alors, ce matin, à la cuisine, j'ai demandé à ma fille : « Gloria qu'est-ce que c'est que cette horreur ? – Maman, ne t'avise pas de les jeter, hein ? » Tu imagines ! Mais quand elle est rentrée de l'école, elles n'étaient plus là. Je lui ai dit que c'était

Ziua, notre employée de maison philippine, qui les avait jetées ; alors elle s'est mise à hurler et elle est sortie en claquant la porte.

– Dans ce genre d'histoire, il ne faut absolument pas la contrarier, sinon ce sera pire, et elle se butera. Laisse-la faire, et tu verras qu'elle s'arrêtera d'elle-même. S'il y a une telle différence entre eux deux... Et après, elle est revenue ?

– Non, elle a téléphoné pour dire qu'elle allait dormir chez son amie Piristi, cette belle petite blonde un peu ronde, la fille de Giovanna. Lui est administrateur de la Serfim, et elle s'est fait refaire en entier. C'est vrai qu'elle peut se le permettre.

– Vraiment ? Mais on ne voit rien...

– C'est une nouvelle technique, on vous tire derrière les oreilles. C'est parfaitement invisible. Tu crois que Gloria pourrait sortir avec Babi ? Ça me ferait tellement plaisir.

– Mais bien sûr, tu plaisantes ? Je lui dirai de l'appeler.

Raffaella s'accorde enfin une pistache, plus ouverte que les autres, garde la coque dans sa bouche. Pour elle, ce n'est pas un échange avantageux...

– Filippo ? Raffaella a dit qu'elle demanderait à Babi de prendre Gloria dans son groupe.

– Ah, très bien, je te remercie.

Filippo, un homme jeune au visage reposé, semble lui aussi plus intéressé par les pistaches que par les aventures de sa fille. Il se penche en avant et s'empare de celle que Raffaella avait choisie auparavant comme future victime. Elle regarde avec suspicion derrière les oreilles de Filippo, cherchant chez lui aussi les marques de cette jeunesse suspecte.

– Bonjour Claudio.

– Tu es magnifique.

Un sourire parfait dit « Merci » et, en l'effleurant, s'éloigne avec son henné d'au moins cent cinquante euros. L'a-t-elle fait exprès ? Dans la pensée de Claudio, cette robe longue glisse lentement et il imagine ce qu'elle porte en dessous ; mais un doute lui vient : y a-t-il quelque chose à imaginer ? Au même moment, il voit arriver Raffaella.

Claudio tire une dernière bouffée de sa cigarette, et l'éteint rapidement dans le cendrier.

– On va bientôt commencer à jouer. Je t'en prie, ne fais pas comme d'habitude. Quand tu n'as pas la bonne carte, un peu après ne pas avoir fait *gin*, insiste.

– Et si je suis *under* ?

– Insiste quand même.

Claudio sourit docilement.

– Oui chérie, comme tu veux..

La cigarette est passée inaperçue.

– A propos, je t'avais demandé de ne pas fumer.

Il s'était trompé.

– Mais une seule, ça ne me fait aucun mal.

– Une ou dix... c'est l'odeur qui me dérange.

Raffaella se dirige vers le tapis vert. Les autres invités s'installent, eux aussi. Il n'y a rien à faire, rien ne lui échappe. En s'asseyant, Raffaella toise la femme au henné à cent cinquante euros. Pendant un instant, Claudio a peur qu'elle ne lise aussi dans sa pensée.

9

Roberta, euphorique en raison de ses dix-huit ans et de la fête qui se déroule parfaitement, court à l'interphone.

– C'est moi qui réponds, dit-elle en précédant un type qui passe par là avec une assiette pleine de petites pizzas.

– Salut. Francesca est là ?

– Francesca comment ?

– Giacomini, la blonde.

– Ah oui, et qu'est-ce que je dois dire ?

– Rien, si tu m'ouvres. Je suis son frère, je dois lui laisser les clés.

Roberta appuie une fois sur le bouton de l'interphone puis, pour être sûre d'avoir ouvert, elle l'enfonce une seconde fois. Elle va à la cuisine, prend deux grosses bouteilles de Coca-Cola dans le freezer et se dirige vers le salon. Elle rencontre une fille blonde qui parle avec un garçon aux cheveux enduits de gel coiffés vers l'arrière.

– Francesca, ton frère est en train de monter...

– Ah... – C'est tout ce que Francesca arrive à dire – Merci.

Et après avoir prononcé ce mot, elle reste bouche bée. Le garçon gélifié perd un peu de son statisme et se permet un léger étonnement :

– Francesca, il y a quelque chose qui ne va pas ?

– Non, rien, à part le fait que je suis fille unique.

– Voilà, c'est ici – Le Sicilien et Hook sont les premiers à lire la plaque au-dessus de la sonnette du quatrième étage – Micchi ? Non ?

Schello sonne. La porte s'ouvre presque tout de suite.

Roberta reste sur le pas de la porte, et regarde ce groupe de garçons musclés et décoiffés. Ils sont habillés un peu – décontracté, ce qui donne à réfléchir.

– Je peux faire quelque chose ?

Schello s'avance.

– Je cherchais Francesca, je suis son frère.

Comme par enchantement, Francesca apparaît près de la porte, accompagnée du garçon plein de gel.

– Ah, voilà, ton frère est là.

Roberta s'éloigne. Francesca regarde le groupe d'un air inquiet.

– Et qui est censé être mon frère ?

– Moi ! – Lucone lève la main.

Pollo aussi lève la main.

– Moi aussi, on est jumeaux, comme dans le film de Schwarzenegger. Lui, c'est ce crétin.

Ils rient tous.

– Nous aussi on est frères – L'un après l'autre ils lèvent la main – Oui, on s'aime bien.

Le type gélifié n'y pige pas grand-chose. Il opte pour une expression qui va bien avec ses cheveux. Francesca prend Schello à part.

– Mais qu'est-ce qui t'a pris de venir avec toute cette bande, hein ?

Pollo sourit, en arrangeant son blouson : le résultat est encore pire.

– Cette fête à l'air d'être un enterrement de première classe, on va un peu l'animer, allez Francesca, fais pas chier.

– Eh ! Oh ! Qui fait chier ? Vous n'avez qu'à partir !

– Bon Sche ! Y'en a marre, tu permets ?

Le Sicilien, sans attendre que Francesca s'écarte de la porte, entre.

Brusquement, le garçon gominé comprend tout : des squatteurs. Et, dans un éclair d'intelligence, il file au salon et se mêle aux vrais invités. Francesca essaye de les arrêter.

– Non Schello, allez, vous ne pouvez pas entrer.

– Pardon, vous permettez, pardon...

Inexorablement, l'un après l'autre, ils passent tous : Hook, Lucone, Pollo, Bunny, Step et les autres.

– Allez, France, réagis pas comme ça, tu verras qu'il se passera rien de mal.

Schello la prend par le bras.

– A la limite, tu n'y es pour rien. C'est la faute de ton frère qui a amené tous ces mecs...

Puis, comme s'il craignait que d'autres resquilleurs n'arrivent, il ferme la porte.

Le Sicilien et Hook se ruent littéralement sur le buffet, dévorent les petits pains au salami, moelleux, avec du beurre étalé sur la partie supérieure, celle qui est ronde. Mais ils n'en sentent même pas le goût, ils les avalent directement sans les mâcher. C'est devenu une sorte de compétition. Et ils descendent à toute allure les minipizzas, les canapés mêlés aux petits gâteaux et aux bouchées au chocolat. A la fin, le Sicilien s'étrangle. Hook lui donne des tapes de plus en plus fortes dans le dos, et la dernière est tellement forte que le Sicilien commence à tousser, en recrachant des morceaux de nourriture sur le buffet. La plupart des invités qui en sont témoins se mettent immédiatement au régime. Schello commence à rire comme un fou, et Francesca commence à s'inquiéter sérieusement.

Bunny parcourt le salon. On dirait un antiquaire attentif : il prend de petits objets, les rapproche de ses yeux, contrôle le poinçon et, s'ils sont en argent, les met dans sa poche. Très vite, les fumeurs sont obligés de jeter leurs cendres dans les plantes.

Pollo, en bon professionnel, cherche tout de suite la chambre à coucher des parents. Il la trouve. Elle a été sagement fermée à clé. A double tour, mais on a laissé la clé dans le trou de la serrure. Naïfs. Pollo ouvre la porte. Les sacs des filles ont tous été posés sur le lit, bien en ordre. Il commence à les ouvrir, l'un après l'autre, sans vraiment se presser.

Les portefeuilles sont presque tous bien remplis, c'est une sacrée fiesta : des gens classe, y a pas à dire. Dans le couloir, Hook agace une copine de Pallina en lui débitant des compliments de mauvais goût. Un garçon, un peu moins gélifié que les autres, essaye de lui rappeler de vagues notions de bonne éducation. Il se lance dans une discussion vaseuse. Il attrape au vol une baffe encore plus lourde que les compliments adressés à la fille. Hook ne supporte pas les sermons. Son père, qui est avocat, aime les mots au moins autant que son fils déteste l'idée de faire du droit.

Pallina, sans doute sous le coup de l'émotion, s'aperçoit qu'elle a, elle aussi, quelques problèmes et ment en s'excusant auprès des autres :

– Mon rimmel a coulé, je vais à la salle de bains me refaire une beauté.

Ce qui convient plutôt au type, qui s'éloigne en silence, en tenant sa copine par la main, avec les cinq doigts de Hook imprimés sur le visage.

Pollo jette le dernier sac sur le lit.

– Putain, quelle radine... T'as un sac de ce genre, tu vas à une bringue comme ça, et t'emportes que dix euros. Mais alors t'es une vraie pauvresse !

Il est sur le point de s'en aller quand il s'aperçoit que sur un fauteuil, juste à côté, pendu à l'accoudoir et caché par une veste coloniale, il y a un sac. Il le prend. C'est un beau sac, chic et lourd, à la bandoulière ouvragée, fermé par deux lacets de cuir. Il doit être bien garni, si la propriétaire a si bien pris soin de le cacher. Pollo commence à défaire le nœud des deux lacets de cuir, en maudissant sa manie de se ronger les ongles. On peut souffrir de manque d'affection, d'accord, ou de manque d'argent, mais pas des deux à la fois. Il réussit enfin à défaire le nœud. Au même moment la porte s'ouvre. Pollo cache le sac derrière son dos. Une fille brune, souriante, entre tranquillement. Quand elle le voit, elle s'arrête.

– Ferme la porte.

Pallina obéit. Pollo ressort le sac de derrière son dos et commence à fouiller dedans. Pallina a l'air embêtée. Pollo voit qu'elle le fixe.

– Alors, on peut savoir ce que tu veux ?

– Mon sac.

– Ben, qu'est-ce que tu attends ? Prends-le, non ?

Pollo montre le lit plein de sacs déjà vidés.

– Je ne peux pas.

– Pourquoi

– Parce qu'un crétin l'a à la main.

– Ah !

Pollo sourit. Il regarde mieux la fille. Elle est très mignonne avec ses cheveux noirs, sa couette sur le côté et sa bouche légèrement boudeuse. Elle a, naturellement, une jupe de style colonial. Pollo trouve le portefeuille et le prend.

– Tiens... – Il lui lance le sac – Il suffit de demander...

Pallina saisit le sac au vol. Elle commence, elle aussi, à y chercher quelque chose.

– Tu le sais qu'on ne fouille pas dans le sac des demoiselles, ta maman ne te l'a pas dit ?

– Jamais parlé avec ma mère. Mais toi, tu ferais mieux de discuter avec la tienne.

– Pourquoi ?

– Ben, c'est pas possible qu'elle te laisse sortir avec seulement cinquante euros.

– C'est ma semaine.

Pollo met l'argent dans sa poche.

– C'était.

– Ça veut dire que je serai au régime.

– Alors je t'ai fait plaisir.

– Crétin !

Pallina trouve ce qu'elle cherchait, elle pose donc son sac.

– Quand tu auras fini, remets le portefeuille dedans. Merci.

– Écoute, vu que tu commences à être au régime, demain je t'invite à manger une pizza.

– Non merci, quand c'est moi qui paye je veux au moins être libre de décider avec qui je sors. Elle veut s'en aller.

– Eh, attends un instant. Qu'est-ce que tu as pris ?

Pallina cache sa main derrière son dos.

– Rien qui puisse t'intéresser.

Pollo lui bloque les bras.

– Eh, c'est à moi de juger, fais voir.

– Non, laisse-moi partir. Le fric, tu l'as pris, non ? Qu'est-ce que tu veux de plus ?

– Ce que tu as dans la main.

Pollo essaye de la lui prendre. Pallina appuie sa poitrine contre lui, en éloignant le plus possible sa petite main fermée.

– Fiche-moi la paix ! Attention, je vais me mettre à hurler !

– Et moi je vais te flanquer des coups de pied au cul.

Pollo attrape finalement son poignet et le tire vers lui. Il ramène avec vigueur son bras avec son poing fermé devant lui.

– Attention, si tu m'ouvres la main, je te jure que je ne te parlerai plus jamais...

– Vu qu'on s'est jamais parlé jusqu'à aujourd'hui, j'en mourrai pas...

Pollo prend la douce petite main de la jeune fille et commence à pousser ses doigts en arrière avec sa paume. Pallina essaye de résister. Inutilement. Les larmes aux yeux, elle porte tout son poids vers l'arrière pour donner plus de force à ses petits doigts fins et délicats.

– Je t'en prie, laisse-moi.

Pollo continue sans l'écouter. Finalement, l'un après l'autre les doigts s'ouvrent, vaincus, révélant leur secret. Dans la main de Pallina apparaît l'explication de ces petits boutons sur le visage et de ces seins volumineux. Ce qui, une fois par mois, saisit de nervosité tôt ou tard chaque jeune fille et ce qui, quand ça n'arrive pas, la rend encore plus nerveuse, ou la fait devenir maman. Pallina reste là, devant lui, silencieuse et mortifiée. Elle a été humiliée. Pollo, s'asseyant sur le lit, éclate d'un rire bruyant.

– Alors c'est pas demain que je t'invite à bouffer. Sinon, qu'est-ce qu'on fait après ? On se racontera des histoires drôles ? !

– Ah, non, ça non, je n'en connais pas d'assez cochonnes pour te faire rire, et les autres, je suis sûre que tu ne les comprendrais pas !

– Eh eh, mais c'est qu'elle est mauvaise, la gamine ! – Pollo est vexé.

– De toute façon, je suis sûre de t'avoir déjà suffisamment amusé.

– Pourquoi ?

Pallina se masse les doigts. Pollo s'en aperçoit.

– Tu m'as fait mal, ce n'est pas ce que tu voulais ?

– Tu parles ! ils sont à peine rouges, n'exagère pas, dans cinq minutes ce sera fini.

– Je ne parlais pas de ma main.

Et elle sort avant de se mettre à pleurer.

Pollo reste là, sans trop savoir quoi faire. La seule chose qui lui vienne à l'esprit, c'est de remettre le portefeuille à sa place et de feuilleter l'agenda qui se trouve dans son sac. Mais sûrement pas de lui rendre les cinquante euros.

Le DJ, qui se prend pour un musicien et a les cheveux légèrement plus longs que les autres pour souligner son côté artiste, s'agite en se balançant en mesure. Ses mains placent et déplacent des disques sur deux platines, pendant qu'avec son casque sur les oreilles il cale le son, pour éviter de se rendre ridicule avec une transition ratée.

Step se balade à travers la fête, regarde autour de lui, écoute distraitement les conversations idiotes des filles de dix-huit ans : fringues hors de prix vues dans les vitrines, scooters que les parents ne veulent pas leur acheter, fiançailles impossibles, cocuages assurés, aspirations frustrées.

Par la fenêtre du fond du salon, qui donne sur la terrasse, entre un peu de vent. Les rideaux se gonflent légèrement puis, pendant qu'ils retombent, deux silhouettes apparaissent. On voit des mains qui bataillent avec les rideaux en essayant de les ouvrir. Un beau garçon, très chic, y arrive rapidement, en trouvant la bonne ouverture. Peu après une jeune fille apparaît à ses côtés. Elle rit, amusée par cette petite difficulté. La lumière de la lune, venant de derrière, éclaire légèrement sa robe en la rendant pendant un instant transparente.

Step ne bouge pas et la fixe. La fille agite ses cheveux et sourit au type. Elle montre de superbes dents blanches. Même de loin on peut sentir l'intensité de son regard. Des yeux bleus, profonds et limpides. Step se souvient d'elle, de leur rencontre : ils se sont déjà vus. Mais il serait peut-être plus juste de parler de dispute. Les deux autres se disent quelque chose. La jeune fille approuve et suit le garçon en direction du buffet. Brusquement Step a lui aussi envie de boire.

Chicco Brandelli guide Babi à travers les invités. Il lui effleure à peine le dos avec la paume de la main, jouissant à chaque pas de son léger parfum. Babi salue quelques amis qui sont arrivés pendant qu'elle était sur la terrasse. Ils atteignent la table des boissons. Tout à coup, quelqu'un se place face à Babi. C'est Step.

– Je vois que tu m'as écouté, tu essayes de résoudre tes problèmes, dit-il en montrant Brandelli de la tête. Je comprends que ce n'est qu'une première tentative. Mais ça peut aller. D'ailleurs, si tu n'as pas trouvé mieux...

Babi le regarde, hésitante. Elle le connaît, mais il ne lui est pas sympathique. Peut-être que si ? Qu'est-ce qui s'est passé avec ce type ?

Step lui rafraîchit la mémoire.

– Je t'ai accompagnée à l'école, un matin, il y a quelques jours.

– Impossible, moi, à l'école, j'y vais toujours avec mon père.

– Tu as raison : disons que je t'ai escortée. J'étais accroché à ta voiture.

Babi saisit et le regarde d'un air embêté.

– Je vois que tu te souviens enfin.

– Bien sûr, c'est toi le mec qui disait un tas de conneries. Tu n'as pas changé, hein ?

– Pourquoi changer ? Je suis parfait – Step écarte les bras, montrant son physique.

Babi pense qu'au moins de ce point de vue il a raison. C'est tout le reste qui ne va pas. A commencer par son habillement. Et en finissant par sa façon de se conduire.

– Tu vois, tu n'as pas dit non.

– Je ne te réponds même pas.

– Babi, il t'embête ?

Brandelli a la malencontreuse idée d'intervenir. Step ne le regarde même pas.

– Non, Chicco, merci.

– Alors, si je ne t'embête pas, je te fais plaisir ?

– Tu m'es complètement indifférent, et je dirais même que tu m'ennuies légèrement, pour être précise.

Chicco essaye d'interrompre cette discussion en se tournant vers Babi.

– Tu veux quelque chose à boire ?

Step répond à sa place.

– Oui, merci, sers-moi un Coca, va.

Chicco fait comme s'il n'entendait pas.

– Babi, tu veux quelque chose ?

Pour la première fois, Step le regarde.

– Oui, un Coca, je t'ai dit, grouille-toi.

Chicco, un verre vide à la main, le regarde sans bouger.

– Grouille-toi. T'es sourd, ver de terre ?

– Laisse tomber – Babi intervient en enlevant le verre de la main de Chicco – Moi je vais le faire.

– Tu vois, quand tu es gentille, tu es beaucoup plus mignonne.

Babi verse du coca dans le verre.

– Tiens, et fais attention de ne pas le renverser..

Puis elle balance le verre plein de Coca-Cola au visage de Step, le trempant de la tête aux pieds.

– Je t'avais dit de faire attention, tu es un vrai bébé, hein, tu ne sais même pas boire.

Chicco se met à rire. Step le pousse si fort qu'il le fait valser sur une table basse, renversant tout ce qu'il y a dessus. Puis il saisit les bords de la nappe sur laquelle sont rangées les boissons. Il tire d'un coup sec, essayant de faire comme certains prestidigitateurs, mais il rate son numéro. Une dizaine de bouteilles se renversent en volant sur les divans voisins et sur les invités. Quelques verres se cassent. Step se sèche le visage.

Babi le regarde d'un air dégoûté.

– Tu es vraiment un pauvre type.

– Tu as raison, j'ai besoin d'une bonne douche, je suis tout poisseux. Et comme c'est de ta faute, tu vas la prendre avec moi.

Step se penche rapidement, lui attrape les jambes et la met sur son dos. Babi se démène furieusement.

– Lâche-moi, pose-moi par terre ! Aidez-moi !

Aucun des invités n'intervient. Brandelli se relève et essaye de l'arrêter. Step lui flanque un coup de pied dans le ventre qui le fait atterrir sur un groupe d'invités. Schello rit comme un fou, il danse avec Lucone en giflant tous ceux qui passent. Quelques garçons réagissent. Près du DJ, une bagarre éclate. Roberta, inquiète, s'arrête sur le pas de la porte, regardant, atterrée, son salon dévasté.

– Pardon, où est la salle de bains ?

Roberta, sans même s'étonner de voir ce type avec une fille sur le dos, la lui indique.

– Par ici.

Step remercie et suit l'indication. Hook et le Sicilien arrivent, chargés d'œufs et de tomates. Ils commencent à viser les tableaux, les murs et les invités, sans faire aucune distinction, en jetant tout avec violence, pour faire mal. Brandelli rejoint Roberta.

– Où est le téléphone ?

– Ici.

Roberta indique une direction opposée à celle de la salle de bains. Elle a l'impression d'être un flic qui tente de régler la circulation, ou plutôt le terrible bordel qui règne dans son propre salon. Hélas, elle n'a pas assez d'autorité pour mettre des amendes et les flanquer tous dehors. Un garçon, plus sage ou plus lâche que les autres, s'approche d'elle et l'embrasse.

– Salut, Roberta, bon anniversaire. Désolé, mais on s'en va, OK ?

– Par ici.

Désormais dans le bain, elle montre la porte de la maison, par laquelle elle voudrait bien s'enfuir, si ce n'était pas la sienne.

– Arrête, je t'ai dit de me poser par terre, tu vas me le payer...

– Et qui me punira ? Cette espèce de dandy qui se prend pour un garçon de café ?

Step entre dans la salle de bains et ouvre la porte coulissante de la douche. Babi s'accroche aux montants, essayant de l'arrêter.

– Non ! Au secours ! Aidez-moi !

Step se retourne, et lui attrape les mains, lui faisant facilement lâcher prise.

Babi décide de changer de tactique. Elle essaye de faire la gentille.

– Allez, ça va, c'est bon, excuse-moi. Maintenant sors-moi de là, s'il te plaît.

– Qu'est-ce que ça veut dire ce « s'il te plaît » ? Tu m'as balancé du Coca en pleine gueule, et maintenant tu me dis « s'il te plaît » ?

– D'accord, j'ai eu tort de le faire.

– Je le sais bien que tu as eu tort – Step entre dans la douche – Mais maintenant le mal est fait. il faut absolument que je prenne une douche, autrement tu diras que je colle.

– Mais non, quel est le rapport ? – Un jet d'eau la frappe en pleine figure, noyant presque ses mots dans sa bouche – Crétin ! – Babi s'agite en tentant d'échapper à l'eau, mais

Step la tient fermement en la faisant tourner pour mieux la mouiller – Lâche-moi, espèce de débile, laisse-moi sortir.

– Elle est trop chaude ? – Sans attendre la réponse, Step tourne le bouton de réglage de la température, qui est juste devant lui. Il le met sur le bleu. Aussitôt l'eau devient froide. Babi hurle.

– Voilà ce qu'il te faut, une bonne douche glacée pour te calmer un peu. Tu le sais que c'est très bon d'alterner douches glacées et douches bouillantes ?

Et il remet le bouton sur le rouge. L'eau commence à fumer. Babi hurle encore plus fort.

– Aïe ! Ça brûle, ferme, ferme !

– Pense que ça fait vraiment du bien, ça dilate les pores, facilite la circulation, apporte plus de sang au cerveau, comme ça on raisonne mieux et on comprend qu'il faut mieux se conduire avec les gens... Être bien gentil, et éventuellement leur servir un Coca-Cola, au lieu de le leur flanquer à la gueule.

Au même moment, Schello entre.

– Vite, Step, filons. Quelqu'un a appelé la police.

– Qu'est-ce que t'en sais ?

– Je l'ai entendu. Lucone m'a balancé un œuf sur le front, et je suis allé me nettoyer, je l'ai chopé au téléphone. Je l'ai entendu de mes propres oreilles.

Step ferme la douche et pose Babi par terre. Pendant ce temps, Schello ouvre les tiroirs qui entourent la glace. Il trouve quelques bagues et des chaînes, toutes sans grande valeur, mais il les met quand même dans sa poche. Babi, les cheveux complètement trempés, recouvrant sa figure, s'appuie au mur de la douche pour essayer de reprendre ses esprits. Step enlève son tee-shirt. Il attrape une serviette de toilette et commence à s'essuyer. Des abdominaux parfaits apparaissent entre les plis du tissu éponge. Sa peau lisse et ferme se tend sur ses muscles saillants.

Step regarde Babi en souriant.

– Il faut te sécher, sinon tu vas prendre un rhume.

Babi soulève les longs cheveux trempés qui lui couvrent le visage. Elle découvre ses yeux, fous de rage et déterminés. Step fait semblant d'en avoir peur.

– Oh, oh, j'ai rien dit !

Il continue à se frictionner les cheveux. Babi reste assise par terre. Sa robe mouillée est devenue transparente. Sous le tissu à fleurs lilas, on aperçoit la dentelle d'un soutien-gorge clair, sans doute de la même couleur que le slip. Step le remarque.

– Alors, tu veux une serviette, oui ou non ?

– Va te faire foutre.

– Quel gros mot ! Mais comment une brave petite jeune fille comme toi peut dire des choses pareilles ? La prochaine fois qu'on prend une douche ensemble, rappelle-moi de te laver la bouche au savon. C'est clair ? Tu me le rappelleras ?

Il tord son tee-shirt et, le nouant autour de sa taille, sort de la salle de bains. Babi le regarde s'éloigner. Sur son dos encore mouillé, de petites gouttes d'eau glissent entre les faisceaux de muscles, saillants et bien dessinés. Babi prend un flacon de shampoing qui traîne par terre et le jette sur lui. En entendant le bruit, Step se baisse instinctivement.

– Eh, j'ai compris pourquoi tu es tellement furieuse, j'ai oublié de te faire un shampoing. D'accord, je reviens...

– Va-t'en, n'essaye pas...

Babi ferme rapidement la porte transparente de la douche. Step regarde ses petites mains accrochées au verre.

– Tiens ! – Il lance le shampoing par le haut de la douche – On le sait que tu préfères te le faire toute seule... Comme bien d'autres choses... du reste !

Puis, en riant à gorge déployée, il quitte la salle de bains.

Au mot de « police » , c'est la débandade générale dans le salon. La bagarre s'achève d'un seul coup. Lucone, le Sicilien et Hook, au passé plutôt orageux, sont les premiers à atteindre la porte. Quelques invités, saignant plus ou moins, restent par terre. Dans un coin, Roberta pleure. D'autres garçons voient les énergumènes partir avec leurs manteaux, leurs Henry Lloyd, quelques Fay et autres vestes coûteuses. Bunny, dans un étrange bruit d'argenterie, s'éloigne plus pesamment que d'habitude. Ils dégringolent les escaliers à toute vitesse, faisant trembler la rampe, à laquelle ils s'appuient dans les virages. Ils renversent les vases de prix qui ornent les élégants paliers, défoncent les boîtes aux lettres avec des castagnes précises, violemment, en hurlant et, après avoir taxé quelques selles de scooters, se perdent dans la nuit.

10

– *Big !*

Raffaella pose énergiquement ses cartes sur le tapis vert, regardant son adversaire avec satisfaction, une femme aux lunettes au moins aussi épaisses que sa lenteur.

– Pose tes cartes, ma chérie...

Elles lui tombent presque des mains. Raffaella s'en empare rapidement.

– Celle-ci, tu l'attaques ici, celle-là comme ça, et cette dernière, là. Toutes les autres, tu les paies.

Elle fait un calcul mental rapide, puis écrit le résultat partiel sur une feuille. Elle se lève et va se mettre derrière Claudio, s'emparant aussi de son jeu, et après avoir écarté quelques cartes, elle lui conseille d'abattre son jeu. Leur ami fait *gin*. Raffaella, toute contente, marque les points. Si ce n'était de l'*under* que s'est fait faire Claudio, ils les auraient « blissés » une seconde fois. Elle prend les cartes et commence à les battre, énergiquement. La femme aux épaisses lunettes tire une carte, qui ne vaut pas grand-chose. La femme est très lente. Raffaella ne supporterait pas de perdre, pas tant pour le nombre de points, puisqu'elle a une certaine avance, que parce que c'est elle qui récupérerait les cartes. Aux tables voisines, un groupe qui perd déjà trop décide de changer en mettant la faute de toutes ces cocottes négatives sur le compte de la malchance. Quelqu'un remet à sa droite, là où il était avant, le cendrier que la maîtresse de maison vient de vider. Un avocat se sert un whisky exactement jusqu'au niveau des dessins ciselés sur le verre. La bonne mesure pour gagner, en restant plus ou moins sobre. Certains couples, apparemment plus amoureux que les autres, échangent un petit signe affectueux avant de reprendre les cartes en main. En fait, c'est plus une espèce de rituel magique qu'un témoignage d'amour désintéressé. Quelques couples s'en vont, sous prétexte qu'ils doivent se lever tôt le lendemain ou que leurs enfants ne sont pas encore rentrés. En réalité, ou lui n'a pas été très bien ces derniers temps, ou elle s'est ennuyée. Parmi ceux-ci, il y a aussi Marina et Filippo. Ils prennent congé en remerciant la maîtresse de maison et en mentant sur la merveilleuse soirée. Marina embrasse Raffaella puis, avec un sourire plus long que d'habitude, elle lui rappelle ce qu'elles se sont secrètement promis pour leurs filles.

Du portail 1130 de la Cassia sort un groupe d'invités. Ils commentent ce qui s'est passé. Un garçon semble avoir plus de choses à dire que tous les autres. Il a sûrement raison si l'on en juge par sa lèvre gonflée. Après diverses, stupides et inutiles questions, la police a quitté la maison de Roberta. La seule qui savait quelque chose, une certaine Francesca, voyant que la fête était en train de dégénérer, est partie à toute vitesse, en emportant son sac vidé et les noms des coupables.

Dans le chaos général, Palombi et Daniela, avec quelques autres invités, se sont enfuis. Babi, complètement trempée, a perdu sa sœur. En revanche, Roberta lui a passé un pantalon qui lui va à ravir et le sweat-shirt de son frère aîné dans lequel elle tiendrait presque deux fois.

– Tu devrais aller plus souvent aux fêtes habillée comme ça, tu es fascinante.

– Chicco, tu as encore envie de plaisanter ? – Tous deux sortent par le portail – J'ai perdu ma sœur et ma robe Valentino est foutue...

Elle sort un élégant sac en plastique affichant un nom différent de celui de la robe trempée, mais tout aussi prestigieux.

– Et comme si ça ne suffisait pas, si ma mère me voit rentrer à la maison avec les cheveux trempés, qu'est-ce que je vais prendre ! – Les manches du sweat-shirt recouvrent ses petites mains. Babi les enroule en les remontant jusqu'au coude, mais au bout de quelques pas elles retombent comme pour la faire enrager.

– Le voilà, c'est lui.

De derrière les poubelles, Schello montre avec assurance Chicco Brandelli. Step le regarde.

– T'es sûr ?

– Absolument sûr. Je l'ai entendu de mes propres oreilles.

Step reconnaît la fille qui est avec ce lâche, même si son déguisement est parfait. On n'oublie pas facilement une femme qui insiste autant pour prendre une douche avec vous.

– Allons avertir les autres.

Babi et Chicco tournent dans une petite rue.

– Au fait, dis-moi pourquoi tu n'es pas intervenu quand ce débile m'a mise sous la douche ?

– Qu'est-ce que j'en savais, moi, c'était au moment où je suis allé appeler la police.

– Ah, c'était toi ?

– Oui, la situation était en train de dégénérer. Tout le monde se bagarrait... Tu as vu, Andrea Marinelli, la lèvre qu'ils lui ont faite ?

– Oui, le pauvre.

– Le pauvre ? Il ne demandait pas mieux, qu'est-ce que tu crois. Qui sait ce qu'il va raconter maintenant. Seul contre tous, le héros de la soirée. Je le connais comme ma poche. La voilà, c'est celle-là.

Ils s'arrêtent devant une voiture. Les feux s'allument pendant que les portes se déverrouillent toutes ensemble. C'est un genre de système assez courant. Pas comme la BMW : dernier modèle, toute neuve. Chicco ouvre la portière à Babi, qui regarde l'intérieur, parfait, en bois foncé avec des sièges en cuir.

– Elle te plaît ?

– Beaucoup.

– Je l'ai prise pour toi. Je savais que ce soir je te raccompagnerais chez toi.

– Sérieux ?

– Bien sûr. En fait, tout était prévu. Ce groupe de débiles, c'est moi qui l'ai appelé. Tu vois, tout ce boxon, c'était pour que je puisse rester seul avec toi.

– Ben alors, tu aurais pu m'épargner le coup de la douche, au moins les vêtements étaient à la hauteur de la situation.

Chicco rit et ferme la portière ; puis il fait le tour, monte dans la voiture et démarre.

– En fin de compte, je me suis bien amusé, ce soir. Sans ces types, ç'aurait été l'habituel enterrement de première classe.

– Je ne pense pas que Roberta soit de cet avis – Babi pose délicatement le sac en plastique – Ils ont bousillé son appart !

– Tu parles, juste quelques petits dégâts. Elle n'aura qu'à nettoyer les divans et envoyer les rideaux à la teinturerie.

Un bruit de ferraille, fort, sourd et profond rompt l'atmosphère d'élégance et d'harmonie qui règne à l'intérieur de la voiture.

– Qu'est-ce que c'est ? – Brandelli regarde dans le rétroviseur latéral. Brusquement apparaît le visage de Lucone. Il se tord de rire. Derrière lui, Hook monte debout sur la selle de la moto et donne un violent coup de pied à la voiture.

– Ce sont ces dingues ! Vite, accélère.

Chicco appuie sur le champignon et fonce. Les motos, légères, prennent aussitôt de la vitesse et arrivent sur lui. Babi, inquiète, se retourne pour regarder derrière elle. Ils sont tous là, Bunny, Pollo, le Sicilien, Hook, avec leurs motos puissantes, et au milieu il y a Step. Son blouson de cuir se gonfle en s'ouvrant et en montrant sa poitrine nue. Step lui sourit. Babi regarde de nouveau devant elle.

– Chicco, va le plus vite que tu peux, j'ai peur !

Chicco ne répond pas, continue à conduire en appuyant sur l'accélérateur, et s'engage à toute vitesse dans la descente de la via Cassia, dans le froid de la nuit. Mais les motos sont là, à côté de la voiture, elles n'en décollent pas. Bunny accélère. Pollo tend la jambe et, d'un coup de pied, brise l'un des feux arrière. Le Sicilien donne un autre coup dans la portière arrière gauche et l'enfonce complètement. Les motos roulent à fond la caisse, s'éloignant et se rapprochant de la BM, et en la frappant de toutes leurs forces. Des bruits sourds et impitoyables parviennent aux oreilles de Chicco.

– Merde, ils vont me la bousiller !

– Chicco, n'essaye pas de t'arrêter, parce que c'est toi qu'ils bousilleront.

– Non, mais je peux leur dire quelque chose – Il appuie

sur le bouton de la vitre électrique, l'ouvrant à moitié – Écoutez, les gars, hurle-t-il, tout en essayant de rester calme et surtout de suivre sa route. Cette voiture est à mon père, et si...

Un crachat l'atteint en pleine figure.

– Yahouou, bien visé, cent points ! – Pollo se met debout derrière Bunny, levant le bras au ciel en signe de victoire.

Chicco, écœuré, s'essuie avec une peau de chamois, sûrement beaucoup plus coûteuse que les gants de Pollo. Babi regarde avec dégoût ce crachat qui ne veut pas se détacher du visage de Chicco, puis elle appuie sur le bouton pour refermer la vitre avant que Pollo ne vise autre chose.

– Essaye d'arriver dans le centre, on rencontrera peut-être la police.

Chicco jette la peau de chamois derrière et continue à conduire. Il entend d'autres bruits de carrosserie cabossée et de feux arrière cassés. Et à chaque fois il pense aux centaines d'euros de réparation et aux interminables engueulades avec son père. Alors, pris d'une rage subite, il se met à rire, comme en proie à une crise d'hystérie.

– Ils veulent la guerre, eh bien, ils l'auront ! Je vais tous les tuer, je vais les écrabouiller comme des rats !

D'un coup de volant la voiture fait une embardée à droite, puis à gauche. Babi, terrorisée, s'accroche à la poignée de la portière. Step et les autres, voyant que la voiture fonce sur eux, prennent le large en freinant et en ralentissant tous en même temps.

Chicco regarde dans le rétroviseur. Le groupe est là, derrière lui, en rangs serrés.

– Vous avez les jetons, hein ? Parfait ! Chopez-vous ça !

Il enfonce brusquement la pédale du frein. L'ABS se déclenche. La voiture pile presque. Les motos portées sur les côtés l'évitent en s'écartant. Schello, qui était pratiquement au milieu, essaye de freiner, mais sa grosse Vespa aux pneus lisses dérape et va finir dans le pare-chocs. Schello tombe par terre. Chicco repart à toute allure en faisant crisser ses pneus. Les motos, qui se sont retrouvées devant la voiture, se dispersent de peur d'être heurtées. Les autres s'arrêtent pour venir en aide à leur copain.

– Quel fils de pute ! – Schello se relève, son pantalon est tout déchiré à la hauteur du genou droit – Visez-moi ça !

– Tu parles, avec le valdingue que tu as fait tu t'en tires bien. T'as qu'un genou d'écorché !

– Merde, moi je m'en fous, de mon genou, ce con a bousillé mon Levi's : je l'avais acheté avant-hier.

Tous éclatent de rire, amusés et soulagés pour leur copain, qui n'a perdu ni la vie ni l'envie de plaisanter.

– Yahouou, je les ai eus, je les ai couillonnés, ces fumiers !

Chicco, tout content, tape des mains sur le volant. Il jette encore un coup d'œil dans le rétroviseur. Juste une voiture, très loin. Il est rassuré. Il n'y a plus personne. Il saute sur son siège.

– Bande de cons, je me les suis faits !

Puis il se souvient de Babi, à côté de lui.

– Comment ça va ?

Il redevient sérieux et la regarde d'un air inquiet.

– Mieux, merci – Babi se détache de la portière et se rassied normalement – Mais maintenant je voudrais rentrer chez moi.

– Je t'y conduis tout de suite.

Il s'arrête un instant au stop, puis continue par Ponte Milvio. Il la regarde de nouveau : ses cheveux mouillés tombent sur ses épaules, ses yeux bleus, encore un peu effrayés, regardent droit devant eux.

– Je suis désolé pour ce qui s'est passé. Tu as eu peur ?

– Assez.

– Tu veux boire quelque chose ?

– Non, merci.

– Moi, par contre, je dois m'arrêter un instant.

– Comme tu veux.

Chicco fait un crochet. Il se gare près d'une fontaine qui est juste devant l'église, et se jette un peu d'eau sur le visage pour enlever les derniers restes possibles des enzymes de salive. Puis il laisse passer le vent frais de la nuit sur sa figure encore mouillée, en se relaxant. Quand il rouvre les yeux, il regarde la réalité en face : sa voiture, ou plutôt la voiture de son père.

– Putain ! murmure-t-il et, feignant l'indifférence, il en fait le tour, contrôle les dégâts et enlève quelques bouts de feux cassés encore en équilibre. Les portières sont pleines de bosses, les côtés entièrement rayés. A certains endroits, la peinture métallisée est partie. Il fait une sorte de devis mental. Dans les mille euros. S'il s'était présenté à l'émission où il faut deviner le prix exact, on ne l'aurait pas pris, même pas dans le public. Il fait un sourire un peu forcé à Babi.

– Bof, il faudra un peu l'arranger, elle a quelques rayures.

Il n'a pas le temps de finir sa phrase. Une moto bleu foncé qui, tous phares éteints, l'a suivi jusque-là s'arrête en vrombissant à deux pas de lui. Chicco vient à peine de se retourner qu'il est violemment poussé sur le coffre de la voiture, qu'il cabosse en tombant. Au moins cinq cents euros à ajouter au devis. Step se jette de tout son poids sur lui, en lui flanquant des castagnes en pleine figure, en essayant de viser la bouche, et il y arrive.

Ses lèvres commencent aussitôt à saigner.

– Au secours, au secours !

– Comme ça, la prochaine fois tu apprendras à fermer ta gueule, ver de terre, raclure, tas de merde.

Et les coups tombent, l'un après l'autre, lui projetant la tête sur le coffre, et faisant de plus en plus de dégâts. Maintenant, en plus du carrossier, le père devra payer le dentiste.

Babi descend de la voiture et, prise de rage, elle commence à rouer Step de coups de pied et de coups de poing, en lui tapant sur la tête avec le sac en plastique qui contient sa robe.

– Fiche-lui la paix, lâche, arrête !

Step se retourne et la repousse violemment. Babi part en arrière, trébuche sur le trottoir, perd l'équilibre et se retrouve par terre. Step la regarde pendant un instant. Chicco en profite et essaye de rentrer dans la BM. Mais Step est plus rapide.

Il se jette sur la portière en lui bloquant la poitrine. Chicco hurle de douleur. Step lui flanque des gifles. Babi, tout endolorie, se relève. Elle se met à crier, cherchant elle aussi de l'aide. Au même moment passe une voiture. Ce sont les Accado.

– Filippo, regarde ! Que se passe-t-il ? Mais c'est Babi, la fille de Raffaela !

Filippo freine et descend de la voiture, laissant la portière ouverte. Babi court vers lui en criant :

– Séparez-les, vite, ils vont se tuer !

Filippo se jette sur Step en le bloquant par-derrière : « Arrête, fous-lui la paix ! » Il le prend à bras le corps et l'arrache de la portière. Chicco, enfin libéré de cet étau, masse sa poitrine douloureuse puis, terrorisé, monte dans sa voiture et file à toute vitesse.

Step, essayant de se libérer de l'étreinte de M. Accado, se penche en avant et lance de toutes ses forces sa tête en arrière. Il le frappe en pleine figure. Les lunettes de M. Accado valsent et se brisent, exactement comme sa cloison nasale qui se met à saigner. Filippo titube, les mains sur le nez, perdant du sang et ne sachant pas où aller. Brusquement redevenu myope, il pleure presque de douleur. Marina accourt pour lui venir en aide.

– Délinquant, bon à rien ! Ne t'approche pas, n'essaie pas de le toucher !

Mais qui veut le toucher ? Qui pouvait s'attendre à ce que ce fou qui l'a attaqué par-derrière soit un vieux ! Step regarde sans rien dire la femme qui hurle.

– Tu as compris, voyou ? Mais ça ne s'arrêtera pas là !

Marina aide son mari à monter dans la voiture, puis elle met le contact et s'éloigne avec quelque difficulté. Mme Accado ne conduit presque jamais, seulement dans des cas exceptionnels. Et c'en est un. Il n'arrive pas souvent que son mari se fasse rosser dans la rue.

Babi se carre devant Step.

– Tu es un vrai salaud, un chien, tu me dégoûtes ! Tu n'as de respect pour rien ni pour personne.

Lui la regarde en souriant. Babi secoue la tête.

– Ne prends pas cet air ahuri.

– On peut savoir ce que tu me veux ?

– Rien, je ne veux rien, qu'est-ce qu'on peut bien demander à un crétin ? Tu as frappé un adulte, un homme plus âgé que toi.

– Primo, il a levé la main sur moi. Secundo, merde, comment je pouvais savoir que c'était un vieux ? Tertio, tant pis pour lui s'il n'a pas su se défendre.

– Ah oui ? Alors ceux qui ne savent pas se défendre, tu les frappes au visage, tu leur flanques des baffes ? Mais tais-toi donc ! Et il avait des lunettes, tu te rends compte – Elle ramasse ce qu'il en reste – Tu les as cassées, tu es content ? Tu sais que c'est un crime de frapper quelqu'un qui a des lunettes ?

– Encore ? Cette histoire, je l'entends depuis une éternité. Mais ça vient d'où, ce truc des lunettes ? – Step va vers sa moto et l'enfourche – C'est sûrement un binoclard merdeux, ou plutôt un type qui a peur de se bagarrer qui l'a inventée, et c'est pour ça qu'il porte des lunettes et raconte des conneries – Step démarre – Bon, salut.

Babi regarde autour d'elle. Personne ne passe. La place est déserte.

– Comment tu peux me dire salut ?

– Alors, comme tu veux, je le dis pas.

Babi, bien embêtée, soupire.

– Et moi, comment je fais pour rentrer chez moi ?

– Et merde, qu'est-ce que j'en sais ? Tu pouvais te faire raccompagner par ton copain, non ?

– Impossible, tu l'as tabassé et tu l'as fait fuir.

– Ah, voilà que c'est de ma faute.

– La faute à qui sinon ? Allez, laisse-moi monter.

Babi va vers la moto et lève la jambe pour s'asseoir derrière mais Step fait avancer la moto tout doucement. Babi le regarde. Step se retourne et lui rend son regard. Babi essaye de nouveau de monter, mais Step est plus rapide qu'elle et avance un peu.

– Allez, arrête-toi ! Mais quoi, t'es con ?

– Mais non, chérie. Je suis une bête, un chien, je te dégoûte et maintenant tu veux monter derrière moi ? Derrière un mec qui ne respecte rien ni personne ? Eh non, c'est trop facile ! Il faut de la cohérence en ce monde, de la cohérence ! – Step la regarde sérieusement, avec sa tête à claques – Tu ne peux pas te faire trimbaler par quelqu'un comme moi.

Babi ferme à moitié les yeux, cette fois à cause de la haine qu'elle éprouve. Puis elle s'engage avec décision dans la via della Farnesina.

– J'ai raison, oui ou non ?

Babi ne répond pas. Step rit tout seul, puis il accélère et la rejoint. Il roule tout doucement à côté d'elle.

– Excuse-moi, mais je le fais pour toi. En fait, ça te déplaît d'avoir accepté un compromis. Il vaut mieux que tu restes sur ton idée. Moi je suis une bête, et toi tu vas à pied jusque chez toi, d'accord ?

Babi ne répond pas, elle traverse la rue, en regardant droit devant elle. Elle monte sur le trottoir. Step fait la même chose. Il se lève sur les cale-pieds pour amortir le coup.

– Bien sûr...

Il continue à l'accompagner avec sa moto.

– Mais si tu me fais des excuses, si tu regrettes ce que tu as dit et que tu reconnais que tu t'es trompée... Alors, il n'y a pas de problème... Je peux t'accompagner, parce que dans ce cas, il y a de la cohérence.

Babi retraverse la rue. Step la suit. Il accélère un peu en l'approchant et, d'une main, tire sur son sweat-shirt.

– Alors ? C'est facile, regarde, tu répètes après moi : je te demande pardon...

Babi lui donne un coup de coude, se dégage et se met à courir.

– Eh, c'est quoi, ces manières ? – Step accélère et la rejoint – Alors, tu veux tout faire à pied jusque chez toi ? A propos, t'habites où ? Loin ? Ah ! j'ai compris, tu veux maigrir. Oui, en effet, t'as raison, ça n'était pas rien de te porter dans mes bras jusque sous la douche.

Il la dépasse en lui souriant.

– Et puis, si on veut faire d'autres choses, il vaut mieux que tu perdes quelques petits kilos, je me sens pas le courage de faire autant d'efforts tous les jours, hein ? Moi je t'ai déjà comprise. Tu es du genre qui aime être dessus ? Alors tu dois absolument maigrir, sinon tu m'écraseras avec tout ce poids.

Babi n'en peut plus. Elle prend une bouteille qui sort d'une poubelle et la lui jette en essayant de le toucher. Step freine d'un seul coup et se baisse sur le côté. La bouteille passe un peu au-dessus de lui, mais la moto cale, et elle commence à tomber à côté de lui. Step tire très fort sur le guidon et réussit à l'arrêter avant qu'elle ne touche le sol. Step perd un peu de temps pour la faire redémarrer.

Au même moment, un plouc au volant d'une vieille Golf débouche d'une rue latérale. Il voit Babi courir toute seule et l'accoste.

– Hé, belle blonde, tu veux monter ?

– Hé, sale merde, tu veux un marron dans la gueule ?

Le type regarde Step, qui s'est brusquement faufilé entre

eux. Il comprend qu'il risque de récolter plus de marrons que de nanas. Il s'en va en tournant dédaigneusement la tête.

Il lève le bras droit, en essayant de se donner un genre, de prendre un air supérieur pour ne pas s'avouer qu'il s'est fait jeter. Step le regarde s'éloigner, puis il dépasse Babi et lui barre le chemin.

– Allez, monte, ça suffit comme ça.

Elle essaye de passer devant lui. Step la coince contre le mur. Babi tente de passer par-derrière. Step l'attrape par son sweat-shirt.

– J'ai dit monte !

Il la tire rageusement vers lui. Babi, épouvantée, tourne la tête. Lui regarde ces yeux limpides et profonds qui le fixent avec crainte. Lentement, il la laisse partir puis lui sourit.

– Allez, je te raccompagne chez toi, sinon ce soir je finirai par me bagarrer avec la moitié du monde.

En silence, sans rien dire, sauf son adresse, elle monte derrière lui. La moto part rapidement et rageusement, bondissant en avant. Instinctivement Babi met ses deux bras autour de lui. Ses mains, sans le vouloir, finissent sous le blouson de Step, dont la peau est fraîche et le corps chaud dans le froid de la nuit. Babi sent sous ses doigts les muscles bien dessinés du garçon qui réagissent parfaitement au moindre de ses mouvements. Le vent court le long de ses joues, ses cheveux mouillés flottent dans l'air. La moto fonce, elle serre plus étroitement et ferme les yeux. Son cœur se met à battre très fort. Elle se demande si c'est seulement la peur. Elle entend le bruit de quelques voitures. Maintenant ils sont sur une grande artère, il fait moins froid, elle tourne la tête et pose sa joue sur le dos de Step, toujours sans ouvrir les yeux, se laissant bercer par le mouvement et le bruit puissant qu'elle entend sous elle. Puis plus rien. Silence.

– Moi, je pourrais rester comme ça toute la nuit, et même, j'irais peut-être plus loin, j'approfondirais, qui sait, je trouverais d'autres positions !

Babi ouvre les yeux et reconnaît autour d'elle les magasins fermés, ceux qu'elle voit tous les jours depuis six ans, depuis qu'ils sont venus habiter ici. Elle descend de la moto. Step pousse un profond soupir.

– C'est pas dommage, tu étais en train de me broyer les côtes !

– Excuse-moi, j'avais peur, je ne suis jamais allée à l'arrière d'une moto !

– Il y a un début à tout.

Au même moment une Mercedes freine à côté d'eux. Raffaella descend à toute vitesse. Elle n'en croit pas ses yeux.

– Babi, je t'ai dit cent fois que je ne voulais pas que tu ailles à l'arrière d'une moto. Et qu'est-ce que c'est que ces cheveux mouillés ?

– Mais... vraiment...

– Madame, attendez que je vous explique... Moi je ne voulais pas la raccompagner, pas vrai ? Dis-le à ta mère que je ne voulais pas. Mais elle, elle a tellement insisté... Parce que son cavalier, un gars avec une superbe BMW, mais toute cabossée, a décampé.

– Il a décampé ?

– Oui, il l'a laissée dans la rue. Vous voyez le genre de type !

– C'est absurde.

– En effet, mais moi je l'ai enguirlandé, madame, vous inquiétez pas – Step regarde Babi – Pas vrai Babi ? – Puis, en s'adressant tout bas à elle : tu sais... Babi. J'aime ton prénom.

– Écoute maman, laisse tomber, on en reparlera après.

Claudio baisse la vitre.

– Hello, Babi.

– Hello, papa.

Step salue, lui aussi. « Bonsoir ! » Cette étrange réunion de famille l'amuse. Raffaella, en revanche, ne s'amuse pas du tout.

– Comment es-tu fagotée ? Où est ma robe Valentino ?

Babi lève le bras en montrant le sac en plastique.

– Là-dedans.

– Et ta sœur, on peut savoir où tu l'as laissée ?

Au même instant Daniela arrive. Elle descend de la voiture en même temps que Palombi, qui l'a raccompagnée.

– Hello, mam...

Elle n'a pas le temps de finir sa phrase. Raffaella lui flanque une gifle en pleine figure.

– Ça t'apprendra à ne pas rentrer avec ta sœur.

– Mais maman, tu ne sais pas ce qui s'est passé. Des casseurs ont débarqué...

– Tais-toi.

Daniela se masse la joue sans rien dire. Palombi, obéissant lui aussi aux ordres de Raffaella, remonte dans sa voiture et s'en va.

Step démarre sa moto. Il s'approche de Babi.

– Maintenant je comprends pourquoi tu as ce sale caractère. Ce n'est pas de ta faute, c'est héréditaire.

Puis il passe la première et, avec un « Au revoir ! » insolent, il s'éloigne dans la nuit.

Babi et Daniela montent dans la voiture. La Mercedes entre dans la résidence et passe devant le concierge. Fiore s'est beaucoup plus amusé à observer ces cinq minutes de conversation que l'émission *C'est samedi*. Plus tard, pendant qu'elles se déshabillent, Daniela s'excuse auprès de sa sœur d'avoir déchiré la jupe qu'elle lui avait prêtée.

– C'est Palombi, il m'a embrassée.

Mais son orgueil est étouffé dans l'œuf par une gifle bien sonore. Quand on fait certaines confidences à sa sœur, il faut être sûr que les parents sont déjà au lit. Raffaella, plutôt énervée, essaye de s'endormir. Ce soir, plusieurs personnes dorment mal, certaines passent la nuit à l'hôpital, d'autres ont des cauchemars. Parmi ces derniers, Chicco Brandelli. Il pense à toutes les solutions possibles : laisser la voiture dans la rue, la conduire en cachette chez le carrossier le lendemain matin, ou la monter sur un talus et déclarer un vol. A la fin il arrive à la seule solution possible : il n'y a pas de solution. Il faudra qu'il affronte son père, comme l'a fait Roberta ce même soir avec ses parents. Babi est au lit, épuisée par sa soirée. Elle pense que tout est de la faute de ce demeuré, de ce goujat, de cette bête, de ce chien, de cette brute, de ce voyou, de cette racaille, de ce crétin. Puis, en y réfléchissant mieux, elle s'aperçoit qu'elle ne sait même pas comment il s'appelle.

11

Deux rayons de soleil traversent la chambre. Ils montent le long des bords du lit, sur la couette, sur ses cheveux dorés, sur ses bras découverts. Babi ouvre les yeux au joyeux appel d'une nouvelle journée. Son réveil n'a pas encore sonné. Elle remonte la couverture jusqu'à son menton. Elle reste immobile, les yeux entrouverts, les mains sur le ventre, sans bouger ses jambes. Brusquement le réveil sonne. Agaçant et insistant. Babi bouge paresseusement dans le lit, tend un bras, cherchant à tâtons le réveil sur la table de nuit. Elle heurte *Siddharta,* de Hesse, un livre de Marguerite Yourcenar abandonné à la moitié et *Bal de famille.* Elle trouve le réveil et l'arrête. Puis elle allume la radio. Elle est réglée sur 103.10 et, comme chaque matin, Branko donne les horoscopes.

« Gémeaux. Aujourd'hui, situation encore stationnaire. La Lune passe dans votre signe. Son influence vous rendra particulièrement nerveux. »

– Dis donc ! papa, je n'en fais déjà pas ce que je veux normalement, alors qu'est-ce que ça va être avec l'influence de la Lune !

« Cancer. Pour ceux qui sont nés sous ce signe... » Elle laisse courir sans prêter trop d'attention aux paroles. Qui est Cancer ? Pallina ? Non, elle est née en mai. Mai, c'est Taureau ou Poissons ? Non, Poissons, c'est en mars.

Elle ferme lentement les yeux et se rendort. Elle se laisse aller, encore chaude et engourdie, dans un demi-sommeil léger et agréable, revenue depuis peu de Dieu sait quel monde. Puis, sans trop savoir pourquoi, elle se réveille d'un seul coup. Peut-être un bruit lointain, un parfum différent, un sentiment de responsabilité. Elle ouvre vite les yeux et se tourne rapidement vers le réveil. Toujours 7 h 20. Tant mieux, elle ne s'est rendormie que quelques secondes, mais qui sait pourquoi cela lui a paru si long ?

« Vierge. Pour ceux qui sont nés pendant cette période... »

Babi, particulièrement intéressée, se tourne vers la radio. C'est son signe. 6 septembre. «... Le passage de Vénus apportera des moments extrêmement heureux dans la vie des amoureux. » Des amoureux ! Tu parles, avant de rencontrer le bon... Pas un de ceux qui se sauvent et laissent leur amie en plan dans la rue. Elle descend de son lit. Puis elle entend des bruits dans la chambre voisine, elle court vers la salle de bains, mais Daniela est plus rapide qu'elle et lui ferme presque la porte au nez.

– Allez, Dani, laisse-moi entrer, il est déjà sept heures et demie...

– Mais oui, comme ça tu prendras le lavabo pour toi toute seule, comme d'habitude. Pas question.

– Allez, fais pas la chieuse, je te laisserai de la place. Daniela ouvre la porte. Babi entre.

– Alors la baffe d'hier soir t'a pas suffi ?

Daniela lui répond avec une grimace, puis elles se relayent, se lavant par petits morceaux, un peu chacune, sans honte et surtout sans parler. Le matin, Babi n'est pas à prendre avec des pincettes tant qu'elle n'a pas bu son café, exactement comme sa mère. Daniela essaye quand même.

– Qu'est-ce que tu penses du garçon qui t'a raccompagnée hier soir, il te plaît ?

Babi émet un drôle de bruit. Elle ne peut pas répondre, elle est en train de se laver les dents. Elle regarde sa sœur dans la glace avec des yeux exorbités, puis elle se rince rapidement la bouche.

– S'il me plaît ? Mais tu plaisantes ? T'es dingue ! Comment un type comme ça pourrait me plaire ? Un abruti. Tu sais ce qu'il a fait hier soir ? Avec ses copains, il a complètement défoncé la voiture de Brandelli, et ensuite il a bastonné Chicco. A ce moment-là M. Accado, qui passait par là, s'est arrêté pour essayer de les séparer, et cette brute l'a rossé, lui aussi. Comment un mec qui se sert de sa tête pour frapper celle des autres, au lieu de s'en servir pour penser, pourrait me plaire ?

– Peut-être, mais il nous plaît à nous toutes.

– A vous toutes ? Qui, vous toutes ?

– Moi, Giuli, Giovanna, Stefania...

– Oui, quatre femelles arriérées qui ont le culte de ceux qui... le mythe des casseurs, des idiots. Je voudrais bien savoir quel plaisir on éprouve à aller à droite et à gauche pour tout détruire, pour foutre le bordel et cogner les gens...

– Ils ont un tas de belles nanas, ils en changent quand et comme ils veulent, lui et ses copains.

– J'imagine quel genre de nanas.

– Non, il y en a aussi de très classe. Regarde Gloria, la fille des Accado, justement : elle est avec Dario, un copain de Step.

– Step ?

– Oui, Stefano Mancini, celui qui t'a raccompagnée. Giulia et moi on l'appelle *the* Beau Gosse, mais tout le monde l'appelle Step.

– *Step* ? « Pas » ? A mon avis, il devrait en faire jusqu'à aller se jeter dans le fleuve. Allez, grouille-toi, j'ai pas envie d'entendre papa hurler comme d'habitude parce qu'on est en retard.

Babi retourne dans sa chambre et commence à s'habiller rapidement. L'uniforme est là, sur la chaise. Elle l'a préparé la veille au soir, bien qu'elles soient rentrées très tard. C'est devenu une habitude. Elle enfile le chemisier bleu, puis elle met la jupe.

Step, quel nom idiot. En fait, ça lui va parfaitement. Babi va à la cuisine.

– Salut maman.

Babi embrasse Raffaella sur la joue. Comme chaque matin, elle est frappée par l'odeur de lait de sa crème Revlon.

– Bonjour, Babi.

Raffaella est en train de boire son café noir sans sucre. Ses yeux démaquillés et pleins de sommeil ne sont pas encore habitués à la lumière. La cuisine est donc restée entièrement dans la pénombre. Babi s'assied en face de sa mère. Daniela arrive et s'installe à côté de sa sœur. Babi se verse du café, puis du lait, et elle ajoute deux sucrettes.

Daniela se sert, elle aussi, du café et du lait, mais elle y met deux morceaux de sucre de canne. Chacun ses habitudes, sa place, sa tasse.

– Maman, tu pourrais acheter ces flans Danone chocolatés au riz ? C'est trop bon !

Daniela regarde Babi en cherchant une approbation qu'elle ne trouve pas.

– Moi, maman, tu devrais me prendre d'autres biscottes au blé complet, les miennes sont presque finies.

– Si vous ne l'écrivez pas, je n'achète rien.

Daniela se lève et ajoute sur la liste de commissions, posée sur la table d'appoint, ses petits flans et les biscottes diététiques de sa sœur.

– Daniela, je t'avertis que si cette fois tu les oublies encore jusqu'à ce qu'ils soient périmés, c'est toi qui les paieras.

– Mais maman, pourquoi tu me dis ça ?

– Parce que les derniers yaourts aux fruits que tu aimes tant, j'ai dû les jeter.

– Bonjour à toutes ! Comment vont mes splendides femmes ?

Claudio embrasse ses deux filles. Il s'assied, lui aussi, à sa place habituelle, au bout de la table, près de Raffaella.

– Très mal, je ne comprends pas pourquoi le matin il faut toujours faire des discours interminables et inutiles. Établissons une règle : le matin, on ne parle pas.

Raffaella se sert encore un peu de café, puis elle se lève.

– Bon, moi je retourne au lit. Vous deux, je vous retrouverai à la sortie du lycée. A propos, dites à Giovanna qu'aujourd'hui je ne veux pas attendre. Dites-lui clairement : « Maman a dit que si tu ne viens pas tout de suite, elle s'en va. »

Elle embrasse Claudio sur la joue et, avec un « Ciao, trésor ! », quitte la pièce.

Claudio prend la cafetière. Il l'ouvre et regarde dedans.

– Mais est-ce possible que vous ne me laissiez jamais un peu de café ? – Claudio claque la cafetière sur le plateau en bois – Tous les matins c'est la même histoire. C'est pas possible...

Babi prend la cafetière.

– Papa, je t'en prépare un ?

– On n'a plus le temps, ce qui veut dire que j'en boirai un dehors, comme d'habitude. Mais pourquoi n'en faites-vous pas plus ?

Daniela met les tasses dans l'évier.

– Parce que nous n'avons pas de cafetière plus grande.

– Alors, achetons-en une.

Daniela lui met sous le nez la liste de commissions.

– C'est quoi ?

– Tiens, écris. Maman prétend qu'elle ne se souvient de rien. Tout ce qu'on veut, on doit l'écrire.

Claudio prend la feuille des mains de Daniela. Il la lit puis il écrit, en dessous de « biscottes diététiques », avec entre parenthèses, « Babi », « cafetière pour vingt », avec, entre parenthèses : « Claudio qui n'arrive jamais à boire un café ».

– Voilà qui est fait !

Il ferme le stylo et le jette sur la table. Puis il se lève en renversant le tabouret sur lequel il se cogne la jambe tous les matins – Bon Dieu de tabourets ! – Il sort par la porte d'entrée, en la laissant ouverte. Babi et Daniela se regardent.

– Espérons qu'il manœuvrera bien. Ce matin, il me semble particulièrement nerveux.

– C'est l'influence de la Lune. Aujourd'hui elle est passée dans son signe. Grouille-toi plutôt de descendre.

– Oui, grouille-toi, grouille-toi. En attendant, c'est toujours moi qui range.

– Et qui est-ce qui a mis le couvert hier soir ? Alors ? !...

Babi prend sa sacoche et sort. Branko a donc dit vrai. Pendant qu'elle descend l'escalier, elle essaie de se rappeler son horoscope. Que disait la Lune ? Ah oui. Attention à des rencontres possibles.

12

Dans la cour de l'école, sous les branches d'un gros saule, sur un long muret en marbre blanc, quelques filles copient frénétiquement leurs devoirs.

– Mais qu'est-ce qui est écrit ici ? Égale ?...

– x – 1 ! Tu n'es même pas foutue de recopier ?

– Mais regarde comment tu écris !

– Tu ne fais jamais rien à la maison et tu te plains de ma façon d'écrire ! Tu y vas vraiment fort !

– Oh, Catinelli arrive.

Pallina referme son cahier de maths et court à la rencontre d'Ale Catinelli qui est avec quelques autres filles, toutes susceptibles d'être interrogées en latin.

– Allez, grouille-toi, Ale, parce que ça va sonner dans cinq minutes, passe-nous ta version..

Les filles attendent devant Catinelli.

– Non, rien à foutre.

– Comment rien à foutre ?

– Quoi, qu'est-ce que vous croyez ? Je ne suis pas d'accord pour que vous copiiez ma version. OK ? Je ne comprends pas pourquoi vous ne pouvez pas la faire vous-mêmes chez vous, comme le font toutes les autres.

– Allez Catinelli, sois cool. Excuse-moi, mais aujourd'hui Giacci va m'interroger, moi et sûrement aussi Silvia Festa.

Une fille du groupe, avec un uniforme plus négligé que les autres, exactement comme ses copies, approuve.

– Passe-nous ta version, allez. Sans ça la prof va nous massacrer.

– Pallina, n'insiste pas.

– Comment ça ? C'est toi qui insistes !

– Ah, salut Babi. Ale veut pas nous filer sa version. Toi, tu l'as faite ?

Pendant un instant, Ale Catinelli n'est plus le centre de l'attention.

– Non, seulement la moitié. Mais j'ai l'impression qu'elle n'est pas très bonne. C'est que moi, j'ai déjà été interrogée. J'ai vérifié, aujourd'hui ça devrait tomber sur toi et Silvia Festa, et après elle refera le tour. Mais d'habitude elle interroge celles qui n'ont pas la moyenne.

Ale Catinelli essaye de s'éloigner. Pallina la tire par sa veste.

– Tu as entendu ? Allez, tu ne peux pas nous laisser comme ça, on est foutues sans toi.

– Je comprends pas pourquoi vous ne faites pas comme Gianetti. Quand elle a fait sa version, elle me téléphone et on la revoit ensemble... Comme ça, elle la prépare, et le lendemain, tout va bien. Vous, vous faites rien !

– Mais qu'est-ce que ça peut te foutre ? En fait, le latin ça ne sert vraiment à rien. Alors, tu nous la files, oui ou non ?

– Je t'ai déjà dit non. Demandez à Giannetti de vous la donner.

Pallina soupire.

– Elle, elle arrive toujours au dernier moment. Dans cinq minutes ça sonne... Allez, rien qu'aujourd'hui. C'est la dernière fois, juré.

– Vous le dites chaque fois. Non, cette fois c'est non. Je ne vous la donne pas !

Catinelli s'éloigne.

– Quelle conne. C'est vraiment un monstre. Voilà pourquoi elle est aussi moche. Y a jamais personne qui la drague. C'est clair. Au moins, nous, on s'amuse et on rigole.

Silvia Festa s'approche de Pallina.

– Oui, mais je crois pas que le trois que va nous coller Giacci va pas beaucoup faire rire ma mère.

– Tiens, prends la mienne – Babi sort son cahier de latin de sa sacoche et l'ouvre à la dernière page – Comme ça, vous pourrez au moins dire que vous avez essayé. Que vous en avez fait la moitié, c'est déjà mieux que rien. Dites que vous vous êtes arrêtées à *esperavisse*. Je me demande d'où ce foutu verbe peut bien sortir. Je l'ai cherché pendant un quart d'heure sur le dico, mais je n'ai pas réussi à le trouver. Ensuite j'en avais marre, et j'ai goûté : un yaourt maigre, sans sucre, horrible ! presque plus dégoûtant que Catinelli.

Toutes les filles rient. Pallina prend le cahier et l'appuie sur le muret. Elle le met au milieu des autres :

– De toute façon, c'est vrai, les études font grossir. Moi, je l'ai toujours dit, si j'avais fait littéraire, j'aurais sûrement quatre kilos de moins.

Pallina commence à recopier, suivie de Silvia et de toutes les victimes possibles de la terrible Giacci.

Par les grandes baies vitrées de la classe, on voit des pelouses, toutes proches. Quelques enfants, tous habillés de la même façon, jouent en courant dans l'herbe. Une maîtresse aide un petit à se relever : il a taché de vert son tablier blanc. Le soleil tape sur les bureaux. Babi regarde distraitement sa classe. Benucci a résisté moins longtemps que d'habitude. Elle est là, les mains sous la table, en train de tripoter sa pizza. Elle en détache un morceau et, les doigts pleins de tomate, elle le met rapidement dans sa bouche. Puis elle commence à mastiquer, d'un air faussement indifférent, la bouche fermée, écoutant la leçon comme si de rien n'était. Pendant un instant, Babi s'intéresse à l'explication de la prof : une jeune femme du XIXe siècle, qui ne sait absolument pas monter à cheval, a décidé de monter quand même. Et elle est tombée. Babi n'a pas suivi assez attentivement pour savoir si elle s'était fait mal ou non. Une chose est sûre, c'est que quelqu'un, vraiment à court d'idées, en a fait une espèce de roman.

– Bon. Le commentaire sur l'*Ode à Luigia Pallavicini tombée de cheval*[*], vous me le rendrez lundi – L'autre chose sûre, c'est qu'elles devront l'étudier. La cloche sonne – Je vais à la salle des professeurs chercher la feuille de présence pour le cours de latin. Pas de chahut, s'il vous plaît.

Les filles se lèvent toutes. Avant que la prof s'en aille, trois d'entre elles réussissent à lui extorquer la permission d'aller aux toilettes. En fait, il n'y en a qu'une qui y va pour des raisons physiologiques. Les deux autres entrent dans le même WC et partagent avec bonheur le même vice : une délicieuse Merit, que tout le monde considère comme la cigarette la plus nocive de toutes.

---

[*] Ode d'Ugo Foscolo (1799).

Giacci revient. Toutes les filles regagnent leurs places. Elles écoutent attentivement l'explication sur la métrique latine. Certaines marquent les accents et recopient la phrase écrite au tableau. D'autres, sûres d'être interrogées, révisent la version.

Benucci n'y tient plus. Elle dépèce de nouveau sa pizza. Derrière elle, les deux filles mâchent un chewing-gum pour tenter de chasser l'odeur de nicotine. Au fond de la classe une autre suit tranquillement la leçon. Son mal de ventre a disparu.

– Alors, pour mercredi prochain, vous irez de la page 242 à la page 247 : traduction et lecture en métrique avec une connaissance parfaite de la règle des accents.

Babi ouvre son agenda et marque au mercredi les devoirs à faire. Puis, presque sans le vouloir, elle le feuillette et regarde en arrière. Des pages colorées et pleines d'écriture défilent sous ses yeux. Fêtes, anniversaires, phrases sympa de Pallina, notes des contrôles. Jugements sur les films vus au cinéma, amours possibles, impossibles, passées.

« Marco T.V.B. » Elle s'arrête. Elle regarde ce qui est écrit en rouge, là, en bas de la page. Un petit cœur à suivre. Novembre. Oui, c'était en novembre. Et elle était follement amoureuse.

Novembre, six mois plus tôt.

– Maman, il n'est rien arrivé pour moi ?

– Si, il y a une lettre à la cuisine. Je l'ai posée sur la table.

Babi court tout de suite à la cuisine et trouve la lettre. Elle reconnaît l'écriture et l'ouvre, toute contente. Il y a quatre mois qu'ils sont ensemble. Sa plus longue histoire. En fait, pratiquement sa seule histoire. Elle lit la lettre :

Chère Babi

En ce jour si important (la découverte de l'Amérique ? Bien plus ! Le premier homme sur la lune ? Bien plus ! L'inauguration du Gilda *? On y est presque !...) Hé, petite, je plaisante ! Aujourd'hui il y a quatre mois que nous sommes ensemble, et j'ai décidé que ça doit être pour toi un jour spécial, heureux,* *superbe, romantique. Tu es prête ? Prends ta Vespa au garage, et sors. Parce que ta « chasse au trésor » a commencé. « Trésor » dans le sens d'amour. Exactement ce que j'éprouve pour toi.*

Marco.

PS : Le premier message est : C'est un parc où tu vas, mais la nuit certainement pas, / on the left *il y a le troisième* tree, */ en anglais* naturaly. */ Si tu creuses à cet endroit / tu trouveras un cadeau pour toi. / Tu es prête ? Vas-y !*

Babi referme la lettre et réfléchit. Le parc, c'est celui de la Villa Glori, où elle va toujours courir. En anglais ? mais pour qui me prend-il ? C'est très facile, c'est le troisième arbre à gauche quand on entre.

– Maman, je sors.

– Où vas-tu ?

– Je vais apporter quelque chose à Pallina.

Babi met son blouson en daim.

– A quelle heure reviens-tu ?

– Pour le dîner. Je travaillerai chez elle.

Raffaella apparaît sur le pas de la porte.

– Ne sois pas en retard, je te le demande.

– S'il y a un changement, je te téléphone.

Babi sort rapidement, puis elle s'arrête devant la porte et revient en arrière. Elle embrasse en vitesse sa mère sur la joue et elle file. Arrivée dans la cour, elle ouvre lentement, sans faire de bruit, le rideau de fer du garage. Elle sort sa Vespa et, sans la mettre en route, s'engage dans la descente. Mais juste au moment où elle aborde le virage, elle regarde en haut. Raffaella est sur le balcon, leurs regards se rencontrent.

– Maman, en autobus, c'est trop long.

– Prends au moins une écharpe.

– Je remonte le col de mon blouson, je n'ai pas froid, vraiment. Ciao.

Babi passe la seconde. La Vespa freine un peu, puis elle démarre d'un seul coup et bondit en avant à plein gaz. Babi baisse la tête en passant de justesse sous la barre que Fiore a rapidement relevée. Elle fait tout le corso di Francia et arrive au parc de la Villa Glori. Elle met la Vespa sur sa béquille et entre en courant dans le parc. Quelques femmes promènent leurs enfants. De jeunes sportifs font du footing. Babi s'approche du troisième arbre à gauche. En bas, près des racines, il y a un petit buisson. Elle le déplace. Un sac en plastique est caché en dessous. Elle le prend. Heureuse et impénétrable, elle retourne vers sa Vespa. Elle ouvre le sac : dedans il y a une superbe écharpe en cachemire bleu et un billet : *Tu ne l'as sûrement pas, tu n'en portes presque pas ! Tu as toujours la gorge enflammée, / et tu te mets à tousser. Maintenant bien couverte de cette maille, / va au grand centre de la RAI**. *Là, il y a un cheval de pierre, / ce que tu attends, fais-le, courage, sois fière. / Quand tu y arriveras, / quelque chose d'autre tu trouveras.*

Babi monte sur sa Vespa et sourit, amusée par ce jeu romantique. Elle met l'écharpe autour de son cou. Elle est chaude et douce. Vraiment un beau cadeau. Et utile, vu le froid qu'il fait. Maman a raison. Marco est vraiment un trésor. Sûr qu'il a été un peu imprudent. Et si quelqu'un d'autre l'avait trouvée ? Maintenant elle est partie. Elle démarre la Vespa et roule à toute vitesse vers la piazza Mazzini. Elle s'arrête devant la petite cour entourée d'une haute grille électrifiée. Babi descend de la Vespa et entre. Le gardien, intrigué, la regarde. Puis son attention est détournée par un monsieur chargé d'une petite valise qui demande un renseignement. Babi en profite. Elle s'approche du cheval. Sur le ventre on a dessiné à la craie blanche une flèche qui va vers le bas. Elle pense que Marco est fou. Elle regarde mieux. Il y a un autre paquet. Elle le prend. Le gardien n'a rien vu. Cette fois, elle trouve une paire de lunettes. De magnifiques Ray-Ban dernier modèle, les toutes petites rectangulaires. Naturellement, il y a un autre billet. La prochaine étape est une adresse. 48, via Cola di Rienzo. La Vespa part à toute vitesse. Un peu à cause du pot d'échappement qu'elle vient juste de trafiquer, comme ils le font tous pour aller plus vite, un peu parce que sa curiosité augmente.

Babi arrive à la nouvelle adresse. C'est un magasin. Elle le regarde, effarée. Un magasin de lingerie. Ses ensembles tout simples en coton blanc, c'est toujours sa mère qui les lui a achetés. Babi entre en hésitant. Elle regarde autour d'elle.

---

* Radio italienne.

Derrière le comptoir une jeune vendeuse est en train de ranger des ensembles en satin gris qu'elle vient de recevoir. Babi relit la fin de son billet.

Quand ton nom tu diras, / de nouvelles choses tu mettras.

La vendeuse la voit et s'approche d'elle.

– Je peux vous aider ?

– Je crois que oui, je suis Babi Gervasi.

– Ah oui, bien sûr – La vendeuse lui fait un gentil sourire – Nous vous attendions – Elle passe derrière le comptoir – Voici pour vous. Choisissez celui qui vous plaît le plus.

Elle pose trois ensembles de sous-vêtements sur le comptoir. Ils sont tous les trois en satin. Le premier est un body noir, avec des dessins transparents sur la poitrine et de fines bretelles. Le second est un deux-pièces rose pâle avec des dessins légèrement plus clairs. Le dernier est couleur prune avec de fines bretelles et un slip légèrement échancré. Babi les regarde. Elle s'arrête sur chacun d'eux sans avoir le courage de lever la tête. Elle est embarrassée. La vendeuse, s'en apercevant, essaye de l'aider.

– Je pense que c'est celui-ci qui vous conviendrait le mieux – Elle prend le haut de l'ensemble rose pâle en le lui montrant – Vous avez la peau si claire. Il vous ira très bien.

Babi lève timidement les yeux.

– Oui, moi aussi je le pense. Alors je prends celui-ci. Merci.

Babi s'éloigne du comptoir en attendant que l'aimable vendeuse fasse un paquet. Elle regarde dans le magasin. Un mannequin à l'air froid porte un ensemble très sexy. Babi l'imagine sur elle.

– Mademoiselle ? – Babi se retourne vers la vendeuse – Voilà. Le jeune homme qui est venu, et qui est sans doute votre petit ami...

– Oui, en un sens.

– ... m'a dit qu'après avoir choisi l'ensemble, il faudrait que vous le mettiez.

– Mais... vraiment...

– Sinon, je n'ai absolument pas le droit de vous donner le prochain billet. C'est ce qu'il a dit.

– J'ai compris. Merci.

Babi prend l'ensemble rose et va dans la cabine d'essayage. La vendeuse lui tend un sac du magasin à travers le rideau. « Tenez. Vous pourrez y mettre vos sous-vêtements. » Babi se change, puis elle se regarde dans la glace. La jeune vendeuse avait vraiment raison. Ce deux-pièces lui va réellement bien. Une pensée lui traverse l'esprit. Que va dire sa mère quand elle verra ce truc dans le linge sale ? Je dirai que c'est Pallina qui me l'a offert, comme ça, pour se moquer de moi. Peut-être avec Cristina et quelques autres. Babi se rhabille et sort de la cabine d'essayage. La vendeuse lui fait confiance. Sans regarder dans le sac, elle lui remet le nouveau billet. Puis, rêveuse, elle la regarde partir. Cette petite est assez mignonne pour que quelqu'un puisse faire ce jeu rigolo avec elle. Peut-être que ce soir la vendeuse reprochera à son petit ami de ne pas avoir autant d'imagination. Il aura intérêt à se dépêcher. Certaines folies ne sont amusantes qu'à un certain âge.

Babi met quelque temps à comprendre quelle est la nouvelle étape. Pour finir, elle va au jardin des Pini. Dans ce petit parc proche de son école il y a un banc où ils se sont souvent embrassés, Marco et elle. Sous le banc elle trouve une enveloppe avec un billet de loterie et un nouveau message. La chasse continue. Elle va dans une petite bijouterie du centre, et là elle doit chanter une chanson devant quelques clients. Une vendeuse lui remet alors de magnifiques boucles d'oreilles avec des turquoises, et un autre billet. Chez Benetton, une veste et une jupe *bordeaux** l'attendent. Le message suivant l'envoie dans une boutique de la via Veneto où, en résolvant un rébus, elle trouve de superbes chaussures en cuir de la même couleur que l'ensemble. Puis la chasse la conduit dans la via di Vigna Stelluti. La vieille fleuriste, qui se trouve juste à droite avant d'arriver sur la place, lui tend une belle orchidée et un autre message. Chez Euclide, son gâteau préféré est déjà payé. Pendant qu'elle mange une tartelette aux fruits couverte de crème, la caissière lui remet le dernier billet : *Ton gâteau préféré, / tu l'as déjà bien grignoté, / mais il te manque encore quelque chose. / A moins que tu ne sois trop fatiguée ? / Si tu ne peux pas vivre sans, cours vite à la case départ.*

Babi avale le dernier morceau de tarte, celui du milieu avec les demi-grains de raisin. Elle s'essuie la bouche, puis elle sort. Elle démarre sa Vespa et descend par la via di Vigna Stelluti. Si sa mère la rencontrait maintenant, elle ne la reconnaîtrait pas. Elle a un superbe tailleur bordeaux, d'élégantes chaussures en cuir, les petites Ray-Ban, de splendides boucles d'oreilles avec des turquoises, une orchidée enfilée dans les cheveux, et dans sa poche une richesse potentielle : le billet de loterie. Mais si elle la voyait, Raffaella serait contente. Maintenant, sa fille a une écharpe chaude en cachemire autour du cou. Babi tourne piazza Euclide et s'arrête devant la grille de Villa Glori. Juste à l'endroit où a commencé la chasse au trésor. Elle reconnaît la GTI bleue. Elle entre en courant. Marco est là, appuyé à un arbre. Babi court à sa rencontre et l'embrasse. Marco sort de derrière son dos une rose qu'il avait cachée jusque-là.

– Tiens, mon trésor. Bon anniversaire.

Babi, heureuse, regarde la rose. Puis elle lui jette de nouveau les bras autour du cou et l'embrasse avec passion. Elle est vraiment amoureuse. Comment pourrait-elle ne pas l'être avec tout ça ? Marco l'éloigne légèrement de lui, en la tenant toujours par les épaules.

– Fais-toi voir... Tu es magnifique, habillée comme ça, très chic. Mais qui a choisi toutes ces belles choses ?

Marco arrange l'écharpe autour du cou de Babi. Elle le regarde en souriant, avec ses grands yeux bleus.

– Toi, mon trésor.

Marco l'embrasse. Ils se dirigent vers la sortie.

– Tu peux laisser ta Vespa ici ?

– Pourquoi ? Où allons-nous ?

– Prendre un apéritif et peut-être manger quelque chose après.

– Il faut que j'avertisse ma mère.

Babi monte dans la GTI. Marco se charge gentiment de mettre l'antivol à la roue arrière de la Vespa. Puis il monte dans la voiture et ils s'éloignent rapidement dans la circulation du soir. Babi téléphone à sa mère. Elle et Claudio sont en train de jouer aux cartes chez les Bonnelli. Raffaella est tellement prise par le jeu qu'elle écoute distraitement ce que lui dit Babi. On va manger une pizza. Il y a aussi Marco, mais avec un petit groupe de copains, évidemment. La Vespa, elle la laisse chez Pallina, elle ira la rechercher demain. Marco lui a offert une écharpe. C'est peut-être justement cette dernière nouvelle qui fait plaisir à Raffaella. Babi a la permission de sortir.

Ils mangent chez Matriciano, une pizzeria de la via dei Grachi in Prati, très célèbre parce que des acteurs et des personnalités connues y viennent.

Babi et Marco parlent de la chasse au trésor. Elle dit qu'elle s'est beaucoup amusée. Que tout lui a plu, et que ses copines vont être vachement jalouses. Marco minimise mais n'arrive pas à cacher à quel point il est fier de cette idée.

Il plaisante sur le fait qu'il est allé Villa Glori en craignant qu'elle n'ait pas compris certains messages, et qu'elle n'arrive jamais. Babi fait semblant d'être vexée. Marco lui sourit. Babi se touche les cheveux. Marco lui caresse la main. Entre un acteur connu avec une jolie fille pas encore connue. Elle le sera vite, du moins dans *Novella 2000** si l'on en juge par la façon dont elle se comporte. Un serveur salue l'acteur et lui trouve tout de suite une place. Babi le remarque. Elle se retourne plusieurs fois pour le regarder et le dit aussi à Marco. Lui, il lui sert à boire en prenant un air suffisant et semble se désintéresser de la nouvelle. La plupart des personnes qui sont là s'obligent à faire comme Marco. Mais quelques-unes ne résistent pas et se retournent pour regarder l'acteur. D'autres le saluent, fières de pouvoir montrer que c'est un de leurs amis. L'acteur salue à son tour, puis il confie à la jolie fille qu'il ne sait pas qui sont ces gens. Elle rit plus ou moins sincèrement. Peut-être deviendra-t-elle vraiment une assez bonne actrice. Un certain nombre de clients continuent à manger en faisant comme s'ils le voyaient tous les jours. En fait, on ne comprend pas très bien pourquoi le Matriciano marche si bien. Les gens y vont pour rencontrer des célébrités, mais quand elles arrivent, ils font tous semblant de ne pas les voir.

Plus tard, ils font une courte promenade dans le centre. Ils entrent chez Giolitti et prennent une glace. Babi se bat presque avec le serveur pour avoir une double ration de chantilly. Marco paie un supplément pour la contenter. Puis, en parlant encore de la glace, du serveur, de Giolitti et de la double ration de chantilly, ils ne se rendent même pas

---

* Émission télévisée de grande écoute.

compte qu'ils sont arrivés chez Marco. Ils ouvrent tout doucement la porte pour ne pas réveiller les parents. Ils marchent sur la pointe des pieds jusqu'à sa chambre. Ils ferment la porte et allument tranquillement la radio. Ils la baissent. Un tendre baiser les conduit vers le lit. A la radio une chaude voix féminine annonce une seconde plage romantique. Un rayon de lune entre sans se gêner par la fenêtre. Dans cette pénombre magique, Babi se laisse caresser. Lentement Marco reprend le tailleur qu'il lui a offert. Elle reste en soutien-gorge et petite culotte. Lui l'embrasse entre le cou et l'épaule, en lui caressant les cheveux, il effleure son sein, son petit ventre lisse. Puis il se redresse et la regarde.

Babi est sous lui. Timide et un peu effrayée, elle le fixe. Marco lui sourit. Ses dents blanches apparaissent dans la pénombre.

– J'étais sûr que tu choisirais ce petit ensemble. Tu es adorable.

Babi entrouvre les lèvres. Marco se penche sur elle et l'embrasse. Elle, presque immobile, fragile et douce, accueille son baiser. Cette nuit, à la radio, ils passent les plus belles chansons jamais composées. Ou du moins c'est ce que Babi et Marco pensent. Marco est doux et tendre et il insiste longuement pour avoir quelque chose de plus. Mais ça ne sert à rien. Il a seulement le plaisir et la chance de voir comment elle est sans le poids de quelques vêtements, rien de plus. Plus tard il la ramène chez elle. Il l'accompagne jusqu'à la porte et l'embrasse tendrement en cachant sa rage. Puis il repart en conduisant très vite dans la nuit. Il se rappelle cette chanson de Battisti qui parle d'une fille qui est comme un gâteau couvert de chantilly. Une fille contente de ne pas être mangée.

« Oui, pratiquement comme elle, et je n'en ai goûté qu'une cuillerée. » Puis il pense à toute la chasse au trésor, à tout ce qu'il a dépensé. Le temps qu'il a mis pour faire ces vers. Les endroits qu'il a choisis, et tout le reste. Alors il tourne et décide d'aller au Gilda. Une autre pensée lui enlève ses derniers scrupules. Après tout, elle l'a eue, elle, sa glace avec double ration de chantilly.

13

Les souvenirs...

Brusquement il y a un silence bizarre. La classe est comme immobile, suspendue dans l'air. Babi regarde les filles autour d'elle, ses camarades. Sympathiques, antipathiques, maigres, grosses, belles, laides, mignonnes. Pallina. Certaines feuillettent rapidement leur livre, d'autres, soucieuses, relisent leur leçon. L'une d'entre elles, particulièrement nerveuse, se masse les yeux et le front. Une autre se penche sur le côté en essayant de se cacher. Le moment de l'interrogation est arrivé. Giacci passe son index punitif sur la liste des élèves. C'est du cinéma. Elle sait déjà où elle va s'arrêter.

– Giannetti !

Une fille se lève en laissant sur sa chaise un peu de ses espoirs et de sa bonne mine.

– Festa !

Silvia prend, elle aussi, son cahier. Elle a réussi de justesse à recopier la version. Elle avance entre deux rangées de tables, puis elle s'approche du bureau et remet son cahier au professeur. Elle s'installe près de la porte, à côté de Giannetti. Les deux filles se regardent d'un air désespéré, cherchant à se donner du courage dans ce dramatique sort commun. Giacci quitte la liste des yeux et regarde autour d'elle. Certaines élèves soutiennent son regard pour montrer qu'elles sont tranquilles et sûres d'elles. L'une d'elles, qui n'a rien préparé, bluffe outrageusement, comme si elle s'offrait. Tous les cœurs appuient un peu sur l'accélérateur.

– Lombardi.

Pallina se lève. Elle regarde Babi. Elle semble lui adresser un dernier adieu. Puis elle se dirige vers le tableau, condamnée d'avance à une note inférieure à la moyenne.

Pallina se met entre Giannetti et Festa, qui lui sourit. Puis elle lui murmure un « Essayons de nous aider » qui fait tomber Pallina dans le découragement le plus total. La première à être interrogée, c'est Giannetti. Elle traduit un passage de la version en butant sur quelques accents. Elle cherche désespérément des mots qui rendent assez bien en italien. Elle ne trouve jamais de quel verbe vient un passé composé difficile. Elle en devine presque par hasard le participe présent, mais ne trouve jamais le gérondif. Silvia Festa hésite sur la première partie de la traduction, la plus facile. Elle ne comprend pas un verbe, même de façon approximative. Elle admet pratiquement qu'elle a copié sa version. Puis elle raconte une drôle d'histoire sur sa mère, qui ne va pas très bien en ce moment, comme elle, du reste. Elle décline, on ne sait trop comment, un nom de la troisième déclinaison. Pallina joue une scène muette. Elle est tombée sur la troisième partie de la version, la plus difficile. Elle la lit à toute vitesse, sans se tromper sur un seul accent. Et là elle s'arrête. Elle tente une traduction hasardeuse de la première phrase. Mais elle donne une interprétation trop fantaisiste à un accusatif qui n'est pas à sa place. Babi regarde son amie avec inquiétude. Pallina ne sait que faire. A sa place, Babi ouvre son livre. Elle lit le passage. Elle contrôle sur le cahier de sa copine, la forte en thème, la phrase que celle-ci a traduite correctement. Puis, avec un léger murmure, elle attire l'attention de Pallina. La prof regarde par la fenêtre, d'un air de suffisance excédée, en attendant les réponses qui ne viennent pas.

Babi se couche sur son bureau et, cachée par celle qui est devant elle, souffle à son amie la traduction exacte du passage. De la main, Pallina lui envoie un baiser, puis elle répète à haute voix, dans un ordre parfait, tout ce que Babi vient de lui souffler. Giacci, entendant brusquement les mots justes, dans le bon ordre, se tourne vers la classe. C'est trop parfait pour que ce ne soit qu'un hasard. Dans la classe, tout est redevenu normal. Les filles sont toutes à leur place, immobiles. Babi, assise correctement, regarde Giacci avec des yeux ingénus et innocents. Pallina, défiant presque le sort, sourit.

– Excusez-moi, madame, je m'étais un peu embrouillée, j'ai buté sur un mot, mais cela arrive aussi aux meilleurs, n'est-ce pas ?

En général, la traduction est suivie d'une interrogation sur les verbes, et Pallina est un peu plus sûre d'elle dans ce domaine. Le pire est passé. Giacci sourit.

– Très bien, Lombardi. Allons, traduisez-moi encore une petite phrase. Voici : jusqu'à *habendam.*

Pallina retombe dans le découragement le plus total. Le pire est encore à venir. Heureusement Giacci recommence à regarder dehors. Babi lit la traduction de la nouvelle phrase, puis elle attend quelques secondes. Tout est tranquille. Elle s'aplatit de nouveau sur son bureau pour souffler à son amie. Pallina jette un rapide coup d'œil sur Giacci. Puis elle regarde vers Babi, prête à reprendre le petit jeu. Mais au même moment la prof se retourne lentement. Elle se penche en avant et prend Babi en flagrant délit de soufflage. Avec la main autour de la bouche. Babi, comprenant qu'elle est découverte, se redresse brusquement. Elle voit la prof. Leurs regards se croisent entre les dos de quelques compagnes immobiles. Satisfaite, Giacci sourit.

– Très bien. Nous avons une jeune fille qui a vraiment bien préparé, dans cette classe. Gervasi, puisque vous connaissez si bien la version, venez donc traduire le dernier passage.

Pallina, se sentant coupable, interrompt Giacci.

– Madame, excusez-moi, mais c'est de ma faute, c'est moi qui lui ai demandé des explications.

– Très bien, Lombardi. J'apprécie. C'est très noble de votre part. En effet, personne ne discute le fait que vous ne sachiez absolument rien. Mais maintenant je voudrais entendre Gervasi. Venez, venez, s'il vous plaît.

Babi se lève, mais reste à sa place.

– Madame, je n'ai pas préparé.

– Entendu, mais venez quand même, venez.

– Je ne vois pas pourquoi je devrais aller jusque là-bas pour vous dire la même chose. Je n'ai pas préparé. Excusez-moi, mais je n'ai pas pu travailler. Mettez-moi une note en conséquence.

– Très bien, alors je vous mets deux. Vous êtes contente ?

– Autant que Catinelli quand elle ne passe pas ses versions !

Dans la classe, tout le monde rit. Giacci tape d'une main sur la feuille de présence.

– Silence ! Gervasi, apportez-moi votre carnet : je veux voir si vous serez également contente du mot que vous devrez faire signer. Et vous me direz surtout si votre mère en a été contente.

Babi apporte son carnet au professeur, qui écrit rapidement et rageusement quelque chose. Puis elle referme le carnet et le lui rend.

– Demain je veux le voir signé.

Babi pense qu'il y a des choses pires dans la vie, mais qu'il est peut-être préférable de ne pas donner trop de publicité à cette pensée. Elle retourne en silence à sa place. Silvia Festa se tape un cinq. C'est déjà trop pour cette pitoyable interro. Ses excuses ont sans doute été appréciées. Mais, là aussi, elle devrait essayer de faire mieux. Avec toutes ces maladies, sa mère finira tôt ou tard par mourir.

Pallina regagne son banc avec un beau quatre qui, lui, n'a vraiment rien de noble. Giannetti arrive à avoir tout juste la moyenne. En lui mettant cette note, Giacci la gratifie d'un proverbe latin. Giannetti fait une drôle de grimace en s'excusant, parce qu'elle ne sait pas trop quoi dire. En réalité elle n'y a rien compris. Plus tard, Catinelli, sa compagne de banc, lui fait la traduction. C'est l'histoire macabre d'un type qui n'a qu'un œil et qui est tout content de vivre dans un endroit plein d'aveugles. Babi ouvre son agenda. Elle va à la fin, aux dernières pages. Près d'une liste alphabétique de ses copines elle a mis une feuille où elle écrit le nom de toutes celles qui ont été interrogées. Sur la feuille de latin, elle met une petite croix devant Giannetti, Lombardi et Festa. Avec Silvia s'achève le deuxième tour des interros. Ensuite Babi met une petite croix devant son propre nom. Première interrogée du nouveau tour. Pas terrible de commencer avec un deux. Coup de pot, les autres notes sont bonnes. Sa moyenne de maths devrait au moins être de 6/10. Elle referme le carnet. Une fille de la rangée d'à côté lui lance un billet. Babi le cache tout de suite. Giacci est en train de choisir la nouvelle version pour la semaine suivante. Babi lit le billet : *Bravo, formidable ! Je suis fière d'avoir une copine comme toi. Tu es un chef. P.* Babi sourit, comprend aussitôt qui est ce P. Elle se tourne vers Pallina et la regarde. Elle est vraiment trop sympa. Elle met le billet dans son agenda. Puis, brusquement, elle se souvient du mot de la prof. Elle le lit aussitôt.

A Madame Gervasi. Votre fille est venue au cours de latin sans avoir rien préparé. Et comme si cela ne suffisait pas, lorsqu'elle a été interrogée, elle a répondu avec insolence. Je tiens à vous informer de ce comportement. Cordialement. A. Giacci.

Babi referme le cahier. Elle regarde la prof. C'est une vraie conne. Ensuite elle pense à sa mère. Un mot, dis donc ! Elle va certainement la punir. Elle va en faire toute une histoire. Et Dieu sait quoi d'autre encore. Il y a au moins une chose dont elle est sûre : sa mère ne lui dira jamais : « Bravo Babi, tu es un chef. »

14

Un chien-loup galope sur la plage avec un bâton dans la gueule. Il rassemble ses pattes puis les détend d'un seul coup, en effleurant le sable et en faisant jaillir des éclaboussures. Il rejoint Step, lui laisse retirer le bâton de sa gueule en bavant un peu. Puis il se couche, la tête penchée entre ses pattes allongées devant lui. Step fait semblant de jeter le bâton à droite. Le chien amorce un bond, mais il s'aperçoit que ce serait inutile. Step fait de nouveau semblant. Finalement, il lance le bâton très loin, dans l'eau. Le chien part. Il plonge dans la mer sans hésiter. La tête levée, il avance dans les petites vagues, contre un léger courant. Le bout de bois flotte un peu plus loin. Step s'assied pour regarder. C'est une belle journée. Il n'y a encore personne. Brusquement un grand bruit. Une forte lumière. Le chien disparaît. L'eau aussi, la mer, les montagnes lointaines, les collines de droite, le sable.

– Bon Dieu, qu'est-ce qui se passe ?

Step se retourne dans son lit en se couvrant le visage avec son oreiller.

– Merde, c'est quoi cette invasion ?

Pollo, après avoir remonté le store, ouvre la fenêtre.

– *Mamma mia !* quelle puanteur ! Vaut mieux ouvrir un peu. Tiens, je t'ai apporté des sandwichs.

Pollo jette le sac vert de chez Euclide sur le lit. Step se redresse et s'étire brièvement.

– Qui t'a ouvert ? Maria ?

– Oui, elle est en train de faire du café.

– Mais quelle heure est-il ?

– Dix heures.

Step sort du lit.

– Putain ! T'aurais pas pu me laisser dormir un peu plus longtemps ?

Step va à la salle de bains. Il relève la lunette des WC ? qui tape contre les carreaux en faisant un bruit sec. Dans l'autre pièce, Pollo lit *Il Corriere dello sport* et hausse un peu la voix.

– Tu dois m'accompagner pour aller chercher ma bécane chez Sergio. Il m'a téléphoné qu'elle était prête. Oh, tu as vu que la Lazio a engagé Stan, le défenseur de Manchester ? Il est trop fort ce Jap.

Pollo commence à lire un article, puis, entendant que Step n'a toujours pas fini :

– Mais quoi ? t'as bu tout un fleuve ?

Step tire la chasse.

Il retourne dans sa chambre et prend le sac de chez Euclide.

– Je te pardonne uniquement parce que tu es venu avec ça.

Puis, suivi de Pollo, il va à la cuisine. La cafetière encore fumante est posée sur un petit plateau en bois. A côté il y a une casserole avec du lait chaud, et dans l'habituelle brique en carton, du lait froid, genre lait entier.

Maria, la bonne, est une petite dame d'environ cinquante ans. Elle sort du débarras d'à côté où elle vient juste de finir de repasser.

– Maria, vous le voyez celui-là ? – Step montre Pollo – Quoi qu'il fasse ou qu'il dise, il ne doit pas entrer dans cette maison avant onze heures.

Maria, un peu inquiète, le regarde.

– Je lui ai dit que vous vouliez dormir. Mais vous savez ce qu'il m'a répondu ? Que si je n'ouvrais pas il défonçait la porte.

Step regarde Pollo.

– T'as dit ça à Maria ?

– Mais vraiment...

Pollo sourit. Step fait semblant d'être en colère.

– Tu lui as dit ça ? Tu terrorises Maria ? – Step attrape au vol le cou trapu de Pollo et le coince sous son bras en lui immobilisant la tête – Tu as dit ça, hein ? Tu joues au fasciste chez moi, alors que ce ne sont pas tes oignons.

Il prend la casserole de lait bouillant et l'approche du visage de son copain. Pollo sent la chaleur et hurle en exagérant.

– Aïe, Step, ça brûle, merde tu me fais mal !

Step serre un peu plus.

– Ah, maintenant tu dis des gros mots, mais alors t'es givré. Fais tout de suite des excuses à Maria. Allez, fais-lui des excuses.

Maria regarde la scène d'un air embêté. Step approche encore plus la casserole du visage de Pollo.

– Aïe ! Tu m'as brûlé. Mes excuses, Maria, toutes mes excuses.

Maria se sent responsable de tout ce qui est en train de se passer.

– Step, lâchez-le. Je me suis trompée. Il n'a pas dit qu'il allait défoncer la porte. C'est moi qui ai mal compris. Voilà, il a dit qu'il repasserait plus tard. Oui, maintenant je m'en souviens, c'est ce qu'il a dit.

Step lâche Pollo. Les deux copains se regardent. Puis ils éclatent de rire. Maria les observe sans bien comprendre. A un certain moment Step se reprend.

– D'accord, Maria. Merci. Mais ce type avait besoin d'une leçon. Vous pouvez partir. Vous verrez que dorénavant il se conduira mieux.

Maria regarde Pollo d'un air ennuyé. D'un coup d'œil, elle essaye de lui faire comprendre qu'elle ne voulait pas qu'on en arrive là. Puis elle prend le linge qu'elle vient de repasser et l'emporte. Step, amusé, la regarde s'éloigner. Ensuite il se tourne vers Pollo.

– Mais quoi, tu es con ou quoi ? Tu terrorises ma bonne ?

– Mais elle ne voulait pas m'ouvrir.

– D'accord, mais toi tu lui dis s'il te plaît ? Non, tu lui dis que tu défonces la porte. La prochaine fois, ta sale gueule je la brûle réellement.

– Alors laisse-moi les clés, non ?

– Oui, comme ça quand je ne suis pas chez moi, tu ratisses la maison.

– Mais quoi, tu rigoles ? Tu penses vraiment que je pourrais faire une chose pareille ?

– Non, peut-être pas. Mais dans le doute il vaut mieux ne pas te donner cette occasion.

– T'es vraiment dégueulasse, rends-moi mes sandwichs.

Step sourit et en fait immédiatement disparaître un en le

dévorant. Pollo ouvre le journal et fait semblant d'être vexé. Step se verse du café, puis il y met un peu de lait chaud et un peu de lait froid. Ensuite il regarde Pollo :

– Tu veux du café ?

– Oui, répond-il d'un air faussement détaché – Il n'est pas encore décidé à céder sur toute la ligne. Step lui en verse un peu dans une tasse.

– Allez, je me douche et je vais avec toi chercher la bécane.

Pollo boit un peu de café.

– Seulement, il y a un petit problème. Il me manque deux cents euros.

– Mais comment, avec tout ce que t'as raflé hier soir ?

– J'avais un tas de dettes. J'ai dû payer les notes de bouffe, de teinturerie, et je devais rendre des sous à Furio, ceux du Totocalcio*.

– Merde, pourquoi joues-tu si tu n'as jamais le rond ?

– C'est pour ça, je tente ma chance. De toute façon j'ai gardé cent cinquante euros pour la bécane. Mais Sergio m'a téléphoné et m'a dit qu'il avait dû changer aussi l'autre piston, les coussinets et tout le reste. Et il a refait le plein d'huile et d'autres trucs dont je ne me souviens pas. Morale : quatre cents euros. Merde, la moto j'en ai besoin. Ce soir il y a la course, où je devrais me faire au moins un billet de mille. Toi, qu'est-ce que tu fais ? Tu viens ?

– Je ne sais pas. En attendant il faut trouver les deux cents euros.

– Oui, sinon on va nulle part.

– *Tu* vas nulle part.

Step lui sourit, puis il va dans la chambre de Paolo, son frère. Il commence à fouiller dans une veste. Il ouvre les tiroirs de l'armoire. Puis il passe à la table de nuit. Pollo est sur le pas de la porte et le regarde. Il observe. Step s'en aperçoit.

– Putain, qu'est-ce que tu fous, planté là. Tu te mets à espionner chez moi ? Allez, donne-moi un coup de main !

Pollo ne se le fait pas dire deux fois. Il passe de l'autre côté du lit. Il ouvre le tiroir de la seconde table de nuit.

---

* Loto sportif.

– C'est un mec prudent, ton frère, hein ? – Pollo regarde Step. Il a une boîte de préservatifs dans la main et arbore un sourire idiot.

– Prudentissime ! Il est si prudent qu'il ne laisse même plus traîner un demi-euro.

– Ben, il a raison ! Après toutes les fois où on l'a ratissé.

Pollo fourre trois préservatifs dans sa poche avant de remettre la boîte à sa place. Malgré tout, c'est un optimiste. Step cherche encore dans quelques cachettes possibles.

– Rien à faire. Pas la moindre merde, nulle part. Et moi je n'ai même pas un euro à te filer.

Maria passe devant la porte avec quelques tee-shirts et sweat-shirts de Step dans la main droite, et les chemises de Paolo, parfaitement repassées, dans la gauche. Pollo la montre de la tête.

– Et à elle ? On peut lui demander ?

– Pas question ! Je lui dois encore l'argent des journaux de la semaine dernière.

– Alors, comment on fait ?

– J'y réfléchis. Le Sicilien et les autres sont encore plus fauchés que nous, donc pas la peine d'y penser. Et ma mère n'est pas là.

– Où est-elle ?

– Aux Canaries, je crois, ou aux Seychelles. De toute façon même si elle était ici, ça ne marcherait pas.

Pollo approuve. Il sait parfaitement quels sont les rapports de Step avec sa mère.

– Et ton paternel, il pourrait pas te les prêter ?

Step prend un tee-shirt qui vient d'être repassé et le met sur le lit où il a déjà préparé un boxer noir et un jean.

– Oui, aujourd'hui je vais bouffer chez lui. Il m'a appelé hier en me disant qu'il devait me parler. Je sais d'avance ce qu'il va me dire. Il va me demander ce que j'ai l'intention de faire avec la fac et tout le reste. Et moi qu'est-ce que je fais ? Au lieu de lui répondre, je lui dis : papa file-moi deux cents euros parce que je dois aller chercher la bécane de Pollo, hein ? Je dirais franchement non. Maria ! – La femme apparaît à la porte – Pardon, où est mon blouson bleu ?

– Lequel, Stefano ?

– Celui comme le blouson militaire vert, avec la seule différence qu'il est bleu, je l'ai acheté l'autre jour. Du genre de ceux des flics.

– Ah, je vois lequel, je l'ai mis dans l'entrée, dans l'armoire de votre frère. Je pensais qu'il était à lui.

Step sourit. Paolo avec un blouson de ce genre ! Ce serait tout un programme. Lui et ses costumes ! Step va dans le couloir, il ouvre l'armoire. Son blouson est là. Facile à trouver. C'est le seul au milieu de toutes ces vestes à carreaux et de ces complets gris.

Step en profite et fouille encore dans ceux-ci, rien à faire. Puis il retourne dans sa chambre. Pollo est sur le lit. Son portefeuille est ouvert. Il recontrôle ses finances en espérant un miracle qui ne se produit pas. Découragé, il le referme – Alors ?

– Réjouis-toi. J'ai trouvé la solution.

Pollo, plein d'espoir, regarde son copain.

– Et ce serait ?

– Les ronds, c'est mon frère qui va nous les filer.

– Et pourquoi il devrait te les filer ?

– Parce que je vais le faire chanter.

Pollo est plus tranquille – Ah d'accord ! Pour lui, racketter un frère est la chose la plus naturelle du monde. Pendant un instant il regrette d'être fils unique.

15

Paolo, le frère de Step, est dans son bureau. Très chic, assis devant une imposante table de travail, il contrôle les dossiers de M. Forte, l'un des clients les plus importants de la société financière. Paolo a fait ses études à la Bocconi*. Après avoir obtenu sa licence, avec félicitations du jury, il a quitté Milan et a immédiatement trouvé un excellent poste de conseiller fiscal. Après tout, c'est un bocconien. En réalité, c'est son père, avec toutes ses relations, qui l'a pistonné. Mais s'il a réussi à garder ce poste et qu'il jouit de l'estime générale, il ne le doit qu'à lui-même. Il faut quand même dire que dans cette société, on n'a jamais viré personne !

Une jeune secrétaire qui porte un chemisier de soie blanc cassé — peut-être un peu trop transparent pour cet univers financier où précisément la transparence n'est pas vraiment à l'ordre du jour — entre dans le bureau de Paolo.

– Monsieur ?

– Oui, dites-moi – Paolo lâche ses dossiers pour se consacrer entièrement au soutien-gorge de la secrétaire et, juste après, à ce qu'elle veut lui dire.

– C'est votre frère, avec un ami. Je les fais entrer ?

Paolo n'a pas le temps d'inventer une excuse, car Step et Pollo font irruption dans son bureau.

– Bien sûr que vous me faites entrer ! Merde, je suis son frère ! Le sang de son sang, mademoiselle. Nous partageons tout. Vous avez compris ? Tout – Step saisit le bras de la secrétaire, faisant ainsi allusion à l'éventuelle mais lointaine possibilité qu'entre cette jeune et jolie fille et Paolo il y ait d'autres liens que les dossiers et la liste des appels téléphoniques – C'est pour ça que moi je peux toujours entrer. Pas vrai Pa' ?

Paolo fait signe que oui.

---

* La faculté de droit milanaise la plus réputée.

– Bien sûr !

La secrétaire regarde Step : bien qu'elle soit plus habituée à avoir affaire à des messieurs plus âgés, sournois et cravatés, elle le traite avec respect.

– Excusez-moi, je ne le savais pas.

– Bon. Maintenant vous le savez.

Step sourit. La secrétaire regarde son bras que Step tient toujours.

– Je peux partir, maintenant ?

Paolo, qui, malgré ses nouvelles lunettes, ne s'est aperçu de rien, lui donne la permission :

– Bien sûr. Merci. Vous pouvez partir, mademoiselle. Restés seuls, Pollo et Step s'asseyent sur les deux fauteuils en cuir pivotants qui font face au bureau de Paolo. Step s'y vautre, littéralement. Puis, d'un coup de pied, il le fait tourner.

– Putain, tu les choisis bien, tes secrétaires – Step fait un tour complet et se retrouve en face de son frère – Dis la vérité, tu te l'es envoyée, hein ? Ou tu te l'es envoyée, ou tu as essayé de te l'envoyer, et elle n'a pas marché. Dans ce cas-là, tu la licencies, tu t'en fous.

Paolo le regarde, très embêté.

– Step, est-ce possible que je doive toujours te répéter les mêmes choses ? Quand tu viens ici, tu ne pourrais pas dire moins de grossièretés, faire moins de raffut ? Moi, ici je travaille. Tout le monde me connaît.

– Mais quoi ? Qu'est-ce que j'ai fait ? J'ai fait quelque chose, Pollo ? Dis-le-lui, toi aussi, que je n'ai rien fait.

Pollo regarde Paolo en essayant d'avoir l'air le plus convaincant possible :

– C'est vrai, il n'a rien fait.

Paolo soupire.

– De toute façon, c'est inutile de parler avec vous deux, c'est peine perdue. Comme hier soir. Je t'ai demandé mille fois, quand tu rentres tard, de faire doucement, et toi, rien. Tu fais toujours un vrai souk.

– Non, Pa', excuse-moi. Hier, quand je suis rentré, j'avais faim. Et moi, qu'est-ce que je devais faire, je ne bouffais pas ? Je me suis seulement préparé un steak.

Paolo fait un sourire ironique à son frère.

– C'est pas que je ne veuille pas que tu manges. Ce que je

discute, c'est la façon dont tu le fais, la façon dont tu fais tout... Toujours en faisant du bruit, en claquant les portes du réfrigérateur, en te fichant pas mal de savoir que je suis là, et que je dors et que je dois me lever tôt ! Toi, qu'est-ce que ça peut te faire ? Tu te lèves quand tu veux... Mais dis-moi, je sais qu'aujourd'hui tu déjeunes avec papa.

Step s'assied mieux.

– Oui, pourquoi ? Vous avez parlé de moi ?

– Non, c'est lui qui me l'a dit. Il vient de me téléphoner. Imagine si on a parlé de toi. Moi je ne sais jamais rien de toi – Paolo regarde mieux son frère – Tout ce que je sais, c'est que tu t'habilles toujours aussi mal, avec ce blouson noir, ce jean et ces baskets. Tu as vraiment l'air d'un voyou.

– Mais *je suis* un voyou.

– Step, arrête avec ces bêtises. Au fait, pourquoi es-tu venu ici ? Sérieusement... Quoi, tu as un problème ?

Step regarde Pollo, puis de nouveau son frère.

– Aucun problème. Mais il faudrait que tu me files trois cents euros.

– Trois cents euros ? Mais quoi, tu es fou ? Tu crois que l'argent je le trouve comme ça ?

– D'accord. Alors donne-m'en deux cents.

– Pas question. Je ne te donne rien du tout.

– Ah oui ? – Step se penche vers lui par-dessus le bureau. Paolo, effrayé, recule. Step lui sourit. Eh, frangin, du calme, je ne vais rien te faire, tu le sais – Puis il appuie sur l'interphone relié à la secrétaire. Mademoiselle, vous pouvez venir un instant ?

La secrétaire ne fait pas attention à la différence de voix.

– J'arrive tout de suite.

Step s'assied confortablement sur le fauteuil et sourit à Paolo.

– Alors, cher petit frère, si tu ne me donnes pas tout de suite les deux cents euros, quand ta secrétaire arrive, je lui arrache sa petite culotte.

– Quoi ?

Paolo n'a pas le temps d'en dire plus. La porte s'ouvre. La secrétaire entre.

– Oui, monsieur ?

Paolo essaye de s'en sortir.

– Rien, mademoiselle, vous pouvez disposer.

Step se lève.

– Non, mademoiselle, excusez-moi, attendez un instant.

Step s'approche de la secrétaire. La fille reste là, en les regardant tous les trois en silence, sans bien comprendre ce qu'elle doit faire. Cette situation ne s'inscrit pas tout à fait dans les devoirs qui lui incombent habituellement. Elle regarde Step d'un air interrogateur.

– Qu'y a-t-il ?

Step la regarde à son tour en souriant.

– Je voudrais savoir combien coûtent les petites culottes que vous portez.

La secrétaire a l'air très embarrassée :

– Mais, vraiment...

Paolo se lève.

– Step, ça suffit comme ça ! Mademoiselle, vous pouvez disposer.

Paolo prend son portefeuille dans la poche intérieure de sa veste, en sort quelques billets de cinquante euros et les met rageusement dans la main de Pollo. Pollo les compte, puis il fait signe à Step que tout est en ordre. Step laisse partir la secrétaire en lui faisant un sourire...

– Merci, mademoiselle, vous êtes extrêmement efficace. Sans vous, nous n'aurions vraiment pas su comment faire.

La secrétaire, l'air gêné, s'éloigne. Elle n'est pas complètement idiote, et surtout ça ne l'amuse pas du tout de dire à n'importe qui combien coûte sa lingerie intime. Paolo se lève de son fauteuil et fait le tour du bureau.

– Bon, vous avez l'argent. Maintenant dehors ! Vous m'avez suffisamment échauffé – Il est sur le point de les pousser dehors, mais il se reprend. Il vaut mieux les toucher verbalement – Step, continue comme ça, et tu auras des ennuis, comme d'habitude.

Step regarde son frère.

– Tu rigoles ? Quels ennuis ? Moi je n'ai jamais d'ennuis. Les ennuis et moi nous ne nous sommes jamais rencontrés. Le fric, je dois le prêter à un copain, quelqu'un qui a un petit problème, c'est tout.

Pollo, en entendant qu'il est question de lui, sourit avec gratitude à son ami – Et puis, Paolo, de quoi tu as l'air devant Pollo. Pour deux cents euros ! On dirait qu'il t'a demandé Dieu sait quoi. Et toi tu en fais toute une histoire !

Paolo s'assied sur le bord du bureau

– Je ne sais pas comment ça se fait, mais avec toi, c'est toujours moi qui finis par avoir tort...

– Ne dis pas ça, peut-être qu'à force d'être dans ce bureau, à tripoter tous ces sous, ça vous donne une sorte de maladie, et que vous n'arrivez plus à donner, à prêter quelque chose.

– Ah, parce qu'il s'agit d'un prêt ?

– Bien sûr, je t'ai toujours tout rendu, vrai ou faux ? – Paolo n'a pas l'air très convaincu. Ça s'est rarement passé comme ça. Step fait comme s'il ne voyait rien. Alors, de quoi tu t'inquiètes ? Je te rendrai aussi ceux-ci. Mais toi, tu ferais mieux de te distraire un peu. De t'amuser. Tu es pâle comme un mort. Pourquoi tu viendrais pas faire un petit tour en bécane avec moi ?

Dans un mouvement de sympathie débordante, Paolo enlève ses lunettes.

– Quoi ? Tu plaisantes ? Jamais. Plutôt mourir. A propos de mort... vu qu'il n'en était pas loin. Hier soir je suis allé au Tartarughino, et sais-tu qui j'y ai rencontré ?

Step écoute distraitement. Aucun de ceux qui l'intéressent ne pourrait aller au Tartarughino. Quoi qu'il en soit, il est décidé à faire plaisir à son frère. Il lui a quand même filé deux cents euros.

– Non, c'était qui ?

– Giovanni Ambrosini.

Step reçoit un grand coup. Un coup au cœur. Aussitôt la rage monte en lui, mais il le cache parfaitement.

– Ah oui ?

Paolo continue.

– Il était avec une belle femme, beaucoup plus grande que lui. Quand il m'a vu, il a regardé autour de lui avec inquiétude. Il avait l'air terrorisé. D'après moi, il avait peur que tu sois là, toi aussi. Puis, quand il a vu que tu n'étais pas là, il s'est calmé. Il m'a même souri. Si on peut qualifier de sourire l'espèce de grimace qu'il a faite. Il a la mâchoire toute de travers. Du reste tu le sais mieux que moi. Mais peut-on savoir pourquoi tu l'as arrangé de cette façon, tu ne me l'as jamais dit...

C'est vrai, pense Step. Il ne le sait pas. Il n'a jamais rien su. Step prend Pollo par le bras et se dirige vers la sortie. Arrivé à la porte, il se retourne. Il regarde son frère. Il est assis à son bureau. Avec ses petites lunettes rondes, ses cheveux parfaitement et coûteusement coiffés, habillé de façon impeccable, avec une chemise repassée exactement comme lui-même l'a appris à Maria. Non il ne pourra jamais savoir. Step lui sourit.

– Tu veux savoir pourquoi j'ai tabassé Ambrosini ?

Paolo fait un signe de tête

– Oui, éventuellement.

– Parce qu'il me disait toujours de mieux m'habiller.

Ils sortent tous les deux comme ils sont entrés. Insolents et rigolards. Avec cette démarche chaloupée, une démarche de durs. Ils passent à côté de la secrétaire. Step lui dit quelque chose. Elle le regarde sans bouger. Ensuite ils prennent l'ascenseur. Ils arrivent au rez-de-chaussée. Step salue le portier.

– Salut Martinelli. File-nous deux clopes, allez.

Martinelli tire de sa poche un paquet mou de cigarettes à bon marché. De la main il donne une pichenette en dessous et en fait sortir quelques-unes. Pollo et Step pillent le paquet. Ils en prennent autant qu'ils peuvent. Puis, sans attendre que le portier les leur allume, ils s'éloignent. Martinelli regarde Step. Comme il est différent de son frère, lui qui dit toujours merci pour la moindre chose.

A ce moment-là, l'interphone qui est tout à côté sonne. Martinelli regarde le poste. C'est justement celui du bureau du frère de Step. Martinelli branche la fiche.

– Allô, monsieur Mancini. J'écoute.

– Pouvez-vous monter un instant dans mon bureau, s'il vous plaît ?

– Bien sûr, j'arrive tout de suite.

– Merci.

Martinelli prend l'ascenseur et monte au quatrième étage. Paolo l'attend à la porte de son bureau.

– Entrez, Martinelli. Entrez.

Paolo le fait entrer, puis il ferme la porte. Le portier reste là, debout en face de lui, un peu embarrassé. Paolo s'assied.

– Je vous en prie, Martinelli, asseyez-vous..

Martinelli s'installe dans le fauteuil qui est en face de Paolo, en s'asseyant avec respect, presque sur le bout des fesses, soucieux de ne pas prendre trop de place. Paolo croise les mains. Il lui sourit. Martinelli lui rend son sourire, mais il est sur des charbons ardents. Il voudrait connaître la raison de cette convocation. A-t-il fait quelque chose de mal ? A-t-il commis une erreur ? Paolo soupire. Il semble décidé à lui dévoiler le mystère.

– Écoutez Martinelli, il faut que vous me rendiez un service.

Décrispé, Martinelli sourit. Il est rassuré et prend un peu plus de place sur son siège.

– Je vous écoute, monsieur. Je ferai tout ce que vous voudrez, si je le peux.

Paolo s'appuie à son dossier.

– Ne laissez plus entrer mon frère ici.

Martinelli écarquille les yeux.

– Quoi, Monsieur ? Vraiment je ne dois plus le laisser entrer ? Et qu'est-ce que je lui dis, moi ? Et s'il se met en rogne, il faudrait Tyson, en bas, à la porte.

Paolo regarde mieux ce monsieur tranquille, ses vêtements gris de la même couleur que ses cheveux et que toute son existence. Il imagine Martinelli bloquant Step au portail : « Excusez-moi, j'ai reçu des ordres. Vous ne pouvez plus entrer. » Puis la discussion. Step qui s'énerve. Martinelli qui le repousse. Step qui l'attrape par sa veste, le flanque contre le mur, et tout le reste, comme dans un scénario...

– Vous avez raison, Martinelli. C'est une mauvaise idée. N'y pensez plus, je m'en occuperai moi-même. J'en parlerai à la maison.

Martinelli se lève.

– N'importe quoi d'autre, monsieur, je le ferai volontiers. Sérieusement, mais ça...

– Non, non, vous avez raison. C'est moi qui ai eu tort de vous le demander. Merci. Merci quand même.

Martinelli sort du bureau. Il prend l'ascenseur et redescend au rez-de-chaussée. Il s'est vu mal parti. Et qui pourrait l'arrêter, cet énergumène ? Il sort son paquet et décide de fêter avec une bonne cigarette le fait d'avoir échappé à ce danger. Encore une chance que Mancini soit un type compréhensif. Pas comme son frère. Celui-là, il lui a barboté la moitié du paquet, et il ne lui a même pas dit merci. Pas une seule fois.

Et avec ça on dit que le métier de portier est un métier tranquille. Martinelli soupire, puis il s'allume une MS*.

Au quatrième étage, Paolo regarde par la fenêtre. il éprouve un étrange sentiment de satisfaction. Dans le fond, il a fait une bonne action. Il a sauvé la vie à Martinelli. Il retourne s'asseoir. Oui, sans exagérer. Il lui a évité un tas d'ennuis. La secrétaire entre, les bras chargés de dossiers.

– Tenez, ce sont les dossiers que vous m'avez demandés...

– Merci, mademoiselle.

La secrétaire le regarde pendant un instant.

– Votre frère est un drôle de type. Vous ne vous ressemblez pas beaucoup tous les deux.

Paolo enlève ses lunettes, dans le vain espoir d'être plus séduisant.

– C'est un compliment ?

La secrétaire ment.

– Dans un sens, oui. J'espère que vous n'allez pas demander à toutes les filles combien coûtent leurs petites culottes.

Paolo sourit, très embarrassé.

– Oh non, certainement pas !

Même s'il n'y voit pas grand-chose sans ses lunettes, ses yeux glissent inexorablement sur le chemisier transparent. La secrétaire s'en aperçoit mais fait comme si de rien n'était.

– Ah ! votre frère m'a dit de vous dire que vous êtes trop bon avec moi, que vous n'auriez pas dû payer et le laisser faire quelque chose. La secrétaire devient bizarrement insistante – Si je peux vous le demander... quelle chose, monsieur ?

Paolo regarde la secrétaire. Son beau corps. Cette jupe parfaite et impeccable qui couvre ses jambes si bien faites. Peut-être que son frère a raison. Il imagine la demoiselle à moitié nue, avec Step qui lui arrache sa petite culotte. Il est tout excité.

– Rien, mademoiselle, ce n'était qu'une plaisanterie.

La secrétaire s'en va, légèrement déçue. Paolo a tout juste

* Équivalent de la Gauloise

le temps de remettre ses lunettes et de viser cet arrière-train provocant qui s'éloigne plus ou moins professionnellement.

Quel crétin ! J'aurais dû le laisser faire. Si Step ne lui rend pas son argent, ce sera la plus mauvaise affaire de ces dernières années. Non, pas la plus mauvaise. La plus mauvaise, c'est M. Forte qui l'a réalisée. Il a confié ses graves problèmes fiscaux à un conseiller financier qui n'a pas encore résolu ses problèmes familiaux. On ne peut pas passer sa matinée à discuter avec son frère et finir par le payer pour l'empêcher d'arracher la petite culotte de sa secrétaire.

Avec un sentiment de culpabilité, Paolo revient au dossier de M. Forte.

16

Dans une petite rue étroite. Dans un garage tout simple, il y a Sergio, le mécanicien. Il porte une salopette bleue avec dans le dos le rectangle blanc, vert et rouge de la Castrol. On ne comprend pas s'il a été sponsorisé pour les courses qu'il a faites quelques années plus tôt, ou si c'est à cause de toute l'huile qu'il change dans les moteurs. Toujours est-il que chaque fois qu'on lui dépose une moto, quel que soit son problème, lui, après l'avoir essayée, finit toujours par dire : – Il y a quelques petits travaux à faire, et après on fera la vidange.

Mariolino, son aide, est un gamin à l'air pas très éveillé. Pour lui, Sergio est un génie, une idole. Le dieu des moteurs. Quand ils travaillent, Mariolino met toujours la cassette de Battisti. *Moi, toi, nous tous*. Quand, dans la chanson *Oui, voyager*, arrive le passage qui dit « ce grand génie qu'est mon copain, lui il saurait comment faire, il saurait comment ajuster, il te réglerait le ralenti en l'augmentant un peu », Mariolino fait un énorme sourire :

– Merde Se', y sont en train de parler d'toi, hein ?

Sergio continue à travailler et se passe la main dans les cheveux, en les rendant encore un peu plus gras.

– Sûr qu'on peut pas en dire autant de toi. Toi, avec un tournevis dans la main, tu fais plus de dégâts que de miracles.

Un vieux Free bleu poussé par un jeune blanc-bec à lunettes s'arrête devant le garage. Ils sont arrivés tous les deux. Le Free a la roue arrière bloquée. Le blanc-bec enlève ses lunettes et essuie son visage couvert de sueur. Sergio prend en charge la bécane. Décidé et sûr, il enlève le cadre. On dirait un chirurgien, sauf qu'il n'a pas de gants et que ses mains sont pleines de cambouis. De plus un bon chirurgien ne choisirait jamais un assistant comme Mariolino. Le blanc-bec est devant eux. Il regarde d'un œil inquiet ce mécanicien qui démonte lentement son Free. Comme le parent d'un patient, moins impatient de savoir si la maladie est grave que d'apprendre, plus prosaïquement, combien va lui coûter l'ensemble de l'opération.

– Il faut changer le transfo. C'est pas une bricole.

La moto de Step freine devant le garage. Un dernier coup d'accélérateur fait comprendre que cette VF 750 n'a pas besoin de soins. Sergio s'essuie les mains avec un chiffon.

– Salut Step, qu'est-ce qui se passe ? Un problème ?

Step sourit. Il tape affectueusement sur le réservoir de sa Honda.

– Ma moto ne connaît pas ce mot. On est venus rechercher la vieille moto de Pollo.

Pendant ce temps, Pollo s'est approché de sa brêle. Une vieille Kawa 550. La tragique – caisse de mort.

– Tout est en règle. J'ai dû changer les pistons, les segments et tout le bloc moteur. Mais je t'ai mis quelques pièces d'occasion – Sergio énumère d'autres travaux très coûteux – Et on a fait la vidange – Pollo le regarde. Lui, on ne la lui fait pas. Sergio n'essaie même pas – Mais ça, je ne te le compte pas. C'est un cadeau.

Un an plus tôt, Sergio avait eu une violente discussion avec Step et Pollo, et depuis il a appris à traiter avec eux.

C'était le printemps. Step lui avait amené sa Honda, qu'il venait d'acheter, pour faire la révision demandée pour la garantie.

– Il faut aussi jeter un coup d'œil sur la coupole de droite qui vibre...

Quelques jours plus tard Step était retourné chez Sergio pour récupérer sa moto. Il avait tout payé comptant, y compris la vidange, sans discuter. Mais quand il avait essayé la moto, la coupole vibrait toujours. Step était retourné là-bas avec Pollo et lui avait signalé. Sergio avait assuré qu'il l'avait ajustée.

– Mais si tu veux, je te la resserre de nouveau, seulement il faut que tu prennes un autre rendez-vous, et que tu me payes le travail, évidemment.

Et comme si ça ne suffisait pas, Sergio avait commis une énorme erreur. Il s'était approché de Step, lui avait tapé sur l'épaule, et dit ce qu'il ne fallait pas dire.

– Eh, va savoir comment tu la traites, cette bécane. C'est pour ça que tu as de nouveau déglingué la coupole.

Step voit rouge. Avec Pollo, sa moto est la seule chose à laquelle il tienne vraiment. En plus il déteste les gens qui vous parlent en vous touchant.

– Tu te trompes. C'est très facile de déglinguer les pièces latérales d'une moto. Tu vas voir ça...

Step était allé au bout de la rangée de motos garées devant le garage. Il avait flanqué un violent coup de pied à la première. Une Honda 1000 rouge, très lourde qui s'était couchée sur celle à côté d'elle, une 500 Custom en parfait état. Celle-ci aussi était tombée, sur une Susuki 750, laquelle avait culbuté un SH 50 blanc et léger. Des motos coûteuses, dernier cri, des scooters neufs et des modèles anciens s'étaient abattus les uns sur les autres avec un terrible bruit de ferraille, finissant tous par terre, poussés par cette vague de destruction, comme un énorme et coûteux château de cartes. Sergio avait bien essayé de les arrêter, mais c'avait été impossible. Même le dernier Peugeot était tombé par terre, tout le côté cabossé. Sergio était atterré. Step lui avait souri.

– Tu vois comme c'est facile ?

Et avant que Sergio ait pu dire un mot, Step avait continué :

– Si tu ne répares pas tout de suite ma moto, je fous le feu à ton garage.

A peine une heure après, la coupole était en place. Depuis, elle n'a jamais plus vibré. Et, naturellement, Step n'avait rien payé.

Le blanc-bec attend en silence dans un coin en regardant d'un air inquiet son Free avec le moteur ouvert. Sergio entre dans le garage pour aller chercher la clé de la moto de Pollo.

– C'est bon, p'tit gars. Laisse-le-moi. On verra un peu ce qu'on peut faire.

Cette dernière expression inquiète encore plus le gamin. Il pense que son Free en est désormais à la phase terminale.

– Quand est-ce que je peux passer ?

– Demain.

A cette nouvelle, le jeune binoclard se ressaisit un peu. Il sourit et s'éloigne, bêtement content. Sergio passe les clés à Pollo. Brusquement la Kawasaki se met à rugir. La fumée sort puissamment des pots d'échappement. Les tours montent rapidement. Pollo met les gaz, deux ou trois fois et sourit, tout content. Step le regarde. C'est un vrai gosse. Pollo sourit un peu moins quand Sergio lui donne la note. Mais il s'y attendait. Le moteur avait grippé, et changer les pistons et tout le reste n'était sûrement pas une rigolade. Pollo arrive à un poil près à payer l'addition. Sergio met l'argent dans sa poche. Et il ne donne évidemment pas de facture.

– Fais gaffe Pollo ! Maintenant c'est comme si elle était en rodage. Vas-y mollo.

Pollo lâche la manette des gaz.

– Merde, c'est vrai, je n'y avais pas pensé. Ce soir y a la course et j'ai quand même pas de moto. Tout ce boxon n'a servi à rien.

Pollo regarde Step.

– Mais toi, tu pourrais...

Step, comprenant tout de suite où son copain veut en venir, l'arrête aussitôt.

– Halte ! Stop. Ma moto, on n'y touche pas. Je te prête tout ce que tu veux, mais pas ma moto. Pour une fois tu te contenteras de regarder, d'ac ?

– Oui, et moi je fais quoi ?

– Tu es mon supporter. Moi, ce soir je cours.

Sergio les regarde avec un sentiment d'envie.

– Sérieusement, vous allez à la Serre ?

– Tu viens, non ? On se file un rancard et on y va ensemble.

– Non, je ne peux pas. À propos, Siga est toujours là ?

– Évidemment qu'il est toujours là.

– Ben, salue-le de ma part. Je lui en ai fait gagner du fric, à celui-là, hein ?

– Comme tu veux. Si tu te décides, tu sais où nous trouver.

Pollo et Step saluent, puis ils passent la première. Pollo met plusieurs fois les gaz pour chauffer le moteur. Puis, entendant ce beau bruit, profond et rassurant, il se penche en avant et met la gomme en se cabrant. Step le suit, lève à son tour sa roue avant, puis, en accélérant, rejoint son copain dans la rue principale. Sergio rentre dans le garage. Il regarde les vieilles photos qu'il a accrochées au mur. Sa moto, les courses. Il était imbattable. Maintenant, c'est une autre époque, tant d'années ont passé, c'est trop tard. Il se rappelle ce qu'un ami lui a dit un jour : – Mûrir, ça veut dire ne plus faire du deux cents à l'heure. C'est sans doute vrai. Il a mûri. Il a des responsabilités. Une famille, et même un fils. Sergio s'approche de la vieille radiocassette posée sur une table bancale pleine d'huile. Il remet la cassette. Il n'a que celle-là. Depuis des années, il écoute toujours les mêmes chansons.

Qui sait, mon père et ma mère ne me désiraient peut-être pas, moi, mais un autre enfant, pense Sergio.

Ensuite il regarde Mariolino. Il est là, penché sur la bécane, désossée au milieu du garage. Ce n'est pas qu'une question de cellules, pense Sergio. Mariolino se tourne vers lui.

– Eh Se', mais qu'est-ce qu'il a, ce Free ?

– Dis, Mariolino, tu n'as pas vu que ce jeune était débile ? Il a forcé et sa roue s'est bloquée. Ce Free n'a rien du tout, déplace le levier du changement de vitesses, fais-lui une bonne vidange et tu le verras partir comme une flèche.

Mariolino se penche sur le Free. Il met quelques minutes avant de trouver le levier. Sergio secoue la tête. C'est pourtant vrai, quand tu as un fils, tu ne fais plus du deux cents à l'heure. Et quand, par-dessus le marché, ce fils est Mariolino, tu ne vas plus nulle part. Sergio prend son blouson et le met par-dessus sa salopette. Il décide de prendre un risque et de sortir quand même – Je reviens dans cinq minutes.

Mariolino le regarde, inquiet.

– Où tu vas, papa ?

– Acheter le dernier tube de Battisti. Il est sorti aujourd'hui. C'est le moment de changer la cassette.

17

Piazza Euclide, devant la sortie de la Falconieri, plusieurs voitures sont arrêtées en double file. Derrière elles, d'autres automobilistes, croulant sous les obligations et n'ayant pas de filles susceptibles de fréquenter cette école, enfoncent leurs klaxons : l'habituel et terrible concert postmoderne.

Quelques garçons avec des Peugeot et des SH 50 s'arrêtent juste devant le grand escalier. Raffaella arrive, elle aussi, à ce moment-là. Elle trouve une petite place de l'autre côté de la rue, en face du poste à essence qui est juste avant l'église, et elle s'y glisse avec sa 205 Peugeot quatre portes. Palombi la reconnaît. Se souvenant de la soirée de la veille, il pense qu'il est préférable de dégager.

Il rejoint le groupe de garçons en bas du grand escalier. Sujet du jour : l'anniversaire de Roberta et l'arrivée des casseurs. L'un d'entre eux raconte sa propre version des faits. Elle doit être vraie si l'on en juge par les traces des coups qu'il a reçus. S'il est indéniable qu'il en a reçu, tout le reste peut aussi être inventé. Brandelli rejoint le groupe.

– Salut Chicco, comment ça va ?

– Bien, répond-il en mentant effrontément.

Mais son copain le croit. Désormais Chicco est devenu un expert en matière de mensonge. Il en a essayé de tous les genres, ce matin, quand son père a découvert dans quel état était sa BMW. Dommage qu'il n'ait pas mordu aussi bien à l'hameçon que son copain. Il n'a pas cru une seconde à l'histoire du vol. Puis, quand Chicco a décidé de dire la vérité, son père s'est vraiment mis en colère. En effet, à bien y réfléchir, cette histoire est stupide. Ces types sont idiots, pense Chicco. Bousiller la voiture de cette façon. Même si mon père n'y croit pas, je vais le lui prouver. Je vais les retrouver, ces voyous, je saurai leurs noms et je les dénoncerai. Voilà ce que je vais faire ! Parfait ! Tôt ou tard je les rencontrerai, j'en suis sûr.

Chicco est médusé. Ses désirs se sont immédiatement réalisés. Mais il ne semble plus en être aussi content. Step et Pollo arrivent à toute vitesse, en sortant du virage avec d'autres motos, toutes penchées et très rapprochées les unes des autres. Ils rétrogradent en dépassant une voiture. Puis ils s'arrêtent à quelques mètres de Brandelli. Chicco, avant que Step ne le reconnaisse, fait un demi-tour sur lui-même. Il monte sur sa Vespa, le seul moyen de locomotion qu'il ait désormais à sa disposition, et s'éloigne rapidement. Step allume une des clopes qu'il a taxées à Martinelli et se tourne vers Pollo.

– Mais tu es sûr que c'est ici ?

– Évidemment. Je l'ai lu sur son agenda. On s'est donné rendez-vous hier soir pour aller bouffer ensemble.

– Putain, tu n'as pas la queue d'un euro, et tu veux faire le grand seigneur ?

– Mais quoi ? Je t'ai quand même apporté ton petit déj, alors ferme-la !

– Oh, pour deux pauvres sandwichs !

– Ah, pauvres ? deux sandwichs par jour, et à la fin du mois ça fait une somme. De toute façon, ne t'inquiète pas, c'est elle qui m'invite, je suis son hôte, je ne paie rien.

– Putain ! quel bol ! tu as trouvé une nana pleine aux as, et qui raque, par-dessus le marché ! Elle est comment ?

– Mignonne. Elle me semble assez sympa, peut-être un peu tordue.

– Elle est sûrement un peu tordue pour accepter d'aller bouffer avec toi et de raquer. Ou elle est tordue, ou c'est une chiotte ! – Step éclate de rire.

La cloche de la fin des cours sonne. Quelques filles apparaissent en haut du grand escalier. Elles sont toutes plus ou moins en uniforme. Blondes, brunes, châtaines. Elles descendent en sautillant, très vite ou lentement, seules ou en petits groupes. En bavardant. Les unes toutes contentes parce que l'interro a bien marché, les autres en rogne parce qu'elles ont eu une mauvaise note au devoir sur table. D'autres encore, pleines d'espoir, regardent le garçon qu'elles viennent de séduire, ou celui qui les a plaquées, en espérant refaire la paix. D'autres enfin, moins jolies, guettent s'il y a le beau garçon, celui qui plaît à toutes les filles, à celles qui ont du bol.

Celui qui se mettra sûrement avec une nana d'une autre classe. Quelques autres, qui sont venues en scooter, allument une cigarette. Daniela descend rapidement les dernières marches et court à la rencontre de Palombi. Raffaella voit sa fille et klaxonne. Elle lui fait signe de venir tout de suite. Daniela fait oui de la tête. Puis elle s'approche de Palombi et le salue avec un bisou rapide sur la joue.

– Salut. Ma mère est là, faut que j'y aille. On s'appelle c'taprèm ? Appelle à la maison, mon portable ne marche pas chez moi.

– D'accord. Comment va ta joue ?

– Mieux, beaucoup mieux ! Mais j'y vais, parce que je ne voudrais pas avoir une rechute.

Les autres classes sortent. A la fin, c'est le tour des terminales.

Babi et Pallina apparaissent sur le perron. Pollo donne un coup de coude à Step – Voilà, c'est celle-là ! Step regarde en haut. Il voit quelques filles un peu plus âgées que les autres qui descendent l'escalier. Parmi celles-ci, il reconnaît Babi. Il se tourne vers Pollo.

– C'est laquelle ?

– Celle avec les cheveux noirs défaits, la petite.

Step regarde. C'est sûrement la nana qui est à côté de Babi. Il ne sait pas pourquoi, mais ça lui fait plaisir que ce ne soit pas Babi, la fille tordue qui invite Pollo à bouffer, en payant par-dessus le marché.

– Mignonne. Moi, je connais celle qui est à côté d'elle.

– Quoi ? Mais comment ?

– Hier soir, je lui ai fait prendre une douche.

– Merde, qu'est-ce que tu racontes...

– Juré, t'as qu'à lui demander.

– Et tu crois que je vais lui demander ? Qu'est-ce que je fais, j'y vais et je lui dis : excuse-moi, mais c'est vrai que Step t'a fait prendre une douche ? Arrête...

– Alors, c'est moi qui le lui dirai.

Pallina est en train d'envisager avec Babi les différentes façons de présenter le mot de la prof à Raffaella, quand elle voit Pollo.

– Oh, non !

Babi se tourne vers Pallina :

– Qu'est-ce qu'il y a ?

– C'est celui qui m'a taxé l'argent de ma semaine.

– C'est lequel ?

– Celui qui est en bas.

Et elle montre Pollo. Babi regarde dans cette direction. Pollo est debout et, à côté de lui, assis sur sa moto, il y a Step.

– Oh, non !

Pallina regarde son amie d'un air inquiet :

– Quoi ? Il t'a aussi taxé de l'argent ?

– Non, son copain, celui qui est à côté de lui, c'est lui qui m'a traînée sous la douche !

Pallina fait un signe de tête, comme s'il était absolument normal que des mecs vident leurs sacs et les traînent sous la douche.

– Ah, j'ai compris. Tu ne me l'avais pas dit !

– J'espérais l'oublier. Allons-y.

Elles descendent les dernières marches avec assurance. Pollo va à la rencontre de Pallina. Babi les laisse à leurs explications et se dirige rapidement vers Step.

– Qu'est-ce que tu fiches ici ? On peut savoir ce que tu es venu faire ?

– Eh, du calme ! Pour commencer, ici c'est un lieu public, et ensuite je suis venu accompagner Pollo qui va bouffer avec celle-là.

– Le hasard veut que – celle-là soit ma meilleure amie. Alors que Pollo est un voleur, vu qu'il lui a fauché de l'argent.

Step la singe :

– Le hasard veut que Pollo soit mon meilleur ami et que ce ne soit pas un voleur. C'est elle qui l'a invité à dîner, et par-dessus le marché, c'est elle qui paie. Eh, mais pourquoi es-tu aussi désagréable ? Pourquoi ? Tu râles parce que je ne t'invite pas à bouffer ? Mais je t'invite, si tu veux. Il suffit que tu paies, toi...

– Mais écoutez-le...

– Alors, on fait comme ça : toi, demain, tu apportes les sous, tu retiens dans un chouette endroit, et moi je viens peut-être te chercher. D'ac ?

– Qu'est-ce que tu crois ? Que je vais aller avec toi !

– Ben, hier soir, tu es bien venue, et tu en pinçais même.

– Crétin.

– Allez, monte, je t'accompagne.

– Espèce de con.

– Est-ce possible que tu ne saches dire que des insultes ? Une jolie petite jeune fille comme toi qui vas bien sagement à la Falconieri et qui se conduit comme ça ? Ça va pas, non !

– Connard !

Pollo s'approche juste à temps pour entendre ce dernier compliment.

– Je vois que vous êtes en train de devenir copains. Alors, vous venez croûter avec nous ?

Babi, effarée, regarde son amie.

– Pallina, je ne peux pas y croire. Tu vas déjeuner avec ce voleur ?

– Ben, comme ça je récupérerai quelque chose, c'est lui qui paie.

Step regarde Pollo :

– Quel dégueulasse... ! Tu m'avais dit que c'était elle qui payait.

Pollo sourit à son copain.

– Ben, en fait c'est vrai. Tu le sais que je ne mens jamais. Hier je lui ai piqué son fric et je paye avec. Donc, en un certain sens, c'est elle qui paie. Alors qu'est-ce que vous faites, vous venez ?

Step regarde Babi d'un air insolent :

– Je regrette, mais je dois déjeuner chez mon père. Il ne faut pas m'en vouloir. Alors, on y va demain ?

Babi essaye de se contrôler :

– Jamais !

Pallina monte derrière Pollo. Babi la regarde d'un air peiné. Elle se sent trahie. Pallina essaye de la calmer :

– On se voit plus tard. Je passe chez toi.

Babi veut s'en aller. Step l'arrête.

– Ah, attends. Sinon je passe pour un menteur. Dis-le, s'il te plaît. C'est vrai qu'hier nous avons pris une douche ensemble ?

Babi éclate.

– Mais va te faire foutre !

Step sourit à Pollo.

– Eh oui ! C'est sa façon de parler !

Pollo secoue la tête et part avec Pallina.

Step regarde Babi qui traverse la rue. Elle marche d'un

pas décidé. Une voiture freine pour ne pas l'écraser. Le conducteur donne un grand coup de klaxon. Babi, sans même se retourner, monte dans la Peugeot.

– Hello maman !

Babi embrasse Raffaella.

– Ça a bien marché à l'école ?

– Très bien, dit-elle en mentant – Se payer un deux en latin avec un mot sur son carnet, on ne peut pas vraiment dire que ce soit ce qu'on appelle très bien marcher.

– Pallina ne vient pas ?

– Non, elle repart de son côté.

Babi pense à Pallina qui va déjeuner avec ce type, Pollo. Absurde. Raffaella s'impatiente et klaxonne.

– Mais à la fin, que fait Giovanna ? Daniela, je t'avais demandé de lui dire...

– La voilà ! Elle arrive.

Giovanna, une jeune fille blonde à l'air un peu endormi, traverse lentement la rue et monte dans la voiture.

– Excusez-moi, madame.

Raffaella ne dit pas un mot. Elle passe la première et la voiture bondit en avant. La violence de ce départ est suffisamment éloquente. Daniela regarde par la fenêtre. Son amie Giulia est devant l'école en train de parler avec Palombi. Daniela fulmine.

– C'est pas possible ! Chaque fois que quelqu'un me plaît, Giulia est là à lui parler et à faire l'andouille. Elle est cinglée. On dirait qu'elle le fait exprès. Avant, elle détestait Palombi, et maintenant voilà qu'elle lui parle !

Giulia voit passer la Peugeot. Elle salue Daniela et lui fait signe de la main qu'elle l'appellera dans l'après-midi. Daniela la regarde avec haine et ne répond pas. Puis elle se tourne vers sa sœur

– Babi, mais Step était venu te chercher ?

– Non.

– Comment non ? j'ai vu que vous vous parliez.

– Il est passé par hasard.

– Ben, tu aurais pu rentrer avec lui. Le voilà !

Au même moment, Step passe à plein gaz avec sa moto à côté de la Peugeot. Raffaella, effrayée, braque d'un seul coup. Inutilement. Step ne l'aurait jamais heurtée. Il calcule ses distances au millimètre près.

La Honda 750 se penche deux ou trois fois en doublant toutes les autres voitures. Puis Step, avec ses Ray-Ban noires sur les yeux, tourne légèrement la tête et sourit. Il est sûr que Babi est en train de le regarder. En effet, il ne se trompe pas. Step change de vitesse et, sans s'arrêter au feu tricolore, s'engouffre à toute vitesse dans la via Siacci. Une voiture qui vient de la droite klaxonne avec raison. Un agent n'a pas le temps de lire la plaque minéralogique. La moto disparaît en doublant toutes les voitures. Raffaella s'arrête au feu rouge, et se tourne vers Babi.

– Si tu t'avises de monter derrière ce type, je ne sais pas ce que je te fais. C'est un crétin. Tu as vu comment il conduit ? Attention, Babi, je ne plaisante pas, je te défends de le faire.

Peut-être que sa mère a raison. Step conduit comme un dingue. Et pourtant, la veille au soir, derrière lui, en pleine nuit, les yeux fermés, en silence, elle n'a pas eu peur. Et même, cette course folle lui a plu. Babi ouvre le cabas de provisions et attrape un savoureux morceau de pizza. On ne peut pas se contrôler tout le temps. Puis, dans un mouvement de transgression totale, elle décide que c'est le bon moment.

– Maman, aujourd'hui je me suis pris un mot sur mon carnet.

18

Step se sert une bière, puis il allume la télé. Il met canal 10. Sur MTV il y a une vieille vidéo des Aerosmith : *Love in an Elevator*. Steven Tyler est accueilli dans un ascenseur par une minette spatiale. Steven, avec une gueule dix fois plus chouette que celle de Mick Jagger, apprécie la fille à sa juste valeur. Step pense à son père, assis en face de lui. Qui sait s'il l'apprécie, lui aussi. Le père prend la télécommande sur la table et éteint la télévision. Son père est comme Paolo, il ne sait pas apprécier les bonnes choses.

– Il y a trois semaines que nous ne nous sommes pas vus et tu te mets à regarder la télévision. On parle, non ?

Step boit sa bière.

– D'accord, on parle. De quoi tu veux parler ?

– Je voudrais savoir ce que tu as décidé de faire...

– Je ne le sais pas.

– Qu'est-ce que ça veut dire, – je ne le sais pas ?

– C'est simple... Ça veut dire que je ne le sais pas encore.

La domestique arrive avec l'entrée. Elle met les pâtes au milieu de la table*. Step regarde la télé éteinte. Qui sait si Steven Tyler a déjà fait le saut périlleux à la fin de la séquence. Cinquante-cinq ans et toujours le même. Un physique du tonnerre. Une force de la nature. Il regarde son père. Il a quelques difficultés à mettre les spaghettis dans son assiette. Step l'imagine quelques années plus tôt faisant le saut périlleux. Impossible. Ce serait même plus facile d'imaginer que Paolo couche avec sa secrétaire.

Le père lui passe les pâtes. Elles sont préparées avec de la chapelure et des anchois. Exactement celles qu'il aime, celles que sa mère lui faisait toujours. Elles n'ont pas de nom

---

* En Italie, l'entrée se nomme primo piatto, (premier plat) généralement constituée de pâtes.

particulier, des pâtes à la chapelure, c'est tout. Même s'il y a des anchois en plus. Step se sert. Il se rappelle les fois où il en a mangé à cette même table, dans cette même maison, avec Paolo et sa mère. D'habitude, on servait dans une soucoupe de porcelaine encore un peu d'assaisonnement. Paolo et son père n'en voulaient pas, c'était réservé à Step. Sa mère lui en mettait un peu sur ses pâtes avec une cuillère. A la fin elle lui souriait et inclinait la soucoupe en versant tout le reste. C'étaient ses pâtes préférées. Qui sait si son père l'a fait exprès. Il décide de ne pas en parler. Ce jour-là il n'y a pas de soucoupe. Il y a bien d'autres choses qui ne sont plus là. Son père s'essuie poliment la bouche avec sa serviette.

– Tu as vu, j'ai commandé les pâtes que tu aimes. Comment les trouves-tu ?

– Bonnes. Merci papa. Je les trouve très bonnes – Pas mauvaises, en effet – La seule chose, c'est qu'il aurait peut-être fallu un peu plus d'assaisonnement. On peut avoir une autre bière ?

Le père appelle la domestique.

– Je n'ai pas l'intention de t'embêter, mais pourquoi ne t'inscris-tu pas à la fac ?

– Je ne sais pas. J'y pense. Mais il faudrait que je sache laquelle.

– Tu pourrais faire ton droit, comme ton frère. Une fois ton diplôme obtenu, je pourrais t'aider à trouver un poste.

Step s'imagine habillé comme son frère, dans son bureau, avec tous ces dossiers. Avec sa secrétaire. Un court instant, cette idée lui plaît. Dans le fond il pourrait toujours inviter la fille à sortir et continuer à ne rien foutre.

– Je ne sais pas. Je ne m'en sens pas vraiment capable.

– Mais pourquoi dis-tu ça ? Au lycée, ça marchait bien. Tu ne devrais pas avoir de problèmes. Tu as eu ton bac avec mention, ça s'est bien passé.

Step avale la bière qui vient d'arriver. Ça se serait encore mieux passé s'il n'y avait pas eu toutes ces histoires. Depuis, il n'a plus ouvert un livre, il n'a plus travaillé.

– Papa, le problème n'est pas là. Je sais pas, je te l'ai déjà dit. Peut-être après l'été. Je n'ai vraiment pas envie d'y penser maintenant.

– Et maintenant, de quoi as-tu envie, hein ? De traîner

pour faire des bêtises. Tu es sans cesse dans les rues, et tu rentres très tard. Paolo me l'a dit.

– Mais qu'est-ce qu'il a bien pu te dire Paolo, puisqu'il n'en sait fichtre rien !

– Mais moi je le sais. Il aurait peut-être mieux valu que tu fasses une année de service militaire, qui t'aurait un peu recadré.

– C'est vrai. Il ne nous manquait plus que le service militaire !

– Écoute, si j'ai réussi à te faire exempter pour que tu traînes dans les rues et te bagarres, il aurait mieux valu que tu y partes.

– Mais qui te dit que je me bagarre... Eh papa, chez toi c'est une idée fixe !

– Non, mais j'ai peur. Tu te souviens de ce qu'a dit l'avocat au procès ? Votre fils doit faire très attention. A partir de maintenant, la moindre plainte, ou toute autre chose de ce genre, et la décision du juge s'applique automatiquement.

– Bien sûr que je m'en souviens, tu me l'as répété au moins vingt fois. A propos, tu l'as revu, l'avocat ?

– Je l'ai vu la semaine passée. J'ai payé la dernière partie des honoraires.

Il le dit d'un ton lourd, comme pour souligner que ça a dû coûter bonbon. Dans le domaine, il est exactement comme Paolo. Ils sont toujours en train de compter leurs sous. Step décide de ne pas relever.

– Il porte toujours cette horrible cravate ?

– Non. Il a réussi à en mettre une encore plus laide.

Tant qu'à faire, autant essayer d'être sympathique. Avec Step, la sévérité ne sert à rien.

– Mais quoi, ça me semble impensable. Avec tout le fric qu'on lui a donné... – Step se corrige – Excuse-moi, papa : que *tu* lui as donné, il pourrait s'acheter quelques belles cravates.

– Si tu y vas par là, il pourrait même renouveler toute sa garde-robe.

La bonne emporte les assiettes et revient avec le plat principal. C'est du steak saignant. Par bonheur, il n'est relié à aucun souvenir. Il regarde son père. Il est penché sur son assiette, en train de couper sa viande. Tranquille. Pas comme ce jour.

Il y a quelque temps, ce terrible jour.

La même pièce. Le père, nerveux, fait les cent pas, très vite.

– Comment : – Parce que. Parce que j'en avais envie. Mais alors tu es une bête, un animal, quelqu'un qui ne raisonne pas. J'ai comme fils un violent, un fou, un criminel. Tu as massacré ce garçon. Tu t'en rends compte ? Ou tu ne t'en rends même pas compte ?

Step est assis, les yeux baissés, il ne répond pas. L'avocat intervient.

– Monsieur Mancini, ce qui est fait est fait. Inutile de réprimander ce garçon. Moi, je crois qu'il y a eu des raisons, même si elles sont secrètes.

– D'accord, maître. Mais alors, dites-moi ce que nous devons faire.

– Pour préparer la défense, pour pouvoir répondre au tribunal, ces raisons, il faut que nous les découvrions.

Step lève la tête. Mais qu'est-ce qu'il raconte ? Qu'est-ce qu'il en sait ? L'avocat regarde Step avec compréhension et s'approche de lui.

– Stefano, il y a bien dû y avoir quelque chose. Une ancienne brouille. Une dispute. Une phrase que ce garçon a dite, quelque chose qu'il t'a fait... Oui, bref, qu'est-ce qui a déclenché ta rage ?

Step regarde l'avocat. Il a une horrible cravate à losanges gris sur fond métallisé. Puis il se tourne vers sa mère. Elle est là, assise sur une chaise, dans un coin du salon. Elle est très chic, comme toujours. Elle fume tranquillement une cigarette. Step baisse de nouveau les yeux. L'avocat le regarde. Il réfléchit pendant un instant en silence. Puis il se tourne vers la mère de Step et lui sourit avec diplomatie.

– Madame, savez-vous si votre fils a eu quelque chose à voir avec ce garçon ? S'ils ont eu quelque discussion ?

– Non, maître, je ne crois pas. Je ne savais même pas qu'ils se connaissaient.

– Madame, Stefano va passer en justice. On a porté plainte contre lui. Il y aura un juge, un arrêt. Avec les lésions que présente ce garçon, le juge sera sévère. Si nous, nous n'avons rien à leur opposer... une preuve, quelque chose, une infime raison, votre fils aura des ennuis. De gros ennuis.

Step baisse toujours la tête. Il regarde ses genoux. Son jean. Puis il ferme presque les yeux. Mon Dieu, maman, pourquoi ne dis-tu rien ? Pourquoi ne m'aides-tu pas ? Moi, je t'aime tant. Je t'en prie, ne me laisse pas tomber. En entendant sa mère, Step a le cœur serré.

– Je regrette, maître. Je n'ai rien à vous dire. Je ne sais rien. Croyez-vous que si j'avais quelque chose à dire, si je pouvais aider mon fils, je ne le ferais pas ? Et maintenant excusez-moi, je dois partir.

La mère de Step se lève. L'avocat la regarde sortir de la pièce. Puis il se tourne une dernière fois vers Step.

– Stefano, tu es sûr que tu n'as rien à nous dire ?

Step ne lui répond même pas. Sans le regarder il se lève et va vers la fenêtre. Il regarde dehors. Ce dernier étage juste en face du sien. Il pense à sa mère. En ce moment il la déteste autant qu'il l'a aimée. Puis il ferme les yeux. Une larme descend le long de sa joue. Il n'arrive pas à l'arrêter et souffre comme jamais, à cause de sa mère, à cause de ce qu'elle ne fait pas, à cause de ce qu'elle a fait.

– Stefano, tiens, tu veux du café ?

Step cesse de regarder par la fenêtre et se retourne. De nouveau dans la même pièce. Maintenant son père est là, tranquille, avec une tasse à la main.

– Merci papa – Il la boit très vite – Maintenant il faut vraiment que j'y aille. On se téléphone la semaine prochaine.

– D'accord. Tu y penseras, à l'histoire de la fac ?

– J'y penserai.

– Appelle de temps en temps ta mère. Elle m'a dit que tu ne lui avais pas téléphoné depuis très longtemps.

– Mais papa, moi, j'ai jamais le temps !

– Combien de temps faut-il pour un petit coup de fil ?

– D'accord. Je l'appellerai.

Step sort en vitesse. Son père reste seul dans le salon, il s'approche de la fenêtre et regarde dehors. Au dernier étage, dans l'immeuble juste en face du sien, les fenêtres sont fermées. Giovanni Ambrosiani a déménagé, comme ça, du jour au lendemain, exactement au moment où leur vie a changé. Comment peut-il en vouloir à son fils ?

Dans l'ascenseur Step allume la dernière cigarette de Martinelli. Il se regarde dans la glace. Une bonne chose de faite. Ces repas le détruisent. Il arrive au rez-de-chaussée. Quand les portes en acier s'ouvrent, Step, un peu dans la lune, se heurte à quelqu'un.

Mme Mentarini, une locataire de l'immeuble aux mèches mal faites et au nez crochu, est devant lui.

– Bonjour Stefano, comment vas-tu ? Il y a un bout de temps que je ne t'ai pas vu.

Heureusement, pense Step. De voir trop souvent un monstre de ce genre, ça fait du mal. Puis il pense à Steven Tyler et à la supernana qui entre dans l'ascenseur. Lui, c'est à Mme Mentarini qu'il a droit. Injustices de ce monde. Il s'éloigne sans la saluer. Dans la cour, il jette sa cigarette. Il se met à courir à toute vitesse, tape des pieds et, posant les mains par terre, il se jette en avant. Pas de comparaison possible. Le saut périlleux, lui, il le fait beaucoup mieux. Du reste Tyler a cinquante-cinq ans, et lui seulement dix-neuf. Qui sait ce qu'il sera dans trente ans ? Une seule chose est sûre : pas conseiller fiscal.

19

Pallina, vêtue d'un survêtement matelassé dans les bleus, assorti à l'élastique de sa queue-de-cheval, court en rebondissant presque sur ses Nike claires.

– Alors, tu ne me demandes pas comment ça s'est passé ?

Babi, qui porte un survêt noir taille basse où est écrit DANSE, et un bandeau rose qui retient ses cheveux, regarde sa copine.

– Comment ça s'est passé ?

– Non, si tu me le demandes comme ça, je ne raconte rien.

– Alors ne raconte rien.

Elles continuent à courir en silence, toujours au même rythme. Puis Pallina n'y tient plus.

– D'accord, vu que ça t'intéresse tellement, je te le dis quand même. Je me suis amusée à mourir. Tu ne sais pas où il m'a amenée ?

– Non, je ne le sais pas.

– Allez, sois pas vache.

– Je n'approuve pas certaines amitiés, c'est tout.

– Bof, je ne suis sortie avec lui qu'une seule fois, qu'est-ce que ça peut faire ?

– Ça peut faire ce que tu voudras, il suffit que ce soit la dernière.

Pallina se tait. Un garçon dans un survêtement impeccable les dépasse. Il les regarde toutes les deux. Puis, bien qu'épuisé, il contrôle un chronomètre qu'il a à la main et, pour crâner, il accélère et disparaît dans une petite rue.

– Bon, pour en finir, il m'a emmenée déjeuner dans un endroit très chouette. C'est près de la via Cola di Rienzo, je crois que c'est la via Crescenzio, une des rues entre les deux. Ça s'appelle La Piramide.

Babi ne manifeste aucun intérêt particulier.

Pallina continue à raconter, un peu essoufflée.

– Ce qui est très marrant, c'est qu'il y a un téléphone sur chaque table.

– Jusqu'à maintenant, ça ne me semble pas passionnant.

– Oh, ce que tu es chiante à la fin ! Ces téléphones ont un numéro qui va, écoute bien, de 0 à 20.

– Et comment le sais-tu ?

– C'est écrit sur le menu.

– Ah, parce qu'on mange aussi ! Moi je pensais qu'il t'avait emmenée chez Télécom !

– Écoute, si tu veux que je te raconte, ferme cette bouche de mal baisée envieuse.

– Quoi ? – Babi la regarde en faisant semblant d'être effarée – Mal baisée envieuse ? Moi qui suis la plus courtisée de la Falconieri ! Tu as vu celui qui vient de passer comme il me regardait ? Qu'est-ce que tu crois, qu'il avait les yeux fixés sur toi ?

– Bien sûr !

– S'il s'est aperçu que nous étions deux, c'est un miracle.

– Pour l'instant, le contraire du miracle, c'est ma sueur qui coule et le fait que je n'en puisse plus. On pourrait pas s'asseoir sur ce banc et tchatcher normalement ?

– Pas question. Moi, je cours. Je dois perdre au moins deux kilos. Si tu as envie de venir avec moi, très bien, sinon je mets mon Sony. Entre autres merveilles, dedans il y a le dernier CD de U2.

– Un Sony ? Et depuis quand tu l'as ?

– Depuis hier !

Babi soulève son sweat-shirt, montrant le MP3 Sony, attaché à sa taille. Pallina n'en croit pas ses yeux.

– Dis donc ! Avec CD et radio. Mais où l'as-tu dégotté ? En Italie on n'en trouve pas.

– C'est ma tante, qui est rentrée hier de Bangkok, qui me l'a rapporté.

– Terrible !

– Et, comme tu vois, j'ai pensé à toi.

Babi montre deux casques.

– Si tu avais vraiment pensé à moi, tu en aurais demandé deux.

– Tu dis toujours n'importe quoi ! Moi, je lui en avais

demandé deux. Mais ma tante n'avait plus de sous et elle n'en a pris qu'un. Qu'est-ce que ça peut faire ? De toute façon on court toujours ensemble.

Pallina sourit à son amie :

– Tu as raison.

Babi la regarde d'un air sérieux :

– Je le sais. Alors, tu la finis, oui ou non, cette histoire de téléphone qu'on mange.

Babi et Pallina se regardent, puis elles éclatent de rire. Deux garçons les croisent. En les voyant si joyeuses, ils les saluent, pleins d'espoir. Mais leur courage n'est pas récompensé. Pallina reprend son récit.

– Alors, chaque téléphone correspond à un numéro, mais personne ne sait auquel. Donc quand tu composes un numéro de 0 à 20, une autre table te répond, mais tu ne sais pas qui c'est. Par exemple tu fais le 18 et quelqu'un qui est peut-être dans l'autre salle te répond. Tu peux lui parler, raconter des blagues, te décrire en inventant que tu es beaucoup plus belle que ce que tu es, ou, comme dans mon cas, beaucoup moins. C'est clair, non ?

Babi regarde son amie en soulevant un sourcil. Pallina fait comme si elle ne le remarquait pas.

– Si tu es seule, ou avec des copines, tu peux faire l'idiote. Tu as compris ? C'est fort, non ?

Babi sourit.

– Oui, ça me semble très marrant. C'est vraiment chouette.
Pallina change d'expression.

– Oui, sauf quand c'est un type mal élevé qui t'appelle…

– Pourquoi, qu'est-ce qui s'est passé ?

– Ben, à un certain moment les pâtes arrivent. On avait pris tous les deux des spaghettis à la sauce piquante. Tu ne peux pas imaginer comme ils étaient forts, à vous emporter la gueule. On soufflait dessus pour les faire refroidir, et pendant ce temps je bavardais avec Pollo. Après ça le téléphone sonne. Pollo veut répondre, mais moi je suis beaucoup plus rapide que lui, je prends l'écouteur et je dis : « Ici la secrétaire du docteur Pollo. Et je suis toujours très sympa. »

Pallina fait une grimace. Babi sourit. L'histoire commence à l'intéresser.

– Alors ? Continue.

– Bref, le mufle à l'autre bout du téléphone, tu sais ce qu'il m'a dit ?

– Qu'est-ce qu'il t'a dit ?

– Il m'a dit : « Tu es la secrétaire du docteur Pollo. Ben moi, je vais te la faire sentir jusqu'au cou. »

– Charmant, très smart.

– Oui, très mufle. Moi, je lui raccroche au nez, et j'ai sûrement dû piquer un fard. Alors Pollo m'a demandé ce qu'on m'avait dit au téléphone, mais moi je n'ai pas répondu. J'étais gênée. J'avais honte. Alors tu sais ce qu'il a fait ? Il m'a prise par le bras et il m'a fait faire le tour de la salle. Il a pensé que le mufle, en me voyant, aurait une réaction quelconque...

– D'accord, mais le type, comment pouvait-il savoir que c'était toi qui avais répondu au téléphone ?

– Il le savait. Il le savait...

– Et pourquoi il le savait ?

– Parce que j'étais la seule fille du restaurant.

Babi secoue la tête.

– Un bel endroit pour aller manger. La seule fille avec tous ces maniaques qui te téléphonent pour te dire des cochonneries... alors, continue, qu'est-ce qui s'est passé après ?

– Il s'est passé qu'en me voyant, un type éclate de rire. Pollo l'attrape, lui flanque la figure dans son assiette et lui renverse sa bière sur la tête !

– Bien fait. Ça lui apprendra à dire certaines choses !

– Ben, peut-être qu'il n'a pas vraiment compris la leçon.

– Pourquoi ?

– Parce que quand Pollo est allé payer...

– Évidemment... avec tes sous...

– Assez... un petit type s'approche de moi et me dit : « Oh, qu'est-ce que tu fais, tu t'en vas ? J'espère que tu n'es pas vexée, hein ? Moi je plaisantais, hein... » Le mufle, c'était lui. Tu piges, le pauvre type d'avant n'y était pour rien...

– Tu lui as dit, à Pollo ?

– Tu rigoles ? Sinon il aurait aussi tabassé l'autre !

– Non, seulement qu'il s'était trompé. Ces mecs se

prennent pour des juges. Ils punissent, ils cognent, et par-dessus le marché ils font des erreurs. Le plus tragique, c'est que tu te sois quand même amusée.

Maintenant Babi est vraiment sérieuse. Pallina s'en aperçoit. Pendant un moment elles courent en silence, récupérant leur souffle. Puis Pallina parle de nouveau. Cette fois, elle aussi est sérieuse.

– Je ne sais pas si je me suis amusée. Je sais seulement que j'ai éprouvé une sensation nouvelle, que je n'avais jamais éprouvée avant. Je me suis sentie tranquille et rassurée. Oui, Pollo y est allé, il a pas cogné le bon type, mais il m'a défendue, tu comprends. Il m'a protégée.

– Ah oui ? Ben, c'est très beau. Mais dis-moi une chose... qui est-ce qui te protège de lui ?

– Ce que tu es chiante... c'est toi qui me protèges, non ?

– Oublie-le. Moi, ce type-là et son copain, je ne veux pas les voir. Absolument pas.

– Alors j'ai l'impression que nous ne nous verrons plus, non plus.

– Et pourquoi donc ?

– Je me suis mise avec lui.

Babi s'arrête d'un seul coup.

– Non, tu ne peux pas me faire ça !

Pallina continue à courir. Sans se retourner elle fait signe à son amie de la suivre.

– Allez, allez, vas-y, du courage, cours, arrête de protester. Moi, je le sais que tu es contente. En douce peut-être, mais tu es contente.

Babi se remet à courir. Elle allonge un peu le pas et la rejoint.

– Pallina, je t'en prie, dis-moi que tu blagues.

– Rien à faire. Je l'aime à la folie.

– Mais comment est-ce qu'un dingue pareil peut te plaire ?

– Je ne sais pas, il me plaît, un point c'est tout.

– Mais il t'a fauché tes sous.

– Il me les a rendus, il m'a offert le déjeuner.

– N'importe quoi. C'est comme si tu avais payé, toi !

– Plus exactement, si j'ai accepté, c'est parce que ça me

plaisait, et pas parce que j'étais obligée. D'habitude, quand tu sors avec un garçon et qu'il te paie la pizza et tout le reste, tu te sens presque obligée de l'embrasser. Alors que là, j'ai choisi librement.

Babi reste un moment sans rien dire, puis elle se souvient d'une chose.

– Tu l'as dit à Dema ?

– Bien sûr que non !

– Il faudra que tu lui dises !

– Il faudra, il faudra ! Je lui dirai quand ça me plaira...

– Non, dis-le-lui tout de suite. S'il l'apprenait par quelqu'un d'autre, ce serait trop moche. Il est dingue de toi.

– C'est une idée fixe ! C'est absolument faux.

– C'est très vrai, et tu le sais. Donc, quand tu rentres chez toi, tu lui téléphones et tu lui dis.

– Je l'appelle si ça me chante, sinon, non.

– Tu sais ce que je vais te dire, c'est que je suis contente que ma tante n'ait rapporté qu'un seul Sony, parce que tu ne le mérites pas.

Babi commence à courir plus vite. Pallina serre les dents et décide de ne pas lâcher.

– De toute façon, si j'en veux un, de Sony, Pollo me l'offrira.

– Évidemment, il me fauchera le mien !

Pallina se met à rire. Babi fait encore un peu la tête. Pallina lui donne une petite tape.

– Allez, ne nous bagarrons plus. Je le sais que tu es ma copine. Aujourd'hui tu t'es franchement sacrifiée pour me sauver pendant l'interro. Et ta mère, comment elle a pris l'histoire du mot sur ton carnet ?

– Mieux que moi l'histoire de Pollo !

– Tu penses que c'est vraiment tragique ?

– Dramatique.

– Écoute-moi, tu ne le connais pas bien. Il a un tas de problèmes. Il n'a pas de fric, son père le traite mal. Et puis, avec moi il est vachement sympa, sérieusement.

– Et tu t'en fiches qu'il ne le soit pas avec les autres ?

– Peut-être qu'il s'améliorera.

Babi pense que tout est inutile. Quand Pallina a une idée dans la tête, c'est celle-là et pas une autre.

– D'accord. Ça suffit. On verra.

– Ah, tu me plais, comme ça – Pallina sourit – Je te promets que dès que je suis chez moi, je téléphone à Dema.

Bon, Babi a au moins obtenu quelque chose.

Babi et Pallina continuent à courir, en silence, pour récupérer un peu de souffle. Elles débouchent sur l'espace aménagé pour faire de la gymnastique. Des enfants se laissent glisser le long des toboggans en hurlant. Des mères inquiètes les observent, prêtes à les secourir dans leurs sauts de kamikaze. Un beau garçon, grand et blond, et une fille un peu plus petite essayent de faire quelques exercices aux barres. En courant, Babi et Pallina passent à côté d'eux. Quand il les voit, le garçon cesse de faire des exercices.

– Babi !

Babi s'arrête. C'est Marco. Il y a plus de huit mois qu'ils ne se sont pas vus. Pallina s'arrête, elle aussi. Babi devient toute rouge. Elle est embarrassée. Mais, son cœur ne se met pas à battre la chamade, comme d'habitude. Marco l'embrasse sur la joue.

– Comment ça va ?

Babi a retrouvé son contrôle.

– Bien, et toi ?

– Très bien. Je te présente Giorgia.

Marco désigne la jeune fille. Babi lui tend la main et, bizarrement, elle n'oublie pas aussitôt son prénom, comme cela se passe d'habitude quand on vous présente quelqu'un. Pallina la salue, elle aussi, mais on voit qu'elle aurait voulu éviter cette rencontre. Marco commence à parler. Comme d'habitude. Des phrases entendues cent fois. Je t'ai téléphoné. Toi, tu n'appelles jamais. J'ai vu une de tes copines, ou un de tes copains. Qu'est-ce que tu fais en ce moment ? Ah, bien sûr, tu passes le bac. Je t'en prie, sois à la hauteur. Il essaie d'être sympa. Babi n'écoute pratiquement pas. Elle se souvient de tous les moments qu'elle a passés avec lui, l'amour qu'elle a éprouvé, la déception, les larmes. Ce qu'elle a souffert ! Pour un type comme ça, en plus. Elle le regarde mieux. Il a grossi. Il a les cheveux sales. On dirait qu'il en a moins. Et ce regard éteint ! Sans vie. Comment a-t-il pu lui plaire autant ? Un coup d'œil sur la fille. Elle ne mérite même pas d'être prise en considération. Terrible, l'indifférence. Ils se saluent, comme ça. Après avoir parlé cinq minutes sans s'être rien dit. Le pont magique s'est écroulé. Babi recommence à courir. Elle se demande où est passé tout cet amour. Comment est-ce possible que je ne l'éprouve plus ? Et pourtant il était si grand. Elle met le casque du Sony. U2 attaque son dernier succès. Babi augmente le volume. Elle regarde Pallina. Elle lui sourit affectueusement. Sa queue-de-cheval danse dans le vent. Elle lui passe un casque. Elle le mérite. Dans le fond, Babi ne le sait pas, mais c'est elle qui l'a sauvée.

20

L'année précédente.

– Babi, Babi.

Daniela frappe à la porte de la salle de bainss en hurlant. Mais Babi n'entend pas. Elle est sous la douche, et comme si ça ne suffisait pas, la radio tout à côté retransmet à plein tube une ancienne chanson de U2. A la fin, Babi entend quelque chose. Comme un battement qui ne va pas au même rythme que celui du batteur. Elle ferme l'eau, puis, encore toute dégoulinante, tend le bras et baisse le son.

– Qui est-ce ?

Derrière la porte Daniela soupire.

– Enfin ! Il y a une heure que je frappe. Pallina au téléphone !

– Dis-lui que je suis sous la douche, je la rappelle dans cinq minutes.

– Elle a dit que c'était très urgent.

Babi soupire.

– D'accord ! Dani, tu m'apportes le téléphone ?

– C'est fait.

Babi ouvre la porte. Daniela est là avec le sans-fil à la main.

– Ne le garde pas cent sept ans, j'attends un coup de fil de Giulia.

Babi se sèche l'oreille avant de l'approcher du téléphone.

– Qu'est-ce qu'il y a de si urgent ?

– Rien, je voulais te dire bonjour. Tu fais quoi ?

– J'étais en train de prendre ma douche. Je ne sais pas comment ça se fait, mais tu me téléphones toujours quand je suis sous l'eau.

– Mais tu ne sors pas avec Marco ?

– Non, ce soir il allait chez un copain pour réviser. Il a un exam dans deux jours. Biologie.

Pendant un instant Pallina ne dit rien. Elle décide de ne rien dire.

– Très bien, alors je passe te prendre dans dix minutes.

Babi attrape une petite serviette éponge et se frictionne les cheveux.

– Je ne peux pas.

– Allez, viens, on va se faire une pizza.

– Et si Marco m'appelle. Il a éteint son portable. Il doit travailler... lui !

– Demande à Dani de lui dire de téléphoner plus tard, ou sur ton portable. Allez, on n'en aura pas pour longtemps.

Babi essaye de discuter. Mais toutes ses excuses — fatigue, devoirs pas finis et un incroyable désir de rester à la maison en robe de chambre et chemise de nuit devant la télé — sont inutiles. Un peu plus tard, elle se retrouve assise sur la Vespa, derrière Pallina qui conduit comme une folle dans la circulation de neuf heures.

Babi a les cheveux encore mouillés, un sweat-shirt bleu avec CALIFORNIE écrit dessus, et l'air grognon.

– Tu vas me faire choper la crève.

– Mais il fait si chaud ce soir !

– Je parlais de ta façon de conduire.

Pallina ralentit et tourne à droite au Ponte Milvio.

Babi s'approche de la joue de Pallina pour qu'elle l'entende.

– Par où tu passes ?

– Pourquoi ?

– On ne va pas chez Baffetto ?

– Non !

– Qu'est-ce qui s'est passé ?

– De temps en temps il faut changer. Babi. Tu manques de fantaisie. Toujours chez Baffetto, toujours huit en latin, toujours tout pareil ! A propos, avec qui es-tu en ce moment ?

– Comment avec qui je suis ? Avec Marco, non ?

Babi regarde Pallina d'un air effaré. Elle ne sait pas pourquoi, mais elle est sûre que Marco ne plaît pas à son amie.

– Tu vois Babi, là aussi tu n'es pas drôle, tu devrais changer.

– Tu plaisantes. Je suis folle de lui !

– N'exagère pas...

– Non Pallina, sérieusement. Il compte beaucoup pour moi.

– Comment peut-il autant compter pour toi, alors que tu es avec lui depuis cinq mois seulement ?

– Je sais, mais j'en pince pour lui, peut-être parce que c'est ma première histoire importante.

Pallina change rageusement de vitesse. Eh oui, ta première histoire importante, c'est justement avec ce ver de terre, pense Pallina. Elle passe la troisième et aborde la piazza Mazzini. Puis elle rétrograde et se penche à droite. Babi lui serre la taille pendant qu'elles s'engouffrent à toute vitesse dans la troisième rue transversale, celle de la Nuova Fiorentina. Fabio, le fils du propriétaire, est sur le pas de la porte. Quand il les voit, il les salue en allant à leur rencontre. Il est très lié avec les deux filles. En réalité il a un faible pour Babi, même s'il ne le montre pas. Fabio les installe dans la rangée de tables de droite, juste à côté de l'entrée et près de la caisse. De là on peut voir toute la salle. Un serveur apporte tout de suite deux menus. Mais Pallina sait déjà ce qu'elle va prendre.

– Ici ils font une pizza calzone délicieuse. Il y a de tout dedans : du fromage, des œufs, de la mozzarella, de petits morceaux de jambon. De quoi s'évanouir !

Babi regarde sur le menu s'il y a quelque chose de moins nuisible à son régime. Mais Pallina est convaincante.

– Alors, deux calzoni et deux bières pression moyennes.

Babi regarde son amie d'un air inquiet.

– Aussi de la bière ? Tu as décidé de me faire éclater.

– Allez, pour une fois ! Ce soir nous devons fêter quelque chose.

– Quoi ?

– Ben, il y a cent sept ans que nous ne sommes pas sorties que toutes les deux.

Babi pense que c'est vrai. Ces derniers temps, les rares fois où elle est sortie, c'était toujours avec Marco. En ce moment, ça lui fait plaisir d'être là avec sa copine. Pallina est en train de trafiquer dans les poches de son blouson. A la fin, elle en sort un petit peigne avec des strass et des cœurs en pierre dure de toutes les couleurs, elle rassemble ses cheveux et y plante le peigne.

Son beau visage rond apparaît dans toute sa clarté. Babi lui sourit.

– Il est très chouette, ce petit peigne, et il te va très bien.

– Il te plaît ? Je l'ai acheté piazza Carli da Bruscoli.

– Ça t'embête si j'en achète un, moi aussi ? Peut-être un peu différent. J'en avais un dans ce genre, mais je l'ai perdu.

– Tu rigoles. Moi je suis habituée à ce qu'on me copie. Je suis très tendance. Tu sais que maintenant quand je vais dans les boutiques, on me donne les fringues gratuitement. Il suffit que je les porte. A partir de demain je demande aussi un pourcentage !

Elles rient. Au même moment les bières arrivent. Babi les regarde. Elles sont énormes.

– C'est ça la moyenne ? Qu'est-ce que ça serait si c'était la grande ?

Pallina prend sa chope.

– Allez, ne fais pas d'histoires.

Elle la cogne la chope avec force contre celle de Babi. Un peu de mousse déborde sur la nappe.

– A notre liberté !

Babi la corrige :

– Provisoire...

Pallina fait un petit sourire comme pour dire : accordé. Puis elles boivent toutes les deux. Babi est la première à caler. Arrivée au quart de sa chope, elle s'arrête de boire. Pallina continue encore pendant un petit moment en avalant plus de la moitié de sa bière.

– Ahhh ! – Pallina claque sa chope sur la table – C'est vraiment ce qu'il nous fallait.

Et elle s'essuie la bouche en la frottant violemment avec sa serviette. De temps en temps, ça l'amuse de prendre cet air de dure. Babi ouvre un sachet de gressins. Elle en tire un, légèrement grillé, et l'émiette. Puis elle regarde autour d'elle dans la salle. Des groupes de garçons s'amusent à couper en petits triangles une pizza à la tomate. Des jeunes filles raffinées s'obstinent à manger avec la fourchette même les olives ascolaises. Un jeune couple discute joyeusement en attendant d'être servi. Elle, une jolie fille avec des cheveux noirs pas trop longs. Lui est en train de lui servir gentiment à boire. Il tourne le dos. Babi ne sait pas pourquoi, mais elle a l'impression de le connaître. Un serveur passe près de lui. Le jeune homme l'arrête. Il lui demande où sont passées leurs pizzas. Babi le voit de face. C'est Marco. Le gressin se brise entre ses doigts pendant que quelque chose d'autre se brise en elle. Souvenirs, émotions, moments super, douces phrases murmurées commencent à partir en un tourbillon d'illusions. Babi devient toute pâle. Pallina s'en aperçoit.

– Qu'est-ce qui se passe ?

Babi n'arrive pas à parler. Elle lui montre le fond de la salle. Pallina se retourne. Le serveur est en train de s'éloigner d'une table. Pallina le voit. Marco est là, il sourit à une fille assise devant lui. Il lui caresse la main, confiant dans l'arrivée des pizzas, et surtout dans la suite de la soirée. Pallina se tourne de nouveau vers Babi.

– Quel fils de putc. Et ce n'est pas une phrase toute faite. Les hommes sont vraiment tous les mêmes ! Il était censé préparer son examen de biologie, hein ? il a plutôt l'air de préparer celui d'anatomie !

Babi baisse la tête en silence. Une petite larme glisse le long de sa joue, s'arrête un instant sur le menton avant de tomber.

Pallina, peinée, regarde son amie.

– Excuse-moi, je ne voulais pas...

Elle sort de sa poche de pantalon un bandana de couleur vive et le lui passe.

– Tiens, ça n'a peut-être aucun rapport avec la situation, c'est peut-être un peu trop gai, mais c'est mieux que rien.

Babi éclate d'un drôle de rire mêlé de quelques larmes. Puis elle se sèche les yeux et renifle. Ses yeux brillants, légèrement rouges, regardent de nouveau Pallina. Babi rit encore une fois. Un rire qui sonne comme un sanglot. Pallina lui caresse le menton, emportant une autre larme indécise.

– Allez, ne réagis pas comme ça ! Ce ver de terre ne le mérite pas. Quand retrouvera-t-il une fille comme toi ? C'est lui qui devrait pleurer. Il ne sait pas ce qu'il a perdu. Il ne lui restera plus qu'à sortir avec des filles de ce genre.

Pallina se retourne de nouveau pour regarder la table de Marco. Babi en fait autant. Elle a l'estomac noué. La chasse au trésor. Les promenades à la Villa Glori, les baisers au crépuscule. Se regarder dans les yeux et se dire je t'aime. Des images doucement légères s'évanouissent, chassées par un vent de tristesse. Babi essaye de sourire.

– Ben, elle ne me semble pas si moche.

Pallina approuve. Babi est incroyable, même dans cette situation elle n'arrive pas à ne pas être sincère. Babi prend sa bière et en boit une longue gorgée. Puis elle claque sa chope sur la table et s'essuie violemment la bouche avec sa serviette, exactement comme l'a fait Pallina.

– Bon Dieu, ce que je le déteste !

– Bravo ! Comme ça tu me plais. Il faut le punir.

Pallina cogne sa chope contre celle de son amie, puis toutes deux finissent leur bière en une seule et longue gorgée. Babi, un peu perdue, parce qu'elle n'est pas habituée à boire, ni à tout le reste, sourit avec décision à sa copine.

– Tu as raison, je vais le lui faire payer ! J'ai une idée. Allons voir Fabio.

Marco, très gai, rit en versant du vin blanc frais à la fille. Il sait amuser une femme au moins autant qu'il est incapable de bien choisir un vin.

Ce soir-là, la Nuova Fiorentina peut être fière. Elle n'a jamais eu de serveur aussi mignon. De serveuse, pour être précis. Babi avance entre les tables avec les pizzas à la main. Elle n'hésite pas. Celle avec la mozzarella sans anchois, c'est pour Marco. Combien de fois ne l'a-t-elle pas entendu la commander. Combien de fois ne lui en a-t-il pas fait goûter avec amour un petit bout, en le lui mettant dans la bouche !

Un autre coup au cœur. Elle décide de ne plus y penser. Elle se retourne. Fabio et Pallina sont près de la caisse. Ils lui sourient en lui faisant un signe d'encouragement. Babi se secoue. Elle n'a pas les idées très claires. La bière était bonne et elle l'aide à arriver jusqu'à la table de Marco.

– Voici pour vous !

Elle pose la pizza au jambon avec un peu d'huile devant la fille qui la regarde d'un air étonné.

– Et voilà pour toi, ver de terre ! Marco n'a même pas le temps d'être surpris. La mozzarella sans anchois coule sur sa tête avec toute la tomate, tandis que la pâte chaude se transforme en un chapeau plutôt gênant et brûlant. Fabio et Pallina, applaudissent bruyamment, suivis par tout le restaurant. Babi, légèrement ivre, s'incline pour remercier. Puis elle s'éloigne en prenant Pallina par le bras, suivie des commentaires amusés des clients et du regard effaré de la fille, qui n'y comprend rien.

Elles repartent en Vespa, sans dire un mot. Babbi serre étroitement Pallina. Mais ce n'est pas par peur. Dans la rue il y a beaucoup moins de circulation. La tête appuyée sur l'épaule de son amie, elle regarde les arbres qui défilent devant elle, les lointaines lumières rouges et blanches des voitures. Un autobus orange passe à côté d'elles. Elle ferme les yeux. Elle est parcourue d'un frisson passager. Elle a froid et chaud, elle se sent seule. Toujours en silence, elles arrivent devant la maison. Babi descend de la Vespa.

– Merci Pallina.

– De quoi ? Je n'ai rien fait.

Babi lui sourit – La bière était très bonne. Demain à l'école je t'offre le goûter. On doit fêter quelque chose.

– Quoi ?

– La liberté complète.

Pallina l'embrasse. Babi ferme les yeux. Un sanglot lui échappe, mais elle se détache de son amie et s'enfuit. Pallina la regarde monter l'escalier en courant et disparaître derrière le portail. Elle démarre sa Vespa et s'éloigne dans la nuit. Plus tard, quand Babi se déshabille, elle sort l'argent de sa poche de jean. Quand elle y glisse la main pour voir s'il ne reste rien, elle n'en croit pas ses yeux. Un sourire apparaît au milieu de ses larmes. Le petit peigne de Pallina, avec les strass et les cœurs de toutes les couleurs est là. Elle l'a mis dans sa poche pendant qu'elles s'embrassaient.

Un petit cadeau pour lui remonter le moral, pour la faire sourire. Elle y est arrivée. Pallina est vraiment une amie. Alors que Marco a toujours été un pauvre type. Babi sourit en enfilant son pyjama. Elle pense qu'il y a quelque chose d'amusant dans cette tragédie. Si elles étaient allées chez Baffetto, comme d'habitude, elles ne l'auraient jamais chopé. Babi se lave les dents. C'est bizarre que nous ayons justement décidé ce soir d'aller à la Nuova Fiorentina. Babi se glisse sous les draps. Oui, Marco n'a pas de chance, et j'espère que ce sera comme ça pendant toute sa vie.

Pallina tourne à droite. Elle décide d'aller voir son copain Dema.

Un chat traverse la rue. Elle ne regarde même pas s'il est noir ou non. Elle ne croit pas à la malchance. Elle préfère mille fois la pizza de Baffetto à celle de la *Nuova Fiorentina*. Elle ne changerait pour rien au monde. Mais ce soir, quand Fabio lui a téléphoné pour lui dire que chez lui il y avait le petit ami de Babi avec une autre, elle n'a pas hésité une seconde. C'était l'occasion qu'elle attendait depuis longtemps. Elle a entendu trop d'histoires sur Marco. Ça ne peut pas être que des bobards. Mais si elle le lui avait seulement raconté, Babi ne l'aurait pas cru. Ou peut-être que si. Mais alors leur amitié était foutue. Il valait mieux mettre la faute sur le compte du hasard. Pallina parle à Dema par l'interphone. Une voix endormie lui répond.

– Allô, mais qui est-ce ?

– Pallina. C'est fait.

– Vous l'avez chopé ?

– En flagrant délit ! Comme un rat avec le fromage dans la bouche, ou plutôt comme un ver de terre avec une pizza sur la tête !

– Pourquoi, qu'est-ce qui s'est passé ?

– Si tu descends, je te raconte.

– Et comment Babi l'a pris ?

– Plutôt mal.

– Attends, je m'habille et je descends.

Pallina coiffe ses cheveux en arrière. Pendant un court instant elle regrette son petit peigne. Pauvre Babi. C'est mieux comme ça. Peut-être qu'elle a un peu souffert. Mieux vaut maintenant qu'après. Quand elle aurait été plus pincée. Elle retrouverait vite sa gaieté. Et le sourire d'une copine a bien plus de valeur qu'un petit peigne, bien plus qu'une pizza Margherita. Même si c'est celle de Baffetto.

21

Sous la douche, Babi peigne ses cheveux pleins de baume. La fréquence 103.10 de la radio retransmet les derniers succès américains. Anastacia a grimpé à la troisième place. Babi, bercée par ce motif très lent, penche la tête en arrière sous la douche. Une cascade d'eau légère emporte le baume, glissant le long de son visage, effleurant ses traits et ses douces rondeurs.

Quelqu'un frappe à la porte.

– Babi... On t'appelle au téléphone.

C'est Daniela.

– J'arrive tout de suite.

Elle s'enveloppe rapidement d'un drap de bain et va vers la porte. Daniela lui tend le sans-fil.

– Fais vite, parce que j'attends un apel d'Andrea.

Babi s'enferme de nouveau dans la salle de bains et s'assied sur le moelleux dessus de WC Pallina parle d'une voix claironnante.

– Tu étais sous la douche ?

– Évidemment, sans ça tu ne m'aurais pas appelée ! Qu'y a-t-il de si urgent ?

– Il y a dix secondes, Pollo m'a téléphoné. Il m'a dit qu'il avait été très bien avec moi. Il s'est excusé pour ce qui s'est passé au restau et il veut me voir. Il a demandé si ce soir je veux aller avec lui aux courses.

– A quelles courses ?

– Ce soir ils vont tous sur l'Olimpica à moto, et ils font la course. A fond la caisse, à deux sur une seule roue. Tu t'en souviens, Francesca y est allée et te l'a raconté. Elle a dit que c'était super. Elle a même fait la Camomilla... !

– La Camomilla ?

– Oui, c'est celles qui vont derrière, on les appelle comme

ça parce qu'elles portent la ceinture de chez Camomilla* pour être attachées à celui qui conduit. La règle, c'est qu'elles doivent avoir le visage tourné vers l'arrière.

– Le visage vers l'arrière ? Pallina, mais quoi, tu es devenue idiote. Je regrette presque de m'être sacrifiée pour toi...

– Mais en quoi ?

– Comment en quoi ? Le mot sur le carnet et tout le reste !

– Dis donc, tu exagères un peu avec ce mot !

– En attendant, moi je suis punie, et je n'ai pas le droit de sortir jusqu'à lundi.

– D'accord, mais je ne suis absolument pas en train de te demander de sortir avec moi. Je voulais seulement un conseil. Qu'est-ce que tu en dis ? J'y vais ?

– Aller voir ceux qui courent est encore plus débile que d'aller courir avec des motos. Mais, après tout, fais comme tu veux.

– Oh, tu as peut-être raison. A propos, je lui ai dit, à Dema, que je me suis mise avec Pollo. Tu es contente ?

– Moi je m'en fiche. C'est ton copain à toi. Je t'ai seulement dit que, d'après moi, s'il l'apprenait par quelqu'un d'autre, il le prendrait mal.

– Oui, j'ai compris. En fait il l'a très bien pris. Il m'a même semblé content. Tu vois que tu t'étais trompée. Ce n'est pas vrai qu'il en pince pour moi.

Babi s'approche de la glace. Avec le linge de toilette elle enlève un peu de buée. Son image, avec le téléphone à la main et son air agacé apparaît. Parfois, Pallina est vraiment stressante.

– Ben, c'est mieux comme ça, non ?

– Tu sais ce que je vais te dire, Babi ? Tu m'as convaincue. Je n'y vais pas, aux courses.

– Bravo ! On s'appelle bientôt.

Babi sort de la salle de bains. Elle passe devant Daniela et lui rend le téléphone. Daniela ne dit rien, mais elle prend un air énervé, comme pour faire comprendre à sa sœur qu'elle a gardé trop longtemps l'appareil. Babi va dans sa chambre et commence à se sécher les cheveux. Daniela

---

* Marque de vêtements féminins.

entre avec le téléphone – C'est Dema. Inutile de te dire que je te demande la même chose que tout à l'heure.

Babi éteint le sèche-cheveux et prend le téléphone.

– Salut Dema, comment ça va ?

– Très mal.

Babi écoute en silence. On dirait presque qu'*Une émotion pour toujours,* la chanson d'Eros Ramazzotti, a été écrite pour lui – Je voudrais pouvoir me souvenir de toi ainsi... Mais de quelle façon, puisqu'il ne peut se souvenir de rien. Babi renonce à le lui dire. Aussi parce que Dema lui pose mille questions.

– Mais comment, après tout le temps où je lui ai couru après, elle va se mettre avec ce mec. Et qui c'est, ce mec ?

– Il s'appelle Pollo, c'est tout ce que je sais.

– Pollo* ? Quel nom ! Qu'est-ce qu'elle espère trouver chez lui ? C'est un violent, un de ces voyous qui sont venus l'autre soir à l'anniversaire de Roberta ! Du beau monde, et Pallina est amoureuse de lui ?

– Bof, amoureuse, Dema... Il doit seulement lui plaire !

– Non, non, elle en est amoureuse. C'est elle qui me l'a dit !

– Tu sais, tout ce que dit Pallina... non ? Tu la connais mieux que moi. Par exemple, ce soir, elle voulait aller voir les courses sur l'Olimpica... Cinq secondes après, elle change d'idée. Tu vois comme elle est ? Peut-être que dans pas longtemps elle se rendra compte de l'erreur qu'elle a faite, et elle fera marche arrière. Allons, Dema, tu verras que ça se passera comme ça.

Dema ne dit rien. Il a cru à ses paroles, ou de toute façon il a voulu y croire. Le pauvre, pense Babi. Heureusement qu'il n'était pas amoureux d'elle !

– Oui, tu as peut-être raison. Peut-être que ça se passera comme ça.

– Tu verras, Dema, c'est seulement une question de temps.

– Oui, espérons seulement qu'il n'en faudra pas trop – Voilà qu'il essaie de plaisanter ! – Babi, s'il te plaît, ne parle pas à Pallina de ce coup de téléphone.

– Qu'est-ce que tu crois ! Et toi, du courage, hein ?

– Oui, merci.

---

* *Pollo* veut dire poulet en italien.

Ils raccrochent.

Daniela entre.

– Dis donc, Pallina s'est mise avec Pollo ? C'est complètement dingue ! Et naturellement Dema est détruit !

– Oh, le pauvre, il y a une éternité qu'il lui court après.

– Il n'a aucun espoir. C'est le typique ami des femmes.

Après ce jugement très dur, Daniela s'éloigne avec le téléphone, mais elle n'a pas le temps de sortir de la pièce qu'il sonne de nouveau.

– Allô. Oui, salut, je te la passe tout de suite. Babi, je t'en prie, n'y reste pas une heure.

– Qui est-ce ?

– Pallina.

– Je vais essayer – Babi prend le téléphone.

– Tu as plaqué Pollo ?

– Non !

– Dommage...

– Avec qui tu parlais ? C'était sans arrêt occupé !

– Avec Dema : il est détruit.

– Non !

– Si, il l'a très mal pris. Le pauvre, il m'a dit de ne pas te le dire. Je t'en prie, fais comme si tu ne savais rien, hein ?

– Je n'aurais peut-être pas dû lui dire que je m'étais mise avec Pollo.

– Mais qu'est-ce que tu dis, Pallina ? De toute façon il l'aurait su, et ç'aurait été pire.

– Je pouvais espérer renvoyer ça à plus tard.

– Plus tard ? Tu n'avais qu'à ne pas te mettre avec Pollo, c'est tout.

– N'abordons pas ce sujet. De toute manière, j'ai décidé que dans la vie c'est plus amusant d'être débile.

– C'est-à-dire ?

– C'est-à-dire que je vais aux courses.

Babi secoue la tête. Ses cheveux ont séché tout seuls.

– Bon. Amuse-toi bien.

– Pollo m'a appelée, et il vient me prendre dans cinq minutes. Mais dis-moi, d'après toi, je dois aller là-bas pour m'amuser, ou pour faire celle qui regarde les courses et qui s'ennuie un peu ?

C'en est trop. Babi explose.

– Écoute, Pallina. Va aux courses, fais de la moto, fais du wheeling, mets-toi avec tous les loubards du monde mais, je t'en prie, épargne-moi tes hésitations nombrilistes à la Nanni Moretti !

Pallina éclate de rire.

– Tu as raison. Écoute, tu dois me faire un dernier plaisir. Comme je ne sais pas à quelle heure finissent les courses, j'ai dit à ma mère que j'allais dormir chez toi.

– Et si ta mère appelle ?

– Tu parles ! Elle ne cherche jamais à savoir où je suis... Mais toi, tu dois me laisser les clés sous le paillasson de la porte d'entrée. A la place habituelle.

– D'accord.

– Eh, n'oublie pas, hein ? Pauvre Dema. D'après toi, je dois faire quelque chose ?

– Pallina, il me semble que tu en as déjà assez fait pour aujourd'hui.

Babi coupe le téléphone. Daniela le lui arrache presque des mains.

– Heureusement que je t'ai demandé de ne pas le garder longtemps, heindéjàdéjà ?

– Qu'est-ce que j'y peux ? Tu as entendu ce qui s'est passé. Je t'en supplie, ne parle à personne de Pollo et Pallina.

– A qui veux-tu que j'en parle ?

Le téléphone sonne de nouveau.

– On peut savoir qui est tombé dans l'écouteur ?

– Salut Giulia. Excuse-moi, hein, c'était ma frangine.

Daniela va dans sa chambre. Elle a juste le temps de fermer la porte, et elle n'y tient plus.

– Giulia, tu connais la nouvelle ? Pallina s'est mise avec Pollo !

– Non !

– Si ! Dema est détruit, mais je t'en prie, ne le dis à personne !

– Bien sûr, qu'est-ce que tu crois !

Giulia écoute le reste de l'histoire en pensant déjà à ce qu'elle racontera plus tard à Giovanna et Stefania.

22

Babi sort de sa chambre. Elle porte une douillette robe de chambre rose, sur un pyjama en tissu molletonné bleu et aux pieds, des pantoufles chaudes. La douche a chassé la fatigue du footing, mais elle n'est pas vraiment gaie. Ce soir, son régime ne lui permet qu'une misérable pomme verte. Elle traverse le couloir. Au même moment, elle entend la clé tourner dans la serrure de la porte d'entrée. Son père.

– Papa !

Babi court à sa rencontre.

– Babi.

Son père a l'air furieux. Babi s'arrête.

– Qu'est-ce qui s'est passé ? Ne me dis pas que je n'ai pas bien garé la Vespa, que tu n'as pas réussi à entrer dans le garage...

– Mais qu'est-ce que j'en ai à faire, de ta Vespa ? Aujourd'hui les Accado sont venus me voir.

A ces mots, Babi pâlit. Pourquoi n'y a-t-elle pas pensé plus tôt ? Elle aurait dû raconter à ses parents tout ce qui s'était passé.

Raffaella, qui finit juste de laver deux pommes vertes, préparant ainsi le dîner, arrive au salon.

– Que te voulaient les Accado ? Que s'est-il passé ? Qu'est-ce que Babi a à voir avec eux ?

Claudio regarde sa fille.

– Je ne le sais pas. Dis-le-nous toi, Babi, qu'est-ce que tu as à voir avec eux ?

– Moi ? Absolument rien.

Daniela apparaît sur le pas de la porte.

– C'est vrai, elle n'y est pour rien !

Raffaella se tourne vers Daniela.

– Toi, tais-toi, personne ne t'a rien demandé.

Claudio prend Babi par un bras.

– Peut-être que ce n'est pas ta faute, mais celui qui était avec toi y est pour quelque chose, et comment ! Accado est à l'hôpital. Il a la cloison nasale fracturée en deux endroits. L'os est rentré, et le médecin a dit qu'il aurait suffi d'un demi-centimètre de plus pour que son cerveau soit perforé.

Babi ne dit pas un mot. Claudio la regarde. Sa fille est toute retournée. Il lui lâche le bras.

– Tu n'as peut-être pas compris, Babi : un demi-centimètre de plus et Accado mourait...

Babi déglutit. Sa faim est passée. Maintenant, elle n'a même plus envie de la pomme. Raffaella regarde sa fille d'un air inquiet, puis, la voyant si bouleversée, elle prend un ton calme et tranquille.

– Babi, s'il te plaît, peux-tu me raconter ce qui s'est passé ?

Babi lève les yeux. Ils sont clairs et épouvantés. C'est comme si, ce soir, elle voyait sa mère pour la première fois.

– Oui, maman.

Et elle raconte tout. La fête, les casseurs, Chicco qui a appelé la police, ceux qui ont fait semblant de s'enfuir mais qui les ont attendus en bas de la maison. La poursuite, la BMW défoncée. Chicco qui s'est arrêté, le jeune à la moto qui l'a frappé. Accado qui est intervenu, et le même jeune qui l'a tabassé, lui aussi.

– Mais enfin, Accado t'a laissée avec ce voyou ? Il ne t'a pas emmenée ?

Raffaella est bouleversée. Babi ne sait pas quoi répondre.

– Il a peut-être pensé que c'était un de mes copains, qu'est-ce que j'en sais ? Tout ce que je sais, c'est qu'après les coups, tout le monde est parti et que je suis restée seule avec lui.

Claudio hoche la tête.

– C'est normal qu'Accado ait pris la fuite. Il risquait de mourir vidé de son sang avec ce nez cassé. De toute façon, le voyou va le payer cher. Filippo a porté plainte. Aujourd'hui, lui et sa femme sont venus me voir au bureau pour me raconter toute l'histoire. Ils ont dit qu'ils passeraient par les voies légales. Ils veulent savoir le nom et le prénom de ce garçon. Comment s'appelle-t-il ?

– Step.

Claudio regarde Babi d'un air perplexe.

– Comment, *Step* ?

– Step. Il s'appelle comme ça. Du moins, je l'ai toujours entendu appeler comme ça.

– Mais quoi, il est américain ?

– Pourquoi américain, papa ! C'est un surnom.

Claudio regarde ses filles.

– Mais ce garçon doit quand même avoir un nom ?

Babi lui sourit.

– Bien sûr qu'il en a un, mais moi je ne le connais pas.

Claudio perd de nouveau patience.

– Mais comment je fais, moi, pour dire aux Accado que ma fille se balade avec quelqu'un dont elle ne connaît même pas le nom ?

– Moi, je ne me balade pas avec lui. J'étais avec Chicco... je te l'ai déjà dit.

Raffaella intervient.

– Oui, mais tu es quand même revenue à la maison à moto avec lui.

– Mais maman puisque Chicco et Accado avaient filé, comment je rentrais, moi ? J'étais là, dans la rue, en pleine nuit : qu'est-ce que je faisais ? Je rentrais toute seule chez moi ? J'ai essayé. Mais au bout d'un petit moment un plouc avec une Golf s'est arrêté pour m'embêter, et alors je me suis fait raccompagner.

Claudio n'en croit pas ses oreilles.

– Bientôt il va falloir qu'on remercie ce Step !

Raffaella, hors d'elle, regarde ses filles.

– Nous ne pouvons pas nous conduire comme ça. Vous avez compris ? Je veux savoir au plus vite le nom de ce garçon. C'est clair ?

Babi se rappelle que ce matin elle en a parlé avec Daniela. Il était encore tôt, elle était tout endormie, mais elle n'a pas de doutes.

– Dani, toi tu le sais comment il s'appelle. Dis-le lui !

Daniela, effarée, regarde Babi. Mais quoi, elle est folle ? Lui dire ? Dénoncer Step ? Elle sait ce qu'ils ont fait à Brandelli et un tas d'autres histoires qu'elle a entendues. Ils lui bousilleraient sa Vespa, la battraient, la violeraient. Ils écriraient sur les murs de l'école des mots obscènes, avec son nom, et des saletés qu'elle n'a encore jamais faites, malheureusement. Le dénoncer ? Pendant un court instant, elle perd la mémoire.

– Maman, moi je sais seulement qu'il s'appelle Step.

Babi se déchaîne contre sa sœur.

– Menteuse ! Tu es une menteuse. Moi, je ne m'en souviens pas, mais ce matin, toi, tu m'as dit comment il s'appelait. Toi et tes copines vous le connaissez très bien.

– Mais qu'est-ce que tu racontes ?

– Tu n'es qu'une lâche, tu veux pas le dire parce que tu as la trouille. Tu le sais, comment il s'appelle.

– Non, je ne le sais pas.

– Si, tu le sais !

Brusquement Babi s'arrête. C'est comme si quelque chose s'était ouvert, dénoué, éclairé, dans son esprit. Elle s'en est souvenue.

– Stefano Mancini. C'est ça, c'est son nom. Mais tout le monde l'appelle Step.

Ensuite elle regarde sa sœur et cite ses propres paroles : « Mes copines et moi, on l'appelle the Beau Gosse. »

– Bravo, Babi !

Claudio sort de sa poche une petite feuille sur laquelle il note toujours tout. Il écrit le nom pour être sûr de ne pas l'oublier. Mais il semble énervé. Il vient de lire sur la feuille en question quelque chose qu'il aurait dû faire et qu'il a oublié, mais maintenant c'est trop tard.

Daniela regarde sa sœur.

– Tu es forte, hein ? Tu n'as pas compris ce qu'ils vont te faire ? Ils vont bousiller ta Vespa, ils vont te cogner, ils diront du mal de toi sur les murs de l'école.

– Tu parles, la Vespa est déjà bousillée. Et je ne crois pas qu'ils écriront quoi que ce soit sur les murs, parce que je ne pense vraiment pas qu'il y en ait un seul qui sache écrire. Et s'ils veulent me faire du mal, mon père me protégera, n'est-ce pas ?

Babi se tourne vers lui. Claudio pense à Accado, il imagine la douleur qu'on peut éprouver quand on vous casse le nez.

– Bien sûr Babi, je suis là.

Il se demande ce qu'il y a de vrai dans cette affirmation.

Peut-être pas grand-chose. Mais elle a atteint son but. Babi, désormais plus tranquille, va à la cuisine. Elle prend sa pomme verte et la lave de nouveau. Puis, la soulevant dans le vide en la tenant par la queue, elle commence à la faire tourner. Chaque tour, une lettre. Quand la queue se détache, voilà, c'est l'initiale de celui qui pense à toi. *A.B.C.D.* La queue se détache avec un bruit sec.

C'est le *D* qui est sorti. Qui connaît-elle dont le nom commence par *D* ? Personne ne lui vient à l'esprit. Heureusement que ce n'est pas le *S* qui est sorti. Une queue de pomme résiste difficilement aussi longtemps. Mais même si ç'avait été le *S* qui était sorti, ça ne l'aurait pas vraiment inquiétée. Elle n'a pas peur. Elle passe devant sa mère. Elle lui sourit. Raffaella la regarde s'éloigner. Elle est fière de sa fille. Babi tient d'elle, évidemment. Pas comme Daniela. Mais, dans le fond, sa peur est justifiée. Daniela, c'est tout son père. Claudio pose son complet gris sur le lit.

– Au fait, trésor, as-tu acheté la grande cafetière ?

– Non, j'ai oublié.

Raffaella s'enferme dans la salle de bains. Mais comment a-t-elle pu oublier, pense Claudio, je l'ai même écrit sur la liste de commissions. Il décide de ne rien dire, justifiant un peu plus le caractère de Raffaella. Claudio, après avoir choisi une chemise, la jette sur le lit. Puis il pose dessus sa cravate préférée. Qui sait ? Peut-être que ce soir il réussira à la mettre.

Les parents sortent, en recommandant comme chaque soir aux filles de n'ouvrir à personne. Tout de suite après, Babi descend en robe de chambre et, sans que personne ne la voie, elle cache les clés de la maison sous le paillasson. Qui sait où est Pallina en ce moment ? Aux courses de moto sur la via Olimpica. Grand bien lui fasse...

Daniela est dans le couloir. Elle parle au téléphone avec Andrea Palombi, tout en gribouillant sur une feuille avec un Bic leurs noms et quelques petits cœurs. Andrea, entendant que Daniela ne répond pas, est intrigué.

– Dani, mais qu'est-ce que tu fais ?

– Rien.

– Comment ça rien ? J'entends des bruits.

– Je suis en train d'écrire.

– Ah, et qu'est-ce que tu écris ?

– Mais rien... dit-elle en mentant. Je fais des dessins.

– Ah, j'ai compris. Et tu dessines pendant qu'on se parle ?

– Mais non, je t'écoute. J'ai tout compris.

– Alors répète.

Daniela soupire.

– Le lundi, le mercredi et le vendredi tu vas à la gym et le mardi et le jeudi, à ton cours d'anglais.

– A quelle heure ?

Daniela réfléchit un instant.

– A cinq heures.

– A six heures. Tu vois que tu n'écoutais pas.

– Mais si, c'est que je ne m'en souvenais pas. Mais tu as compris pourquoi, avant, je ne pouvais pas te parler ?

– Oui, parce que tes parents étaient en train de te dire au revoir.

– Exact : je te faisais – oui, ehm ehm. Et toi tu ne comprenais pas.

– Comment je peux comprendre si tu ne me le dis pas ?

– Comment je fais pour te le dire si eux sont là devant moi ? Mais regarde comme tu es fort ! J'ai une idée : il faut qu'on décide d'un mot secret pour quand on ne peut pas parler.

– Du genre ?

– Qu'est-ce que j'en sais ? Réfléchissons...

– On pourrait dire le nom de mon école d'anglais.

– Qui est ?

– Alors ! Tu vois que tu ne m'écoutes pas ! British.

– Oui, British me plaît.

Au même moment, Babi passe dans le couloir et s'arrête devant sa sœur.

– Comment c'est possible que tu sois toujours au téléphone ?

Daniela ne lui répond pas. Elle décide d'utiliser tout de suite le nouveau mot.

– British.

Andrea reste un instant perplexe.

– Qu'est-ce qu'il y a, tu ne peux pas parler ?

– Évidemment. Sinon pourquoi je dirais British ? Comme ça, sans raison ? Alors qu'on a décidé de le faire ?

– D'accord, mais comment je sais que maintenant tu ne peux pas parler ?

– Tu dois le savoir. J'ai dit British.

– Oui, mais moi j'ai cru que tu étais en train d'essayer, pour voir comment ça sonnait.

Leur discussion, pas vraiment métaphysique, est brusquement interrompue par la voix inflexible d'une demoiselle des Télécom. « Attention. Appel urbain urgent pour le numéro... » Daniela et Andrea ne disent plus rien. Ils attendent le premier chiffre qui décidera de celle à qui l'appel s'adresse. « 3... 2... » Daniela couvre la voix de la standardiste.

– C'est pour moi, c'est sûrement Giulia.

– On s'appelle après ?

– Oui, je te téléphone dès que j'ai fini. British !

Andrea rit.

– Dans ce cas ça veut dire quelque chose comme « Je t'aime ».

– Moi aussi.

Ils raccrochent. Babi regarde sa sœur. Bizarre qu'elle ait obéi aussi vite.

– Il y a un appel d'urgence.

– C'est ce qu'il m'a semblé ! C'est trop bizarre que tu raccroches uniquement parce que je te l'ai demandé. C'est sans doute papa et maman qui veulent nous dire quelque chose, et qui sont énervés parce que c'est sans arrêt occupé.

– Mais non ! C'est sûrement Giulia, on avait dit qu'on se rappelait.

Elles attendent à côté du téléphone. Prêtes à soulever le combiné dès la première sonnerie. Comme deux participants à un jeu télévisé où il faut d'abord appuyer sur le bouton, puis donner la réponse exacte. Le téléphone sonne. Daniela est plus rapide.

– Giulia ? – Réponse fausse – Ah excusez-moi, oui, je vous la passe. C'est pour toi.

Babi arrache l'écouteur des mains de Daniela.

– Allô, oui ?

Ce sentiment de satisfaction se transforme bien vite en grand embarras. C'est la mère de Pallina. Daniela sourit.

– N'y passe pas une heure, hein ?

Babi essaye de l'atteindre d'un coup de pied. Daniela l'esquive.

Babi se concentre sur l'appel.

– Ah, oui madame, bonsoir.

Elle écoute la mère de Pallina. Elle veut parler à sa fille, naturellement.

– En fait, elle dort déjà – Puis, prenant un terrible risque : Voulez-vous que je la réveille ?

Babi ferme à moitié les yeux et serre les dents en attendant la réponse.

– Non, ce n'est pas la peine. Je peux te le dire à toi.

Ça a marché.

– J'ai réussi à avoir un rendez-vous demain matin pour les analyses de sang. Il faudrait donc que tu lui dises de ne pas manger en se réveillant et que je viendrai la prendre vers 7 heures. Elle ira seulement à la deuxième heure de cours, si nous n'avons pas fini à temps.

Babi est enfin soulagé.

– Oui, surtout qu'à la première heure nous avons religion...

Babi pense que cette matière n'a aucun intérêt pour son amie. L'âme de Pallina, entre les mensonges et les petits copains violents, est irrémédiablement perdue.

– Je te le demande, Babi, ne la laisse pas manger.

– Non, madame. Ne vous inquiétez pas.

Babi raccroche. Daniela passe à côté d'elle, prête à reprendre le téléphone.

– Tu t'en es sortie ?

– C'est Pallina qui s'en est bien sortie. Si elle se fait choper, c'est ses oignons. Moi, qu'est-ce que j'ai à y voir ?

Babi essaye tout de suite d'appeler Pallina sur son portable. Rien à faire. Il est éteint. C'est vrai. Elle doit dormir chez moi, et chez moi il ne marche pas. Où l'appeler ? Mais de quoi je m'inquiète ? Au pire c'est elle qui risque quelque chose. Je ne devrais même pas m'énerver.

Babi se fait une camomille. Deux tranches de citron, une sucrette, et la voilà sur le divan, en chien de fusil, bien au chaud. Elle se met à regarder la télévision. Daniela, naturellement, rappelle Andrea. Elle lui raconte l'histoire de Pallina, le coup de téléphone de sa mère, le bluff de Babi et bien d'autres choses très amusantes pour eux. Un peu de zapping sur la télévision du salon. Une émission sur les civilisations antiques, une histoire d'amour plus contemporaine, un quiz trop difficile. Babi reste un instant sur le divan à réfléchir. Non, cette réponse-là, elle ne la connaît pas. La voix rieuse de Daniela lui parvient du couloir. Des mots d'amour se confondent doucement avec de frais éclats de rire. Babi éteint la télévision. Pallina sera rentrée avant 7 heures.

– Bonne nuit, Dani.

Daniela sourit à sa sœur.

– Bonne nuit.

Babi n'essaye même pas de lui dire de ne pas accaparer le téléphone. A quoi ça servirait ? Elle se lave les dents. Elle pose sur une chaise l'uniforme pour le lendemain, prépare son sac et se glisse dans son lit. Elle dit une prière en fixant le plafond. Elle est un peu distraite. Puis elle éteint la lumière. Elle se retourne dans son lit, ayant du mal à s'endormir. Rien à faire. Et si Pallina allait directement à l'école ? Cette fille est capable de tout. Peut-être qu'elle passera une nuit blanche et qu'elle se fera accompagner à la Falconieri par Pollo, alors que sa mère vient la chercher ici. Quelle garce cette Pallina ! Mais pourquoi elle ne se contente pas de flirter ? Elle n'a qu'à passer deux heures au téléphone comme Daniela, et c'est tout. Ça ne fait pas autant de dégâts, en dehors d'une note de téléphone un peu plus salée. Non, elle n'aurait pas dû aller aux courses. Elle doit jouer la femme de dur à cuire. Garce de Pallina ! Elle descend de son lit et s'habille en vitesse. Elle enfile juste un sweat et un jean, puis elle va dans la chambre de Daniela et lui prend ses Superga bleues. Elle passe devant sa sœur, qui est évidemment toujours au téléphone.

– Je vais avertir Pallina.

Daniela la regarde, effarée.

– Tu vas à la Serre ? Je veux y aller moi aussi.

– A la serre ? Je vais à l'Olimpica. Là où ils font les courses.

– Ben oui ! On l'appelle la Serre.

– Et pourquoi ?

– A cause de toutes les fleurs qu'il y a le long de la route ! Pour tous ceux qui s'y sont tués.

Babi se passe la main sur le front.

– Il ne manquait plus que ça... La Serre !

Elle prend le blouson pendu dans le couloir et s'apprête à sortir. Daniela l'arrête.

– S'il te plait, Babi, emmène-moi avec toi !

– Mais quoi, vous êtes toutes devenues dingues ou quoi ? Que toi, Pallina et moi on aille à la Serre ? On n'a qu'à aussi faire la course à moto, hein ?

– Si tu mets la ceinture de chez Camomilla, ils te choisiront et te feront monter derrière, allez prends la mienne. Quel pied ! Tu vas faire la Camomille...

Babi pense à celle qu'elle a bue avant d'aller se coucher. Tout est inutile. Elle remonte le col de son blouson. Elle a l'impression d'être assise en face d'un conducteur avec un quiz rien que pour elle : Qu'est-ce que tu vas foutre là-bas ? Pourquoi tu vas à la Serre, au milieu des bouquets de fleurs qui rappellent tous ceux qui sont morts ? Sur cette route où des bandes de déchaînés à moto risquent de finir de la même façon ? La réponse lui semble évidente. Elle va avertir Pallina qu'elle doit rentrer avant 7 heures demain matin. Cette Pallina qui aime aller dans des endroits absurdes, cette Pallina qui est nulle en latin. La Pallina à laquelle elle aime souffler, même si ça se termine avec un mot de la prof. Oui, elle y va surtout pour son amie Pallina. C'est du moins ce dont elle veut se convaincre.

– Daniela, c'est la dernière fois que je te le dis, raccroche ce téléphone.

Puis elle sort en courant, avec le petit peigne de Pallina dans les cheveux et le cœur qui bat bizarrement fort.

23

Au bord de la grande route aux larges virages, il y a beaucoup de monde. Quelques Jeep Patrol, avec les portières ouvertes, diffusent de la musique à plein tube. Des garçons aux cheveux décolorés, portant des tee-shirts et des casquettes américaines, tous sans un poil de graisse, se prennent pour des surfeurs et, avec des poses de statues, se passent généreusement une bière. Un peu plus loin, près d'une décapotable, d'autres jeunes, beaucoup plus réalistes, sont en train de se rouler un joint.

Plus loin encore, quelques hommes en quête d'émotions fortes se tiennent debout autour d'une Jaguar. Près d'eux, un couple d'amis regarde d'un air amusé cet absurde carrousel.

Motos sur une seule roue, motos qui filent à fond la caisse en ronflant, coups de frein et coups d'accélérateur, motards qui passent debout sur les cale-pieds en regardant autour d'eux s'il y a des gens qu'ils connaissent, d'autres qui saluent leurs copains.

Babi, avec sa petite Vespa trafiquée, affronte la pente douce. Arrivée en haut, elle reste ébahie. Cent klaxon, aigus et profonds, résonnent comme s'ils étaient devenus fous. Des moteurs ronflants se répondent en rugissant. Des lumières de phares, de couleurs différentes, éclairent la route comme si c'était une énorme discothèque.

Sur un petit dégagement, un stand qui vend des boissons et des hamburgers est en train de remplir son tiroir-caisse. Babi s'arrête juste devant et met la béquille à sa Vespa. Elle attache l'antivol. Un Free sur une seule roue passe si vite et si près d'elle qu'elle perd presque l'équilibre. C'est un garçon de quinze ans, tout au plus, qui retombe sur la roue avant en riant à gorge déployée. Il freine en faisant crisser ses pneus et repart en sens inverse. Et il se cabre de nouveau, les jambes écartées, légèrement déséquilibré.

Babi regarde distraitement autour d'elle. Puis elle se remet à marcher et heurte un type avec les cheveux en brosse, un blouson de cuir noir et une boucle d'oreille. Il semble très pressé.

– Merde, tu peux pas regarder où tu vas, non ?

Babi s'excuse. Elle se demande de plus en plus ce qu'elle est venue faire ici. C'est alors qu'elle aperçoit Gloria, la fille des Accado, assise par terre. Elle porte une veste en jean. Près d'elle il y a Dario, son petit ami. Babi s'approche d'elle.

– Salut Gloria.

– Salut, comment tu vas ?

– Bien.

– Tu connais Dario ?

– Oui, on s'est déjà vus.

Ils échangent un sourire en essayant de se rappeler où et quand.

– Écoute, je suis très embêtée pour ce qui est arrivé à ton père.

– Ah oui ? Moi je m'en fous complètement. C'est bien fait pour sa gueule. Ça lui apprendra à s'occuper de ses oignons. Il veut toujours se mêler de tout, il a toujours son mot à dire. Il a enfin trouvé quelqu'un qui l'a remis à sa place.

– Mais c'est ton père !

– Oui, mais c'est aussi un grand casse-couilles.

Dario s'est allumé une cigarette.

– Je suis d'accord. Et même, dis merci à Step de ma part. Tu sais que le père de Gloria ne me laisse pas monter chez eux ? Je dois toujours attendre en bas quand je sors avec sa fille. Évidemment je m'en fous pas mal de pas le voir, lui. Mais c'est une question de principes, non ?

Babi se demande à quels principes il fait allusion. Dario passe la clope à Gloria.

– Ce qui est sûr, c'est que si c'est moi qui l'avais castagné, il y aurait eu de sacrés dégâts – Dario éclate de rire.

Gloria aspire une bouffée, puis elle regarde Babi en souriant.

– Mais quoi, tu t'es mise avec Step ?

– Moi ? T'es givrée ? Il faut que je trouve Pallina.

Elle s'éloigne. Elle a eu tort d'aller les voir. Ils sont tous les deux cinglés. Une fille qui se réjouit parce que son père a été matraqué à coups de poing. Son petit ami désolé parce qu'il n'a pas pu les donner lui-même. C'est surréaliste ! Sur une petite hauteur, derrière un filet de sécurité troué, il y a Pollo. Il est assis sur une grosse moto et bavarde allégrement avec une fille qu'il serre entre ses jambes. Elle a une casquette bleue avec NY écrit devant. Ses cheveux noirs rassemblés en queue-de-cheval sortent de la casquette au-dessus de la languette. Elle porte un blouson aux manches plastifiées blanches, comme les jeunes pom-pom girls américaines. La ceinture de chez Camomilla, un pantalon bleu foncé, mais ses Superga de couleur vive la rendent un peu plus italienne. Cette folle déchaînée qui rit et bouge joyeusement la tête en donnant de temps en temps un baiser à Pollo, c'est Pallina. Babi s'approche et Pallina la voit.

– Eh, salut, quelle surprise ! – Elle court à sa rencontre et l'embrasse – Je suis contente que tu sois venue !

– Moi, pas du tout. Et je voudrais même pouvoir partir le plus vite possible.

– A propos, qu'est-ce que tu fous là ? Je croyais qu'il n'y avait que les connes qui allaient aux courses ?

– En effet, tu es vraiment une conne. Ta mère a téléphoné.

– Non... ? Et qu'est-ce que tu lui as dit ?

– Que tu dormais.

– Et elle l'a cru ?

– Oui.

Pallina siffle.

– Quelle chance !

– Oui, mais elle a dit que demain matin elle passera te prendre tôt, que tu dois aller faire des analyses et que tu sauteras la première heure de cours.

Pallina bondit de joie.

– Waou ! – Mais son enthousiasme s'évanouit vite – Mais demain, à la première heure, on a religion, non ?

– Oui

– Quelle merde ! Ces analyses, je ne peux pas les faire vendredi quand on a italien ?

– Ben, de toute façon elle vient te chercher à 7 heures, tu as donc intérêt à rentrer tôt, hein...

– Allez, reste ! – Pallina prend Babi par le bras et la traîne vers Pollo – A quelle heure ça finit ici ?

Pollo sourit à Babi qui le salue d'un air résigné.

– Tôt, dans deux heures au maximum, tout est fini. Après on ira se manger une belle pizza, hein ?

Pallina, enthousiaste, regarde son amie.

– Allez, ne fais pas la vieille ! dit-elle pendant que Pollo sourit en s'allumant une cigarette – Allez, il y a aussi Step... il sera content de te voir.

– Oui, mais pas moi. Pallina je repars chez moi. Tâche de rentrer tôt. Je ne veux pas avoir de problèmes avec ta mère à cause de toi.

Babi remarque une plaque commémorative, par terre, au bord de la route. Elle est en bois. Au centre, il y a la photo d'un garçon, et à côté, le symbole du yin et du yang. Le symbole de la vie. La vie que le garçon n'a plus. Une inscription : *Il était rapide et fort, mais avec lui le Seigneur n'a pas été un vrai seigneur. Il n'a pas voulu lui laisser prendre sa revanche. Ses copains.*

– Des bons copains, ça oui ! Et en plus, vous vous prenez pour des poètes. Moi je préfère être seule plutôt que d'avoir des copains comme vous, qui m'aident à me tuer.

– Merde, qu'est-ce que tu viens foutre ici si ça te plaît pas, dit Pollo en jetant sa cigarette.

Et puis, *sa* voix.

– Comment ça se fait que t'es jamais d'accord avec personne ? T'as vraiment un sale caractère, hein ?

C'est Step. Arrêté devant elle avec son sourire crâneur.

– Dans ma vie je n'ai jamais connu de disputes, peut-être parce que j'ai toujours fréquenté une certaine catégorie de gens. C'est dernièrement que mes relations se sont dégradées, peut-être par la faute de quelqu'un... Elle regarde d'un air entendu Pallina, qui lève les yeux au ciel en soupirant.

– Je sais : de toute façon quoi qu'il arrive, c'est toujours de ma faute.

– Ah bon ? Et ce n'est pas pour t'avertir que je viens ici ?

– Hein ? Tu ne viens pas pour moi ? – Step se met devant elle – Moi je suis sûr que tu es venue pour me voir courir...

Il approche un peu trop dangereusement son visage de celui de Babi. Elle l'évite en s'éloignant.

– Je ne savais même pas que tu étais là !

Mais son visage vire au rouge.

– Tu le savais, tu le savais ! T'es devenue toute rouge ! Tu vois, tu ne dois pas dire de mensonges, tu n'en es pas capable.

Babi se tait. Elle en veut à cette maudite rougeur et à son cœur désobéissant qui bat trop fort. Step s'approche lentement d'elle. Son visage est de nouveau trop près de celui de Babi. Il lui sourit.

– Je ne comprends pas pourquoi tu fais autant d'histoires ? T'as peur de le dire ?

– Peur ? Moi ? Et de qui ? De toi ? Tu ne me fais pas peur. Tu me fais seulement rire. Tu veux savoir quelque chose ? Moi, ce soir, je t'ai dénoncé – Cette fois c'est elle qui s'approche du visage de Step – Tu as compris ? J'ai dit que c'était toi qui avais frappé M. Accado. Celui que tu as tabassé. J'ai donné ton nom. Alors tu penses comme j'ai peur de toi...

Pollo descend de sa moto et se dirige rapidement vers Babi.

– Salope !

Step l'arrête.

– Du calme, Pollo, du calme.

– Comment, du calme, Step ? Cette garce t'a détruit ! Après tout ce qui est arrivé, une nouvelle plainte et tu écopes pour tout le reste. Tu vas directement en tôle.

Babi est effarée. Ça, elle ne le savait pas. Step rassure son copain.

– T'en fais pas, Pollo. Il n'arrivera rien. Je finirai pas en tôle. J'irai, au maximum, au tribunal – Puis, il se tourne vers Babi – Ce qui compte, c'est ce que tu diras au procès, quand tu seras convoquée pour témoigner contre moi. Ce jour-là, tu donneras plus mon nom. J'en suis sûr. Tu diras que c'était pas moi. Que j'ai rien à voir là-dedans.

Babi le regarde d'un air de défi.

– Ah oui ? Et tu en es si sûr ?

– Évidemment.

– Tu crois me faire peur ?

– Absolument pas. Ce jour-là, quand on ira au tribunal, tu seras tellement folle de moi que tu feras n'importe quoi pour me sauver.

Babi reste un instant sans rien dire, puis elle éclate de rire.

– Cinglé comme t'es, t'en es convaincu. Mais moi, ce jour-là, je donnerai ton nom. Je te le jure.

Sûr de lui, Step lui sourit.

– Ne jure pas.

Un coup de sifflet long et précis. Tous se retournent. C'est Siga. Au milieu de la route il y a un homme de petite taille, dans les trente-cinq ans. Il porte un blouson de cuir noir. Tout le monde le respecte, parce qu'on dit que dans son blouson il cache un pétard. Il lève les bras pour la première course, celle des Camomilla. Step se tourne vers Babi.

– Tu veux venir derrière moi ?

– Tu vois, c'est vraiment vrai. T'es givré.

– Non, la vérité, c'est que t'as les jetons.

– Non, j'ai pas les jetons !

– Alors demande à Pallina de te passer la ceinture.

– Je suis contre ces courses de débiles.

Un SH bleu s'arrête devant eux. C'est Maddalena. Elle salue Palllina d'un sourire, puis elle voit Babi. Les deux filles échangent un regard glacé. Maddalena soulève son blouson.

– Tu m'emmènes, Step ? – Elle montre la ceinture de chez Camomilla.

– Bien sûr, Princesse. Gare ton SH.

Maddalena lance un regard de satisfaction à Babi, puis la dépasse pour mettre le SH un peu plus loin. Step s'approche de Babi.

– Dommage, tu te serais amusée. Parfois la peur est vraiment une vilaine chose. Elle t'empêche de vivre les plus beaux moments de l'existence. C'est une sorte de malédiction quand on ne sait pas la vaincre.

– Je te l'ai déjà dit, je n'ai pas peur. Va la faire ta course, si ça t'amuse tellement !

– Tu seras mon supporter ?

– Je rentre.

– Tu peux pas : après le coup de sifflet personne peut bouger.

Pallina s'approche d'eux.

– Oui, c'est comme ça. Allez, Babi. Reste ici avec moi. On regarde cette course et après on s'en va toutes les deux.

Babi cède. Step s'approche d'elle et, d'un geste rapide, lui enlève le bandana qu'elle porte en guise de ceinture. Babi n'a pas le temps de l'arrêter.

– Rends-le-moi.

Elle essaye de le reprendre mais Step le tient en l'air. Alors Babi veut le frapper en pleine figure, mais Step est plus rapide qu'elle. Il lui bloque la main et la serre fort. Les yeux bleus de Babi deviennent très brillants. Il lui fait mal. Orgueilleuse comme elle est, elle ne dit pas un mot. Step s'en aperçoit. Il desserre son étreinte.

– N'essaie plus jamais.

Puis il la laisse partir et enfourche sa moto.

Au même moment, Maddalena arrive et monte derrière lui. Elle s'asseoit à l'envers, tournée vers l'arrière, comme le veut le règlement, et attache sa ceinture Camomilla. La moto bondit en avant en lui laissant tout juste le temps de boucler la ceinture, au dernier trou. Maddalena tend les bras vers l'arrière et s'accroche aux flancs de Step. Puis elle lève la tête. Babi la fixe. Les deux filles échangent un dernier regard.

Ensuite Step se cabre, Maddalena ferme les yeux en s'accrochant encore plus à lui. La ceinture tient bon. Step se remet sur deux roues et accélère pour rejoindre le milieu de la route, prêt pour la course. Il lève le bras droit. A son poignet, splendide et moqueur, flotte le bandana de Babi.

Brusquement, trois motos sorties du néant débarquent au milieu de la route. Toutes ont à l'arrière une fille assise à l'envers. Les Camomilla regardent autour d'elles. Une foule de garçons et de filles s'est rassemblée. Ils observent les Camomilla d'un air amusé. Ils en connaissent quelques-unes et les montrent en criant leur nom. D'autres les saluent de la main et essayent d'attirer leur attention. Mais elles ne répondent pas. Elles ont toutes les bras en arrière et s'accrochent aux conducteurs parce qu'elles ont peur de la détente du départ. Siga recueille les paris. Les hommes de la Jaguar font irruption de tous les côtés. L'un d'eux parie sur Step. Un autre sur la moto de couleur vive à côté de lui. Siga ramasse les sous et les met dans la poche de devant de son blouson, celle qui ferme. Puis il lève le bras droit et porte le sifflet à sa bouche. Pendant un instant, c'est le silence. Sur les motos, tous les garçons regardent droit devant eux, prêts à partir. Les Camomilla, assises derrière, le dos contre celui de leur motard, gardent les yeux fermés. Toutes, sauf une : Maddalena veut jouir de ce moment. Elle adore les courses. Les motos ronflent ; trois pieds gauches embrayent ; dans un seul et même bruit, ils passent la première. Ils sont prêts. Siga baisse le bras et siffle. Les motos bondissent en avant, presque tout de suite sur une seule roue, rapides et vrombissantes. Les Camomilla serrent très fort leurs hommes. Le visage tourné vers le sol, elles voient la route, dure et terrible, défiler sous elles. Le souffle coupé, le cœur qui bat à tout rompre, l'estomac noué. Emportées, à cent, cent vingt, cent quarante. Le premier à gauche craque. Il redescend sur la roue avant, touchant le sol avec un bruit sourd et forçant sur les amortisseurs. La fourche tremble, mais rien ne se passe. Celui d'à côté met trop les gaz. La moto se cabre trop, la fille, se sentant presque à la verticale, hurle. Le garçon, effrayé, peut-être parce qu'ils sont ensemble, coupe les gaz en freinant. La moto redescend délicatement. Un monstre de Kawasaki d'environ trois cents kilos plane avec douceur comme sur commande, baisse le nez et touche terre comme un petit avion sans ailes. Step continue, en jouant avec le frein et les gaz. Sa moto, projetée en avant, toujours à la même hauteur, semble immobile, tenue par un fil transparent dans le noir de la nuit. C'est comme s'il volait, attaché aux étoiles. Maddalena regarde la route qui défile, les lignes blanches presque invisibles se confondent et l'asphalte gris ressemble à une mer douce, lisse, sans vagues, qui défile silencieusement sous elle. Step arrive premier, au milieu des hurlements de joie de ses copains et de l'homme qui a parié sur lui, moins content de l'argent gagné que d'avoir battu l'ami qui l'a emmené ici.

Dario, Schello et quelques autres se précipitent pour féliciter Step. Une main fraternelle, impossible à identifier au milieu de groupe, lui tend une bière encore fraîche. Step l'attrape au vol, en boit une longue gorgée puis la passe à Maddalena.

– T'as été formidable, t'as jamais bougé. T'es une Camomilla parfaite.

Maddalena boit un grand coup, puis elle descend de la moto et lui sourit.

– Il y a des moments où il faut savoir ne pas bouger et d'autres où il faut savoir bouger. Je suis en train d'apprendre, non ?

Step sourit. Elle est trop forte, cette nana.

– Oui, t'es en train d'apprendre.

Il la regarde s'éloigner. C'est aussi une fille courageuse. Pollo arrive et saute derrière la moto.

– Allez, merde, on va chez Siga. On va voir combien tu as gagné !

– Pas beaucoup. Je partais favori.

– Putain. Tu devrais perdre quelques compétitions, comme ça, ta cote monterait. Tu peux aussi te payer une belle chute, et après on jouera uniquement sur celle où tu gagnes. Classique, non ? Comme les combats de boxe américains qu'on voit dans les films.

– D'ac, mais la chute, je la fais avec ta bécane.

– Ah non alors ! Je viens juste de la faire réparer.

– Step ! Step ! – Il se retourne. C'est Pallina qui l'appelle du petit mur proche du filet : – Bravo ! Tu es génial !

Step lui sourit. Puis il voit Babi à côté d'elle. Il lève le bras droit en lui montrant son bandana bleu.

– C'était seulement un coup de bol ! hurle Babi de loin.

Step passe la première et, avec Pollo derrière lui, il fait du gymkhana au milieu des gens et s'éloigne pour aller récupérer ce qu'il a mérité.

Maddalena s'arrête devant Babi et Pallina. Elle transporte une fille blonde et un peu ronde, sur son SH. Celle-ci a les pieds sur les cale-pieds et elle est assise tout au bout, mais la roue avant touche quand même le sol. Maddalena mastique un chewing-gum bouche ouverte.

– C'est pas seulement du bol. C'est surtout du courage, des couilles. On peut savoir ce que vous faites dans un endroit pareil, deux trouillardes comme vous ?

La fille ronde de derrière sourit.

– Eh oui, et puis comment vous êtes sorties sans uniforme ? Vous êtes pas de la Falconieri ? Ou plutôt de la Bordellerie ? C'est pas comme ça qu'on l'appelle ? On dit que vous êtes toutes des putes, là-bas ?

Pallina ajuste sa casquette.

– Écoute, l'intello ! Qu'est-ce que t'as contre nous ? Si

y'a quelque chose qui te démange, dis-le et c'est tout. Arrête ton cinéma !

Maddalena éteint le SH.

– Ce qu'il y a, c'est que tu as la ceinture Camomilla et que tu peux pas te le permettre.

– Et qui t'a dit ça ?

– A ce que je sais, t'as jamais couru ?

– Mon copain n'a pas couru. Moi, je ne cours qu'avec Pollo. Parce que tu le sais peut-être pas... – Pallina se tourne vers la petite grosse qui est derrière Maddalena – Mais moi, je suis avec Pollo.

La fille fait une grimace. Elle devient toute rouge. Pallina a fait exprès de le lui dire. Elle sait qu'elle est intéressée à l'affaire.

Maddalena montre Babi.

– Et elle ? Qu'est-ce qu'elle fout ici ? Elle a même pas la ceinture. Quoi, tu le sais pas que cet endroit est réservé aux Camomilla ? Ou tu cours ou tu te tires.

– Il nous manquait plus que ça, la plouquesse de service.

Maddalena se raidit.

– Qu'est-ce que t'as dit ?

Babi lui sourit

– J'ai dit que j'attendais mon tour.

Maddalena reste impassible. Peut-être qu'elle n'a pas bien entendu. Babi ouvre le blouson de Pallina.

– Allez, passe-moi cette ceinture.

– Mais... mais quoi, tu rigoles ?

– Non, vite, donne-la moi. Si c'est tellement jouissif d'être une Camomilla, je veux essayer.

Elle défait le passant. Pallina l'arrête.

– Fais gaffe, si tu la mets et qu'ils te choisissent, t'es obligée de courir. Un jour, y'a une fille qui l'avait mise juste parce qu'elle lui plaisait, cette ceinture. Eh ben, ils l'ont fait monter sur une moto et elle a été forcée de courir.

Babi la regarde d'un air interrogateur.

– Et alors ? Comment ça a fini ?

– Bof, elle s'est pas fait mal, elle est pas tombée. Mais je crois que tu la connais. C'est Giovanna Bardini, une fille de seconde E.

– Qui ? cette pouf ? Alors tout le monde peut le faire.

Pallina lui passe la ceinture.

– Oui, mais je ne sais pas si t'as remarqué... maintenant Giovanna met toujours des bretelles.

Babi la regarde. Pallina fait une drôle de grimace. Puis elles éclatent de rire toutes les deux. En fait, elles essayent seulement de dédramatiser le moment. Maddalena et sa copine se regardent d'un air écœuré pendant que Babi met la ceinture.

– Ah ! C'est trop cool ! Moi aussi, maintenant, je suis une Camomilla !

Une brute terrifiante bloque sa moto devant elle. Il a la nuque pratiquement rasée et son cou de taureau sort crânement d'un blouson militaire vert aux revers orange.

– Eh ! La Camomilla, là-bas ! Monte derrière.

– Qui ? Moi ? demande Babi, incrédule.

– Et qui d'autre ? Allez grouille, on commence bientôt. Salut Madda. La brute, en plus de son aspect terrifiant, a autre chose contre lui. C'est un copain de Maddalena.

Babi s'approche de Pallina.

– Bon. Salut. J'y vais. Après je te raconterai comment c'est.

– Oui. Bien sûr – Pallina s'arrête devant elle, l'air inquiet – Écoute Babi... ça m'embête.

– Mais non, qu'est-ce que tu racontes. C'est top de faire la Camomilla, et je veux essayer. Toi t'y es pour rien.

Pallina l'embrasse et lui murmure à l'oreille : – Tu es un chef.

Babi lui sourit, puis elle se dirige vers le mec à la moto. Tout à coup, elle pense à la phrase de Pallina. Elle l'a déjà entendue le matin même, et ça lui a valu un mot sur son cahier. Est-ce que cette phrase porte la poisse ? Merde à Pallina, aux Camomilla et merde à ceux qui veulent jouer les chefs.

Le motard démarre mais Babi a du mal à monter sur la moto. Le type l'aide et Babi défait sa ceinture. Le type la prend, la passe autour de sa taille et la lui redonne. Babi a du mal à viser le dernier trou, bien qu'il soit très large. Et comme si ça ne suffisait pas, Maddalena donne une grande tape sur le blouson du mec.

– Allez, mets la gomme. Je suis sûre que tu vas gagner ! – Puis elle sourit à Babi : – Tu verras comme c'est chouette d'être derrière. Danilo fait du wheeling comme un chef.

Babi n'a pas le temps de répondre. Le type accélère et la

moto bondit en avant. Danilo ! Voilà ce que voulait dire le *D* de sa pomme. *D* comme Danilo. Ou, pire, comme destin. La moto freine et Babi se cogne au dos de Danilo.

– Calmos, fillette.

La voix chaude et profonde qui devrait, d'après lui, la tranquilliser, lui fait l'effet contraire. Mon Dieu, pense Babi. « Calmos, fillette ». Ça doit être un cauchemar. Et cette ceinture de Camomilla qui me serre la taille. Ça doit être une punition. Un type avec un bandeau sur l'œil et une moto jaune freine sur leur gauche. Hook. Elle l'a vu plusieurs fois piazza Euclide. Derrière lui est installée sa Camomilla, cheveux frisés et rouge à lèvres trop voyant. Elle est toute contente. La fille la salue, mais Babi ne répond pas. Elle a la gorge sèche. Elle se tourne de l'autre côté. Un beau garçon, grand, avec des cheveux très longs et une petite plume en boucle d'oreille, s'arrête sur leur droite. Le réservoir de sa moto est peint au pistolet. C'est un ciel, avec un gros soleil couchant au centre, des vagues et une plage. Et un type qui fait du surf. C'est sûrement moins dangereux de faire du surf que de faire la Camomilla. En dessous on peut lire : « Le Dan... » Babi se penche en avant mais n'arrive pas à en lire davantage. Le reste du mot est recouvert par le 501 du type. Le garçon sort un sachet de la poche de son blouson, se dresse sur ses jambes en se rapprochant du rétroviseur. Il le tourne vers le haut, vers le ciel. La lune apparaît dedans. Babi regarde à nouveau le réservoir. Maintenant on peut lire toute l'inscription : « Le Danseur ». Mais bien sûr ! Elle a entendu parler de lui. On dit qu'il se drogue. Le Danseur renverse le sachet sur le rétroviseur. La pâleur ronde et ingénue de la lune est recouverte par la blancheur d'une poudre moins innocente. Le danseur se penche en avant et sniffe la coke avec un billet de dix euros roulé. La lune revient brusquement se refléter dans la glace. Le Danseur passe le doigt sur le rétroviseur, recueille les dernières bribes de ce bonheur artificiel et se les passe sur les dents. Il sourit sans aucune raison réelle. Chimiquement heureux. Il allume une cigarette. La fille qui est derrière lui a les cheveux retenus par un bandeau. Elle semble ne s'être aperçue de rien et se fait offrir une cigarette. On ne peut pas courir quand on est drogué. Ce n'est pas sportif. Ce n'est pas régulier. Surtout que si on lui fait le contrôle antidopage, on le découvrira. Mais qu'est-ce que je suis en train de dire ? Ce n'est pas une course de chevaux. Rien n'est interdit. On peut même se droguer. On roule à cent cinquante à l'heure sur une seule roue avec une pauvre fille derrière. Et moi je suis cette pauvre fille.

Elle a envie de pleurer. Merde à Pallina !

Step vient juste d'empocher ses cent cinquante euros quand Pollo lui donne un coup de coude.

– Eh, regarde qui est là – Pollo montre la moto prête à partir – La fille à l'arrière de la moto de Danilo, c'est pas la copine de Pallina ?

Step fixe son regard. Pas possible. C'est Babi.

– C'est vrai.

Il agite le bras avec le bandana et hurle son nom : « Babi ! » Elle entend qu'on l'appelle. C'est Step. Elle le reconnaît, là-bas, tout au fond, juste en face d'elle. Il la salue. « Il a toujours mon bandana, se murmure-t-elle à elle-même. Je t'en prie Step, fais-moi descendre, aide-moi. Step. Step ! » Puis elle détache sa main pour lui dire de s'approcher. Au même moment Siga siffle. Le public hurle. Ensuite on dirait une détonation. Les motos s'élancent en avant en vrombissant. Babi, terrorisée, s'agrippe aussitôt à Danilo. Elle se retrouve la tête en bas et a l'impression d'être presque par terre. Elle voit l'asphalte défiler sous elle sans s'arrêter. Elle essaie de crier pendant que la moto rugit et que le vent décoiffe ses cheveux. Rien ne sort. La ceinture lui serre violemment le ventre. Elle a envie de vomir. Elle ferme les yeux, mais c'est encore pire. Elle croit qu'elle va s'évanouir. La moto continue à foncer sur une seule roue. La roue avant descend un peu, alors Danilo met plus de gaz et la moto se cabre de nouveau ; Babi se retrouve donc encore plus près de l'asphalte. Elle croit qu'ils vont se renverser, mais un coup de frein et la moto redescend légèrement. Ça va mieux. Babi regarde autour d'elle. Les gens ne forment plus qu'un groupe lointain, coloré, un peu estompé. Tout autour, silence. Juste le vent et le bruit des autres motos. Le Danseur est un peu derrière eux, à leur droite. Ses longs cheveux flottent dans le vent et sa roue avant est en l'air, presque immobile. Hook est un peu plus loin.

Danilo est en train de gagner. Elle est en train de gagner. Maddalena avait raison : « Il fait du wheeling comme un chef. » Babi est étourdie. Elle entend un bruit à droite. Elle se retourne. Le Danseur a mis plus de gaz en rétrogradant. La moto se cabre trop. Un coup de frein sec et la roue avant retombe trop rapidement. La moto rebondit, le Danseur essaie de la retenir. Le guidon lui échappe des mains. La moto part à gauche en dérapant sur le côté, puis de nouveau à droite, en faisant un tête-à-queue. Le Danseur et la fille derrière, attachés ensemble, sont désarçonnés de ce cheval fou au moteur emballé. Ils finissent par terre, toujours attachés. Puis leur Camomilla se brise, ils glissent ensemble pendant un court instant, traînés et rebondissant d'un bord de la route à l'autre. La moto, désormais libre, continue à filer. Puis elle tombe sur le côté, glisse sur l'asphalte, vacille et rebondit plusieurs fois. A la fin, en faisant une sorte de cabriole, elle vole vers Babi, menaçante dans la nuit noire. Elle s'élève dans le ciel sur au moins cinq mètres et son phare encore allumé éclaire tout autour en traçant un arc lumineux. Puis, dans un dernier sursaut, elle retombe en rebondissant et se brisant, laissant derrière elle mille petits morceaux colorés d'acier et de verre. De légères étincelles l'accompagnent jusqu'au terme de sa course. Hook et Danilo s'arrêtent. Le groupe qui regarde de loin reste un instant silencieux, puis tout le monde démarre. En selle sur les Vespa, Si, SH 50, Peugeot volées, motos de petite et grosse cylindrée, Yamaha, Susuki, Kawasaki, Honda.

Une armée de bécanes avance en vrombissant. Tous accourent sur le lieu de l'accident. Le Danseur s'est relevé. Il se traîne sur une seule jambe. Son autre jambe sort de son jean déchiré, blessée et dans un sale état, perdant du sang au genou. Un gonflement spectaculaire en haut de son blouson révèle une épaule déboîtée, pendant que du sang noir coule de son front et de son cou. Le Danseur regarde sa moto foutue. Il se penche et caresse le réservoir. Une partie de la plage a été raclée. Le surfeur a disparu, emporté par la vague bien plus dure de l'asphalte brûlant.

La fille est allongée par terre. Son bras droit, désarticulé, pend vers la droite. Il est cassé. Elle pleure à gros sanglots après la peur qu'elle a eue. Babi se libère de la Camomilla et descend de la moto. Ses premiers pas sont hésitants. Elle est tellement choquée qu'elle ne tient pas sur ses jambes. Elle entre dans la foule. Elle ne connaît personne. En cherchant Pallina, elle entend les gémissements de la fille étendue par terre. A un certain moment, elle entend un nouveau sifflement, plus long. Qu'est-ce que c'est ? Une autre course terrible commence ? Elle ne comprend pas mais voit tout le monde se mettre à courir dans tous les sens. Des gens la heurtent. Deux motos l'effleurent. On entend des sirènes. Un peu plus loin, des voitures apparaissent. Sur leurs toits, des éclairs bleus fusent : les flics. Il ne manquait plus que ça. Babi doit à tout prix rejoindre trés vite sa Vespa. Tout autour d'elle, des garçons s'enfuient, d'autres se croisent difficilement. Une fille à mobylette tombe à quelques mètres de Babi. Elle se met à courir, tandis que de nouvelles voitures de police arrivent et se garent un peu partout. Voilà sa Vespa à quelques mètres d'elle. Elle est sauvée. Brusquement quelque chose la bloque en l'air. Quelqu'un l'a attrapée par les cheveux, et c'est un flic... Il la bouscule, la fait tomber et la tire violemment par les cheveux. Babi hurle de douleur, traînée sur l'asphalte, alors que quelques mèches se détachent de son crâne. Tout à coup, le policier la lâche. Un coup de pied en plein ventre l'a fait se plier en deux et abandonner sa prise. C'est Step. Le flic essaye de réagir, mais Step le pousse si violemment qu'il tombe par terre. Ensuite Step aide Babi à se relever, la fait monter derrière lui sur sa moto et part à pleins gaz. Le flic se reprend, monte dans la voiture la plus proche de lui ; un de ses collègues est déjà au volant, et la poursuite commence. Step passe facilement entre les gens et les motos arrêtées de la police municipale. Quelques photographes sont arrivés sur place et mitraillent. Step se cabre et accélère. Il dépasse un autre policier qui lui fait signe de s'arrêter. Partout, des flashs déchaînés. Step éteint les lumières et se penche sur le guidon. La voiture de police, avec le flic qui a été rossé, dépasse latéralement le groupe et, avec la sirène qui hurle, le talonne.

– Cache la plaque d'immatriculation avec ton pied.

– Quoi ?

– Couvre le dernier chiffre de la plaque avec ton pied.

Babi tend la jambe droite en arrière, en essayant de masquer la plaque. Par deux fois elle glisse.

– J'y arrive pas.

– Laisse tomber. Mais tu sais vraiment rien faire ?

– J'aie jamais pris la fuite sur une moto ! Et j'aurais préféré que ça m'arrive jamais !

– T'aurais peut-être préféré que je te laisse entre les pattes de ce flic qui voulait ton scalp ?

Step rétrograde et tourne à droite. La roue arrière glisse légèrement en dérapant sur la chaussée. Babi se serre contre lui et hurle.

– Freine !

– Tu rigoles ? S'ils me chopent, ils embarquent ma bécane.

La voiture de police s'engage derrière eux en faisant une embardée dans la petite rue. Step fonce dans la descente : cent quarante, cent cinquante, cent quatre-vingts... Elle entend la sirène qui résonne au loin. Ils sont en train de se rapprocher. Babi pense à ce que lui a dit sa mère :

– Ne t'avise pas de monter derrière ce garçon. Regarde comment il conduit... Il est dangereux.

Elle a raison. Les mères ont toujours raison. Surtout la sienne.

– Freine. J'veux pas mourir. J'imagine déjà ce que je lirai demain dans le journal. Une jeune fille tuée dans une course-poursuite avec la police. Freine, je t'en supplie.

– Mais si tu meurs, comment tu feras pour lire les journaux ?

– Step, arrête-toi ! J'ai peur ! Ils vont peut-être tirer !

Step rétrograde de nouveau et tourne brusquement à gauche. Ils débouchent sur une route de campagne à moitié déserte, bordée de deux ou trois villas avec des murs très hauts et une palissade. Ils ont quelques secondes avant que les policiers ne débarquent dans la rue. Step freine.

– Grouille-toi, descends. Attends-moi ici sans bouger. Je passe te prendre dès que je les ai plus au cul...

Babi descend à toute allure de la moto et Step repart aussi vite. La jeune fille s'aplatit contre le mur proche de la grille de la villa. Au même moment la voiture de police apparaît. Elle passe en faisant crisser ses pneus devant la villa et continue sa poursuite. Babi ferme les yeux et se bouche les oreilles pour ne pas entendre le hurlement de la sirène. La voiture disparaît au loin, derrière le cataphote rouge.

La moto de Step, tous phares éteints et désormais seule, fonce dans la nuit noire.

24

Pollo s'arrête devant la résidence de Babi. Pallina descend de sa moto et va chez le concierge.

– S'il vous plaît, Babi est rentrée ?

Fiore, à moitié endormi, essaye de la reconnaître.

– Ah, bonjour Pallina. Non. Je l'ai vue partir sur sa Vespa, mais elle n'est pas encore rentrée.

Pallina revient vers Pollo en secouant la tête.

– Ne t'inquiète pas, si elle est avec Step, elle est en sécurité. Tu verras qu'elle sera là dans un instant. Tu veux que je te tienne compagnie ?

– Non, vas-y. Peut-être qu'elle a des problèmes et qu'elle téléphonera chez elle. Il vaut mieux qu'il y ait quelqu'un qui puisse lui répondre – Pollo démarre sa moto – Le premier qui sait quelque chose appelle l'autre.

Pallina l'embrasse, puis elle part en courant. Elle passe sous la barrière et s'éloigne sur la pente de la résidence. Quand elle est à mi-chemin, elle se retourne. Pollo la salue. Pallina lui envoie un baiser avec la main, puis elle disparaît à gauche en montant quelques marches. Pollo passe la première et s'éloigne. Pallina soulève le paillasson. Les clés sont là, comme convenu. Elle met un certain temps à trouver celle de la porte d'entrée. Elle monte au premier étage et ouvre lentement la porte. Une voix arrive du couloir. Elle la reconnaît. C'est Daniela. Elle est en train de parler au téléphone.

– Dani, où sont tes parents ?

– Pallina, qu'est-ce que tu fais ici ?

– Réponds, où sont-ils ?

– Ils sont sortis.

– Bon ! Raccroche tout de suite. J'ai besoin du téléphone.

– Mais je discute avec Andrea. Et Babi, où est-elle ? Elle est allée te chercher.

– C'est pour ça que tu dois raccrocher. Peut-être que Babi va appeller. La dernière fois que je l'ai vue, elle était à l'arrière de la moto de Step et ils étaient poursuivis par la police.

– Non ? !

– Si !

– Elle est trop forte, ma frangine !

La poussière a lentement disparu. Des nuages gris et bas naviguent dans le ciel. Tout est silencieux. Pas une seule lumière. En dehors d'une lointaine petite lanterne rouge accrochée au portail d'une maison. Babi s'éloigne du mur. Elle est frappée par l'odeur du fumier répandu dans les champs. Une brise légère agite le feuillage des arbres. Elle se sent seule, perdue. Cette fois, c'est vrai : elle a peur. Sur sa droite, au loin, elle entend des hennissements de chevaux. Des écuries perdues dans une campagne obscure. Elle se dirige vers la petite lumière. Elle marche lentement, le long du mur, la main appuyée à la palissade, en regardant bien où elle met les pieds, entre les touffes des hautes herbes sauvages. Il y a peut-être des vipères... Un vieux souvenir d'un livre de bio la rassure. Les vipères ne se promènent pas la nuit. Mais les rats, oui. Ici, ça doit grouiller. Et les rats mordent. Légendes métropolitaines. Elle se souvient de quelqu'un, le copain d'un copain, qui a été mordu par un rat. Il est mort peu de temps après. Lepto... quelque chose. Une horreur... Garce de Pallina ! Brusquement un bruit sur la gauche. Babi s'arrête. Silence. Puis une branche cassée. Tout à coup quelque chose avance rapidement vers elle, en courant et en haletant, entre les buissons. Babi est terrorisée, surtout quand elle aperçoit le gros chien à poils noirs qui débouche des sombres buissons en grognant. Babi voit sa silhouette qui fonce sur elle en aboyant dans la nuit. Elle se retourne et se met à courir. Elle glisse sur les pavés, se relève, repart dans le noir et court devant elle sans savoir où elle va. Le chien la suit toujours et gagne du terrain. Il gronde et aboie férocement. Babi atteint la palissade, dans laquelle elle remarque une fente, en hauteur. Elle y enfile une main, puis l'autre, finit par trouver où appuyer ses pieds et réussit à escalader cette clôture. Elle saute dans le noir, évitant de justesse les dents blanches et pointues du chien qui bute contre la palissade. Il rebondit avec un bruit sourd, commence à courir dans tous les sens en aboyant, cherche vainement le moyen d'atteindre sa proie. Babi se relève. Elle s'est cogné les mains et le visage en tombant tête la première dans le noir. Elle s'est enfoncée dans quelque chose de chaud et de mou : c'est de la boue qui dégouline le long de son blouson et de son jean. Elle essaie de bouger, mais ses jambes sont engluées jusqu'aux genoux. Pendant ce temps, le chien continue à courir le long de la palissade. Babi espère qu'il n'y a pas d'autre passage. Elle l'entend aboyer, encore plus furieux parce qu'il n'arrive pas à la rejoindre. Bof, mieux vaut la boue que les morsures de ce molosse... Puis tout à coup, une odeur âcre, avec une pointe de douceur, l'assaille. Elle approche sa main sale de son visage et la renifle. Pendant un instant, la campagne semble l'envelopper et la capturer. Oh non ! Du fumier ! Elle n'a pas gagné au change.

Pallina sort par la porte d'entrée, en faisant attention à ce qu'elle ne se referme pas. Puis elle sort les clés de sa poche, se penche, soulève le paillasson, et les remet à la place convenue. Babi n'a toujours pas téléphoné. Mais au moins, elle n'aura pas besoin de sonner pour rentrer. Au même moment, elle entend un bruit. Au tournant de la cour apparaît une Mercedes 200 : les parents de Babi sont de retour. Pallina laisse tomber le paillasson et court vers la porte d'entrée. Elle la laisse se refermer derrière elle, monte l'escalier en courant et entre dans la cuisine.

– Dani, vite, tes parents arrivent !

Daniela est devant le frigo, prise de son habituelle et terrible fringale de 2 heures du matin. Mais cette fois elle devra jeûner. Régime oblige... Elle claque la porte du frigo, court dans sa chambre et s'y enferme. Pallina entre dans celle de Babi et se glisse dans le lit tout habillée. Son cœur bat la chamade. Elle se met à écouter ; le rideau de fer du garage descend. C'est une question de minutes. Puis, dans la pénombre de la chambre, elle distingue l'uniforme sur la chaise. Babi l'a préparé avant de sortir, elle comptait donc revenir tôt. Comme elle est précise, la pauvre Babi ! Cette fois, elle a de vrais problèmes. Si Pallina savait où elle est passée, elle ne dirait pas ça, car cette fois si elle est vraiment dans la merde, c'est de la merde de cheval.

Pallina remonte le drap jusqu'au menton et se tourne vers le mur, pendant qu'une clé tourne bruyamment dans la serrure de la porte d'entrée.

25

Step descend le long du Tibre, double deux ou trois voitures en faisant du slalom, puis il passe la troisième et accélère. Les flics sont toujours derrière lui. S'il arrive à la piazza Trilussa, il est sauvé. Dans son rétroviseur, il voit la voiture de police se rapprocher de façon inquiétante. Devant lui, deux voitures. Step change de vitesse en mettant les gaz. De nouveau la troisième. La moto fonce. Elle passe à un poil près entre les portières des deux voitures de devant. Effrayé, l'un des deux conducteurs fait une terrible embardée tandis que l'autre continue à rouler au milieu de la rue : complètement abruti, il ne s'est aperçu de rien. La voiture de police passe tellement à droite que ses roues frôlent bruyamment le bord du trottoir. Step voit la piazza Trilussa devant lui. Il change de nouveau de vitesse tout en coupant la route de droite à gauche. Le conducteur abruti freine brusquement. Step s'engage dans la ruelle, face à la fontaine, qui relie les deux Lungotevere. Il passe entre les colonnes de marbre. La voiture des flics freine et s'arrête devant : elle ne peut pas passer. Step accélère. Il est sauvé ! Les deux agents descendent de la voiture et voient un couple d'amoureux et un groupe de jeunes monter à toute vitesse sur le trottoir pour laisser passer ce fou à moto, tous phares éteints. Step continue à foncer pendant un moment, puis regarde dans le rétroviseur. Derrière lui, tout est tranquille. Seulement quelques voitures au loin. La circulation nocturne. Plus personne ne le suit. Il allume ses phares. Il ne manquerait plus qu'on l'arrête pour ça.

Claudio ouvre le frigidaire et se sert un verre d'eau.

Raffaella se dirige vers les chambres à coucher. Avant d'aller dormir, elle donne toujours un baiser à ses filles, un peu par habitude, mais aussi pour être sûre qu'elles sont rentrées. Ce soir, elles étaient censées ne pas sortir. Mais on ne sait jamais. Il vaut mieux vérifier. Elle entre dans la chambre de Daniela et marche sans faire de bruit, en faisant bien attention de ne pas se prendre les pieds dans le tapis. Elle appuie une main sur la table de nuit et l'autre contre le mur. Puis elle se penche en avant lentement, et de ses lèvres, lui effleure la joue. Sa fille dort. Raffaella s'éloigne sur la pointe des pieds. Elle referme la porte. Daniela se retourne et se redresse. Le plus dur reste à faire. Raffaella baisse la poignée de porte sans faire de bruit et entre dans la chambre de Babi. Pallina est au lit. Elle voit l'angle de lumière du couloir qui se dessine lentement sur le mur en s'élargissant. Son cœur commence à battre à toute vitesse. Et maintenant, si on me découvre, qu'est-ce que je raconte ? Pallina reste face au mur sans bouger, en essayant de ne pas respirer. Elle entend le cliquetis des bijoux de Raffaella. Celle-ci s'approche du lit et se penche lentement en avant. Pallina reconnaît son parfum. C'est bien elle. Elle retient son souffle puis sent son baiser lui effleurer la joue. C'est le doux et affectueux baiser d'une mère. C'est vrai, les mamans sont toutes pareilles. Toujours inquiètes et gentilles. Mais pour elles, les filles sont-elles aussi toutes pareilles ? Pallina l'espère. Raffaella arrange les couvertures et recouvre délicatement celle qu'elle pense être sa fille. Puis elle s'arrête brusquement. Pallina ne bouge pas. A-t-elle découvert quelque chose ? L'a-t-elle reconnue ? Elle entend un léger craquement : Raffaella s'est penchée. Pallina sent son souffle chaud sur elle, trop près d'elle. Puis elle entend sur la moquette les pas légers qui s'éloignent. La faible lumière du couloir disparaît. Silence. Pallina se retourne tout doucement : la porte est fermée. Elle respire enfin. Ça s'est bien passé. Elle se soulève en avant. Pourquoi la mère de Babi s'est-elle penchée ? Qu'a-t-elle fait ? Dans la pénombre de la chambre, ses yeux habitués à l'obscurité trouvent tout de suite la réponse. Au pied du lit, l'une à côté de l'autre, il y a les pantoufles de Babi. Raffaella les a posées là, bien à leur place. Prêtes à accueillir le lendemain matin les pieds de sa fille encore chauds de sommeil. Pallina se demande si sa mère aurait fait la même chose. Non. Elle n'y aurait pas pensé. Un soir, elle est restée éveillée pour attendre son baiser. En vain. Son père et sa mère sont rentrés tard. Elle les a entendus bavarder, passer devant sa porte et continuer. Ensuite, un déclic — la porte de leur chambre qui se refermait —le déclic signalait la fin de ses espoirs. Bref, ce sont deux mères différentes... Elle sent de drôles de frissons dans tout son corps. Non, elle ne voudrait pas de Raffaella comme mère. Entre autres choses elle n'aime pas son parfum. Il est trop sucré.

Step débouche sur la petite route. Arrivé à la grille où il a laissé Babi, il freine en soulevant un nuage de poussière. Il regarde autour de lui. Babi n'est pas là. Il klaxonne. Personne ne répond. Il arrête sa moto. Il essaye de l'appeler :

– Babi !

Rien. Elle a disparu. Il va redémarrer sa moto quand il entend, sur sa droite, un petit bruit. Il vient de derrière la palissade.

– Je suis là.

Step regarde entre les planches en bois foncé.

– Où ?

– Ici ! – Une main sort d'un jour entre deux planches.

– Mais qu'est-ce que tu fous là derrière ?

Step voit ses grands yeux bleus. On ne voit qu'eux au-dessus de sa main, entre deux autres planches. Ils sont éclairés par la faible lumière de la lune et semblent épouvantés.

– Babi, sors de là.

– Je ne peux pas, j'ai peur !

– Peur ? Et de quoi ?

– Il y a un énorme chien de l'autre côté. Et il n'a pas de muselière.

– Mais où ? Il n'y a pas de chien ici.

– Il était là.

– Bon, écoute, maintenant il n'est plus là.

– Même s'il n'y a plus de chien, je ne peux quand même pas sortir.

– Et pourquoi ?

– J'ai honte.

– Mais honte de quoi ?

– De rien. J'ai pas envie de te le dire.

– Écoute, mais tu es redevenue idiote ? Et moi, je me suis fait chier... Bon, je démarre et je me casse.

Step allume le moteur. Babi tape des mains contre les planches.

– Non, attends !

Step éteint le moteur.

– Alors ?

– Maintenant je sors. Promets-moi de ne pas rire.

Step regarde vers cet étrange morceau de bois aux yeux bleus, puis il porte sa main au cœur.

– Promis.

– Tu as promis, hein ?

– Oui, j'ai dit...

– Sûr, hein ?

– Sûr.

Babi glisse les mains dans la fente en faisant bien attention aux d'échardes. Un – aïe étouffé. Step sourit. Elle n'a pas fait assez attention. Babi est en haut de la palissade, elle l'enjambe et commence à descendre. A la fin, elle fait un saut. Step tourne le guidon de la moto vers elle pour l'éclairer avec le phare.

– Mais qu'est-ce que t'as fait ?

– Pour échapper au chien, j'ai escaladé la clôture et je suis tombée.

– T'es pleine de boue ?

– De boue... et de fumier.

Step éclate de rire.

– Bon Dieu... De fumier ! Non, c'est pas possible ! Ça c'est trop ! Et il ne s'arrête plus de rire.

– Tu avais dit que tu ne rirais pas. Tu l'avais promis.

– Oui, mais c'est vraiment trop ! Du fumier... Je peux pas le croire ! Toi, dans le fumier ! C'est trop beau ! C'est super !

– Je savais bien que c'était pas la peine de te faire confiance. Tes promesses ne valent rien.

Babi s'approche de la moto. Step cesse de rire.

– Halte ! Arrête ! Qu'est-ce que tu fais ?

– Comment, qu'est-ce que je fais ? Je monte.

– Mais quoi, t'es dingue ? Tu veux monter sur ma moto salopée comme t'es ?

– Évidemment ! sinon je fais comment ? Je me déshabille ?

– Ah, j'en sais rien... Mais dégueulasse comme ça, tu montes pas. Du fumier par-dessus le marché ! – Step éclate encore de rire – Putain, j'en peux plus...

Babi, excédée, le fixe.

– Mais, tu plaisantes, c'est ça ?

– Absolument pas. Si tu veux, je te passe mon blouson pour que t'aies pas froid. Mais balance toutes ces saloperies. Sans ça, je te jure que tu monteras pas derrière.

Babi soupire. Elle est violette de rage. Elle le dépasse en passant près de lui. Step se bouche le nez, en exagérant.

– Nom de Dieu... C'est insupportable...

Babi lui donne une tape, puis elle se dirige vers la moto, près du feu arrière.

– Fais gaffe, Step. Je te jure que si tu te retournes pendant que je me déshabille, je te saute dessus avec tout mon fumier.

Step regarde devant lui.

– D'accord. Dis-moi quand je dois te passer le blouson.

– Je te répète que je parle sérieusement. Moi, je ne suis pas comme toi. Mes promesses, je les tiens.

Babi vérifie une dernière fois que Step ne se retourne pas, puis elle enlève lentement son sweat-shirt, en faisant bien attention de ne pas se salir. En dessous, elle n'a que son soutien-gorge. Elle regrette de ne pas avoir mis de tee-shirt. Elle regarde de nouveau dans la direction de Step.

– Ne te retourne pas !

– Est-ce que j'ai bougé ?

Babi se penche en avant. Elle enlève ses chaussures. Un instant suffit à Step, très vite : il déplace le rétroviseur de gauche en l'inclinant vers elle et en la cadrant. Babi se relève. Elle ne s'est aperçue de rien. Elle vérifie de nouveau. Bon. Il ne s'est pas retourné. En fait, sans être vu, il est en train de la regarder dans le rétroviseur. Elle a un soutien-gorge en dentelle transparente et ses deux bras ont la chair de poule. Step sourit.

– On peut partir ? Qu'est-ce qui te manque ?

– J'ai presque fini, mais ne te retourne pas !

– Je t'ai déjà dit que non. Traîne pas, allez.

Babi déboutonne son jean. Puis lentement, en essayant de se salir le moins possible, elle le descend jusqu'à ses pieds, désormais nus sur les pavés froids et poussiéreux. Step incline le rétroviseur vers le bas en la suivant du regard. Le jean descend lentement, en dévoilant des jambes lisses et blanches dans cette faible lueur nocturne. Step chantonne : *You can leave your hat on.* en imitant la voix de Joe Cocker.

– Plus que neuf semaines et demie...

Tout à coup Babi se retourne. Ses yeux, éclairés par la faible lumière rouge, croisent le regard amusé de Step, qui sourit malicieusement dans le rétroviseur.

– Quoi ? je ne me suis pas retourné !

Babi se libère rapidement de son jean et, en soutien-gorge et petite culotte, saute à l'arrière de la moto.

– Ignoble brute, tu es un salaud ! Un porc !

Elle le bourre de coups de poing. Sur les épaules, le cou, le dos et la tête. Step se penche en avant en essayant de se protéger du mieux qu'il peut.

– Aïe, ça suffit ! Aïe. Qu'est-ce que j'ai fait de mal ? J'ai jeté un petit coup d'œil, mais je ne me suis pas retourné ! J'ai tenu ma parole... Aïe, fais gaffe, sinon je te file pas le blouson.

– Quoi ? Comment ça ? Tu veux que je prenne mon jean et que je te l'essuie sur la figure, c'est ça ?

Babi commence à lui enlever son blouson en tirant sur les manches.

– D'accord, d'accord. C'est bon ! Reste calme. Allez, fais pas l'idiote. Voilà, je te le donne.

Step se laisse faire. Puis il démarre la moto. Babi lui donne une dernière tape.

– Dégueulasse !

Puis elle enfile rapidement le blouson en essayant de se couvrir le plus possible. Le résultat est faible. Ses deux jambes et le bord de son slip restent découverts.

– Eh... tu sais que t'es bien foutue ? Tu devrais te laver un peu plus souvent... Mais tu as vraiment un beau cul... Sérieusement.

Elle essaye de lui taper sur la tête. Step se baisse d'un seul coup en riant. Il passe la première et part. Puis il fait semblant de renifler l'air.

– Eh, mais tu la sens, toi aussi, cette drôle d'odeur ?
– Connard ! Conduis !
– On dirait du fumier...

Au même moment, le gros chien débouche d'un buisson, un peu plus loin à droite. Il court vers eux en aboyant. Step fonce sur lui avec la moto. Pendant un instant le chien est ébloui par le phare. Ses yeux rouges étincellent de rage dans la nuit. Il grogne en montrant ses dents blanches et pointues.

Puis Step rétrograde et met les gaz en faisant un écart. Le chien repart à l'assaut, il effleure la moto en sautant sur le côté, la gueule ouverte. Babi hurle. Elle remonte ses jambes nues autour de la taille de Step et s'agrippe à ses épaules. Le chien la rate de peu. La moto accélère. Elle s'éloigne dans la nuit. Furieux, le chien la poursuit. Puis, petit à petit, il perd du terrain. A la fin il s'arrête et se défoule en continuant à aboyer de loin. Il est peu à peu enveloppé d'un nuage de poussière et de ténèbres et disparaît comme il est apparu. La moto continue sa course dans le froid humide de la campagne verte. Babi a encore les jambes autour de la taille de Step. La moto ralentit. Step lui caresse la jambe.

– On l'a échappé belle, hein ? Autrement ces jolies cuisses finissaient mal ! C'était donc vrai, l'histoire du chien...

Babi lui enlève la main de sa jambe et la repousse sur le côté.

– Ne me touche pas.

Elle se recule sur la selle en remettant les pieds sur les cale-pieds, et ferme son blouson. Step lui remet la main sur la jambe.

– Je t'ai dit de ne pas me toucher avec cette main !

Babi l'enlève. Step sourit et change de main. Babi la lui enlève aussi.

– Mais, pas non plus avec celle-là ?
– Je me demande lequel est le pire, du chien qui me courait après ou du porc qui est devant moi.

Step rit, secoue la tête et accélère.

Babi ferme mieux son blouson. Quel froid ! Quelle nuit ! Quel boxon ! Tout ça pour Pallina ! Ils volent dans la nuit.

Pour finir, ils arrivent sains et saufs à la résidence. Step s'arrête devant la barrière. Babi se tourne vers Fiore et le salue. Le concierge la reconnaît et lève la barre. La moto passe sans même attendre qu'elle ait fini de monter. Fiore ne peut pas s'empêcher de jeter un coup d'œil sur les belles jambes de Babi qui sortent, toutes frissonnantes, du blouson. Qu'est-ce qu'il faut pas voir ! De son temps, aucune fille ne sortait avec une minijupe comme ça. Babi constate que le rideau de fer du garage est baissé. Ses parents sont rentrés. Un danger de moins. Qu'est-ce qu'elle aurait pu inventer s'ils l'avaient chopée en ce moment, à l'arrière de la moto de Step, en soutien-gorge et petite culotte ? Elle préfère ne pas y penser, et de toute façon elle n'a pas assez d'imagination. Elle descend de la moto tout en essayant de se couvrir le plus possible avec le blouson. Rien à faire : il effleure à peine le bord de son slip.

– Bon. Merci pour tout. Écoute, le blouson je te le jette par la fenêtre.

Step regarde ses jambes. Babi essaye de se recroqueviller. Le blouson descend un peu plus bas, mais le résultat est encore insuffisant. Step sourit.

– Peut-être qu'on se reverra. Je vois que tu as des arguments très intéressants.

– J'ai déjà dit que tu es un porc hein ?

– Oui, il me semble que oui... Alors, je passe te prendre demain soir.

– J'en serais incapable. Je crois que je ne survivrais pas à une autre soirée de ce genre.

– Pourquoi, tu ne t'es pas amusée ?

– Énormément ! Moi, je veux faire la Camomilla tous les soirs. Je veux être poursuivie par la police, descendre d'une moto en course pour me retrouver dans une campagne perdue, être poursuivie par un chien enragé et finir par me jeter dans le fumier. Patauger un peu dedans, et revenir chez moi en slip et soutien-gorge.

– Avec mon blouson par-dessus.

– Ah, c'est vrai... j'oubliais.

– Et surtout, il y a quelque chose que tu ne m'as pas dit.

– Quoi ?

– Pourquoi as-tu fais tout ça avec moi ?

Babi le regarde. Quel type ! Il a un magnifique sourire. Dommage qu'il soit si mal barré, côté caractère. Côté physique, il n'y a vraiment rien à dire. Et même, elle décide de lui sourire. Elle n'a pas un gros effort à faire.

– Oui, tu as raison... Bon, ciao.

Babi va partir, mais Step la retient en lui prenant la main. Cette fois avec douceur. Babi résiste un peu, puis elle se laisse faire. Step l'attire vers lui, en la rapprochant de la moto. Il la regarde. Elle a les cheveux longs, décoiffés, rejetés en arrière par le vent de la nuit. Elle tremble de froid. Sa peau est blanche. Son regard intense est plein de bonté. Elle est belle. Step glisse une main sous le blouson. Babi, un peu effrayée, ouvre de grands yeux. Elle sent la main, qui curieusement n'est pas froide, monter le long de son dos et s'arrêter sur la fermeture du soutien-gorge. Babi passe rapidement sa main derrière elle. Elle la met sur celle de Step et l'arrête. Step lui sourit.

– Tu es une sacrée Camomilla, tu sais ? Tu es courageuse, très courageuse. Alors, c'est vrai que tu n'as pas peur de moi. Tu me dénonceras ?

Babi bouge la tête.

– Oui, murmure-t-elle.

– Sérieusement ?

De la tête Babi fait signe que oui. Step l'embrasse dans le cou, plusieurs fois, délicatement.

– Tu le jures ?

Babi fait de nouveau signe que oui, puis elle ferme les yeux. Step continue à l'embrasser. Il monte, effleure ses joues fraîches, ses oreilles glacées. Un souffle chaud et provocant la fait frissonner jusqu'aux pieds. Step s'approche du bord rosé de ses lèvres. Babi soupire en tremblant. Puis elle ouvre la bouche, prête à accueillir son baiser. C'est à ce moment-là que Step s'écarte. Babi reste un instant comme ça, la bouche ouverte, les yeux fermés, perdue dans un rêve. Mais elle les ouvre brusquement. Step est devant elle les bras croisés. Il sourit, hoche la tête.

– Eh Babi, Babi... Ça peut pas se passer comme ça. Je suis un porc, un chien, un salaud, une brute. Mais dis donc, à la fin tu te rends... et tu te laisserais même embrasser. Tu vois comment tu es ? Tu es incohérente.

Babi devient toute rouge de honte.

– Tu es vraiment un pauvre con.

Elle commence à le rouer de coups de poing. Step essaye de se protéger en riant.

– Tu sais ce que tu viens de me rappeler ? Un poisson rouge que j'avais quand j'étais petit. Toi, t'es là, la bouche ouverte, agonisante. Exactement comme lui quand je changeais son eau et qu'il tombait dans le lavabo...

Babi lui flanque une gifle.

– Aïe ! Aïe ! – Amusé, Step se touche la joue – Tu t'es encore trompée. Avec la violence on n'obtient rien. Toi aussi, tu le dis tout le temps ! Si tu me cognes, je ne peux pas t'embrasser. Mais peut-être que si tu me promettais de ne pas me dénoncer...

– Moi, je te dénoncerai, et comment ! Tu verras, tu finiras en prison, je te le jure.

– Je t'ai déjà dit que tu ne devais pas jurer... dans la vie, on peut jamais dire...

Babi s'éloigne à toute vitesse. Le blouson remonte et découvre un beau derrière recouvert d'une petite culotte claire. Elle essaie de se couvrir comme elle peut, pendant qu'elle enfile la mauvaise clé dans la serrure de la porte d'entrée.

– Eh, le blouson je le veux maintenant.

Babi le regarde d'un air furieux. Elle enlève le blouson et le jette par terre. Elle se retrouve en soutien-gorge et slip, dans le froid, les larmes aux yeux. Step la regarde, tout content. Elle a un beau petit corps, vraiment pas mal, sérieusement. Il ramasse son blouson et l'enfile. Babi maudit ces clés. Où est passée celle de la porte d'entrée ?

Step allume une cigarette. Peut-être qu'il a eu tort de ne pas l'embrasser. Tant pis, ce sera pour une autre fois. Babi trouve enfin la bonne clé, elle ouvre et entre. Step s'approche d'elle.

– Alors, petit poisson, tu ne me donnes pas le baiser du soir ?

Elle lui claque la porte au nez. A travers la vitre, Step ne peut pas entendre ce qu'elle dit, mais il le lit facilement sur ses lèvres. Elle lui conseille, ou plutôt elle lui ordonne, d'aller se faire foutre. Step la regarde s'éloigner. Il se dit qu'il serait d'accord pour aller se faire foutre, à condition que ce soit avec elle.

Babi ouvre tout doucement la porte, entre et la referme sans bruit. Dans le couloir, elle marche sur la pointe des pieds, puis elle se glisse dans sa chambre. Sauvée ! Pallina allume la petite lampe de la table de nuit.

– Babi, c'est toi ! Ouf ! J'étais folle d'inquiétude ! Mais qu'est-ce que tu fais dans cet état ? C'est Step qui t'a déshabillée ?

– J'ai atterri dans le fumier !

Pallina renifle.

– C'est vrai. Ça pue. Tu ne peux pas savoir la peur que j'ai eue quand j'ai vu la moto tomber. J'ai cru que c'était toi. Tu es vachement forte. Bravo. On leur a montré ce qu'on était, à ces deux pétasses. Au fait, ma ceinture Camomilla, elle est où ?

Babi la foudroie du regard.

– Pallina, je ne veux plus entendre parler de ceintures, de Camomilla, de Pollo, de courses et d'histoires de ce genre. Compris ? Et t'as intérêt à te la fermer, sans ça je te sors à coups de pied de mon lit et je te fais dormir par terre, ou plutôt je te fous dehors !

– Tu serais pas chiche !

– Tu veux essayer ?

Pallina la regarde et comprend que ce n'est pas le moment de la mettre à l'épreuve. Babi va vers la salle de bains.

– Babi ?

– Quoi ?

– Dis la vérité. Tu t'es drôlement marrée avec Step, hein ?

Babi soupire. Il n'y a rien à faire. Cette fille est irrécupérable.

Step escalade la grille et traverse le jardin sans faire de bruit. Puis il s'approche de la fenêtre. Le store est relevé. Peut-être qu'elle n'est pas rentrée. D'un doigt, il frappe doucement sur la vitre. Un rideau s'écarte. Dans la pénombre apparaît le visage souriant de Maddalena. Elle laisse retomber le rideau et ouvre aussitôt la fenêtre.

– Salut, comment ça s'est terminé ?

– Les flics m'ont coursé.

– Tout va bien ?

– Tout va bien. J'espère qu'ils n'ont pas relevé mon numéro.

– Tu as éteint tes phares ?

– Évidemment.

Maddalena se déplace. Step escalade avec agilité l'appui de fenêtre et entre dans sa chambre.

– Fais doucement. Mes vieux viennent de rentrer.

Maddalena ferme la porte à clé, puis elle saute sur le lit et se glisse sous les draps.

– Brr... qu'est-ce qu'il fait froid !

Elle lui sourit. Elle enlève sa chemise de nuit par la tête et la fait tomber aux pieds de Step. La faible lumière de la lune entre par la fenêtre. Ses petits seins parfaits se dessinent clairement dans la pénombre. Step enlève son blouson. Pendant un instant il a l'impression de sentir l'odeur de la campagne. C'est bizarre, elle semble mêlée à un étrange parfum. Il n'y fait pas plus attention que ça. Il se déshabille et entre dans le lit, s'allongeant à côté de Maddalena. Elle le serre fort. Step descend aussitôt sa main pour lui caresser le dos et les hanches. En remontant il s'arrête entre ses jambes. Maddalena soupire, puis elle l'embrasse. Step met sa jambe entre les siennes. Maddalena l'arrête. Elle se rapproche de la table de nuit et cherche à tâtons la stéréo. Elle se met un CD et appuie sur REW. Un bruit sec l'avertit qu'elle est revenue au début. Elle appuie sur PLAY.

– Voilà.

Elle revient dans les bras du garçon.

– Ça y est.

Elle l'embrasse avec passion. Des baffles sortent les notes graves de la chanson : *Ti sposerò perché*. La voix d'Eros Ramazzotti accompagne doucement leurs soupirs.

C'est peut-être vrai que c'est la femme qu'il lui faut. Maddalena sourit. Sa voix se mêle au froissement des draps.

– Ça, c'est une des fois où il faut savoir bouger... pas vrai ?

– Ouais.

Step lui bécote les seins. Il en est sûr : Maddalena est la femme qu'il lui faut. Puis, brusquement, il se souvient de l'étrange parfum qu'il a senti dans son blouson. C'est Caron. Il se rappelle aussi à qui il appartient. Et pendant un instant, dans l'obscurité de cette chambre, il n'est plus aussi sûr que Maddalena soit la femme parfaite.

26

Un bruit lancinant. Le réveil.

Pallina l'éteint. Elle sort du lit sans faire de bruit et s'habille. Elle regarde Babi. Elle a à peine bougé et dort encore tranquillement sur le dos. Pallina s'approche de la petite vitrine en bois accrochée au mur. U2, All Saints, Robbie Williams, Elisa, Tiziano Ferro, Cremonini, Madonna. Il faut quelque chose de vraiment spécial. Voilà. Elle vérifie le volume, le baisse. Puis elle effleure à peine la touche *play*. *Sept mille cafés*. Britti commence à chanter doucement. Le volume est bon. Babi ouvre les yeux. Elle se retourne sur son oreiller et se retrouve sur le ventre. Pallina lui sourit.

– Salut.

– Quelle heure est-il ?

– 7 moins cinq.

Pallina s'approche d'elle et l'embrasse sur la joue.

– On fait la paix ?

– Il me faut au minimum un pain au chocolat de Lazzareschi.

– C'est pas le moment, dans cinq minutes ma mère sera là, et je dois aller faire mes analyses.

– Alors pas question de paix.

– Cette nuit, tu as été géniale.

– Je t'ai dit que je ne voulais plus en entendre parler.

Pallina écarte les bras.

– OK, comme tu veux. Et qu'est-ce que je dis à ta mère si je la rencontre en sortant ?

– Bonjour.

Babi lui sourit et remonte la couverture, Pallina met sa sacoche remplie de livres en bandoulière sur son épaule. Elle est contente, maintenant qu'elles ont fait la paix. Babi est tellement forte, et maintenant, elle est même une Camomilla.

Pallina ferme tout doucement la porte derrière elle et traverse rapidement le couloir, sur la pointe des pieds. La porte d'entrée est encore fermée à clé. Elle l'ouvre et juste au moment où elle va sortir, entend une voix derrière elle.

– Pallina !

C'est Raffaella, dans un déshabillé rose, le visage démaquillé, légèrement fané, et surtout très étonné. Pallina décide de suivre le conseil de Babi, et avec un « Bonjour madame », disparaît dans l'escalier. Elle sort par la porte d'entrée et arrive à la grille. Sa mère n'est pas encore arrivée. Elle s'assied sur le muret pour l'attendre. Le soleil déjà tiède monte en face d'elle ; le garagiste ouvre sa boutique, quelques types sortent, pressés, de chez le marchand de journaux, emportant sous le bras le poids de nouvelles plus ou moins catastrophiques.

A la lumière du jour, elle n'a plus de doutes. Elle ne voudrait pas de Raffaella pour mère, absolument pas, même si elle est beaucoup plus ponctuelle que la sienne.

Babi entre dans la salle de bains. Elle se regarde dans la glace. Pas terrible. Faire la Camomilla n'est pas très rentable, du moins pour elle. Elle ouvre le robinet d'eau froide et s'en asperge vigoureusement le visage.

Daniela apparaît derrière elle.

– Raconte-moi tout ! Comment ça s'est passé ? C'était comment, la Serre ? C'est aussi marrant qu'on le dit ? Tu y as vu mes copines ?

Babi ouvre le tube de dentifrice, commence à appuyer sur l'extrémité, essayant de faire disparaître la trace du pouce de Daniela qui l'a pressé juste au milieu.

– C'est une idiotie. Un groupe d'abrutis qui risquent leur vie pour rien et réussissent de temps en temps à la perdre.

– Oui, mais il y a beaucoup de monde ? Qu'est-ce qu'ils font ? Où vont-ils après ? Tu as vu, les Camomilla, elles sont vachement fortes. Quel courage, hein ? Moi, j''arriverais jamais à faire la Camomilla !

– Moi, je l'ai faite...

– Sérieux ? Tu as fait la Camomilla ? Wouah ! Ma frangine est une Camomilla !

– Oh tu sais, c'est pas grand-chose, je t'assure. Maintenant, je dois me préparer.

– Et voilà, c'est toujours pareil. Avec toi, on reste toujours sur sa faim. Qu'est-ce que j'y gagne, moi, à avoir une grande sœur, si elle ne raconte rien ? De toute façon Andrea et moi, on a décidé d'y aller, nous aussi, la semaine prochaine. Et si ça me plaît, moi aussi je ferai la Camomilla !

Daniela sort de la salle de bains en soupirant. Babi sourit toute seule, finit de se laver les dents puis attrape la brosse à cheveux. Décidément... Daniela s'est vengée à distance. Quelques longs cheveux noirs sont entortillés autour des têtes d'épingle de la brosse. Babi les rassemble dans sa main, les jette dans les toilettes, tire la chasse et commence enfin à se peigner.

Daniela reparaît derrière la porte.

– Où as-tu mis les Superga que je t'ai prêtées hier soir ?

– Je les ai jetées.

– Quoi ! Tu les as jetées ? Mes Superga neuves ?

– Tu as bien entendu, je les ai jetées. Elles ont fini dans le fumier et elles étaient tellement dégueulasses que j'ai dû les jeter. Et aussi parce que sans ça, Step ne me raccompagnait pas à la maison.

– Tu as atterri dans le fumier, et Step t'a raccompagnée à la maison ? Alors quand est-ce que tu as fait la Camomilla ?

– Avant.

– Derrière Step ?

– Non.

Pieds nus, Daniela suit Babi dans sa chambre.

– Allez Babi, tu me racontes comment ça s'est passé ?

– Écoute Dani, on fait un pacte : si à partir d'aujourd'hui tu nettoies la brosse après t'être coiffée, moi, dans quelques jours, je te raconte tout, d'accord ?

Dani soupire.

– D'accord...

Puis elle retourne dans sa chambre. Babi enfile son uniforme. Elle ne lui racontera jamais rien, elle le sait. Daniela nettoiera peut-être la brosse pendant quelques jours et c'est tout. C'est plus fort qu'elle.

Raffaella entre dans la chambre de Babi.

– Mais Pallina a dormi ici ?

– Oui maman.

– Et où ?

– Dans mon lit.

– Mais comment est-ce possible ? Hier soir, quand je suis venue t'embrasser il n'y avait que toi.

– Elle est arrivée tard. Elle ne pouvait pas rentrer chez elle parce que sa mère avait un dîner.

– Et où était-elle avant ?

– Je ne sais pas.

– Babi, je ne veux pas être responsable de ce qu'elle fait. Tu réalises, s'il lui était arrivé quelque chose alors que sa mère la croyait ici...

– Tu as raison, maman.

– La prochaine fois, je veux savoir à temps qu'elle vient dormir.

– Mais moi, je te l'ai dit, avant que tu partes chez les Pentesti, tu ne t'en souviens pas ?

Raffaella réfléchit pendant un instant.

– Non, je ne m'en souviens pas.

Babi lui sourit ingénument comme pour lui dire : « Et alors, qu'est-ce que j'y peux... ? » Du reste, elle sait parfaitement que sa mère ne peut pas s'en souvenir.

– Je ne voudrais pour rien au monde avoir une fille comme Pallina. Toujours dehors la nuit, pour faire Dieu sait quoi. Cette fille ne me plaît pas. Tu verras qu'elle finira mal.

– Mais maman, elle ne fait rien de mal, elle aime s'amuser. Je t'assure qu'elle est sympa.

– Je le sais, mais je préfère avoir une fille comme toi.

Raffaella lui sourit, lui caresse le menton, puis sort de la chambre. Babi sourit. Elle sait comment la prendre, mais elle lui ment trop, en ce moment. Elle décide d'arrêter. Pauvre Pallina, même quand elle n'y est pour rien, elle est toujours coupable. Et elle décide aussi de lui pardonner. Bien sûr, il faut résoudre la question de Pollo, mais chaque chose en son temps. Elle enfile sa jupe. Elle s'arrête devant la glace, tire ses cheveux, pour dégager son visage, et les attache avec deux petites barrettes sur le côté. Elle reste comme ça à se regarder, pendant que *Le Bohémien heureux* passe à la radio. Babi remarque à quel point elle ressemble à sa mère. Non, même si elle savait tout ce qu'elle a fait, Raffaella ne l'échangerait pour rien au monde avec Pallina : elles ont trop de points communs.

C'est un des rares cas où, même sans le savoir, elles sont d'accord toutes les deux.

Le soleil filtre joyeusement par la fenêtre de la cuisine. Babi termine sa biscotte au blé complet et boit sa dernière goutte de café au lait. Daniela racle nerveusement avec sa cuillère le fond d'un pot de flanc. Raffaella a acheté presque tout ce qui était écrit sur la liste. Claudio est content. Peut-être à cause d'un horoscope positif, mais surtout grâce au café tant désiré, qu'il a enfin réussi à boire. Et la grande cafetière lui fait faire des économies.

– Babi, aujourd'hui il fait très beau. Il y a du soleil et il ne doit pas faire très froid non plus. J'en ai parlé avec ta mère, et nous sommes d'accord. Même si tu as eu ce mot sur ton cahier... Aujourd'hui vous pouvez aller à scooter à l'école !

– Merci, papa, vous êtes vraiment sympa. Mais tu sais, après la discussion de l'autre jour, j'y ai bien réfléchi, et je pensę que vous avez peut-être raison. Le matin, aller à l'école avec toi et Daniela, c'est presque devenu un rite, un porte-bonheur. Et puis c'est un beau moment où on peut parler de tout, et commencer ensemble la journée : c'est beaucoup plus chouette comme ça, non ?

Daniela n'en croit pas ses oreilles.

– Babi, excuse-moi, mais prenons la Vespa ! On parle souvent avec papa, on le voit le soir au dîner, et le dimanche matin.

Babi la prend par le bras en le lui serrant un peu trop fort.

– Mais non Dani, sérieusement, il vaut mieux qu'il nous accompagne – Elle la serre de nouveau – Et puis tu te souviens de ce que je t'ai dit hier soir. Je ne suis pas en superforme. La semaine prochaine, quand il fera encore plus chaud, on prendra la Vespa.

Cette dernière pression ne lui laisse plus de doutes. C'est un message. Daniela a quand même un minimum d'intuition.

Claudio, tout heureux, boit sa dernière gorgée de café. C'est beau d'avoir deux filles comme ça. Ça n'arrive pas souvent de se sentir tant aimé.

– Bon, les filles, alors on y va ! Sans ça on arrivera en retard à l'école.

Claudio va chercher la Mercedes au garage pendant que Babi et Daniela attendent devant le portail.

– Tu as fini par comprendre, enfin ! Mais quoi, il fallait que je te casse le bras ?

– Mais tu aurais pu me le dire tout de suite, non !

– Comment je pouvais savoir que ce serait juste aujourd'hui qu'ils nous donneraient la permission de prendre la Vespa ?

– Mais pourquoi tu ne veux pas la prendre ?

– C'est simple : parce qu'il n'y a pas de Vespa.

– Il n'y a pas de Vespa ? Mais tu n'es pas sortie hier soir ? Où est-elle ?

– Si, je suis sortie.

– Et alors ? Tu as atterri dans le fumier avec la Vespa et tu l'as jetée ?

– Non, je l'avais laissée à la Serre, et quand on y est retournés, elle n'était plus là.

– J'y crois pas !

– Crois-moi.

– Je ne veux pas te croire ! Ma Vespa !

– Je te ferais remarquer que c'est à moi qu'on l'a offerte.

– Oui, mais qui l'a repeinte ? Qui a fait changer le pot d'échappement ? L'année prochaine, papa et maman t'achèteront une voiture, et la Vespa aurait été à moi. Je ne peux pas le croire !

Claudio s'arrête devant elles et baisse la vitre électrique.

– Babi, mais où diable est ta Vespa ? Elle n'est pas dans le garage.

Daniela ferme les yeux. Maintenant elle est bien obligée d'y croire.

– C'est rien, papa, je l'ai mise derrière, dans la cour. Elle te gêne tellement quand tu manœuvres. Je pense qu'il vaut mieux la mettre ailleurs.

– Tu plaisantes ! Remets-la immédiatement ici. Et si on te la vole ? Dis-toi bien que ta mère et moi, nous n'avons pas l'intention de vous en racheter une autre. Rentre-la tout de suite, allez. Tiens, Voici les clés.

Daniela monte derrière pendant que Babi s'éloigne vers le garage en faisant semblant de chercher la bonne clé dans le trousseau. Arrivée dans la cour, Babi réfléchit. Et maintenant, qu'est-ce que je fais ? Avant ce soir je dois récupérer ma Vespa. Sinon je dois trouver une autre solution. Merde à Pallina, c'est elle qui m'a foutue dans ce pétrin, c'est elle qui doit m'en sortir. Babi entend le bruit de la Mercedes qui arrive en marche arrière. Elle court vers le garage. Elle se penche sur le rideau de fer. Il était temps. La Mercedes débouche de l'angle et s'arrête devant elle. Babi fait semblant de fermer le garage et se dirige en souriant vers la voiture.

– Ça y est, je l'ai rangée.

Babi est une actrice parfaite, mais il vaudrait quand même mieux retrouver la Vespa le plus vite possible. Alors qu'elle monte dans la voiture, elle sent qu'on l'observe. Elle lève les yeux. Elle avait raison. Le garçon qui habite au second est à la fenêtre. Il a dû tout voir. En fait il n'a rien vu, et c'est pour ça qu'il a l'air aussi perplexe. Elle lui sourit en essayant de le rassurer. Il lui rend son sourire, mais il comprend parfaitement que quelque chose lui échappe.

La Mercedes s'éloigne. Babi rend les clés à son père.

– Tu l'as bien mise près du mur ?

– Très près. Elle ne peut pas te gêner.

Babi se tourne vers Daniela. Elle est assise, les bras croisés, l'air sombre.

– Allez, Dani, on ira à l'école en Vespa la semaine prochaine !

– J'espère bien.

A la sortie de la résidence, la Mercedes s'arrête devant la barrière qui s'élève lentement. Claudio salue le gardien qui lui fait signe de s'arrêter un instant. Il sort de la loge avec un paquet à la main.

– Bonjour, monsieur, excusez-moi. On a laissé ce paquet pour Babi.

Babi le prend, intriguée. La Mercedes repart doucement, alors que la barrière se referme. Daniela, poussée par la curiosité, se penche en avant. Claudio regarde lui aussi en douce pour voir de quoi il s'agit. Babi sourit.

– Qui en veut un morceau ? C'est un pain au chocolat de chez Lazzareschi.

Babi partage la viennoiserie avec les doigts.

– Papa ? – Claudio secoue la tête.

– Dani ?

– Non merci – Peut-être espérait-elle qu'il y aurait des nouvelles de *leur* Vespa dans ce paquet.

– Tant mieux. Comme ça je le mange toute seule. Vous ne savez pas ce que vous perdez...

Pallina est vraiment un amour, elle sait toujours se faire pardonner. Maintenant il ne lui reste plus qu'à retrouver sa Vespa avant 20 heures.

27

Devant l'école, les filles bavardent joyeusement en attendant que la cloche sonne. Babi et Daniela descendent de la voiture et disent au revoir à leur père. La Mercedes s'éloigne dans la circulation de la piazza Euclide. Aussitôt, un groupe d'élèves court vers elles.

– Babi, c'est vrai qu'hier tu es allée à la Serre et que tu as fait la Camomilla ?

– C'est vrai que tu as pris la fuite et que tu as été poursuivie par la police ?

– Qu'un flic t'a prise par les cheveux, que Step l'a flanqué par terre et que vous vous êtes enfuis sur sa moto ?

– C'est vrai que deux jeunes se sont tués ?

Daniela écoute, effarée. La Vespa n'a pas été sacrifiée pour rien. C'est la gloire. Babi n'en croit pas ses oreilles. Comment ont-elles fait pour savoir déjà tout ça ? Pas vraiment tout. Par bonheur, l'histoire du fumier est restée secrète. Le son de la cloche la sauve. En montant l'escalier elle répond vaguement à quelques questions de ses copines les plus sympa. Maintenant ça y est. Elle est une célébrité. Daniela la salue affectueusement.

– Ciao Babi. On se voit à la récré !

Incroyable. Depuis qu'elles vont ensemble à l'école, sa sœur ne lui a jamais dit ça. Elle regarde Daniela s'éloigner, entourée de quelques amies. Toutes marchent à côté d'elle et lui posent mille questions. Elle aussi profite de son moment de notoriété. « C'est juste, dans le fond, j'ai paumé ses Superga », se dit Babi. Elle espère seulement que sa sœur ne parlera pas du fumier.

Un jeune prêtre venu de la paroisse voisine s'assied à la place du professeur. C'est la première heure, celle de religion. Le passe-temps préféré de toutes les filles, c'est de le mettre en difficulté avec des questions sur le sexe et les rapports préconjugaux. Elles donnent sans la moindre gêne des exemples précis de choses arrivées à d'effrayantes et fantomatiques amies, qui, la plupart du temps, ne sont autres qu'elles-mêmes. Cette heure de religion s'est pratiquement transformée en un pure et simple cours d'éducation sexuelle, la seule matière dans laquelle elles auraient toutes eu la moyenne.

Le prêtre essaye d'esquiver une question trop indiscrète : quelle était sa vie privée avant de prononcer ses vœux. Il ouvre la Bible, mettant ainsi fin au grand intérêt suscité par ses improbables péchés. Babi feuillette son agenda. L'heure d'après, c'est le grec.

Giacci va interroger. Le dernier trimestre avant le bac va s'achever. Quand on saura quelles sont les matières qui sortent, il n'y aura plus d'interros. Babi vérifie les petites croix. Il n'en manque que trois et toutes sont passées. Celles qui en ont fini avec ça ont de la chance. Babi lit les noms : de nouveau Festa, la pauvre. Belle semaine, vraiment ! Babi se tourne vers elle. Elle a les mains sur les joues et regarde devant elle. Babi l'appelle tout bas. Silvia l'entend :

– Qu'est-ce qu'il y a ?

– Fais gaffe, aujourd'hui Giacci t'interroge en grec.

– Je sais – Silvia esquisse un sourire, puis elle enlève le livre qu'elle a posé sur le dossier de la fille de devant. C'est une grammaire grecque – Je suis en train de réviser.

Babi lui sourit. Pour ce que ça pouvait l'aider, elle aurait peut-être mieux fait de suivre le cours de religion. En fait, seul un miracle pourrait la sauver. La cloche sonne. Le jeune prêtre s'en va, emportant une petite valise en cuir noir souple et les derniers doutes de Babi. Sa démarche est une confession sincère : s'il a commis quelques péchés quand il était jeune, les femmes n'en sont pas responsables.

– Salut Babi !

– Pallina ! Comment ça va ?

Pallina pose sa sacoche sur le banc de Babi.

– Bien. Avec un litre de sang en moins !

– Ah c'est vrai. Ça s'est passé comment, tes analyses ?

Pallina enroule la manche de chemisier de son uniforme bleu et montre son bras pâle.

– Regarde là ! – Elle lui indique un sparadrap dont le bout est légèrement coloré, rougi par le sang – Et ça c'est rien. Tu peux pas savoir, ce médecin, pour trouver mes veines ! Deux heures ! Il a piqué tout autour et repiqué sur le bras, soi-disant pour faire ressortir la veine. Mais d'après moi, c'était uniquement pour me faire mal, il me déteste. Il m'a toujours détestée, ce docteur. Ensuite il a commencé à parler, il n'en finissait plus. Classique, pour que tu ne penses pas à la seringue. Il me dit que j'ai des veines royales, et le sang bleu, que je dois être une princesse ! Et puis tac ! Il m'enfile toute l'aiguille dans le bras, le traître ! Mais moi, je lui ai montré la princesse que je suis. Je lui ai lancé un « putain de Dieu ».

– Pallina !

– Toi tu es gentille. Ma mère m'a flanqué une baffe sur la bouche. Je ne sais pas qui m'a fait le plus mal, elle ou le docteur. D'ailleurs, je les déteste tous les deux. Quand tu as peur d'une douleur physique, tu as besoin de silence autour de toi, mais eux ne le comprennent pas. Pense que quand nous sommes parties, il a sorti cette phrase à ma mère... – Et Pallina imite son ton : – Une chose est sûre, madame, c'est qu'avec des veines pareilles, votre fille n'arrivera pas à se droguer. Dégueulasse. La seule chose positive de toute cette affaire, c'est qu'après, ma mère m'a emmenée prendre un petit déjeuner à l'Euclide. Je me suis tapée un pain aux raisins, avec une chantilly du tonnerre ! A propos, tu as reçu mon paquet ?

– Oui, merci !

– Bon, parce que ton concierge a une gueule à toujours savoir ce qu'il y a dans le paquet qu'on lui laisse. Pire qu'un appareil à rayons X... On dirait que je suis encore toute chamboulée par les analyses, hein ?

– Un peu.

– Alors, ce n'est pas lui qui s'est tapé le pain au chocolat de Lazzareschi ?

– Non, dit Babi en souriant.

– Et tu me pardonnes ?

– Presque.

– Comment presque ? Il fallait que je t'en file deux ?

– Non, tu dois retrouver ma Vespa avant 20 heures.

– Ta Vespa ? Et comment je fais, moi ? Dieu sait où elle a fini. Qui l'a prise ? Qu'est-ce que je peux en savoir, moi ?

– Et qu'est-ce que j'en sais, moi ? Toi, tu sais toujours tout.

Tu fais partie de la bande, tu es la nana de Pollo. Ce qui est sûr, c'est que ce soir, à 20 heures quand mon père rentrera, la Vespa doit être au garage...

– Lombardi ! – Giacci est sur le pas de la porte – Allez à votre place, s'il vous plaît.

– Excusez-moi, madame, j'étais en train de demander ce qu'elles avaient fait au cours de religion.

– J'en doute... Quoi qu'il en soit, allez vous asseoir.

La prof se dirige vers l'estrade. Pallina prend sa sacoche. Babi l'arrête.

– J'ai une idée. Plus besoin de retrouver ma Vespa. Du moins pas tout de suite.

Pallina sourit.

– Tant mieux ! C'était impossible ! Mais comment tu vas faire ? Quand ton père reviendra et qu'il ne trouvera pas la Vespa, qu'est-ce que tu lui diras ?

– Mais... mon père trouvera la Vespa dans le garage.

– Et comment ?

– Facile, on y mettra la tienne.

– Ma Vespa ?

– Mais bien sûr, pour mon père elles sont kif-kif, il ne s'en apercevra même pas.

– Oui, mais moi, comment...

– Lombardi ! !

Babi n'a pas le temps de répondre.

– Ce cours de religion a dû être fort intéressant. En attendant, venez ici et montrez-moi votre mot d'excuse.

Pallina prend sa sacoche en bandoulière et lance un dernier coup d'œil à Babi.

– On en parlera après.

Pallina s'approche du bureau. Elle sort son carnet de correspondance et l'ouvre à la page des mots d'excuse. Giacci le lui prend des mains, le lit et le signe.

– Ah, très bien, vous avez fait des examens ? Au lieu d'analyses sanguines, vous auriez dû vous faire faire une transfusion de culture !

En bonne lèche-cul et forte en thème qu'elle est, Catinelli rit à cette remarque. Mais elle est tellement pitoyable que même la prof semble agacée par cette fausse gaieté.

– Oh, il y a quelqu'un d'autre qui doit me montrer son

carnet signé – Giacci regarde ironiquement Babi – N'est-ce pas Gervasi ?

Babi lui apporte son carnet ouvert à l'endroit du mot signé. Giacci vérifie.

– Bien, et qu'a dit votre mère ?

– Elle m'a punie.

C'est faux, mais autant lui laisser croire qu'elle gagne sur toute la ligne. En effet, Giacci mord tout de suite à l'hameçon.

– Elle a bien fait – Puis elle se tourne vers la classe : – Il est important que vos parents sachent apprécier le travail que nous faisons, nous les professeurs, et qu'ils nous soutiennent pleinement – D'un bout à l'autre, toute la classe approuve – Votre mère, Gervasi, est une femme intelligente. Elle sait très bien que tout ce que je fais, c'est uniquement pour votre bien. Tenez.

Elle lui rend son carnet. Babi retourne à sa place. « Drôle de façon de vouloir mon bien, avec un deux en latin et un mot sur mon carnet. Et si elle me détestait, qu'est-ce que ce serait ? » pense Babi. Giacci sort de son vieux cartable en cuir les devoirs de grec pliés en deux.

Ils s'ouvrent, insolents et bruissants, sur le bureau surélevé, répandant parmi les élèves l'espoir d'avoir au moins la moyenne.

– Je vous annonce que c'est une catastrophe. Vous n'avez plus qu'à espérer que le grec ne sorte pas au bac.

Toutes les filles sont tranquilles : elles savent déjà que c'est le latin, mais elles font semblant de ne pas être au courant. En fait, ç'aurait très bien pu être une classe d'art dramatique. Spécialisée dans les rôles tragiques, si l'on en juge par leur jeu actuel.

– Bartoli, 3. Simoni, 3. Mareschi, 4.

L'une après l'autre les filles, silencieuses et résignées, vont jusqu'au bureau pour récupérer leur copie.

– Alessandri, 4. Bandini 4+.

C'est une sorte de procession funèbre. Toutes retournent à leur place et ouvrent aussitôt leur copie en essayant de comprendre la raison de tous ces signes rouges. Un travail parfaitement inutile, exactement comme leur tentative de version ratée.

– Sbardelli, 4,5.

Une fille se lève en faisant un signe de victoire. En effet, pour elle c'en est une. Elle était abonnée au quatre. Pour elle, ce demi-point, c'est comme atteindre la ligne d'arrivée.

– Carli, 5.

Une jeune fille pâle aux lunettes épaisses et aux cheveux gras, abonnée au 7, devient encore plus pâle. Elle se lève et avance d'un pas lent vers l'estrade en se demandant où elle a bien pu se tromper. Un frisson de joie parcourt les bancs. C'est une des grosses têtes de la classe, et elle ne rate jamais un seul devoir.

– Eh, vas-y ! murmure Pallina quand la pauvre passe à côté d'elle. Giacci remet sa copie à Carli. Elle semble sincèrement contrariée.

– Que t'est-il arrivé ? Tu n'étais peut-être pas bien ? Ou alors cette classe d'analphabètes a réussi à te contaminer, toi aussi ?

La fille esquisse un sourire. Et c'est avec un faible « Oui, je ne me sentais pas très bien » qu'elle retourne à sa place. Une chose est sûre, c'est maintenant qu'elle se sent vraiment mal. Elle, Carli ! Celle qui réussit des versions impossibles, se choper un cinq ! Elle ouvre sa copie. Elle la relit rapidement et trouve tout de suite la tragique erreur. Elle tape du poing sur le bureau. Comment a-t-elle pu confondre ! Réellement désespérée, elle met les mains dans ses cheveux. Le bonheur de la classe atteint des sommets incroyables.

– Benucci, 5,5. Salvetti, 6.

C'est bon. Celles de la classe qui n'ont pas encore récupéré leur devoir poussent un soupir. Désormais, c'est la moyenne assurée. La prof remet les copies dans un ordre croissant : d'abord les plus mauvaises notes, puis elle monte lentement, jusqu'à la moyenne et aux quelques sept et huit. Là elle s'arrête. Elle n'a jamais mis plus. Et même, un huit est déjà un événement peu courant.

– Marini, 6. Ricci, 6,5.

Quelques filles, habituées à se trouver dans la zone élevée de la classe, attendent tranquillement leur note. Mais pour Pallina, c'est un vrai miracle. Elle n'en croit pas ses oreilles. Ricci 6,5 ? Donc, elle a au moins cette note, sinon plus. Elle se voit déjà rentrer chez sa mère pour le déjeuner et lui dire :

« Maman, j'ai eu 7 en version grecque. » Sa mère s'évanouirait. La dernière fois qu'elle a eu un sept, c'était en histoire, sur Colomb. Christophe lui plaît vachement, depuis qu'elle a vu sur un livre une photo où il portait un bandana rouge au cou. Un vrai chef. Voyageur, décidé, parlant peu. Et puis, qu'on le veuille on non, le premier à aller en Amérique. C'est lui qui a lancé la mode des States. A bien y réfléchir, il y a même une vague ressemblance entre Pollo et lui.

– Gervasi, 7.

Pallina sourit, contente pour son amie.

– Bravo Babi.

Babi se tourne vers elle et lui fait un signe. Pour une fois, ça ne doit pas lui déplaire d'avoir moins que Pallina.

– Lombardi.

Pallina se lève rapidement et se précipite vers l'estrade. Elle est euphorique. Un 7, au minimum.

– Lombardi, 4. Pallina reste sans parole.

– Ton devoir a dû finir par erreur au milieu des meilleurs, dit Giacci en s'excusant d'un sourire.

Pallina prend son devoir et retourne, accablée, à sa place. L'espace d'un instant, elle y a cru. Comme ç'aurait été chouette d'avoir 7. Elle s'assied. Giacci la regarde en souriant, puis elle se remet à donner les notes des derniers devoirs. Elle l'a fait exprès, cette salope. Pallina en est sûre. De rage, ses yeux se remplissent de larmes. Bon sang, comment elle a fait pour y croire ? Sept à une version grecque, c'est impossible. Elle aurait dû le comprendre tout de suite, qu'il y avait quelque chose là-dessous. Elle entend murmurer à droite. Elle se retourne : c'est Babi. Pallina essaye de lui sourire avec de piètres résultats. Puis elle renifle. Babi lui montre un mouchoir. Pallina lui fait signe que oui. Babi le noue et le lui envoie. Pallina l'attrape au vol. Babi se penche vers elle.

– Chialeuse ! Tu devrais faire la Camomilla. Après, tout le reste te semble de la connerie.

Pallina éclate de rire de bon cœur. Giacci la regarde d'un air écœuré. Pallina lève la main pour s'excuser, puis elle se mouche et, profitant du mouchoir qui est devant son visage, elle lève le majeur. Quelques filles autour d'elles s'en aperçoivent et rient.

Giacci tape du poing sur la chaire.

– Silence. Maintenant j'interroge.

Elle ouvre le registre.

– Salvetti et Ricci.

Les deux filles se dirigent vers le bureau, remettent leurs cahiers et attendent contre le mur, prêtes à être fusillées de questions. Giacci regarde de nouveau le registre.

– Servanti.

Francesca Servanti, effarée, se lève de sa chaise. Aujourd'hui, ce n'était pas son tour. La prof devait interroger Salvetti, Ricci et Festa. Tout le monde le savait. Elle va en silence vers la chaire et remet son cahier en essayant de cacher son désespoir. En fait, il est assez évident. Elle n'a rien préparé du tout. Giacci rassemble les cahiers, les met l'un sur l'autre en égalisant les bords des deux mains.

– Bien. Avec vous, j'achève le tour des interrogations, et après j'espère pouvoir laisser le grec de côté. Nous travaillerons davantage le latin. Du reste, je voulais vous le dire : c'est cette matière-là qui sortira...

Beau scoop, pense la moitié de la classe. Une seule fille pense à autre chose. Silvia Festa. Pourquoi Giacci ne l'a-t-elle pas appelée ? Pourquoi n'a-t-elle pas été interrogée, elle, comme prévu, au lieu de Servanti ? Peut-être que Giacci a une idée derrière la tête ? Et pourtant sa situation n'est pas des meilleures. Elle a déjà eu deux cinq et ce n'est pas le moment d'aggraver les choses. Par ailleurs la prof ne peut pas s'être trompée. Giacci ne se trompe jamais. C'est une des règles d'or de la Falconieri.

Silvia Festa a besoin de sa troisième interro, qui, du reste, lui revient. Sans se faire voir, elle attire l'attention de Babi.

– Désolée, mais je ne sais pas quoi te dire. D'après moi aussi, c'est toi qui devais être interrogée.

– Qu'est-ce que ça veut dire ? que Giacci s'est trompée ?

– Peut-être. Mais tu sais comme elle est. Tu as intérêt à ne rien dire.

– Mais si je ne dis rien, je n'aurai pas le droit de me présenter à l'examen.

Babi écarte les bras d'un geste qui signifie « Je ne sais pas quoi faire... » Ça l'embête sérieusement. L'interrogation commence. Silvia s'agite nerveusement sur son banc. Elle ne sait pas comment se comporter. A la fin elle décide d'intervenir. Elle lève la main. Giacci la voit.

– Oui, Festa, qu'y a-t-il ?

– Excusez-moi madame, je ne voudrais pas vous déranger. Mais je crois qu'il me manque ma troisième interrogation.

Festa sourit en essayant de dissimuler le fait qu'elle l'accuse de s'être trompée. Giacci soupire.

– Voyons ça tout de suite.

Elle prend deux cahiers pour faciliter la recherche. On dirait presque qu'elle joue à la bataille navale. Mais sur son registre.

– Festa... Festa, voilà : interrogée le 18 mars, et évidemment avec un moins. Contente ? et même... – elle contrôle les autres notes – je me demande si tu seras reçue à l'examen.

Un faible « merci » sort de la bouche de Silvia. Elle a pratiquement été coulée. Giacci, avec son air suffisant, recommence à interroger. Babi vérifie son agenda. 18 mars. En effet, c'est exactement la date à laquelle Servanti a été interrogée. Il n'y a pas de doute. Giacci a dû se tromper. Mais comment le prouver ? C'est sa parole contre celle de la prof. C'est-à-dire un nouveau mot sur son carnet. Pauvre Festa, elle n'a vraiment pas de bol. Et elle joue sérieusement son année. Babi ouvre les pages des autres matières. 18 mars, c'était un jeudi. Elle contrôle les autres cours. C'est drôle, quand même, que Festa n'ait été interrogée dans aucune matière. Ce n'est peut-être qu'un hasard... ou peut-être pas. Elle se penche en avant.

– Silvia.

– Quoi ?

Festa a l'air effondrée. Elle n'a pas tout à fait tort, la pauvre.

– Tu me passes ton carnet ?

– Pourquoi ?

– Je voudrais vérifier quelque chose.

– Quoi ?

– Je te le dirai après... Allez, passe-le-moi.

Pendant un instant une faible lueur d'espoir se rallume dans les yeux de Silvia. Elle lui passe son carnet. Babi l'ouvre, va aux dernières pages. Silvia la regarde, pleine d'espoir. Babi sourit. Elle se tourne vers elle et lui rend son carnet :

– Tu as du pot.

Silvia esquisse un sourire. Elle n'en est pas si sûre que ça.

Brusquement Babi lève la main.

– Pardon, madame...

Giacci se tourne vers elle.

– Qu'y a-t-il, Gervasi ? Toi non plus, tu n'as pas été interrogée ? Aujourd'hui, vous êtes particulièrement agaçantes, les filles... ! Allons, qu'y a-t-il ?

Babi se lève. Elle reste un instant sans rien dire. Tous les yeux de la classe sont fixés sur elle. Particulièrement ceux de Silvia. Babi regarde Pallina. Elle aussi, comme les autres, attend avec impatience. Elle lui sourit. Dans le fond, elle a raison de le faire. Giacci a mis exprès la copie de Pallina dans celles qui avaient 7.

– Je voulais vous dire, madame, que vous vous étiez trompée.

Un murmure général parcourt la classe. Les filles semblent devenues folles. Babi est calme.

Giacci est rouge de colère mais se domine.

– Silence ! Ah oui, Gervasi ? Et en quoi ?

– Le 18 mars, vous ne pouvez pas avoir interrogé Silvia Festa.

– Comment, c'est écrit là, sur mon registre. Vous voulez le voir ? Le voici : 18 mars, moins à Silvia Festa. Je commence à penser que vous aimez les mots sur votre carnet.

– Cette note est celle de Francesca Servanti. Vous vous êtes trompée en l'écrivant, et vous l'avez mise à Festa.

Giacci semble exploser de rage.

– Ah oui ? C'est vrai, je le sais, que vous marquez tout sur votre agenda. Mais c'est votre parole contre la mienne. Et si je vous dis que ce jour-là j'ai interrogé Festa, ça veut dire que c'est comme ça et pas autrement.

– Et moi je vous dis le contraire. Vous vous êtes trompée. Le 18 mars, vous ne pouvez pas avoir interrogé Silvia Festa.

– Ah oui ? Et pourquoi ?

– Parce que ce jour-là, Silvia Festa était absente.

Giacci pâlit. Elle prend la liste d'absences générale et commence à feuilleter en arrière, complètement affolée. 20, 19, 18 mars. Elle contrôle frénétiquement les absences. Benucci, Marini, et... la voici. Giacci s'affaisse sur sa chaise. Elle n'en croit pas ses yeux. Festa. Le nom écrit, comme en lettres de feu, de sa propre main. Sa honte. Son erreur. Rien à faire. Giacci, anéantie, regarde Babi. Babi s'assied lentement. Toutes ses camarades se tournent vers elle. Un murmure général monte tout doucement de la classe.

– Bravo Babi, bravo !

Babi fait semblant de ne pas entendre. Mais ce lent murmure arrive aux oreilles de Giacci. Ces paroles, plus terribles que des aiguilles de glace, la transpercent, froides et aiguës comme le poids de sa défaite. Elle a perdu la face devant la classe. Sa classe. Et ces phrases, pesantes et pénibles, qui soulignent son erreur...

– Servanti, allez à votre place. Festa, venez ici.

Babi baisse les yeux sur son bureau. Justice est faite. Puis lentement elle relève la tête. Elle regarde Pallina. Leurs regards se croisent et mille paroles circulent tacitement entre leurs chaises. A partir d'aujourd'hui, même Giacci peut se tromper. La légendaire règle d'or se brise. Elle tombe, s'émiette en mille morceaux tel un fragile verre en cristal échappant des mains d'un jeune serveur inexpérimenté. Mais aucun patron ne gronde Babi. De quelque côté qu'elle se tourne, il n'y a que les yeux heureux de ses copines, amusées, et fières de son courage. Puis elle regarde plus loin. Et ce qu'elle voit lui fait peur. Giacci la fixe. Son regard sans expression a la dureté d'une pierre grise sur laquelle a été sculpté le mot « haine ». Pendant un instant, Babi regrette de ne pas avoir eu tort.

28

Midi. Step, en bermuda et sweat-shirt, entre dans la cuisine pour prendre son petit déjeuner.

– Bonjour Maria.

– Bonjour.

Maria s'arrête tout de suite de faire la vaisselle. Elle sait que ce bruit énerve Step quand il vient de se lever. Il prend la cafetière et la casserole de lait sur le feu et s'assied à table. C'est alors que la sonnette retentit. Comme si elle était devenue folle. Step met sa main sur son front.

– Mais merde, qui peut...

Maria court vers la porte avec de petits pas rapides.

– Qui est-ce ?

– C'est moi, Pollo. Vous m'ouvrez, s'il vous plaît ?

Maria, se souvenant de la veille, se tourne vers Step d'un air interrogateur. De la tête, Step fait signe que oui. Maria ouvre la porte. Pollo entre à toute vitesse. Step, face à lui, se verse du café.

– Oh Step, mythique ! Fabuleux ! Le pied !

Step soulève un sourcil.

– Tu m'as apporté des sandwichs ?

– Non, je ne t'en apporte plus, puisque tu ne sais pas les apprécier. Regarde. Il lui montre Le *Messaggero.*

– Le journal, je l'ai déjà – et il soulève *La Repubblica,* qui est posé sur la table – Maria me l'a apporté. Au fait tu lui as même pas dit bonjour.

Pollo, agacé, se tourne vers elle.

– 'Jour Maria – Puis il ouvre le journal et le met sur la table – Tu as vu ? Regarde cette photo géniale ! Un mythe... Tu es dans le journal...

Step met la main sur la page de la Chronique de Rome. C'est vrai. Le voici. C'est lui sur sa moto, avec Babi derrière, pendant qu'ils font du wheeling devant les photographes. Parfaitement reconnaissables : coup de pot, ils ont été photographiés de face. On ne voit pas la plaque. Autrement ils étaient cuits. Il y a tout un article. Les courses, les noms de ceux qui ont été arrêtés, la descente de police, la description de sa fuite.

– Tu as lu ? Tu es un mythe, Step. Maintenant tu es célèbre ! Putain, si seulement j'avais un article comme ça !

Step esquisse un sourire.

– Tu ne cabres pas comme moi. C'est vraiment une belle photo, hein ! Tu as vu Babi, comme elle est chouette ?

Pollo, embêté, approuve. Babi n'est pas exactement son idéal féminin. Step lève le journal des mains et regarde, en extase, la photo.

– C'est vrai qu'elle est belle, ma moto ! s'exclame-t-il en se demandant si Babi a déjà vu cette photo. Sûrement pas.

– Pollo il faut que tu m'accompagnes quelque part. Tiens, prends un café pendant que je me lave.

Step s'en va. Pollo s'assied à sa place. Il regarde la photo. Il commence à relire l'article. Il prend la tasse et la porte à sa bouche. Dégueulasse ! C'est vrai : Step boit son café sans sucre. La voix de Step arrive assourdie et mouillée de la douche.

– A quelle heure ferment les magasins ?

Pollo met la troisième cuillerée de sucre dans son café, puis il regarde sa montre.

– Dans moins d'une heure.

– Merde, faut se grouiller.

Pollo goûte le café. Maintenant ça va. Il allume une cigarette. Step apparaît sur le pas de la porte. Il a passé un peignoir et se frictionne vigoureusement les cheveux avec une petite serviette de toilette.

Il s'approche de Pollo et regarde de nouveau la photo.

– Quel effet ça fait d'être le copain d'un mythe ?

– Eh, n'exagère pas.

Step lui prend la tasse des mains et boit une gorgée de café.

– Dégueulasse ! mais comment tu fais pour le boire aussi sucré ? C'est horrible. Rien d'étonnant qu'après ça tu sois gros ! Mais combien de cuillères tu as mis ?

– Mais je suis pas gros. Je suis un faux maigre.

– Eh, Pollo, maintenant que tu es fiancé, tu dois retourner au gymnase, moins fumer, te mettre au régime. Autrement elle te plaquera. Les femmes sont terribles, tu te laisses aller un instant, et tu es foutu. Sans compter qu'après cette photo, le minimum, c'est que toi aussi tu passes dans le journal.

– Sache que j'y ai déjà été, moi, dans le journal, et bien avant toi. Avec les irréductibles. Il y a un premier plan du tonnerre où j'ai un bandeau sur le front et les bras levés, au début du virage.

– Mais t'y comprends rien : aujourd'hui le supporter ne vaut plus rien. Maintenant c'est le truand, le voyou qui est à la mode... La preuve, c'est qu'ils ont fait un article sur moi. Eh, d'après toi, je peux lui demander un peu de fric, au *Messaggero* ? Ils exploitent mon image, non ?

Step va s'habiller. Pollo finit son café. Puis il se lève et se passe la main sur le ventre. Step a raison. A partir de lundi, il retournera au gymnase. Va savoir pourquoi, presque tout le monde recommence les choses le lundi.

Pollo est viale Angelico, à l'arrêt sur sa moto, appuyée sur sa béquille latérale. Step monte à toute vitesse derrière lui.

– Allez... Oh Pollo, va doucement. Je l'ai mis entre nous deux.

– Ils t'ont fait payer combien ?

– Vingt-deux euros.

– Putain ! On va où maintenant ?

– Piazza Jacini.

– Pour quoi faire ?

– C'est là qu'habite Babi.

– Quoi ? Et tu ne l'avais jamais vue ?

– Jamais.

– Bizarre la vie, non ?

– Pourquoi ?

– Ben, d'abord tu la vois jamais, et ensuite tu la vois tous les jours.

– Oui, bizarre.

– Et ce qui est encore plus bizarre, c'est que quand tu commences à la voir tous les jours, tu lui fais des petits cadeaux.

Step donne une claque à Pollo dans le cou.

– Aïe !

– T'as fini ? On dirait un de ces chauffeurs de taxi casse-couilles qui n'arrêtent pas de parler pendant qu'ils te conduisent quelque part et te posent un tas de questions. Il ne te manque plus que la radio qui grésille pour être comme eux.

Pollo commence à conduire joyeusement en imitant la radio des taxis.

– Csss piazza Jacini pour Pollo 40, piazza Jacini pour Pollo 40.

Step lui donne une autre tape. Puis il se met à lui flanquer des gifles à main ouverte sur la figure, sur les joues, sur le front. Pollo n'arrête pas de faire la radio de taxi en hurlant à tue-tête.

– Piazza Jacini à Pollo 40, piazza Jacini à Pollo 40. Et ils continuent comme ça, en riant et beuglant, en faisant des zigzags au milieu des voitures, qui freinent brusquement. Un vrai taxi s'approche d'eux. Pollo lui gueule à travers la fenêtre.

– Piazza Jacini à Pollo 40.

Le chauffeur de taxi encaisse et ne dit rien. La moto s'éloigne. Le chauffeur de taxi lève la main pour les désigner en hochant la tête. On comprend parfaitement que son idole est peut-être, tout au plus, Sordi, mais sûrement pas De Niro. Step et Pollo passent à côté d'une femme flic. Ils l'effleurent presque, en rigolant et en touchant le bord de sa jupe. Pollo va jusqu'à tirer la langue. Elle, elle n'essaye même pas de relever leur numéro d'immatriculation. Que pourrait-elle écrire sur le PV ? Le code de la route ne punit pas les tentatives de drague, même aussi lourdes que celle-ci.

– Piazza Jacini à Pollo 40, arrivés !

La moto de Pollo s'arrête en vrombissant devant la barrière de la résidence de Babi.

Step salue le gardien, qui lui rend son salut et le laisse passer. La moto aborde la pente. Le concierge regarde ces deux énergumènes d'un air légèrement perplexe. Pollo se tourne vers Step.

– Alors, tu es déjà venu ici... le gardien t'a reconnu !

– Jamais. Les gardiens sont tous comme ça. Il suffit que tu les salues, et ils te laissent passer. Arrête-toi ici et attends-moi.

Step descend de la moto. Pollo touche le compteur.

– Grouille-toi, le truc de paiement tourne...

– Le taximètre.

– D'accord, merde, qu'il s'appelle comme ça ou autrement. Bouge-toi, sans ça je me casse.

Step trouve le nom sur l'interphone et sonne.

– Qui est-ce ?

– Je dois déposer un paquet pour Babi.

– Premier étage.

Step monte. Sur le pas de la porte, une plantureuse employée de maison.

– Bonjour ! Tenez, je vous remets ça pour Babi. Faites attention de ne pas l'abîmer.

Une voix lui parvient du fond du couloir.

– Qui est-ce, Rina ?

– Un jeune homme qui a apporté quelque chose pour Babi.

Raffaella s'avance en regardant le garçon qui est sur le pas de la porte. Ces épaules larges, ces cheveux courts, ce sourire... Elle l'a déjà vu, mais elle ne se rappelle pas où.

– Bonjour madame. Comment allez-vous ? Je vous ai apporté ça pour Babi, c'est trois fois rien. Pouvez-vous le lui remettre quand elle reviendra de l'école ?

Raffaella sourit. Puis tout à coup elle comprend à qui elle a affaire et s'arrête de sourire.

– Toi, tu es le type qui a roué M. Accado de coups de poing. Tu es Stefano Mancini.

Step est très étonné.

– Je ne pensais pas être aussi célèbre.

– En effet, tu n'es pas célèbre. Tu n'es qu'un voyou. Tes parents savent ce qui s'est passé ?

– Pourquoi ? qu'est-ce qui s'est passé ?

– On a porté plainte contre toi.

– Oh, ça ne fait rien – J'y suis habitué. Il sourit – Et puis je suis orphelin.

Un instant, Raffaella est embarrassée. Elle ne sait pas si elle doit le croire. Elle fait bien.

– Bon, de toute façon, je ne tolère pas que tu tournes autour de ma fille.

– A vrai dire, c'est toujours elle qui me cherche. Mais ça

ne fait rien. Moi, ça ne me dérange pas. Surtout ne la grondez pas, elle ne le mérite pas, moi je la comprends.

– Pas moi.

Raffaella le toise de la tête aux pieds en essayant de le mettre mal à l'aise. Elle n'y arrive pas. Step sourit.

– Je sais pas pourquoi, mais je plais jamais aux mères. Bon, excusez-moi, madame, mais maintenant il faut que j'y aille. Mon taxi m'attend et je suis en train de dépenser une fortune.

Step dégringole l'escalier et saute les dernières marches juste à temps pour entendre la porte violemment claquée. Ce qu'elle ressemble à Babi, cette dame. C'est impressionnant. Mêmes yeux et même forme de visage. Mais Babi est plus belle. Il espère aussi qu'elle est moins chiante. Il se rappelle la dernière fois qu'ils se sont vus. Si, elles se ressemblent aussi dans ce domaine. Un instant, il a envie de la revoir. Pollo enfonce le klaxon.

– Oh, tu te bouges ? Qu'est-ce que tu fous, t'es ensorcelé ?

Step monte derrière lui.

– C'est possible que tu sois con, même en chauffeur de taxi ?

– Putain de ta mère. Ça fait une heure que je t'attends. Qu'est-ce que tu as foutu ?

– J'ai parlé avec sa mère.

Et brusquement Step pense à quelque chose. Il lève la tête. En effet, exactement ce qu'il avait prévu. Raffaella est là, à la fenêtre. Elle fait un bond en arrière en essayant de ne pas être vue. Trop tard. Step la salue en souriant. Raffaella referme brutalement la fenêtre tandis que la moto disparaît au bout du virage. Pollo s'arrête devant la barrière. Step salue le gardien. Il vaut mieux avoir un ami dans cette résidence.

– Tu as parlé avec sa mère ? Et qu'est-ce que tu lui as dit ?

– Mais rien, nous avons eu une petite discussion. En fait, elle m'adore.

– Step, fais gaffe.

– A quoi ?

– A tout. C'est le genre d'histoire qui finit mal.

– Pourquoi ?

– Tu lui apportes des cadeaux... Tu parles avec sa mère. T'as jamais fait ça. Elle te plaît vraiment, c'te Babi ?

– Elle est pas mal.

– Et Madda ?

– Quel rapport ? C'est une autre histoire.

– Tu veux te mettre avec Babi ?

– Pollo !...

– Quoi ?

– Tu l'as su qu'hier on a assassiné quelqu'un tout près de chez toi ?

– Mais qu'est-ce que tu racontes ? J'en savais rien, moi. Comment ça s'est passé ?

– Ils lui ont tranché la gorge – Step passe brusquement son bras autour du cou de Pollo et le serre – C'était un chauffeur de taxi, il posait trop de questions.

Pollo tente de se libérer. Sans succès. Alors il le prend sur le ton de la plaisanterie et imite la voix grésillante de la radio.

– Pollo 40, message reçu. Csss. Pollo 40, message reçu.

Mais ça ne marche pas aussi bien qu'avant. Maintenant sa voix est un peu étranglée.

29

Quelle tête à claques, ce gamin. Raffaella ouvre le drôle de tube qu'il a déposé. Un poster. Elle reconnaît Stefano sur une moto, la roue avant en l'air. Mais celle qui est derrière... c'est sa fille. C'est Babi. Qui a fait cette photo ? Elle écarquille les yeux. On dirait une photo de journal. En haut à gauche on a écrit à la main avec un feutre : *Couple mythique !* C'est sûrement l'écriture de ce garçon. En revanche, en bas à droite, une phrase imprimée : *La photo des fugitifs*. Qu'est-ce que ça veut dire ?

– Madame, votre mari au téléphone.

– Allô, Claudio ?

– Raffaella ! – Il semble bouleversé – Tu as lu Le *Messaggero* d'aujourd'hui ? Dans la Chronique de Rome, il y a une photo de Babi...

– Non, je ne l'ai pas lu. Je vais tout de suite le chercher.

– Allô ? Raffaella ?

Sa femme a déjà raccroché. Claudio regarde le combiné muet. Sa femme ne lui laisse jamais le temps de finir une phrase. Raffaella descend en courant chez le marchand de journaux d'en bas. Elle prend Le *Messaggero* et paie, l'ouvre sans même attendre sa monnaie... Ce qui veut dire qu'elle est vraiment retournée. Elle va tout droit à la Chronique. La voici. La même photo. Elle lit le gros titre. *Les pirates de la route*. Sa fille. Le coup de filet, la police, la poursuite, les arrestations. Qu'est-ce que Babi a à voir dans cette histoire ? Les lignes commencent à danser devant ses yeux. Elle sent qu'elle va s'évanouir, respire profondément. Peu à peu, elle se sent mieux. Au point de récupérer sa monnaie. En la voyant si pâle, le marchand de journaux s'inquiète.

– Madame Gervasi, vous ne vous sentez pas bien ? Une mauvaise nouvelle ?

Raffaella se retourne en secouant la tête.

– Non, non, rien.

Elle sort du magasin. Du reste, qu'aurait-elle pu lui dire ? Qu'allait-elle dire à ses amies ? Aux autres locataires. Aux Accado ? A tout le monde ? « Non, ce n'est rien. Ne vous inquiétez pas. C'est seulement que ma fille fait partie des pirates de la route. »

Ce sera dur d'attendre jusqu'à la sortie de l'école.

Dans l'interphone, la voix est chaude et sensuelle, tout comme le corps auquel elle appartient.

– Monsieur Mancini, votre père sur la une.

– Merci mademoiselle – Paolo appuie sur la touche – Allô, papa ?

– Tu as vu Le *Messaggero* ?

– Oui, j'ai la photo sous les yeux.

– Tu as lu l'article ?

– Oui.

– Qu'en penses-tu ?

– Eh bien, il n'y a pas grand-chose à en penser. Je me dis juste que tôt ou tard ça finira mal.

– Oui, c'est ce que je crois moi aussi.

– Que peut-on faire ?

– J'ai l'impression qu'il n'y a pas grand-chose à faire.

– Quand il reviendra à la maison, tu lui parleras, s'il te plaît ?

– Oui, je lui parlerai. Pour ce que ça peut servir... Mais si ça peut te faire plaisir, je te promets que je le ferai.

– Merci Paolo.

Le père raccroche. « Me faire plaisir. Qu'est-ce qui peut me faire plaisir ? Sûrement pas un article de ce genre sur mon fils. » Il prend le journal. Dieu qu'il est beau ! C'est tout à fait sa mère. Et un faible sourire apparaît sur son visage fatigué, incapable d'effacer cette ancienne souffrance. Pendant un instant, il est sincère avec lui-même.

– Oui, moi je sais ce qui pourrait me faire vraiment plaisir.

La secrétaire de Paolo entre dans la pièce avec quelques papiers.

– Monsieur, des dossiers à signer.

Elle les pose sur le bureau et attend. Paolo prend son stylo en or dans la poche intérieure de sa veste. C'est Manuela, sa fiancée, qui le lui a offert. Mais pour le moment il respire, doucement, le parfum de la secrétaire. Il est provocant. Chez elle, tout lui semble provocant. Paolo écrit son nom en entier à la fin de chaque feuille. Il a le stylo de Manuela à la main, mais il pense à sa secrétaire. A son parfum, à ses hanches innocentes qui frôlent délicatement son dos. Ou peut-être pas ? Elles ne sont peut-être pas si innocentes que ça... La pensée de cette proximité voulue commence à l'exciter.

– Monsieur, mais ce garçon dans le journal, ce n'est pas votre frère ?

Paolo signe la dernière feuille.

– Si, c'est lui

La secrétaire regarde encore un instant la photo.

– Et la fille derrière, c'est sa petite amie ?

– Je ne sais pas. Peut-être.

– Votre frère est beaucoup mieux qu'elle.

Paolo regarde sortir la secrétaire. Sa démarche et ce qu'elle vient de dire ne laissent aucun doute. C'est une femme, et en tant que telle, pense-t-il, elle est rusée. Elle a fait exprès de se frotter contre lui, il en est sûr. Au moins aussi sûr que grâce au stratagème qu'il a trouvé, M. Forte économisera quelques milliers d'euros. Il regarde le journal. L'espace d'un instant il imagine que c'est lui qui est sur la moto et fait du wheeling avec sa secrétaire derrière lui. Ses jambes contre les siennes, ses bras autour de sa taille. Ce serait tellement beau. Il ferme Le *Messaggero.* Paolo a une peur bleue des motos. Aurait-il jamais sa photo dans le journal ? Sûrement pas immortalisé avançant sur la roue arrière de sa moto. Au maximum pour quelque chose en rapport avec la finance. Soudain il a un sombre pressentiment. Il imagine une photo de lui avec le titre suivant : « Le conseiller fiscal du célèbre financier arrêté. » Il reprend le dossier de M. Forte. Il vaut peut-être mieux vérifier à nouveau si tout est en ordre.

En sortant de l'école, Pallina descend les marches en sautillant à côté de Babi.

– Quel culot ! Quelle sale tronche tu as fait faire à Giacci.

– Je le regrette.

– Tu le regrettes ? Mais ça lui fait les pieds, à cette dégueulasse. Sérieusement, tu crois qu'elle s'est trompée en mettant mon devoir où elle l'a mis ? Elle l'a fait exprès. Elle m'en veut parce que je suis toujours gaie, que j'ai toujours envie de rigoler, alors qu'elle... *Mamma mia !* quel enterrement de première classe !

– Je sais, mais je regrette quand même. Tu as vu comment elle m'a regardée ? Maintenant, elle me déteste, elle fera tout pour me nuire.

Pallina lui donne une tape sur l'épaule.

– Tu parles ! Elle peut rien te faire. Bonne élève comme tu l'es, même si elle fait tout pour t'embêter, tu réussiras les examens les doigts dans le nez. Si j'avais ta moyenne, j'te dis pas le bordel que je ferais.

Pallina sort un paquet de Camel de son sac. Elle en prend une et la met dans sa bouche. A l'intérieur du paquet, il n'y en a plus que trois, en plus de celle qui est retournée : celle du désir.

– Eh, mais tu n'avais pas dit que tu arrêtais de fumer ?

– Si, je l'ai dit. J'arrête lundi.

– Mais ce n'était pas lundi dernier ?

– Si ! Lundi j'ai arrêté, mais j'ai recommencé hier.

Babi secoue la tête. Puis elle voit la voiture de sa mère garée de l'autre côté de la rue.

– Qu'est-ce que tu fais, Pallina, tu viens avec nous ?

– Non, j'attends Pollo, il a dit qu'il viendrait me chercher. Peut-être qu'il viendra avec Step. Pourquoi tu ne restes pas, toi aussi ? Allez, dis à ta mère que tu viens bouffer chez moi.

Depuis ce matin, Babi n'a plus pensé à Step. Il s'est passé trop de choses. Comment se sont-ils dit au revoir la veille au soir ? Incohérente, c'est ce qu'il a dit. Une histoire de fous. Elle n'est pas incohérente !

– Merci, Pallina, je rentre chez moi. Et puis je te l'ai déjà dit, je ne tiens pas à voir Step ; et n'insiste pas avec cette histoire, sans ça on finira par se disputer.

– Comme tu veux. Alors à cinq heures au Parnaso...

Babi essaye de répondre, mais Pallina est plus rapide qu'elle :

– Oui, avec ma Vespa.

Babi lui sourit et s'éloigne. Pourquoi résiste-t-elle autant ? pense Pallina. Après tout ce sont ses affaires. C'est peut-être une technique. Bof, de toute façon elle est tellement sympa. Et puis quelqu'un qui sait remettre la Giacci à sa place. C'est le moment de répandre la nouvelle ! Pallina s'approche d'un petit groupe de filles plus jeunes. Des filles de seconde.

– Vous êtes au courant de la gueule de merde qu'a fait la Giacci ?

– Non, qu'est-ce qui s'est passé ?

– Elle essayait de faire recaler Silvia Festa, une fille de ma classe. En fait elle s'était trompée, et elle lui avait mis la note d'une autre.

– Juré ?

– Oui. Coup de pot, Babi s'en est aperçue.

– Babi qui ? Gervasi ?

– Exact.

Une fille avec Le *Messaggero* entre les mains, s'approche d'elles.

– Dis-moi, Pallina, c'est pas Babi là ?

Pallina lui arrache le journal des mains. Elle parcourt l'article à toute vitesse. Elle regarde Babi. Mais elle est presque arrivée à la voiture de sa mère. Pallina essaie de l'appeler. Elle hurle le plus fort possible, mais le bruit de la circulation couvre sa voix. Trop tard.

Babi soulève le siège pour aller à l'arrière de la voiture.

– Salut maman – Elle se penche en avant pour l'embrasser mais elle est accueillie par une gifle en pleine figure – Aïe !

Babi tombe assise sur le siège arrière. Elle masse sa joue endolorie, sans comprendre.

Daniela entre à son tour dans la voiture.

– Eh, vous avez vu ?... trop fort ! Babi, tu es dans le journal...

Elle regarde autour d'elle : ce silence, la tête de Raffaella. Babi, la main posée sur sa joue endolorie, sans comprendre.

– Bon, j'ai rien dit.

Pendant qu'elles attendent Giovanna, l'habituelle retardataire, Raffaella hurle comme une folle. Babi essaye d'expliquer toute l'histoire. Daniela témoigne en sa faveur. Raffaella s'énerve encore plus. Pallina devient l'accusée numéro un. Mais son absence la dispense de toute réprimande.

Giovanna arrive enfin et, avec l'habituel – Excusez-moi, monte à l'arrière. La voiture démarre. Personne ne parle. Giovanna trouve que l'atmosphère est trop pesante et s'étonne de les voir si énervées. Elles ne devraient pas être tout le temps aussi nerveuses.

– Ben, excusez-moi, aujourd'hui je suis arrivée vraiment très en retard...

Daniela éclate de rire. Babi se contrôle un peu, puis elle se laisse aller. Même Raffaella finit par rire.

Naturellement, Giovanna n'y comprend rien, mais elle est très vexée. Elle trouve que non seulement elles exagèrent, mais qu'elles sont très mal élevées de se moquer d'elle de cette façon. Elle le dira à sa mère. « A partir de demain, décide Giovanna, soit elle vient me chercher, soit je rentre en autobus. »

Toute cette histoire aura au moins servi à quelque chose : elles n'auront plus à attendre Giovanna.

30

Son vieux sac en cuir noir serré sous le bras. Une veste couleur moutarde. Ses cheveux fatigués, comme sa démarche, sont courts et attachés, avec quelques mèches plus claires. Ses bas en voile marron lui donnent encore quelques années de plus, s'il en était besoin. Et ses vieux mocassins à talons plats et aux bouts usés lui font mal. Mais ce n'est rien en comparaison de ce qu'elle ressent intérieurement.

Son cœur doit avoir des chaussures trop petites d'au moins deux pointures. Giacci ouvre la porte en verre de son vieil immeuble, qui grince sans qu'elle en soit surprise. Elle s'arrête devant l'ascenseur, appuie sur le bouton. Elle jette un coup d'œil sur les boîtes aux lettres. Certaines n'ont pas de nom. L'une d'elles n'a même plus de vitre. Toute de travers, elle penche lamentablement vers le bas, exactement comme la baraque de Nicolodi, le propriétaire. Est-ce que ce sont les choses qui deviennent pareilles aux hommes, ou eux qui finissent par leur ressembler ? Giacci n'a pas la réponse. Elle entre dans l'ascenseur.

Quelques mots gravés dans le bois. Le nom d'un amour passé. Plus haut le symbole d'un parti politique parfaitement reproduit par un sculpteur naïf. En dessous, à droite, un organe masculin légèrement imparfait, du moins d'après ses lointains souvenirs. Deuxième étage. Elle sort de son sac un trousseau de clés. Elle enfile la plus longue dans la serrure du milieu. Elle entend du bruit derrière la porte. C'est lui, son seul amour. Sa raison de vivre.

– Pepito !

Un petit chien vient à sa rencontre en aboyant. Giacci se penche – Comment vas-tu mon trésor ?

Le chien lui saute dans les bras en frétillant de la queue. Il commence à lui faire la fête.

– Pepito, tu ne sais pas ce qu'on a fait à ta maman aujourd'hui ?

Giacci ferme la porte, pose son sac sur une froide console en marbre blanc et enlève sa veste.

– Une gamine idiote a osé me reprendre, devant toutes les autres, tu comprends... Tu aurais dû entendre ce ton.

Giacci va à la cuisine. Le chien la suit en trottinant. Il semble sincèrement intéressé.

– Pour une toute petite erreur, elle m'a anéantie, tu comprends ? Elle m'a humiliée devant toute la classe.

Elle ouvre un vieux robinet au bout duquel est accroché un tube en caoutchouc jauni par le temps. L'eau coule irrégulièrement sur une grille en plastique blanc, aux contours imprécis. Il a fallu la tailler à la main pour la faire entrer dans l'évier.

– Elle, elle a tout. Elle a une belle maison, et quelqu'un qui lui prépare à manger. Elle n'a à s'occuper de rien. En ce moment, elle ne pense déjà plus à ce qu'elle a fait. Oui, qu'est-ce que ça peut lui faire, à elle ?

Dans une petite armoire pleine de verres mal assortis, Giacci en prend un au hasard et le remplit d'eau. Même le verre semble subir le temps qui passe. Elle boit et retourne dans le petit salon. Le chien la suit docilement.

– Et tu aurais dû voir les autres filles. Elles exultaient. Elles riaient dans mon dos, ravies de voir que je m'étais trompée...

Giacci sort quelques devoirs d'un tiroir et s'assied devant une table. Elle commence à les corriger.

– Elle n'aurait pas dû le faire – et elle souligne en rouge, plusieurs fois, la faute d'une pauvre innocente – Elle n'aurait pas dû me rendre ridicule devant toutes les élèves.

Le chien saute sur un vieux fauteuil en velours *bordeaux* * et se couche sur le coussin moelleux désormais habitué à son petit corps.

– Tu comprends, comment vais-je faire pour retourner dans cette classe ? Chaque fois que je mettrai une note, quelqu'un dira peut-être : « Vous êtes sûre de me l'avoir mise à moi, madame ? » Et elles riront, je suis certaine qu'elles riront...

Le chien ferme les yeux. Giacci met 4 au devoir qu'elle est en train de corriger. L'innocente « victime » aurait peut-être mérité un peu plus. Giacci continue à parler toute seule.

Pepito s'endort. Un autre devoir est sacrifié. Dans des jours plus sereins, il aurait pu obtenir tranquillement la moyenne.

Demain ne sera pas une belle journée pour la classe. En attendant, dans cette pièce, une femme devant une table recouverte d'une vieille toile cirée a pratiquement trouvé toute seule la réponse : ce sont les personnes qui rendent semblables à elles les objets qu'elles possèdent. Et l'espace d'un instant, dans cette maison, tout paraît plus gris et plus vieux. Même une belle vierge pendue au mur semble devenir méchante.

31

Au Parnaso. De jolies filles aux yeux parfaitement maquillés, aux longs cils et aux rouges à lèvres délicats sont assises à des tables rondes et bavardent en se prélassant au tiède soleil de cet après-midi printanier.

– Merde, je me suis tachée !

A la même table, une jeune fille éclate de rire, une autre, plus pessimiste, vérifie si son chemisier n'a pas fini de la même façon. La fille au chemisier taché plonge le coin d'une serviette en papier dans un verre plein d'eau. Elle frotte vigoureusement la tache de chocolat mais ne fait que l'étaler. Le chemisier blanc cassé devint beige à cet endroit. La fille est désespérée.

– Oh, ces verres d'eau portent la poisse. On dirait que les serveurs vous les donnent exprès, parce qu'ils savent d'avance qu'on va se tacher. Excusez-moi !

Elle arrête un serveur qui passait.

– Pouvez-vous m'apporter du détachant s'il vous plaît ?

La fille prend le chemisier des deux mains en lui montrant la tache mouillée. Le serveur ne s'arrête pas à la surface. Il fait une analyse bien plus profonde. Le tissu mouillé, transparent, colle au soutien-gorge dont il fait apparaître la dentelle.

Le serveur sourit.

– Je vous l'apporte tout de suite, mademoiselle.

Professionnel et hypocrite, il aimerait bien lui offrir autre chose, tout en sachant, frustré, que le bouton défait en haut ne lui est certainement pas destiné. Aucune des filles du Parnaso ne se mettrait jamais avec un serveur.

Pallina, Silvia Festa et quelques autres élèves de la Falconieri sont appuyées à une chaîne qui s'étend, déformée par leur poids, entre un petit pilier de marbre et son jumeau.

– La voilà !

Babi a les joues rouges. Elle les salue avec un sourire amusé, légèrement fatiguée par la longue marche. Pallina va à sa rencontre.

– Salut.

Elles s'embrassent avec une sincère affection, contrairement à la plupart des baisers qui s'échangent autour des tables du Parnaso.

– Je suis crevée ! Je ne pensais pas que c'était si loin.

– Tu es venue à pied ? – Silvia Festa la regarde d'un air effaré.

– Évidemment, puisque je n'ai pas ma Vespa – Babi regarde Pallina d'un air entendu – Et puis j'avais envie de marcher un peu. Mais là, je suis démolie. Et je n'ai vraiment pas envie de repartir de la même manière, vous voyez ?

– Non, tiens – Pallina lui tend un porte-clés – Ma Vespa est là, à ta disposition.

Babi prend le porte-clés en caoutchouc représentant un gros P bleu.

– Mais sait-on où est passée ma Vespa ?

– Pollo a dit que personne n'en savait rien. C'est la police qui a dû l'embarquer. Il a dit qu'ils t'en avertiront sûrement sans tarder.

– Imagine, s'ils en parlent à mes parents !

Babi regarde le groupe de garçons. Elle reconnaît Pollo et quelques autres copains de Step. Un type avec un bandeau sur l'œil lui sourit. Babi regarde ailleurs.

Quelques motos s'arrêtent tout près des filles. Pleine d'espoir, Babi se tourne vers les nouveaux arrivants. Son cœur bat très fort. Inutilement. Des garçons insignifiants, du moins à ses yeux, se dirigent vers les tables pour dire bonjour à leurs amis.

– Qui cherches-tu ?

Les yeux et le visage de Pallina ne laissent pas de doutes. Elle sait.

– Personne, pourquoi ?

Babi met les clés dans sa poche sans la regarder. Elle est sûre que ses yeux sincères la trahiraient. Pallina insiste :

– Non, rien, j'avais l'impression que tu cherchais quelqu'un...

– Ben, ciao les filles. Un salut hâtif. Ses joues rougissent, et ce n'est plus seulement à cause de la longue marche. Pallina l'accompagne jusqu'à la Vespa.

– Tu sais comment elle marche ?

Babi sourit, enlève l'antivol et démarre le scooter.

– Qu'est-ce que vous faites ce soir ?

– Eh, qu'est-ce qui se passe ? Tu daignes sortir avec nous ce soir ?

– Ce que tu es chiante. J'ai seulement demandé ce que vous faisiez !

– Bah, je ne sais pas. Si tu veux je te téléphone ou je demande à quelqu'un de t'appeler.

Pallina la regarde d'un air entendu. Derrière ce sourire, il apparaît, lui : Step. Ses yeux noirs, sa peau bronzée, ses cheveux courts et ses mains marquées. « Tu ressembles à mon petit poisson. La bouche ouverte... les yeux fermés... Ah, mais alors tu es incohérente... incohérente... incohérente. » Ces mots résonnent dans la tête de Babi. Mais elle est prise d'un accès d'orgueil.

– Non merci, laisse tomber. On se verra demain en cours. C'était seulement pour savoir.

– Comme tu veux...

La Vespa l'emporte rapidement avant que cette fragile digue de fierté ne soit renversée par la mer dangereuse qui précède la tempête. Pallina sort son portable de sa poche, un sourire aux lèvres.

Babi range le Scooter de Pallina dans le garage. Parfait. Son père ne pourra pas s'apercevoir de la différence. Elle l'approche encore un peu plus du mur, comme ça il ne pourra vraiment rien dire. Elle regarde sa montre. Sept heures moins le quart. Merde ! Elle monte l'escalier en courant, ouvre rapidement la porte.

– Dani, maman est rentrée ?

– Non, pas encore.

– Tant mieux.

Raffaella l'ayant punie, Babi n'a pas le droit de sortir jusqu'à la semaine prochaine, et ce serait un peu fort de désobéir dès le premier jour. Daniela la regarde d'un air impatient.

– Alors, on ne sait rien de notre Vespa ?

– Rien. C'est la police qui doit l'avoir.

– Quoi ? Bravo ! Et qu'est-ce qu'ils font, des poursuites ?

– On m'a dit que tôt ou tard la police nous appellerait pour nous la rendre. Il faut seulement intercepter le coup de fil avant papa et maman...

– Facile à dire. Et s'ils téléphonent le matin ?

– On est foutues. Pour le moment, Pallina nous a filé sa Vespa. Je l'ai laissée au garage : comme ça, quand papa rentrera, il ne s'apercevra de rien.

– Oh, à propos, Pallina a téléphoné.

– Quand ?

– Il y a cinq minutes, quand tu étais sortie. Elle m'a dit de te dire que ce soir ils vont aux Vetrine. Qu'elle t'attend, de ne pas te dégonfler et de venir parce qu'elle a tout découvert. Et puis elle m'a dit quelque chose dans le genre du nom d'un animal. Petit chien, petite souris... Ah oui, elle a dit, salue le petit poisson. Mais qui est ce petit poisson ?

Babi se tourne vers Daniela : elle se sent découverte, trahie. Pallina sait.

– Rien, c'est juste une plaisanterie.

Ce serait trop long à expliquer. Trop humiliant. Pendant quelques instants, la rage l'envahit et la conduit en silence dans sa chambre. Dans le coucher de soleil peint sur les vitres de sa fenêtre, elle retrace l'histoire en entier. La bouche de Step, son sourire amusé, ce qu'il raconte à Pollo, ses éclats de rire, puis la même chose qu'il raconte à Pallina et à Dieu sait qui d'autre. Pallina a été idiote. Elle aurait dû le dire à sa meilleure amie. Elle l'aurait comprise, consolée. Elle aurait été de son côté, comme toujours. Puis Babi regarde le poster, au-dessus de l'armoire, et, l'espace d'un instant, elle éprouve de la haine. Mais un instant seulement. Puis elle rend les armes. « Couple mythique ! » Orgueil, dignité, rage, indignation glissent comme une chemise en soie sans bretelles le long de son corps lisse et doré. Et elle, enfin libre, en sort simplement, d'un seul pas. Nue et pleine d'amour, elle s'approche de son image.

Pendant un moment, ils semblent se sourire. S'embrasser dans le soleil couchant, proches l'un de l'autre malgré leurs différences. Lui en papier glacé, elle pleine d'émotions lucides, enfin claires et sincères. Elle baisse timidement les yeux et, sans le vouloir, se retrouve devant la glace. Elle ne se reconnaît pas. Ces yeux souriants, cette peau lumineuse... Même son visage lui paraît différent. Elle tire ses cheveux en arrière. Elle est une autre. Elle sourit, tout heureuse, à celle qu'elle n'avait encore jamais été. Une jeune fille amoureuse. Mais pas seulement. Une jeune fille indécise, qui ne sait pas comment elle va s'habiller ce soir.

Plus tard, après que ses parents l'ont de nouveau sermonnée, et sont sortis pour un de leurs dîners, Babi entre dans la chambre de Daniela.

– Dani, je sors.

– Où vas-tu ?

Daniela apparaît sur le pas de la porte.

– Aux Vetrine – Babi retire quelques tee-shirts des tiroirs et ouvre l'armoire de sa sœur.

– Dis-moi, où as-tu mis la jupe noire... la nouvelle...

– Non, je ne te la prête pas ! Tu vas aussi me l'esquinter. Impossible !

– Allez, c'était un hasard, non ?

– Oui, et ce soir c'en sera un autre. Tu atterriras peut-être encore dans la boue. Non, je ne te la prête pas. C'est la seule qui m'aille bien. Sérieusement, je ne peux pas te la passer.

– D'accord. Mais quand je fais la Camomilla et que je suis dans le journal, tu te vantes auprès de tes copines en disant à tout le monde que je suis ta sœur. Mais tu ne leur dis pas que tu ne me prêtes pas ta jupe !

– Quel rapport ?

– Le rapport... le rapport... c'est que tu peux quand même me rendre ce service...

– D'accord, alors prends-la.

– Non, maintenant je n'en veux plus...

– Non, maintenant tu la prends...

– Non, je ne la prends pas...

– Ah non ? Alors, si tu ne la prends pas, je téléphone tout de suite à maman et je l'avertis.

Babi, hors d'elle, se tourne vers sa sœur.

– Qu'est-ce que tu fais ?

– Ce que tu as entendu.

– Tu vas voir les belles joues rouges que tu vas récolter.

Daniela fait une grimace et, pour finir, elles éclatent toutes les deux de rire.

– Tiens – Daniela pose la jupe noire sur le lit – Elle est complètement à toi. Et tu peux même te rouler avec dans le fumier, si ça t'amuse.

Babi prend la jupe des deux mains et la plaque sur son ventre, tout en réfléchissant à ce qu'elle pourra mettre au-dessus. Le téléphone sonne. Daniela va répondre.

Dans sa chambre, Babi monte le son de sa radio. La musique envahit la maison. Daniela pose le combiné. « Ne quitte pas, Andrea. » Elle ferme la porte du couloir, puis reprend tranquillement sa conversation. Babi déballe tout. L'armoire est ouverte, les tiroirs par terre, tous les vêtements étalés sur le lit. Indécision. Elle va dans la chambre de sa mère, ouvre la grande armoire et commence à fouiller. De temps en temps, elle se souvient de quelque vêtement. Est-ce que ça pourrait aller avec la jupe noire ? Elle ouvre les tiroirs. Elle fait bien attention aux endroits où elle met les mains. Les choses doivent rester à leur place. Les mères s'aperçoivent toujours de tout, ou presque. Cependant, la Vespa de Pallina est passée inaperçue, même pour Raffaella. Les mères voient tout, mais elles ne comprennent rien aux scooters.

Ne jamais envoyer une mère acheter un jean repéré sur une copine. Elle rapportera toujours celui que met la godiche de la classe.

Ça la fait rire. Un pull angora bleu pâle ? Trop chaud. Ce chemiser en soie ? Trop chic. La veste noire avec un body en dessous ? Trop lugubre. Pourtant le body n'est pas mal. Le body sous le chemisier ? On peut essayer. Elle referme les tiroirs et va retourner dans sa chambre lorsqu'elle s'aperçoit qu'elle a laissé un pull rouge sur le lit : le meilleur moyen pour être découverte. Elle le remet à sa place. Sa mère s'en serait-elle aperçue ? L'enthousiasme l'emporte sur la peur.

– Mais je m'en fous !

La punition se désintègre dans le miroir. Babi, perplexe, se regarde. Le body sous le chemisier, non. La jupe de Dani ne va pas du tout avec. C'est mieux comme ça. La pauvre, en plus, c'est vrai que c'est la seule chose qui lui aille bien. Elle décide de la mettre demain pour courir. Demain. Mais maintenant ? Maintenant, qu'est-ce que je mets ? Elle retourne dans sa chambre. Comment je m'habille ? Un instant. Elle ouvre à toute vitesse le dernier tiroir. La salopette en jean ! Elle la sort. Décolorée, trop courte, et froissée, exactement comme la déteste sa mère. Exactement comme lui l'aimerait. Elle se change rapidement, passe une chemise en jean clair, la rentre dans le pantalon, puis tire sur les bretelles. Elle se jette sur le lit, enfile des chaussettes courtes, puis les recouvre de ses All Star qui montent jusqu'à la cheville, bleu foncé, tout comme le bandeau élastique qu'elle trouve dans la salle de bains. Elle se coiffe en rejetant ses cheveux en arrière. Deux boucles d'oreilles de couleur en forme de poissons des mers du Sud. La musique résonne à plein tube. Une ligne noire lui allonge les yeux. Le crayon gris les rend plus profonds. Ses dents blanches sentant la menthe, elle couvre ses tendres lèvres d'un rouge délicat, pour les rendre encore plus désirables. Ses joues, naturellement teintées de rose, n'ont besoin d'aucun maquillage.

Daniela semble toujours au téléphone. Brusquement la musique s'éteint. La porte du couloir s'ouvre lentement.

– Mince, ce que tu es belle !

Babi enfile son blouson en jean Levi's bleu foncé.

– Sérieusement, je suis chouette ?

– Géniale !!!

– Merci, Dani... tu sais... ta jupe était un peu trop sérieuse.

Elle l'embrasse, et s'en va rapidement. Elle sort la Vespa de Pallina du garage, la démarre, passe la première. S'engage dans la descente et part dans la fraîcheur de la nuit. Son parfum Caron se mêle délicatement à l'odeur des jasmins. Elle salue Forte, le gardien. Puis elle roule au milieu de la circulation, heureuse. Qu'en pensera Step ? Lui plaira-t-elle ? Que dira-t-il de sa salopette ? Et de son maquillage ? Et de sa chemise ? S'apercevra-t-il qu'elle est de la couleur de ses yeux ? Son cœur commence à battre très vite. Inutilement inquiet. Il ne sait pas qu'il aura bientôt toutes les réponses à ses questions.

32

Les Vetrine. Devant la porte, un gros type avec une boucle d'oreille à gauche et le nez aplati fait patienter un groupe dehors. Babi se met dans la queue. Près d'elle, deux filles trop maquillées aux manteaux légers sont accompagnées de deux garçons portant des vestes en faux daim. L'un d'entre eux arbore une broche dorée en forme de saxophone à la boutonnière, sans qu'il vienne à l'idée qu'il sache en jouer. L'autre est trahi par de pauvres mocassins garnis d'une petite frange en cuir. La Marlboro qu'ils ont au bec ne les sauvera pas. Ils n'entreront pas.

Le videur voit Babi.

– Toi.

Babi dépasse des filles aux cheveux cotonneux, un couple trop comme il faut et deux ploucs venus de loin. Quelqu'un proteste, mais à voix basse. Babi sourit au videur et entre. Lui continue à regarder son petit groupe d'un air torve, le visage décidé, les sourcils froncés, prêt à étouffer la moindre rébellion. Mais ce n'est pas nécessaire. Tous continuent à attendre en silence, en se regardant entre eux avec ce demi-sourire qui vaut une phrase entière. « Nous, on compte pour de la merde. »

En haut, deux énormes enceintes résonnent en émettant des basses hurlantes. Au bar, les filles et les garçons rient ensemble et crient pour se parler. Babi s'appuie à la vitre. Elle regarde la grande piste qui est en dessous. Tous dansent comme des fous. Sur les bords, même les gens les plus calmes sont transportés par la house. Les Vetrine, c'est génial : on entre et on regarde les danseurs à travers la vitre, et, si on en a envie, on descend aussi pour se jeter dans la mêlée, observé par les autres. Un petit spectacle haut en couleur : quelques filles qui agitent les bras, une autre qui sautille gaiement en plaisantant avec sa copine. Des petits tops en Stretch blancs et noirs, des pantalons moulants et un peu courts. Des nombrils à l'air et des jeans de toutes les couleurs, un peu larges, tenus à la taille par de longs foulards. La solitaire sur le podium, la convaincue les yeux fermés, le puceau qui essaye de draguer. Un mec, émule de John Travolta, avec un serre-tête et une chemise large. Un couple qui essaye de se parler. Peut-être lui propose-t-il une danse plus sensuelle à exécuter chez eux, tout seuls, sur une musique plus douce. Elle rit. Peut-être acceptera-t-elle.

Rien, pas trace de Pallina, de Pollo, des autres copains et surtout de lui... de Step. Et s'ils ne venaient pas ? Impossible. Pallina l'aurait prévenue. Puis Babi ressent quelque chose. Une sensation bizarre. Elle est en train de regarder dans la mauvaise direction. Et, comme guidée par une main divine, par la douce poussée du destin, elle se retourne. Les voici. Ils sont là, dans la salle même, assis dans un coin, tout au fond, contre la dernière vitre. Le groupe au grand complet : Pollo, Pallina, le type au bandeau, quelques autres garçons aux cheveux courts et aux gros biceps, accompagnés de filles, petites et mignonnes. Il y a Maddalena avec sa copine au visage rond. Et puis lui. Step. Il boit une bière et regarde en bas de temps en temps. On dirait qu'il cherche ou qu'il attend quelqu'un. Babi a un coup au cœur. C'est elle qu'il cherche ? Pallina lui a peut-être dit qu'elle viendrait. Il recommence à regarder en bas. Derrière la vitre, la piste semble voilée. Non, Pallina ne peut pas le lui avoir dit. Elle se remet alors à le regarder et sourit toute seule. Comme c'est drôle. Il a l'air tellement fort, avec cet air de dur, ses cheveux courts dégradés dans la nuque, son blouson fermé et cette manière de se tenir comme un chef. Et pourtant il y a en lui quelque chose de doux et de bon. Peut-être son regard. Step se tourne vers elle. Babi recule, effrayée. Elle ne veut pas se montrer, elle se mêle à la foule et s'éloigne de la vitre. Elle va au fond de la salle et paye un type qui lui donne un ticket jaune et la laisse passer. Elle descend rapidement l'escalier. En bas, la musique est beaucoup plus forte. Au comptoir elle demande un Bellini. Elle aime le goût de ce cocktail à la pêche. Step s'est levé. Il s'appuie des deux mains à la vitre. Il bouge la tête au rythme de la musique.

Babi sourit. De là, il ne peut pas la voir. Le Bellini arrive et disparaît en un instant.

Babi, sans se montrer, contourne la piste par-derrière et se place juste en dessous d'eux. Elle se sent étrangement euphorique. L'alcool est en train de faire effet. Elle est prise par la musique, se laisse emporter. Elle ferme les yeux et, tout doucement, en dansant, elle traverse la piste en suivant le rythme, heureuse et un peu ivre, au milieu de ces inconnus. Ses cheveux volent. Elle monte sur un bord, plus haut, de la piste. Elle ferme les mains et commence à danser en ondulant des épaules, la bouche close, en plein rêve. Puis elle ouvre les yeux et regarde en l'air. A travers la vitre, leurs regards se rencontrent. Step est là, il la fixe. Pendant un instant il ne la reconnaît pas. Pallina la voit, elle aussi. Step se tourne vers Pallina et lui demande quelque chose. D'en bas, Babi ne peut pas entendre, mais elle devine facilement la question. Pallina fait signe que oui. Step regarde de nouveau en bas. Babi lui sourit, puis elle baisse les yeux et continue à danser, emportée par la musique.

Step s'éloigne rapidement, sans s'occuper de rien ni de personne. Pollo secoue la tête. Pallina saute sur son homme, se jette dans ses bras et l'embrasse sur la bouche. Le petit type trapu qui est en bas de l'escalier laisse passer Step sans payer. Et le salue même avec respect. Step s'arrête. Babi est là, en face de lui. Un mec avec de longs cheveux à la Jeanne d'Arc danse autour d'elle, visiblement intéressé. En voyant Step, il part comme il était venu, mine de rien. Babi continue à danser en regardant Step dans les yeux, et aussitôt il se perd dans cet azur. Muets et souriants, ils dansent près l'un de l'autre. Se nourrissant de regards, et de tout ce qu'ils expriment. Babi bouge en ondulant. Step se rapproche d'elle. Il ne peut pas sentir son parfum. Elle lève les mains, les met devant son visage et danse derrière, en souriant. Elle se rend. Lui la regarde, ensorcelé. Elle est très belle. Des yeux aussi innocents, il n'en a jamais vu. Cette bouche tendre, couleur pastel, cette peau veloutée. Tout en elle semble fragile mais parfait. Ses cheveux s'échappent du bandeau et se balancent librement, imitant son sourire. Step la prend par la main, l'attire à lui, lui caresse le visage. Ils sont tout près l'un de l'autre. Mais Step s'arrête. Il tremble à l'idée qu'un tout petit mouvement pourrait peut-être la briser en mille morceaux, elle, fragile rêve de cristal. Alors il l'emporte. Il l'arrache à cette cohue, à tous ces gens déchaînés, à ces types qui se secouent frénétiquement et qui semblent devenir fous sur leur passage. Step la guide à travers ce grouillement de bras agités en essayant de la protéger des angles humains, des dangereux coudes affilés par le rythme, des pas accélérés par une innocente gaieté. Plus haut, derrière la vitre. Joie et douleur. Pallina voit Babi disparaître avec lui. Enfin « incohérente » et sincère. Maddalena regarde Step disparaître avec elle. Lui uniquement coupable de ne l'avoir jamais aimée et de ne le lui avoir jamais fait croire. Et, alors que Step et Babi, dans leur amour tout frais, se retrouvent dehors, Maddalena se laisse tomber sur le divan le plus proche. Déçue et seule, comme seule elle s'est fait des illusions. Son verre vide à la main, elle a maintenant quelque chose de très difficile à combler au fond d'elle-même. Elle, simple fumier de cette plante qui fleurit souvent sur la tombe d'un amour passé. Cette plante rare qui se nomme bonheur.

33

Beaux tous les deux dans leurs jeans comme une publicité vivante. Sur la moto bleu nuit, ils se perdent dans la ville, en riant. Parlant de tout et de rien, ils se sourient dans les rétroviseurs orientés exprès vers l'intérieur. Elle, appuyée sur son épaule, se laisse emporter, comme ça, effleurée par le vent et par une force nouvelle : la capitulation. Via delle Quattro Fontane, piazza Santa Maria Maggiore. Un angle à droite. Un petit pub. Sur le pas de la porte un type, au genre anglais, reconnaît Step. Il le laisse passer. Babi jubile : avec lui, on entre partout. C'est son laissez-passer. Son laissez-passer pour le bonheur. Elle est tellement heureuse qu'elle ne s'aperçoit même pas qu'elle commande une bière brune – elle qui déteste même la blonde –, et, perdue dans son rêve, elle partage un plat de pâtes avec lui, oubliant le cauchemar de son régime. Elle se rend compte qu'elle lui parle de tout. Comme un fleuve en crue. Qu'elle n'a pas de secrets pour lui. Il lui semble intelligent et fort, beau et doux.

C'est elle, idiote et aveugle, elle qui l'a offensé méchamment et durement et elle qui ne s'en est pas aperçue plus tôt. Mais il lui pardonne, elle a seulement eu peur. Puis ils jouent aux fléchettes. Elle touche le haut de la cible. Toute joyeuse, elle se tourne vers lui.

– C'est un beau début, non ?

Il lui sourit. Il approuve. Babi, amusée, lance une autre fléchette, mais ses yeux ne s'aperçoivent même pas qu'elle a tapé dans le mille.

De nouveau emportée. Via Cavour. Piramide. Testaccio. A toute vitesse, savourant le vent frais de cette nuit de fin avril. Step passe la troisième, puis la quatrième. Au croisement, le feu est orange. Step passe. Brusquement les freins grincent. Les pneus chauffent sur l'asphalte. Suspens. Une Jaguar Sovereign arrive à toute vitesse de la gauche, essaie de passer. Pris par surprise, Step freine en restant planté au milieu du carrefour. Le moteur s'éteint. Babi serre Step encore plus fort. Devant ses yeux épouvantés, les puissants phares de la voiture s'approchent.

Le museau de la panthère sauvage se rebelle sous le violent coup de frein. La voiture fait une embardée. Babi ferme les yeux. Elle entend le rugissement du moteur qui freine, l'ABS qui contrôle parfaitement les roues, et les freins qui crissent. Elle ouvre les yeux. La Jaguar est là, à quelques centimètres de la moto, immobile. Babi pousse un soupir de soulagement et lâche le blouson de Step qu'elle serrait, terrorisée.

Step, impassible, regarde le conducteur de la voiture.

– Qu'est-ce que tu fous, espèce de couillon ?

Le type, dans les trente-cinq ans, d'épais cheveux bouclés très bien coupés, baisse sa vitre.

– Qu'est-ce que tu as dit, p'tit con ?

Step descend de sa moto en souriant. Il connaît ce genre de type. Il doit avoir sa nana à côté lui et ne veut pas faire piètre figure. Step s'approche de la voiture. Et en effet, à travers la vitre il voit des jambes de femme. De belles mains croisées sur une pochette noire et une robe très élégante. Il essaie de voir le visage de la femme, mais la lumière d'un réverbère se reflète dans la vitre et le cache. P'tit con. Tu vas voir ce qu'il va te mettre, le blanc-bec. Step ouvre poliment la portière.

– Sors donc, espèce d'enculé, comme ça t'entendras mieux.

L'homme s'apprête à descendre. Step le prend par la veste et le sort directement dehors. Il le flanque contre la Jaguar. Le poing de Step se lève pour le frapper.

– Step, non !

C'est Babi. Il la voit debout à côté de la moto. Elle a l'air contrariée, inquiète. Les bras le long du corps.

– Ne fais pas ça !

Step desserre son étreinte. Le type en profite aussitôt. Libre et lâche il lui flanque un coup de poing dans la figure. La tête de Step part en arrière. Juste un instant. Surpris, il met sa main sur sa bouche. Sa lèvre saigne.

– Sale fils de pute...

Step se jette sur lui. Le type, épouvanté, tend les bras et baisse la tête en essayant de se protéger. Step l'attrape par les cheveux et lui tire la tête vers le bas pour la frapper avec son genou, mais brusquement, il reçoit un nouveau coup. Cette fois d'un autre genre. Plus violent, qui lui va droit au cœur. Un coup sec, un simple mot. Son prénom.

– Stefano !

La femme est descendue de la voiture. Sa pochette posée sur le coffre, elle est là, près de lui, debout. Step la regarde. Il regarde aussi le sac, mais ne le reconnaît pas. Qui lui en a fait cadeau ? Quelle drôle de pensée. Lentement, il desserre son étreinte. Le type frisé a de la chance, il est libre. Step regarde la femme sans rien dire. Elle est belle, comme toujours. Un faible « Bonsoir » sort de ses lèvres. Le type le pousse sur le côté. Step recule en se laissant faire. Le frisé remonte dans la Jaguar et rallume le moteur.

– Allez, partons.

Step et la femme se fixent une derniere fois. Entre ces yeux si ressemblants passe une étrange magie, une longue histoire d'amour, de tristesse et de souffrance. Puis elle remonte dans la voiture, belle et élégante, comme elle est apparue. Elle le laisse là, dans la rue, avec la lèvre qui saigne et le cœur en miettes. Babi s'approche de lui. Inquiète pour la seule blessure qu'elle peut voir, elle lui effleure délicatement la lèvre avec sa main. Step s'écarte et monte en silence sur sa moto. Il attend qu'elle soit derrière lui pour démarrer rageusement. Il bondit en avant, change de vitesse et met les gaz. La moto file dans la rue, en accélérant. Les berges du Tibre.

Step fonce, sans penser à rien. En accélérant, il laisse derrière lui de lointains souvenirs. Cent trente. Cent quarante. De plus en plus vite. L'air froid lui pique le visage, et cette fraîche souffrance semble le soulager. Cent cinquante. Cent soixante. Encore plus vite. Il passe comme une flèche entre deux voitures. Il les effleure presque, pendant que ses yeux entrouverts regardent ailleurs. Des images heureuses de cette femme remplissent son esprit confus. Cent soixante-dix. Cent quatre-vingts. Un petit dos-d'âne et la moto passe le carrefour en volant presque. Un feu qui vient de passer au rouge. Les voitures qui viennent de la droite klaxonnent, en freinant alors qu'elles viennent de démarrer. Soumises à cette moto tyrannique, à ce bolide nocturne faiblement éclairé, terrifiant et rapide, tel un projectile bleu chromé. Cent quatre-vingt-dix. Deux cents. Le vent siffle. La route, estompée sur les bords, se précise au milieu. Un autre carrefour. Une lumière lointaine. Un autre feu : le vert disparaît, l'orange s'allume. Step appuie sur le petit bouton de gauche. Son klaxon s'élève dans la nuit. Comme le cri d'un animal blessé allant à la rencontre de la mort, comme la sirène d'une ambulance, lancinante comme le hurlement du malade qu'elle emporte. Le feu change de nouveau. Rouge.

Babi commence à lui donner des coups de poing dans le dos.

– Arrête, arrête !

Au carrefour les voitures démarrent. Un mur de métal fait de briques coûteuses et multicolores se dresse en klaxonnant devant eux.

– Arrête !

A ce dernier cri, à cet appel à la vie, Step semble se réveiller brusquement. Le moteur rétrograde sous le pied impérieux. Quatrième, troisième, seconde. Step serre de toutes ses forces le frein d'acier, le pliant presque. La moto tremble en freinant, pendant que les tours descendent lentement. Les roues laissent deux traces droites et profondes sur l'asphalte. Une odeur de brûlé monte des pistons fumants. Les voitures passent tranquillement à quelques centimètres de la roue avant de la moto. Leurs conducteurs ne se sont aperçus de rien. C'est seulement à ce moment-là que Step se souvient d'elle, de Babi.

Elle est descendue. Elle est là, appuyée contre un mur au bord de la route.

Des sanglots étouffés secouent sa poitrine, alors qu'elle voudrait retenir les larmes qui zèbrent son visage très pâle. Step ne sait pas quoi faire. Debout, en face d'elle, les bras écartés, craignant de l'effleurer, effrayé à l'idée que, s'il la touchait, ces petits sanglots nerveux puissent se transformer en pleurs interminables. Il essaye quand même. Mais la réaction de Babi est inattendue. Elle repousse sa main fortement, ses paroles sortent d'elle presque comme des hurlements, brisées par les larmes.

– Pourquoi ? Pourquoi as-tu fait ça ? Tu es fou ? Mais ça te semble normal de rouler de cette façon ?

Step ne sait pas quoi répondre. Il regarde ces grands yeux mouillés de larmes.

Comment lui expliquer ? Comment lui dire tout ce qu'il y a derrière ça. Son cœur se serre comme dans un étau silencieux. Babi le regarde. Ses yeux bleus, tristes et interrogateurs, cherchent une réponse. Step secoue la tête. Je ne peux pas, semble-t-il se répéter à lui-même. Je ne peux pas. Babi renifle et, comme si elle avait repris des forces, elle attaque de nouveau.

– Qui était cette femme ? Pourquoi as-tu changé aussi brusquement ? Step, tu dois me le dire. Qu'y a-t-il eu entre vous ?

Et cette dernière phrase, cette erreur grossière, cette équivoque impossible semble le frapper de plein fouet. En un instant, toutes ses défenses s'évanouissent. Sa garde constante et forte, entretenue en silence jour après jour, tombe brusquement. Son cœur se laisse aller tranquillement, pour la première fois. Il sourit à cette naïve jeune fille.

– Tu veux savoir qui était cette femme ?

Babi fait signe que oui.

– C'est ma mère.

34

A peine deux ans plus tôt.

Step, enfermé dans sa chambre essaie, en marchant de long en large, d'apprendre sa leçon de chimie. Il appuie ses mains sur le bureau. Il feuillette son cahier rempli de notes. Rien à faire. Cette formule ne veut pas lui entrer dans le crâne.

Brusquement, du dernier étage de l'immeuble d'en face Battisti chante haut et fort : « Tu me reviens à l'esprit, belle comme tu es... » Tant mieux pour lui, moi rien ne me vient à l'esprit et je déteste la chimie. Puis, voyant qu'il va avoir droit à tout le 33 tours, il se lève et ouvre la fenêtre.

– Oh ! C'est bientôt fini ? ? !

Lentement, le son baisse – Bande de débiles. Step va se rasseoir et se concentre de nouveau sur sa chimie.

– Stefano...

Step se retourne. Sa mère est en face de lui. Elle porte un manteau de fourrure marron avec des reflets sauvages, clairs et dorés. En dessous, une jupe *bordeaux** découvre de splendides jambes voilées de bas très fins, parfaitement tendus, qui vont se perdre dans une paire de très élégantes chaussures brun foncé.

– Je sors, je te sers quelque chose ?

– Non merci, maman.

– Bon, alors à ce soir. Si papa téléphone, dis-lui que j'ai dû sortir pour porter les papiers qu'il sait au conseiller fiscal.

– D'accord.

Sa mère s'approche de lui et l'embrasse tendrement sur la joue. Les boucles de ses longs cheveux noirs diffusent une caresse de parfum. Step pense qu'elle en a mis un peu trop. Il décide ne pas le lui dire. Puis, en la regardant sortir, il comprend qu'il a bien fait. Elle est parfaite. Sa mère ne peut pas se tromper. Même pas en se mettant du parfum. Sous le bras elle tient le sac qu'ils lui ont offert, son frère et lui. Paolo a donné presque tout l'argent, mais c'est lui qui est allé le choisir, dans ce magasin de la via Cola di Rienzo où il a trop souvent vu sa mère s'arrêter, indécise.

– Tu es un vrai connaisseur –, lui a-t-elle murmuré à l'oreille, en mettant le sac sous le bras puis, en se déhanchant comiquement, elle a mimé un défilé de mode – Bon, alors, comment me va-t-il ?

Tous ont ri, amusés. Mais en réalité elle voulait uniquement entendre le jugement du – vrai connaisseur.

– Tu es magnifique, maman.

Step retourne dans sa chambre. Il entend la porte de la cuisine se refermer. Quand est-ce qu'ils lui ont offert ce sac ? Pour Noël ou pour son anniversaire ? Il décide que pour le moment il vaut mieux se rappeler les formules de chimie.

Plus tard. Il est presque sept heures. Il ne lui manque que trois pages pour finir le programme. Mais voilà que Battisti recommence à gueuler. De la fenêtre entrouverte du dernier étage de l'immeuble d'en face. Plus fort qu'avant. Insistant. Provocant. Sans respect pour rien ni pour personne. Pour lui qui travaille, pour lui qui ne peut pas aller au gymnase. C'est trop.

Step prend les clés de la maison, sort en courant et en claquant la porte derrière lui. Il traverse la rue et entre dans l'immeuble d'en face. L'ascenseur est occupé. Il s'engage dans l'escalier et monte les marches deux par deux. Ça suffit comme ça, il n'en peut plus. Il n'a rien contre Battisti, au contraire. Mais gueuler de cette façon ! Il arrive au dernier étage. Au même moment la porte de l'ascenseur s'ouvre. Il en sort un livreur avec un paquet à la main. Il est plus rapide que Step. Il vérifie le nom sur la plaque de la porte et il sonne. Step reprend son souffle à côté de lui. Le livreur le regarde d'un air étonné. Step lui rend son regard en souriant, puis il regarde le carton. Dessus on peut lire ANTONINI. Ce sont sûrement les fameux toasts. Eux aussi en prennent, tous les dimanches. Il y en a de toute sorte. Au saumon, au caviar, aux fruits de mer. Sa mère en raffole.

– Qui est-ce ?

– Antonini. Ce sont les toasts que vous avez commandés, monsieur.

Step rit tout seul. Il a deviné. Pour se faire pardonner, ce type devrait lui en offrir un. La porte s'ouvre. Un homme d'une trentaine d'années apparaît. Il porte une chemise à moitié déboutonnée et en dessous seulement un boxer. Le livreur veut lui remettre le paquet, mais quand l'homme voit Step, il se précipite sur la porte en essayant de la refermer. Step ne comprend pas, mais instinctivement il se jette en avant. Il met le pied au milieu de la porte et la bloque. Le livreur recule pour tenir son carton en équilibre. Pendant que Step est là, le visage appuyé sur le bois sombre et froid, à travers la fente, il le voit. Il est posé sur un fauteuil à côté de son manteau de fourrure. Brusquement il se rappelle. Ce sac, c'est pour Noël que son frère et lui le lui ont offert. Rage, désespoir, désir de ne pas être là, de ne pas en croire ses yeux décuplent ses forces. Il ouvre grand la porte en flanquant l'homme par terre. Il entre comme un fou dans le salon. Et il voudrait être aveugle plutôt que de voir ce qu'il voit. La porte de la chambre à coucher est ouverte. Là, entre les draps froissés, avec un visage différent, méconnaissable pour lui qui l'a vu mille fois, il y a sa mère. Elle est en train d'allumer une cigarette d'un air innocent. Leurs yeux se rencontrent, et en un instant quelque chose se brise, s'éteint pour toujours. Et ce dernier cordon ombilical d'amour est lui aussi rompu, et tous deux, en se regardant, hurlent en silence, pleurent à chaudes larmes. Puis, lui s'éloigne, tandis qu'elle reste là, dans le lit, sans un mot, se consumant comme la cigarette qu'elle vient d'allumer. Brûlant d'amour pour lui, de honte pour elle-même, pour l'autre, pour cette situation. Step va lentement vers la porte. Il s'arrête. Il voit le livreur sur le palier, près de l'ascenseur, avec ses toasts à la main, qui le fixe en silence. Puis tout à coup des mains se posent sur ses épaules : « Écoute... » C'est l'homme. Que devrait-il ressentir. Il ne ressent plus rien. Il rit. L'homme ne comprend pas. Il le regarde, effaré. Step lui flanque un coup de poing en pleine figure. Et c'est à ce moment-là que les paroles de Battisti, innocent coupable de cette découverte, retentissent sur le palier, ou viennent seulement à l'esprit de Step : « Excuse-moi si tu peux, monsieur, je vous demande pardon à vous aussi. » Mais moi, de quoi dois-je demander pardon ?

Giovanni Ambrosini porte ses mains à son visage plein de sang. Step l'attrape par sa chemise et, en la lui arrachant, il le traîne hors de cette maison souillée d'amours illégitimes.

Il le frappe plusieurs fois à la tête. L'homme tente de s'enfuir. Il commence à descendre l'escalier. Step est aussitôt derrière lui. D'un coup de pied précis il le pousse avec force, le faisant trébucher. Giovanni Ambrosini roule en bas des marches. Dès qu'il s'arrête Step lui tombe dessus. Il le roue de coups de pied dans le dos et dans les jambes pendant que l'autre s'accroche désespérément à la rampe, en essayant de se relever, de lui échapper. Step est en train de le massacrer. Il commence à le tirer par les cheveux, en tentant de lui faire lâcher prise, mais pendant que ses mains arrachent des touffes de cheveux, Giovanni Ambrosini reste là, agrippé aux barreaux en fer, hurlant de terreur. Les portes des autres appartements s'ouvrent. Step flanque des coups de pied sur les mains de l'homme, qui se mettent à saigner. Mais Giovanni Ambrosini ne bouge pas. Il reste accroché là, sachant que c'est son seul salut. Alors Step le fait. Il recule la jambe et, de toutes ses forces, il lui frappe la tête par-derrière. Le visage d'Ambrosini s'imprime sur la rampe. Avec un bruit sourd. Les deux pommettes se brisent en se déchirant. Le sang jaillit. Les os de la bouche éclatent. Une dent tombe et va rebondir plus loin sur le marbre. La rampe commence à vibrer et ce bruit de fer descend dans l'escalier accompagné du dernier cri d'Ambrosini, qui s'évanouit. Step s'enfuit en courant, passant à toute vitesse entre les visages terrifiés des curieux, heurtant ces corps mous qui tentent de l'arrêter. Il erre dans la ville. Ce soir-là, il ne rentre pas chez lui. Il va dormir chez Pollo. Son copain ne lui pose pas de questions. Par bonheur, son père ne rentrera pas cette nuit, comme ça, ils peuvent partager son lit. Pollo entend Step s'agiter dans son sommeil, souffrir même dans ses rêves. Mais, le lendemain matin, Pollo fait comme si de rien n'était, même si l'un des oreillers est trempé de larmes. Ils prennent leur petit déjeuner en souriant, en parlant de la pluie et du beau temps, partagent une cigarette. Puis Step part au lycée, et il arrive même à avoir un six en interro de chimie. Mais, à partir de ce jour-là, sa vie est changée. Personne n'a jamais su pourquoi, mais plus rien n'a été comme avant.

Quelque chose de mauvais s'est niché en lui. Une bête sauvage et terrible a fait sa tanière dans son cœur, prête à bondir à chaque instant, à cogner, rageusement, méchamment, née de la souffrance et d'un amour détruit. Depuis, la vie à la maison est devenue impossible. Silences et regards fuyants. Plus un seul sourire, justement pour la personne qu'il a le plus aimée. Ensuite le procès. La condamnation. Sa mère qui n'a pas témoigné en sa faveur. Son père qui l'a engueulé. Son frère qui n'y a rien compris. Et personne, sauf eux deux, n'a jamais rien su. Gardiens forcés de ce terrible secret. La même année, ses parents se sont séparés. Step est allé vivre avec Paolo. Le premier jour où il entre dans cette nouvelle maison, il regarde par la fenêtre de sa chambre. Il y a seulement un pré tranquille. Il commence à ranger ses affaires. Il sort quelques pulls de son sac et les range au fond de l'armoire. Puis il tombe sur un sweat-shirt. Pendant qu'il le sort, il s'ouvre entre ses mains. L'espace d'un instant il a l'impression que sa mère est là. Il se rappelle qu'il le lui avait prêté, le jour où ils avaient couru ensemble le long d'avenues bordées d'arbres. Quand il avait ralenti pour rester à côté d'elle. Et le voilà maintenant dans cette maison, si loin d'elle, dans tous les sens du terme. Il serre le sweat-shirt entre ses mains et l'approche de son visage. Il sent son parfum, Il se met à pleurer. Puis, bêtement, il se demande si ce jour-là, il n'aurait pas dû lui dire qu'elle en avait trop mis.

35

De nouveau la nuit, maintenant.

La moto roule tranquillement à la limite de l'eau. De petites vagues se brisent lentement. Elles vont et viennent, souffle régulier de la mer obscure et profonde qui les observe de loin. Haute dans le ciel, la lune éclaire la longue plage de la Feniglia. Celle-ci se perd là-bas entre les taches plus sombres des montagnes. Step éteint ses phares. Enveloppés de ténèbres, ils continuent à rouler ainsi sur ce moelleux tapis humide. Arrivés au milieu de la plage, ils s'arrêtent. Ils marchent l'un à côté de l'autre, seuls, entourés de cette paix. Babi s'approche de l'eau. De petites vagues ourlées d'argent se brisent avant de mouiller ses All Star bleues. Une vague plus forte que les autres essaye de l'emporter. Babi recule précipitamment. Elle se retrouve contre Step. Ses bras forts et rassurants l'accueillent. Elle ne s'éloigne pas. Son sourire apparaît dans la lumière nocturne. Ses yeux bleus pleins d'amour le regardent joyeusement. Lui se rapproche encore, la serre dans ses bras et l'embrasse. Des lèvres douces et chaudes, fraîches et salées, caressées par le vent de la mer. Step lui passe une main dans les cheveux. Il les repousse en arrière, découvrant son visage, sa joue argentée sur laquelle se reflète la lune, qui, là-haut, semble sourire. Un autre baiser. Puis ils recommencent à marcher lentement sous le ciel bleu nuit. Maintenant, Step et Babi sont étendus sur le sable froid, enlacés. Leurs mains, couvertes de sable, se cherchent.

Un autre baiser. Puis Babi se redresse en s'appuyant sur ses deux bras. Elle le regarde. Il est sous elle. Ses yeux désormais tranquilles la fixent. Sa peau, lisse et délicate, a la couleur de l'ébène. Il n'a pas peur de salir ses cheveux courts. Les bras écartés, maître du sable et de tout, il semble appartenir à l'étendue de la plage. En souriant il l'attire à lui, maître d'elle aussi, et l'accueille avec un baiser plus long et plus fort. Il l'embrasse en la serrant étroitement et en respirant son doux parfum. Elle se laisse aller, emportée par cette force, et, à ce moment, elle comprend qu'elle n'avait jamais vraiment embrassé quelqu'un.

Maintenant il est assis derrière elle. Il la serre entre ses jambes. Lui, solide dossier, ponctue de temps en temps ses pensées en lui donnant des baisers dans le cou.

– A quoi tu penses ?

Babi se retourne vers lui en le regardant du coin de l'œil.

– Je savais que tu me le demanderais – Elle pose de nouveau sa tête contre sa poitrine – Tu vois là-bas, cette maison sur les rochers ?

Step regarde dans la direction qu'indique sa main. Avant de se perdre au loin, il regarde ce frêle index, qui lui semble merveilleux, lui aussi. Il sourit. Seul maître de ses pensées.

– Oui, je la vois.

– C'est mon rêve ! Comme j'aimerais habiter dans cette maison ! Pense un peu quelle vue on doit avoir de là. Une véranda sur la mer. Un salon où on peut s'embrasser en regardant le coucher de soleil !

Step la serre de nouveau contre lui. Pendant un instant, Babi, songeuse, regarde encore au loin. Lui se rapproche d'elle et pose sa joue contre la sienne. Amusée et capricieuse, elle essaye de l'éloigner, souriant à la lune et faisant semblant de vouloir s'enfuir. Step prend son visage entre ses mains et elle, très pâle, sourit, prisonnière de ce coquillage humain.

– On se baigne ?

– Tu plaisantes. Avec ce froid ? Et puis je n'ai pas de maillot.

– Allons, il ne fait pas froid. Et qu'est-ce qu'un petit poisson comme toi a besoin d'un maillot de bain ?

Babi fait une grimace de rage et le repousse des deux mains.

– A propos, tu as raconté à Pollo l'histoire de l'autre soir, hein ?

Step se lève et essaye de l'embrasser.

– Quoi ? Tu es folle ?

– Et alors comment Pallina peut le savoir ? C'est Pollo qui lui a tout dit !

– Je te jure que je ne lui ai rien dit. J'ai peut-être parlé en rêvant...

– Parlé en rêvant, tu veux rire... et puis je t'ai déjà dit que je ne crois pas à tes serments.

– Vraiment, de temps en temps je parle en rêvant, du reste tu t'en apercevras toi-même.

Step va vers sa moto en regardant derrière lui d'un air amusé.

– Je m'en apercevrai ? Tu plaisantes, non ?

Babi, un peu soucieuse, le rejoint. Step rit. Sa phrase a atteint le résultat voulu.

– Parce que ce soir on ne dort pas ensemble ? Le soleil se lève dans quelques heures.

Babi regarde sa montre d'un air inquiet.

– Deux heures et demie ! Merde. Si mes parents rentrent avant moi, je suis foutue. Vite, il faut que je parte !

– Alors tu ne dors pas avec moi ?

– Mais tu es fou ? Tu n'as peut-être pas compris à qui tu as affaire ? Et puis, as-tu jamais vu un petit poisson qui dort avec quelqu'un ?

Step démarre sa moto, il serre le frein avant tout en mettant les gaz. La moto, docile, entre ses jambes, tourne sur elle-même et s'arrête devant Babi. Elle monte derrière. Step passe la première. Ils s'éloignent doucement, puis de plus en plus vite, laissant derrière eux la trace précise de larges pneus. Plus loin, dans le sable, il y a un petit cœur. C'est elle qui l'a dessiné en cachette, avec cet index qui a tant plu à Step. Une vague perfide et solitaire en efface les bords. Mais, avec un peu d'imagination, on peut encore lire un S et un B. Dans le lointain, un chien aboie à la lune. La moto continue sa course amoureuse et disparaît dans la nuit. Une vague plus déterminée efface complètement le cœur, mais personne ne pourra jamais effacer ce moment dans leurs souvenirs.

36

Devant les Vetrine, garée au milieu de la rue déserte, il n'y a plus que sa Vespa. Babi descend de la moto, enlève l'antivol de la roue avant du scooter et démarre le moteur. Elle enfourche l'engin et le fait descendre de sa béquille. Ensuite elle semble se souvenir de lui.

– Ciao, lui dit-elle en lui souriant tendrement. Step se dirige vers elle.

– Je t'accompagne, je t'escorte jusque chez toi.

Arrivés au corso di Francia, Step s'approche de la Vespa et pose le pied droit sous le feu arrière, sur la petite plaque minéralogique.

Il met les gaz. La Vespa se trouve propulsée plus vite. Babi, effrayée, se tourne vers lui.

– J'ai peur.

– Tiens le guidon droit...

Babi regarde de nouveau devant elle en serrant fortement les poignées. La Vespa de Pallina roule plus vite que la sienne, toutefois elle n'aurait jamais atteint cette vitesse. Ils font tout le corso di Francia puis la montée de la via Jacini, jusqu'à la place. Step lui donne une dernière impulsion, qui la conduit juste devant sa résidence. Puis il la lâche et, tout doucement, le scooter perd de la vitesse. Babi freine et se tourne vers lui. Step est arrêté, droit sur sa moto, à quelques pas d'elle. Il la fixe un instant. Il lui sourit, passe la première et s'éloigne. Elle le suit du regard jusqu'à ce qu'il disparaisse au bout du virage. Elle l'entend accélérer de plus en plus, changer de vitesse, le moteur ronflant s'éloigne à toute allure. Babi attend que Fiore, à moitié endormi, lève la barre. Puis elle s'engage sur la pente de la résidence. L'appartement est tout éclairé. Et sa mère est à la fenêtre de la chambre à coucher.

– Claudio, la voilà !

Babi fait un sourire désespéré. Qui ne sert à rien. Sa mère ferme la fenêtre en la claquant. Babi gare la Vespa dans le garage en passant difficilement entre le mur et la Mercedes. Pendant qu'elle ferme le rideau de fer, elle pense à la gifle de ce matin. Inconsciemment elle touche sa joue. Elle essaie de se rappeler si elle lui a fait mal. Elle ne s'en soucie pas plus que ça. Elle va vite savoir. Elle monte lentement l'escalier en essayant de retarder le plus possible ce moment de vérité désormais inévitable. La porte est ouverte. Elle passe, résignée, sous cet échafaud. Condamnée à la guillotine, sans grand espoir d'être graciée, Robespierre en salopette, elle va perdre sa tête. Elle ferme la porte. Une gifle l'atteint en pleine figure.

– Aïe !

Toujours du même côté, pense-t-elle en se massant la joue.

– File immédiatement au lit, et remets d'abord la clé de ta Vespa à ton père.

Babi traverse le couloir. Claudio est là, près de la porte. Babi lui tend le porte-clés de Pallina.

– Babi ?

Inquiète, elle se tourne vers lui.

– Quoi ?

– Pourquoi ce P ?

Le P en caoutchouc du porte-clés de Pallina pend interrogativement de la main de Claudio. Babi le regarde d'un air perplexe pendant un instant puis, réveillée par la gifle, instantanément inventive, elle improvise.

– Mais comment papa, tu ne te rappelles plus ? C'est le surnom que tu m'avais donné, toi. Quand j'étais petite tu m'appelais toujours Puffina !

Claudio hésite un peu, puis il sourit.

– Ah, c'est vrai ! Puffina. Je ne m'en souvenais plus !

Puis il reprend aussitôt son air sévère : – Va tout de suite au lit. Demain nous reparlerons de toute cette histoire. Ça ne me plaît pas du tout, Babi.

Les portes des chambres à coucher se ferment. Claudio et Raffaella, un peu tranquillisés, discutent de cette fille jadis si calme et maintenant rebelle, méconnaissable. Qui rentre presque au petit matin, participe à des courses de wheeling, et dont la photo est dans le journal. Que s'est-il passé ? Qu'est-il arrivé à la Puffina d'autrefois ?

Dans la chambre voisine, Babi se déshabille et se glisse dans son lit. Sa joue rouge est agréablement rafraîchie par l'oreiller. Elle reste comme ça un moment, rêveuse. Elle a l'impression d'entendre encore le bruit des petites vagues et de sentir le vent lui caresser les cheveux, puis ce baiser, à la fois fort et tendre. Elle se retourne dans son lit. Elle pense à lui en mettant ses mains sous l'oreiller et rêve qu'elle l'embrasse. Entre les draps lisses, de petits grains de sable la font sourire. Dans l'obscurité de la chambre s'épanouit lentement la réponse à la question que se posent ses parents. Voici ce qui est arrivé à la Puffina d'autrefois. Elle est amoureuse.

37

Babi n'a pas le temps de monter l'escalier de l'école que Pallina lui saute dessus.

– Alors, comment ça s'est passé ? Tu as disparu...

– Ben, on est allé à Ansedonio.

– Jusque-là ?

Babi fait signe que oui.

– Et tu l'as fait ?

– Pallina !

– Bon, excuse-moi, vous êtes allés jusque là-bas et vous êtes descendus sur la plage, non ?

– Oui.

– Et vous n'avez rien fait ?

– On s'est embrassés.

– Yahooou ! – Pallina lui saute dessus – Merde alors ! Tu t'es payé le plus beau mec de toute la ville ! – Puis elle s'aperçoit que Babi n'est pas au top – Qu'est-ce qu'il y a ?

– Rien.

– Allez, ne raconte pas de blagues, avoue ton problème. Courage ! Confie-toi à ta vieille et sage copine. Vous l'avez fait, hein ?

– Noooon ! On s'est embrassés et c'était très beau ! Mais...

– Mais quoi ?

– Mais je ne sais pas comment nous en sommes restés là.

Pallina la regarde d'un air perplexe.

– Mais il a essayé de... – De la main, elle fait un geste très éloquent.

Babi secoue la tête en soupirant.

– Non.

– Alors c'est vraiment inquiétant.

– Pourquoi ?

– Les intérêts.

– Qu'est-ce que tu dis ?

– Sûr. D'habitude, il se les envoie toutes le premier soir.

– Ah ! merci, tu es réconfortante.

– Tu veux la vérité ? Eh bien, excuse-moi, mais tu devrais être contente. Ne t'inquiète pas, si c'est ton seul problème, tu n'as plus qu'à attendre le deuxième soir, et tu verras !

Babi la pousse :

– Idiote... A propos, Pallina, on a séquestré ta Vespa...

– Ma Vespa ? – Pallina change de couleur – Mais qui ?

– Mes parents.

– Raffaella la supersympa. Un de ces jours il faudra que j'aie une petite conversation avec elle. Tu sais que l'autre soir elle nous a confondues ?

– Ma mère ? Et avec qui ?

– Toi avec moi ! Elle m'a embrassée quand je dormais dans ton lit, en croyant que c'était toi !

– Juré ?

– Oui.

– Quand tu penses que mon père a pris ton porte-clés en croyant que c'était le mien.

– Et il n'a pas remarqué le P ?

– Si, mais je lui ai dit que quand j'étais petite il m'appelait toujours Puffina.

– Et il y a cru ?

– Maintenant il ne m'appelle plus que comme ça.

– Dommage, il est chouette, ton père, mais il est un peu trop cool.

Elles entrent dans la classe. L'une blonde et élancée, l'autre brune et un peu boulotte. La première, très belle, a bien préparé ses cours, la seconde, toujours en train de rire, n'a rien fait, mais elles ont une grande chose en commun : leur amitié. Plus tard, Babi est là, en train de fixer rêveusement le tableau, sans voir les chiffres qui y sont écrits, sans entendre les paroles de la prof. Elle pense à lui, à ce qu'il peut bien être en train de faire en ce moment. Elle se demande s'il pense à elle. Elle essaie de l'imaginer, elle sourit, attendrie, puis soucieuse, enfin très résolue. Il est capable de n'importe quoi. Certaines fois, tendre et doux, puis brusquement sauvage et violent. Elle soupire en regardant le tableau. C'est beaucoup plus facile de résoudre cette équation-là.

Step vient de se lever. Il se glisse sous la douche et se laisse masser par le jet fort et précis. Il appuie les mains contre la paroi mouillée, et pendant que l'eau lui tambourine le dos, il s'accroupit sur une jambe puis sur l'autre, et se dresse sur ses pieds, d'abord sur le gauche puis sur le droit. Pendant que l'eau glisse le long de son visage, il repense aux yeux bleus de Babi. Ils sont grands, honnêtes et profonds. Il sourit et, tout en ayant les yeux fermés, il la voit parfaitement. Elle est là, innocente et sereine en face de lui, avec ses cheveux sauvages dans le vent et son petit nez droit. Il voit son regard décidé, plein de caractère. En se séchant, il se remet à penser à tout ce qu'ils se sont dit, à ce qu'il lui a raconté. Elle, oreille attentive bien qu'inconnue, l'écoutant en silence parler de son ancienne souffrance, de son amour haï, de sa tristesse. Il se demande s'il est fou. Maintenant elle est partie. En prenant son petit déjeuner, il pense à la famille de Babi. A sa sœur. A son père, qui a l'air sympa. A cette mère au caractère dur et volontaire, qui a presque les mêmes traits que Babi, mais légèrement fanés par l'âge. Est-ce qu'un jour elle deviendra comme ça elle aussi ? A travers sa mère on peut souvent imaginer ce que sera la jeune fille avec laquelle on s'amuse aujourd'hui. Il finit son café en souriant. On sonne. Maria ouvre. C'est Pollo. Il lance son sempiternel sac en papier sur la table : ses sandwichs au saumon.

– Alors ? Tu peux me dire ce que t'as fabriqué ? Tu te l'es envoyée ou non ? Celle-là, tu parles... Avec son charmant petit caractère ! Et quand est-ce qu'elle te la donne ? Jamais ! Merde, où vous vous êtes tirés ? Je vous ai cherchés partout. Tu peux pas savoir dans quel état est Madda. Folle de rage. Si elle choppe Babi, elle la massacre !

Step cesse de sourire. Maddalena, c'est vrai. Il n'y a pas pensé. Il n'a plus pensé à rien, ce soir-là. Et il décide qu'il ne veut pas davantage y penser maintenant. Dans le fond, ils ne se sont jamais rien promis.

– Tiens – Pollo sort de sa poche un petit bout de papier blanc froissé et le lui lance – C'est son numéro de téléphone – Step l'attrape au vol – Je l'ai demandé hier à Pallina, parce que je savais qu'aujourd'hui tu me le demanderais...

Step le met dans sa poche et passe à côté. Pollo le suit.

– Alors, Step, tu me dis quelque chose, oui où merde ? Tu te l'es envoyée ?

– Pollo, pourquoi tu me poses toujours les mêmes questions ? Tu sais bien que je suis un gentleman, non ?

Pollo se jette sur le lit, plié en deux de rire.

– Un gentleman... toi ? De Dieu... je me sens mal ! Qu'est-ce qu'il faut pas entendre ! Putain... Un gentleman.

Step le regarde en hochant la tête, puis, tout en enfilant son jean, lui aussi se met à rire. Que de fois n'a-t-il pas été tout le contraire d'un gentleman ! Et, l'espace d'un instant, il aimerait avoir quelque chose de plus à raconter à son copain.

38

A la sortie de la Falconieri aucun garçon ne vend ses livres. C'est une école bien trop chic pour que même la dernière des élèves achète un livre d'occasion. Babi descend les marches en regardant, pleine d'espoir, autour d'elle. En bas de l'escalier, des groupes de garçons attendent de nouvelles proies ou d'anciennes conquêtes. Mais aucun d'entre eux n'est le bon. Babi fait encore quelques pas. Le bruit d'un moteur rapide lui fait lever les yeux. Son cœur bat plus vite. Inutilement. Un camion rouge passe comme une flèche entre les voitures. Deux amoureux sont en train de s'embrasser. Pendant un instant, Babi les envie. Puis elle monte dans la voiture. Sa mère est là, encore fâchée à cause de la veille.

– Salut maman.

– Bonjour, répond sèchement Raffaella.

Aujourd'hui Babi ne reçoit pas de gifle, mais il n'y a aucune raison pour qu'elle en reçoive. Elle le regrette presque.

Step et Pollo sont collés au grillage. Des bords du terrain, ils suivent l'entraînement de leur équipe. A côté d'eux Schello, Hook et quelques autres copains partagent la même passion pour la Lazio. Supporters effrénés, ne serait-ce que pour foutre un peu le bordel. Step, sans qu'on le voie, relève la manche gauche de son blouson, découvrant sa montre. Une heure et demie. Elle doit être tout juste sortie. Il l'imagine dans la voiture de sa mère, corso di Francia, en train de retourner chez elle. Plus belle qu'un but de l'Inter de Milan. Pollo le fixe.

– Qu'est-ce qu'il y a ?

Pollo écarte les bras.

– Rien, pourquoi ?

– Alors, merde, pourquoi tu me regardes ?

– Parce que j'ai pas le droit de te regarder ?

– T'as l'air d'un pédé... Tu regardes la partie, oui ou non ? Je t'amène jusqu'ici et toi, qu'est-ce que tu fais ? Tu te mets à me mater !

Step se tourne vers le terrain. Quelques joueurs portant des surmaillots d'entraînement par-dessus les maillots d'équipe se passent un ballon, pendant qu'un enfoiré planté au milieu essaye de le leur prendre. Step se tourne de nouveau vers Pollo. Il le fixe.

– Encore ! Mais putain tu ne veux pas comprendre ! – Step se jette sur lui. Il lui prend la tête des deux mains et en riant il la lui flanque contre le grillage – C'est là qu'il faut mater ! – Il le pousse plusieurs fois – Là ! Là !

Schello, Hook et tous les autres se jettent sur leurs deux copains, ne serait-ce que pour foutre un peu le bordel. Quelques supporters se bousculent contre le grillage en faisant un bruit infernal. Un autre, un sifflet dans la bouche, fait semblant d'être un flic et leur flanquent des coups de matraque avec un journal enroulé. Peu après, le groupe se disperse, les supporters courent dans toutes les directions. Step enfourche sa moto. Pollo saute derrière lui et ils filent en dérapant sur le gravier. Step se demande si Pollo a compris à quoi il pensait tout à l'heure.

– Oh ! Step, dommage...

– Pourquoi ?

– Maintenant il est trop tard, autrement on aurait pu passer les prendre à l'école – Step ne répond pas. Il devine que Pollo sourit derrière lui. Mais il reçoit aussitôt un coup de poing sur la hanche – Et ne fais pas le malin avec moi, c'est clair ?

Step, endolori, se penche en avant. Oui, Pollo a compris, et, comme si ça ne suffisait pas, il lui flanque en prime des coups de poing meurtriers.

L'après-midi passe lentement pour l'un et l'autre, même s'ils ne le savent pas.

Babi essaye de travailler. Elle se retrouve en train de feuilleter son agenda, de changer sans cesse d'émission de radio, d'ouvrir et de refermer le frigo en essayant de résister à la tentation de faire une entorse à son régime. Elle finit devant la télévision pour regarder un stupide programme pour enfants en mangeant un yaourt au chocolat, ce qui la fait se sentir encore plus mal. Qui sait s'il a eu mon numéro de portable ? De toute façon, ici ça ne capte pas. Alors espérons qu'il ait eu celui de la maison ! Dans le doute, elle se précipite pour répondre, chaque fois que le téléphone sonne. Mais presque toujours elle note sur le bloc le nom d'une amie de sa mère. Andrea Palombi appelle Daniela au moins trois fois par jour. Elle l'envie. Le téléphone sonne de nouveau. Un coup au cœur. Elle traverse le couloir en courant et décroche le combiné : ça ne peut être que Step. Mais non, c'est Palombi, son quatrième coup de téléphone. Elle appelle Daniela en la suppliant de ne pas rester trop longtemps. Le monde est injuste. Quatre coups de téléphone pour Daniela, et aucun pour elle. Mais elle retrouve sa gaieté. Une chose est certaine : avec tout ce qu'elle a couru, elle a brûlé au moins la moitié de ses calories.

Step mange chez lui avec son copain. Pollo vide pratiquement la moitié du réfrigérateur. Il apprécie beaucoup la cuisine de Maria. Elle est tout heureuse de voir sa tarte aux pommes disparaître dans la bouche de ce jeune invité. Step l'est un peu moins, vu qu'il devra subir les lamentations de Paolo quand il rentrera. En réalité, la tarte aux pommes a été faite pour lui. Peu après, Maria s'en va et eux se reposent un peu. Step relit toutes les BD de Pazienza. Il étudie les planches originales dont il est si fier. Puis il réveille Pollo pour les lui montrer. Bien que ce soit la quarantième fois qu'il les voit, son copain les apprécie comme si c'était la première. Ils sont vraiment de bons potes, alors Step ne peut pas lui refuser un coup de fil. Même s'il connaît le vice de Pollo. Comme ceux qui se refilent leurs devoirs, il passe environ une heure au téléphone. Où qu'il aille, il passe toujours un coup de fil. Il peut parler pendant des heures, avec n'importe qui, même s'il n'a rien à dire. Et maintenant qu'il a une nana, il est intarissable. Son rêve, avoue-t-il à Step, c'est d'arriver à taxer un portable.

– Mon frangin en a un tout neuf, répond Step d'un air amusé. Aux yeux de Pollo, Paolo acquiert aussitôt une tout autre valeur. Qui sait si après la tarte aux pommes il ne réussira pas aussi à lui piquer son téléphone.

Il pleut. Babi et Daniela sont assises sur le divan à côté de leurs parents. Elles regardent un film drôle, destiné aux familles, sur la troisième chaîne. L'atmosphère semble plus détendue.

Puis une sonnerie. Daniela décroche le sans-fil qu'elle a posé sur un coussin du divan.

– Allô ? – Elle regarde Babi d'un air effaré. Elle n'en croit pas ses oreilles – Je te la passe tout de suite – Babi se tourne tranquillement vers sa sœur – Babi, c'est pour toi.

Un instant a suffi, un regard, en voyant son visage pour tout comprendre. C'est lui.

Daniela lui passe le téléphone en essayant de se contrôler devant ses parents. Babi prend délicatement le combiné, comme si elle avait peur de le toucher, de le serrer, comme si une vibration de trop pouvait couper la ligne, le faire disparaître pour toujours. Elle l'approche lentement de son visage qui est devenu tout rouge, de ses lèvres tremblantes pour dire simplement :

– Oui ?

– Salut, comment tu vas ?

La voix chaude de Step lui va droit au cœur. Babi, effrayée, regarde autour d'elle, craignant que quelqu'un ne se soit rendu compte de ce qu'elle éprouve, de son cœur qui bat la chamade, du bonheur qu'elle tente désespérément de cacher.

– Bien, et toi ?

– Bien. Tu peux parler ?

– Attends un instant, ici on n'entend rien.

Elle se lève du divan, emportant le téléphone avec elle. On ne sait pas pourquoi, mais devant les parents certains téléphones ne marchent jamais. Sa mère la regarde sortir du salon, puis elle se tourne d'un air soupçonneux vers Daniela.

– Qui est-ce ?

Daniela est rapide.

– Oh, Chicco Brandelli, un de ses adorateurs.

Raffaella la fixe un moment. Puis, rassurée, elle continue

à regarder le film. Daniela se tourne elle aussi vers la télévision en poussant un petit soupir. Ça a marché. Si sa mère l'avait regardée un peu plus longtemps, elle aurait craqué. Il est difficile de soutenir ce regard, qui semble toujours tout savoir. Elle se félicite d'avoir pensé à Brandelli. Ce débile aura au moins servi à quelque chose.

Dans sa chambre, toutes lumières éteintes. Babi, le téléphone à la main, s'appuie contre la vitre mouillée de pluie.

– Allô Step, c'est toi ?

– Qui veux-tu que ce soit ?

Babi rit.

– Où es-tu ?

– Sous la pluie. Je viens chez toi ?

– Si seulement... Mais mes parents sont là.

– Alors c'est toi qui viens.

– Non, je ne peux pas. Je suis punie. Hier soir quand je suis rentrée, ils m'ont chopée. Ils étaient à la fenêtre à m'attendre.

Step sourit et jette sa cigarette.

– Alors c'est vrai ! Ça existe encore, les filles qui sont en pénitence...

– Oui, et tu t'es mis avec l'une de ces filles – Babi ferme les yeux, terrorisée par la bombe qu'elle vient de lancer. Elle attend la réponse. Maintenant elle est partie. Mais elle n'entend aucune explosion. Lentement, elle ouvre les yeux. Derrière la vitre, sous un lampadaire, la pluie est plus visible. Elle se fait moins forte – Tu es toujours là ?

– Oui, j'étais en train de chercher quel effet ça fait d'être piégé par une petite futée.

Babi se mord la lèvre, heureuse et nerveuse, elle marche dans la chambre. Alors c'est vrai.

– Si j'étais une petite futée, j'aurais cherché quelqu'un d'autre à piéger.

Step rit.

– D'accord. On fait la paix ? Essayons de tenir au moins un jour. Qu'est-ce que tu fais demain ?

– École, puis travail. Et je suis toujours punie.

– Ben, je peux venir te voir.

– Je dirais que ce n'est vraiment pas une de tes meilleures idées.

– Je m'habillerai convenablement.

Babi rit – C'est pas pour ça. C'est une affaire un peu plus générale. Demain, à quelle heure tu te lèves ?

– Bof, vers 10, 11 heures. Quand Pollo vient me réveiller.

Babi secoue la tête.

– Et s'il ne vient pas ?

– Midi, une heure...

– Tu arriverais à venir me chercher à l'école ?

– A une heure ? Oui, je crois que oui.

– Je voulais dire avant les cours.

Silence.

– Et ce serait à quelle heure ?

– Huit heures et demie.

– Mais pourquoi on va à l'école aux aurores ? Et après, qu'est-ce qu'on fera ?

– Mais je ne sais pas, on prendra le large. Ça doit être fou.

– D'accord, soyons fous ! A huit heures et demie à ton école. Le tout, c'est que je me réveille.

– Ce sera dur, hein ?

– Assez.

Ils restent un instant silencieux. Ils ne savent plus quoi se dire, comment se quitter.

– Bon, alors ciao !

Step regarde dehors. La pluie s'est arrêtée. Les nuages passent rapidement. Il se sent heureux. Il regarde son portable. A l'autre bout, il y a elle en ce moment.

– Ciao, Babi.

Ils raccrochent. Step regarde en l'air. Quelques étoiles timides et mouillées sont apparues, là-haut dans le ciel. Demain il fera beau. Il passera la matinée avec elle.

Huit heures et demie. Il doit être devenu fou. Il essaye de se rappeler la dernière fois qu'il s'est levé aussi tôt. Rien ne lui vient à l'esprit. Il sourit. A peine trois jours plus tôt, c'est l'heure à laquelle il est rentré chez lui.

Dans l'obscurité de sa chambre, Babi, le téléphone à la main, continue à fixer la vitre pendant un moment. Elle l'imagine sur la route. Il doit faire froid dehors. Elle frissonne pour lui. Elle retourne au salon, donne le téléphone à sa sœur et elle s'assied à côté d'elle sur le divan. Sans se faire remarquer, Daniela observe le visage de Babi avec curiosité.

Elle voudrait lui poser mille questions. Elle doit se contenter de ces yeux pleins de bonheur qui, par moments, la fixent. Babi se remet à regarder la télévision. Elle ne comprend rien à ce qu'on est en train de dire et se laisse emporter par ses pensées. Puis elle revient brusquement à la réalité et regarde autour d'elle d'un air inquiet, mais personne ne semble le savoir. Demain, pour la première fois de sa vie, elle séchera un cours.

39

Paolo est assis à table et feuillette distraitement le journal. Il regarde autour de lui. Bizarre. Il avait demandé à Maria de faire une tarte aux pommes. Elle a dû oublier. Naïf. Il se souvient d'un savarin qu'il a acheté pour les cas d'urgence. Et il décide que celui-ci en fait partie. Il ouvre quelques portes de placard et finit par le trouver. Il l'a soigneusement caché pour qu'il échappe à la fringale de Step et de ses copains.

Pendant qu'il s'en coupe une tranche, Step entre.

– Hello frangin.

– Tu penses que c'est une heure pour rentrer... Tu vas passer toute la journée au lit, puis si tout va bien, tu iras à la salle de gym, et le soir tu repartiras traîner avec Pollo et ces quatre autres voyous. Pour toi la vie est vraiment belle...

– Magnifique – Step se verse du café, puis du lait – De toute façon, le hasard veut que je ne sois pas en train de rentrer. Je suis en train de partir.

– Mon Dieu, mais quelle heure est-il ?

Paolo regarde sa montre d'un air inquiet. 7 heures et demie. Un soupir de soulagement. Tout va bien. Et pourtant... quelque chose ne tourne pas rond. Step n'est jamais sorti à une heure pareille.

– Où vas-tu ?

– A l'école.

– Ah ! – Paolo est rassuré. Mais il se rappelle brusquement que Step a interrompu ses cours l'an passé – Pour quoi faire ?

– Merde, mais c'est quoi, toutes ces questions, aux aurores en plus ?

– Fais ce que tu veux, pourvu que tu n'aies pas de nouveaux ennuis. Au fait, Maria n'a pas fait une tarte aux pommes ?

Step le regarde d'un air innocent.

– Une tarte aux pommes ? Je crois pas.

– Tu en es sûr ? Ce ne serait pas plutôt que vous l'avez finie, toi, Pollo et les porcs faméliques qui sont tes amis ?

– Paolo ! Arrête d'insulter mes copains. C'est pas beau. Est-ce que j'insulte les tiens ?

Paolo ne répond pas. C'est vrai qu'il ne les insulte pas. Du reste comment pourrait-il le faire ? Paolo n'a pas d'amis. De temps en temps un collègue ou un ex-camarade de fac l'appellent, mais ceux-là, Step ne pourrait pas les insulter. Ils ont déjà été punis par la vie. Tristes, gris, avec des physiques de poètes.

– Ciao Paolo, à ce soir.

Paolo fixe la porte fermée. Son frère arrive toujours à l'étonner. Qui sait où il va à cette heure matinale. Il boit une gorgée de café. Puis il veut prendre la tranche de savarin. Elle a disparu. Avec Step on finit toujours par être perdant.

– Ciao, papa.

Babi et Daniela descendent de la Mercedes. Claudio regarde ses filles qui se dirigent vers l'école. Un dernier salut, puis il s'éloigne. Babi monte encore quelques marches, puis elle se retourne. Maintenant la Mercedes est loin. Babi redescend à toute allure et tombe sur Pallina.

– Hello. Où cours-tu comme ça ?

– Je pars avec Step.

– Juré ? Où ça ?

– Je ne sais pas. En balade. Et pour commencer, prendre un petit déjeuner. Ce matin, j'étais trop stressée pour avaler quoi que ce soit. Tu penses : c'est la première fois que je sèche un cours...

– Moi aussi j'étais pas bien la première fois. Mais maintenant... La signature de ma mère, je la fais mieux qu'elle !

Babi rit. La moto de Step s'arrête en ronflant devant le trottoir.

– On y va ?

Babi salue Pallina d'un baiser hâtif, puis, tout émue, elle monte derrière Step. Son cœur bat à deux mille.

– Je t'en prie, Pallina... Essaye d'avoir la moyenne, et marque toutes celles qui sont interrogées.

– OK chef !

– Encore ! ? Ça ne porte pas bonheur ! Et bouche cousue, hein ?

Pallina fait signe que oui. Babi regarde autour d'elle, craignant que quelqu'un la voit. Puis elle se serre contre Step. Maintenant c'est fait. La moto bondit en avant, fuyant l'école, les heures de cours mortelles, Giacci, les devoirs, et le son de la cloche qui parfois semble ne jamais arriver.

Pallina regarde avec envie son amie qui est déjà loin. Elle est heureuse pour elle. Elle monte les marches en bavardant, sans s'apercevoir que quelqu'un l'observe. Plus haut, une main flétrie par le temps et la haine, mais embellie par une bague ancienne ornée d'une pierre violette, dure comme celle qui la possède, laisse tomber un rideau. Quelqu'un a tout vu.

Toutes les filles entrent, l'air inquiet, dans la classe III B. La première heure est celle d'italien, et Giacci interroge. C'est une des matières principales pour le bac. Les élèves s'installent en se saluant. La dernière d'entre elles arrive en courant. Comme d'habitude, elle est en retard. Elles bavardent nerveusement. Tout à coup, un silence obséquieux. Giacci est sur le pas de la porte. Toutes se mettent au garde-à-vous. Giacci toise la classe.

– Asseyez-vous, mesdemoiselles !

Ce matin elle a l'air particulièrement joyeuse. Ce qui ne promet rien de bon. Elle fait l'appel. Chaque fille lève la main en répondant respectueusement : « Présente. » Une fille dont le nom commence par *C* est absente. Au *F*, une autre qui tente de se singulariser dit « Je suis là ». Elle est aussitôt réprimandée par Giacci qui se moque d'elle devant toute la classe. Comme d'habitude, Catinelli est la seule à apprécier le subtil humour de la prof. Si subtil qu'il échappe à la majorité des élèves.

– Gervasi ?

– Elle est absente, répond quelqu'un du fond de la classe. Sur le registre, Giacci met un *A* devant le nom de Babi. Puis elle lève lentement les yeux.

– Lombardi.

– Oui, madame ? – Pallina se lève comme un ressort.

– Comment se fait-il que Gervasi ne soit pas venue aujourd'hui ?

Pallina est légèrement nerveuse.

– Mais je ne sais pas. Hier, je l'ai eue au téléphone et elle m'a dit qu'elle ne se sentait pas très bien. Peut-être que ça s'est aggravé et qu'elle a décidé de ne pas venir.

Giacci la regarde. Pallina hausse les épaules. Giacci plisse les yeux, qui deviennent deux fentes impénétrables. Pallina en a froid dans le dos.

– Merci, Lombardi. Asseyez-vous.

Giacci reprend l'appel. Son regard rencontre de nouveau celui de Pallina. Un sourire moqueur se dessine sur le visage du professeur. Pallina rougit. Embarrassée, elle se tourne d'un autre côté. La prof saurait-elle quelque chose ? Sur son bureau elle a écrit au stylo : « Pallina et Pollo forever. » Elle sourit. Non, c'est impossible.

– Marini.

– Présente !

Pallina est rassurée. Qui sait où est Babi en ce moment. Elle a sûrement pris son petit déjeuner. Un bon petit pain aux raisins à la chantilly de chez Euclide et un de ces fameux cappuccinos pleins de mousse. Elle désire plus que jamais être à sa place, éventuellement avec Pollo au lieu de Step. « N'est pas beau ce qui est beau mais ce qu'on aime » est son proverbe préféré. Giacci repousse le cahier d'appel et commence son cours. Un rayon de soleil frappe ses mains. Autour de ce doigt avec lequel elle joue, une bague ancienne brille d'un éclat violet.

Ils s'éloignent des bruits de la ville qui se réveille, avec un peu de mousse d'un cappuccino amer sur les lèvres, et le goût sucré de la chantilly dans la bouche. Facile à prévoir, cette étape à l'Euclide de la via Flaminia, un coin secret, à l'écart, où il ya peu de risques de rencontrer des connaissances. Ils se dirigent vers la tour par la via Flaminia, baignée de soleil, et entourée de prés, teintés de vert qui se perdent doucement à l'orée des bois plus sombres. Ils quittent la route. La moto fait ployer les hauts épis dorés qui se redressent tout de suite après son passage. La moto est maintenant arrêtée derrière la colline, tout près de la tour. Plus bas, à droite, un chien paisible surveille en somnolant quelques moutons rasés. Un berger en jean, bien différent des pâtres de la crèche, écoute une petite radio déglinguée en fumant un joint. Ils vont un peu plus loin. Babi ouvre son sac et en sort un grand drapeau anglais.

– Je l'ai acheté à Portobello, quand je suis allée à Londres. Aide-moi à l'étaler. Tu y es déjà allé ?

– Non. C'est chouette ?

– Très. Je m'y suis amusée comme une folle. J'ai passé un mois à Brighton et quelques jours à Londres. Je suis partie avec l'école.

Ils s'étendent sur le drapeau chauffé par le soleil. Step écoute ce qu'elle dit de Londres et de quelques autres voyages. Elle semble être allée dans un tas d'endroits et se souvenir de tout. Mais lui, très peu intéressé par ces histoires du passé et pas habitué à ces heures matinales, s'endort bien vite.

Quand Step ouvre les yeux, Babi n'est plus à côté de lui. Il se lève en regardant autour de lui d'un air inquiet. Puis il la voit. Un peu plus bas sur la colline. Ses douces épaules. Elle est assise là, au milieu des blés. Il l'appelle. Elle a l'air de ne pas l'entendre. Arrivé près d'elle, il comprend pourquoi. Elle est en train d'écouter son MP3. Babi se tourne vers lui. Son regard ne promet rien de bon. Elle se remet à observer les prés lointains. Step s'assied à côté d'elle. Lui non plus ne dit rien pendant un moment. Babi ne résiste pas et enlève ses écouteurs.

– Tu te rends compte que tu t'endors pendant que je te parle ? – Elle est vraiment furieuse – Que ça veut dire que tu me manques de respect !

– Allez, arrête ! Ça veut tout simplement dire que j'avais pas assez dormi.

Elle soupire et se détourne de nouveau. Step ne peut pas s'empêcher de remarquer à quel point elle est belle. Peut-être encore plus quand elle est en colère. Elle redresse la tête, et tout prend un air comique, le menton, le nez, le front. Ses cheveux brillent dans le soleil, ils semblent respirer l'odeur des blés. Elle a la beauté d'une plage abandonnée dont une mer sauvage ourle ses lointaines limites. Ses cheveux indociles, comme des vagues écumantes, entourent son visage, le recouvrent, et elle les laisse faire.

Step se penche comme pour cueillir de la main sa tendre beauté. Elle tente de lui échapper.

– Laisse-moi !

– Je peux pas. C'est plus fort que moi. Il faut que je t'embrasse.

– J'ai dit laisse-moi. Je suis vexée.

Step s'approche de ses lèvres.

– Je te jure que j'écouterai tout, l'Angleterre, Londres, tous tes voyages, tout ce que tu veux.

– Il fallait m'écouter avant.

Step en profite et l'embrasse au vol, cueillant ses lèvres surprises, à peine entrouvertes. Mais Babi est plus rapide que lui et serre la bouche avec décision. Suit une douce lutte. Elle finit par se rendre, et s'abandonne à son baiser.

– Tu es violent et incorrect.

Des paroles murmurées entre des lèvres trop proches.

– C'est vrai – Des paroles qui se confondent presque.

– Je n'aime pas quand tu es comme ça.

– Je ne le ferai plus, promis.

– Je t'ai déjà dit que je ne crois pas à tes promesses.

– Alors je te le jure.

– Tu parles, si je crois à tes serments !

– OK, d'accord, je le jure sur toi.

Babi lui donne un coup de poing. Il accuse le coup en exagérant. Puis il l'embrasse et plonge avec elle dans les épis soyeux. En haut, le soleil et le ciel bleu, spectateurs silencieux. Plus bas, un drapeau anglais abandonné. Tout près, deux frais sourires... Step joue un peu avec les boutons de son chemisier. Il a peur, il s'arrête. Babi, les yeux fermés, semble tranquille. Il défait un bouton, puis un autre, avec douceur, comme si un geste un tout petit peu plus brusque pouvait briser la magie de l'instant. Puis sa main glisse sous les vêtements, le long de la hanche, sur la peau tendre et chaude. Il la caresse. Babi le laisse faire et le serre plus fort en l'embrassant. Step ferme les yeux en respirant son parfum. Pour la première fois, tout lui semble différent. Il n'est pas pressé, il est tranquille. Il éprouve un étrange sentiment de paix. Sa main ouverte glisse sur son dos et descend le long de ce creux soyeux jusqu'au bord de la jupe. Une caresse légère, le début d'une douce promesse. Il s'arrête. Juste à côté, deux fossettes et un baiser d'elle un peu plus passionné le font sourire. Il continue à la caresser doucement. Il remonte, jusqu'au petit élastique en dentelle. Il s'arrête sur la fermeture, essayant d'élucider ce mystère, et pas seulement cela. Deux crochets ? Deux petites demi-lunes qui s'encastrent l'une dans l'autre ? Un s en fer qui s'enfile pardessus ? Il hésite un peu. Elle le regarde, intriguée. Step s'énerve.

– Merde, comment ça s'ouvre ?

Babi secoue la tête.

– Pourquoi tu es toujours si grossier ? J'aime pas que tu parles comme ça quand tu es avec moi.

Au même instant, le mystère se résout. Les deux demilunes se séparent. La main de Step se promène enfin sans rencontrer d'obstacles sur tout le dos, jusqu'au cou.

– Pardon...

Step n'arrive pas à en croire ses oreilles. Il lui a demandé pardon. Pardon. Il entend de nouveau ce mot. Lui, Step, a demandé pardon. Puis, sans vouloir y penser davantage, il se laisse rapidement aller, comme emporté par cette dernière conquête. Il se retrouve en train de caresser son sein, d'effleurer son cou de baisers, de passer la main sur l'autre sein, et de découvrir, là aussi, ce fragile signe de désir et de passion. Alors il glisse plus lentement vers le bas, vers son ventre lisse, vers le bord de sa jupe. La main de Babi l'arrête. Step ouvre les yeux. Babi le regarde en face de lui et secoue la tête.

– Non.

– Non quoi ?

– Non, pas ça... – Elle lui sourit.

– Pourquoi ! – Lui ne sourit plus du tout – Et pourquoi non ?

– Parce que c'est non, un point c'est tout.

– Mais il y a bien une raison, du genre... Step fait un petit sourire entendu.

– Non, crétin... aucune raison. C'est moi qui ne veux pas. Quand tu auras appris à dire moins de grossièretés, alors peut-être...

Step se tourne de l'autre côté et commence à faire des pompes. Il les enchaîne l'une après l'autre, de plus en plus vite, sans s'arrêter.

– J'y crois pas. Dites-moi que c'est pas vrai ! J'ai trouvé.

Entre deux pompes, légèrement haletant, il sourit en parlant. Babi rattache son soutien-gorge et referme son chemisier.

– Qu'est-ce que tu as trouvé ? Et arrête de faire des pompes pendant qu'on parle...

Step fait les deux dernières sur une seule main. Puis il s'appuie sur une hanche et se met à la regarder en souriant.

– Tu n'as jamais été avec personne.

– Si tu comptes savoir si je suis vierge, la réponse est oui – Ce mot lui coûte beaucoup. Elle se lève. Nettoie sa jupe avec sa main. Quelques morceaux d'épis tombent par terre – Et maintenant ramène-moi à l'école !

– Mais quoi, tu es fâchée ?

Step la prend dans ses bras.

– Oui. Tu as des façons de faire agaçantes. Je ne suis pas habituée à être traitée comme ça. Et laisse-moi...

Elle se dégage de ses bras et va très vite vers le drapeau anglais. Step lui court après.

– Allez, Babi, attends... Je ne voulais pas te blesser. Excuse-moi, sérieusement.

– Je n'ai pas entendu.

– Si, tu as entendu.

– Non, répète.

Step, énervé, regarde autour de lui. Puis il la fixe.

– Excuse-moi. Ça te va ? Tu sais je suis content de savoir que tu n'as jamais été avec personne.

Babi se penche pour ramasser le drapeau et commence à le plier.

– Ah oui ? et pourquoi ?

– Ben, parce que... parce que voilà. Je suis content c'est tout.

– Parce que tu penses que tu seras le premier ?

– Écoute, je t'ai fait des excuses. Maintenant ça suffit, arrête. Ce que t'es difficile !

– Tu as raison. Trêve – Elle lui tend l'un des bords du drapeau – Tiens, aide-moi à le plier.

Ils s'éloignent l'un de l'autre. Ils le tendent, puis se rapprochent de nouveau. Babi lui prend des mains l'autre bord du drapeau et lui donne un baiser.

– C'est ce sujet qui m'énerve.

Ils reviennent sans parler vers la moto. Babi monte derrière lui. Ils s'éloignent le long de la colline, laissant derrière eux des épis brisés et une conversation inachevée. C'est le premier jour où ils sont ensemble et Step lui a déjà demandé pardon deux fois. Tu imagines... Tout va bien. Toute contente, elle l'embrasse. Oui tout va très bien. Maintenant Babi est tranquille, elle ne pense à rien. Elle ne sait pas qu'un jour, pas très lointain, elle reprendra avec lui ce sujet qui l'énerve tant.

40

– Freine !

Babi hurle et serre fort les hanches de Step. A son commandement la moto pile presque.

– Qu'est-ce qui se passe ?

– Ma mère est là !

Babi montre la Peugeot de Raffaella garée un peu plus loin, en face du grand escalier de la Falconieri. Il est une heure et demie moins quelques minutes. Elle doit tenter le coup. Elle embrasse Step sur la bouche.

– Ciao, je t'appelle cet après-midi.

Elle s'éloigne en se baissant derrière la rangée de voitures garées. Arrivée devant l'école, elle se redresse lentement. Sa mère est là, à quelques mètres d'elle, elle la voit parfaitement à travers la vitre d'une Mini garée là. Elle trafique quelque chose sur ses jambes. Puis Raffaella lève la main gauche et l'observe. Babi comprend : elle est en train de se faire les ongles. Babi s'accroupit derrière la voiture et regarde de nouveau sa montre. Maintenant ça doit être l'heure. Elle regarde à droite, au bout de la rue. Step n'est plus là. Qui sait ce qu'il pense de moi. Je l'appellerai plus tard. Brusquement elle se rend compte qu'elle ne peut pas le faire. Elle n'a pas son numéro. Elle ne sait même pas où il habite. La cloche de la sortie sonne. Les premières classes apparaissent en haut de l'escalier. Les plus jeunes élèves commencent à descendre. Une autre sonnerie. C'est le tour des troisièmes et des secondes. Des filles plus grandes. L'une d'entre elles la regarde d'un air étonné. Babi met un doigt sur sa bouche, lui faisant signe de se taire. La fille regarde ailleurs. Elles sont toutes habituées à des secrets de ce genre. C'est enfin le tour de sa classe. Sa mère est encore distraite, peut-être aux prises avec un ongle cassé. C'est le moment d'y aller. Babi sort de sa cachette et se mêle aux autres filles. Elle en salue quelques-unes et, sans se montrer, jette un coup d'œil sur la voiture. Raffaella ne s'est aperçue de rien. Elle a gagné.

– Babi !

Pallina court à sa rencontre. Les deux filles s'embrassent.

Babi la regarde d'un air inquiet :

– Comment ça s'est passé ? on s'est rendu compte de quelque chose ?

– Non, tout est sous contrôle.

– Tiens, les devoirs qu'on a donnés aujourd'hui. Il y a aussi les interros. Tout est réglo. Tu pourrais me prendre comme secrétaire. Alors, tu t'es bien amusée ?

– Beaucoup.

Babi glisse les feuilles dans sa sacoche et sourit à sa copine.

– Laisse-moi deviner – Pallina la fixe un instant – Petit déjeuner à l'Euclide de Vigna Stelluti. Cappuccino et pain aux raisins avec de la crème.

– Tu y es presque. Même chose, mais à l'Euclide de la via Flaminia.

– C'est clair ! Beaucoup plus intime. Exact. Ensuite fugue à Fregene et sexe effréné sur la plage. Juste ?

– Faux ! – Babi s'éloigne en lui faisant un signe de la main.

– Fregene ou le reste ?

– Faux pour une chose.

Elle monte dans la voiture en plantant là, devant l'école, sa copine malade de curiosité. En fait, elle s'est trompée sur les deux choses.

– Salut maman.

– Bonjour – Raffaella se laisse embrasser sur la joue. La situation semble calme – Comment ça a marché à l'école ?

– Bien. Je n'ai pas été interrogée.

Daniela arrive.

– On peut partir. Giovanna a dit que dorénavant elle rentrerait de son côté.

La Peugeot part. Cette nouvelle les a toutes remplies de joie. Elles n'auront plus besoin d'attendre. Alors qu'elles sont arrêtées au feu de la via Euclide, Babi sent brusquement quelque chose qui la pique. Elle glisse discètement la main dans son chemisier. Emprisonné dans son soutien-gorge, il y a un petit épi. Elle le libère et le met au milieu de son agenda. Puis elle le regarde un instant. Ce petit grand secret. Step a touché ses seins. Elle sourit, et juste quand le feu passe au vert, elle le voit. Il est là, arrêté à droite de la place. En riant il fait flotter un drapeau anglais, son drapeau. Mais quand est-ce qu'il l'a pris ? Step est comme Pollo : il vole, lui aussi. Elle n'y avait encore jamais pensé. Elle s'est mise avec un voleur.

41

Le premier *a* est trop dodu, le second a une queue un peu trop longue, et puis toute l'écriture est trop petite, trop fine. Babi essaye d'imiter la signature de sa mère. Elle remplit quelques pages de son cahier de maths.

– Dani, la seconde peut te paraître la signature de maman ?

Daniela regarde le dernier essai. Elle reste un peu pensive.

– Le nom, maman le fait plus long. Non, je ne sais pas. Il y a quelque chose de bizarre. Voilà : le *g* est trop maigre, tu lui as fait un trop petit ventre. Maman commence toujours son nom avec un *g* beaucoup plus gros. Regarde – Elle ouvre son carnet et montre à sa sœur une vraie signature – Tu vois ?

Babi la fixe pendant un instant en la comparant avec celle qu'elle a faite.

– Moi, elles me paraissent identiques. C'est parce que tu le sais.

Elle part, plus tranquille, dans sa chambre.

– Fais comme tu veux. Pour moi le *g* est trop petit. D'ailleurs je ne comprends pas pourquoi tu me demandes toujours ce que j'en pense pour, après, faire comme tu veux.

Elle ferme la porte. Babi prend son carnet à la page des mots d'excuse. Là où on demande le motif, elle écrit : « raisons de santé ». Dans le fond c'est vrai. Elle aurait été malade à l'idée de ne pas fuguer avec Step. Puis vient le moment de la signature. Elle redevient sérieuse. Elle en essaye encore une sur une feuille volante, sous une dizaine de « Raffaella Gervasi ». Cette dernière est vraiment la mieux réussie. Elle est parfaite. Elle peut donc aussi signer de faux chèques et s'acheter le SH 50. Elle comprend qu'elle exagère. Dans le fond, elle n'a pas besoin d'argent, mais seulement d'avoir son mot d'excuse. Elle prend son stylo et se jette à l'eau. Elle commence avec un *R* et continue, glissant le plus naturellement possible jusqu'au dernier point sur le *i*. Puis, encore toute tremblante à cause de la concentration, de l'effort qu'elle a fait pour copier et écrire exactement comme sa mère, elle regarde la signature. C'est la meilleure de toutes. Incroyable ! Peut-être que le nom est un peu tremblé. Elle la compare aux autres signatures de sa mère sur son cahier. Pas de grosses différences. Aucune lettre n'est imprécise. Et une autre chose joue en sa faveur. A la première heure, elle a Boi, la prof de maths. D'épaisses lunettes, une bonne bouille toujours souriante. Même la fois où elle a dû faire ses excuses à la classe parce qu'elle avait perdu les devoirs et qu'elle leur a demandé de n'en parler à personne. Ce jour-là, Pallina était sûre d'avoir au moins sept. C'est pour ça que, d'après elle, Boi les avait perdus. Elle l'avait fait exprès pour ne pas lui donner cette satisfaction. Pallina croit que tous les professeurs lui en veulent, à elle et à ses notes. Babi referme son carnet. Maintenant elle est plus tranquille. Cette signature, c'est seulement Boi qui la contrôlera, et elle ne verra sûrement pas qu'elle est fausse. Elle se met au travail. Puis elle a une drôle d'impression. Elle regarde autour d'elle mais ne remarque rien. Elle continue à faire ses devoirs. Si elle avait mieux regardé son emploi du temps, elle aurait compris ce qui la préoccupait. A la deuxième heure, il y a Giacci.

42

Plus tard, quand ses parents sont sortis, Step passe la prendre. En bas, toute la bande l'attend : Schello, Lucone, Dario et Gloria, le Sicilien, Hook, Pollo et Pallina et des types dans une Golf avec quelques filles. A moto ils se dirigent vers Porta Prima, puis prennent à droite, vers Fiano. Quand ils arrivent, Babi est complètement gelée. Le restau s'appelle Il Colonello et il est très loin. Babi ne comprend pas pourquoi ils ont choisi un endroit pareil pour manger. Il y a deux grandes salles, un four visible et des tables tout à fait normales. Peut-être que ce ne sera pas très cher, pense-t-elle. Un jeune serveur arrive pour prendre les commandes. Ils sont quinze et tous changent constamment d'idée, sauf elle qui a choisi dès le début une salade mixte avec peu d'huile. Le pauvre serveur n'en peut plus. Il essaye de temps en temps de récapituler les entrées pour passer aux plats principaux, mais quand il s'agit des garnitures, certains ont de nouveau changé d'idée.

– Écoute, chef, tu me fais des lasagnes au sanglier.

– Pour moi aussi.

Aussitôt un autre, puis encore un autre s'y ajoutent. Puis deux autres décident de prendre de la polenta ou des pâtes à la carbonara. C'est le groupe le plus indécis que Babi ait jamais vu. Comme si ça ne suffisait pas, Pollo essaye de donner un coup de main en répétant chaque fois toutes les commandes, augmentant ainsi la pagaille. A la fin tout le monde rit. Ça les amuse. C'est devenu une sorte de jeu. Le pauvre serveur s'éloigne, de plus en plus perdu. La seule chose qui soit claire, c'est qu'il doit apporter quatorze demis et une... qu'est-ce qu'elle a commandé la belle blonde aux yeux bleus ? Il recontrôle son petit bloc plein de mots rayés et entre dans la cuisine en se rappelant qu'il doit apporter un Coca light.

Le repas se poursuit dans la plus grande confusion. Chaque fois qu'on apporte un plat, du jambon aux olives et du pain frotté à l'ail, c'est un véritable abordage, tous se jettent dessus et en un instant tout a disparu. Des filles aux yeux trop maquillés rient comme des folles. Babi regarde Pallina, en quête d'un peu de compréhension. Mais elle semble parfaitement intégrée à la bande. Sa salade mixte est arrivée. La situation n'est pas des plus gaies. C'est au tour du Sicilien de raconter. La triste histoire d'un certain Francesco Costanzi. Il a eu la mauvaise idée d'embêter l'ex-copine du Sicilien. Même pas sa femme, pense Babi, son ex. Une histoire de fous. Mais tous écoutent avec beaucoup d'intérêt et personne ne semble vouloir manquer ce rendez-vous. Donc, pense Babi, c'est peut-être lui qui a raison. La folle, c'est moi.

– Alors vous savez ce que je fais ? – Le Sicilien avale une gorgée de bière – Je vais avec Hook chez Marina qui était seule à la maison.

De l'autre côté de la table, Hook, son bandeau sur l'œil, sourit. Il est au centre de l'attention et compte bien prendre sa tranche de gloire. Le Sicilien continue.

– Alors je la fais téléphoner à ce couillon de Costanzi. Elle l'appelle et lui demande de venir lui dire bonjour. Et vous savez pas ce qu'il fait, l'enfoiré ?

Babi regarde le groupe d'un air effaré. On dirait vraiment qu'ils ne le savent pas. Elle hasarde une réponse.

– Il vient ? – Le Sicilien se tourne vers elle. Il a l'air un peu embêté – Bravo Babi. Exact. L'infâme arrive. Elle sourit. Puis, croisant le regard agacé de Step, elle écarte les bras. Le Sicilien ne s'en aperçoit pas et, tout content, il continue son récit.

– Et c'est maintenant que vient la meilleure. Quand il arrive, Marina le fait monter. Dès qu'il est entré, Hook et moi on lui saute dessus et on le bloque. Et puis, vous allez rigoler, on le dépoile et on l'attache à une chaise. Ah, vous auriez dû voir la gueule qu'il faisait ! Nu comme un ver. Ensuite, je prends un couteau de cuisine et je lui mets entre les jambes. Il se met à hurler. D'après Hook, c'est parce que le couteau était glacé ! Marina entre. On l'avait fait s'habiller tout en dentelle transparente. Alors je lui mets la musique et elle commence son strip-tease. Et moi, je dis au type : oh, si je vois que ça te plaît, au moindre signe de vie, je te la coupe. Marina reste en soutif et slibard, et le type bouge pas, j'sais pas si vous m'avez compris, son machin est comme mort.

Tous rient comme des fous. Au bout de la table, une fille s'étrangle presque. Même Step semble s'amuser. Babi n'en croit pas ses oreilles.

– Silence, silence... – fait le Sicilien – A un certain moment on entend le bruit de la porte. Ce seraient-y pas les parents de Marina ? Hook et moi, on fonce dehors, et vlà-t-y pas que les vieux trouvent le mec à poil sur sa chaise avec Marina à moitié dépoilée. Vous auriez dû voir leurs tronches !

– Et qu'est-ce qu'ils lui ont fait, au mec ?

Babi regarde Pallina. Elle a même le courage de poser ce genre de questions.

– Bof, j'sais pas. On s'est tirés. Je sais seulement que cet enfoiré est avec une nana, et qu'il a beaucoup de mal à se la faire... Après l'épreuve qu'on lui fait passer, on dirait qu'il en a perdu l'habitude. Quand il voit une fille qui se désape, son machin se dresse plus.

C'est l'apothéose. Tous éclatent de rire. Puis, on ne sait pas comment ça arrive. Un morceau de pain vole. Tout de suite après, c'est une pluie, une véritable bataille à coups de restes de viande, de patates, de boîtes de bière. Ils se lancent n'importe quoi. Les filles sont les premières à quitter leurs places. Babi et Pallina, suivies par les autres, s'éloignent rapidement de la table. Les garçons continuent à se lancer rageusement de la boustifaille, se foutant éperdument des autres tables et des clients voisins qu'ils peuvent atteindre. Le pire, c'est quand le pauvre serveur essaye de les arrêter. Il reçoit en pleine poire un morceau de pain de campagne trempé, ce qui déclenche une sorte d'ovation. Ce serveur n'a jamais eu autant de succès dans sa vie. Puis c'est le moment de l'addition. Pollo propose de ramasser les sous. Step prend Babi par le bras et la fait sortir du restaurant. L'un après l'autre, les autres sortent aussi.

Babi prend son portefeuille.

– Je te dois combien ?

Step lui sourit.

– Tu plaisantes ? Laisse tomber.

– Merci.

– C'est pas moi que tu dois remercier. Grimpe.

Step allume le moteur. Babi monte derrière lui.

– Alors, qui je dois remercier ? Pollo était en train de rassembler l'argent.

– Non, c'est la phrase conventionnelle.

Au même moment Pollo sort en courant du restaurant et saute sur sa moto.

– On se tire, les gars.

Tous démarrent en faisant crisser les pneus. Les motos bondissent en avant en éteignant leurs lumières. Le serveur et d'autres personnes sortent du restaurant en courant. Ils crient en cherchant vainement à relever les numéros.

Le bruit des motos rugit dans les étroites ruelles de Fiano. Les uns après les autres, ils sortent à toute vitesse du village pour s'engouffrer sur une petite route, hurlant, riant et klaxonnant. Puis, presque en volant, ils prennent la Tiberina, enveloppés par le froid de la route et l'humidité des bois voisins. Alors seulement ils allument leurs phares.

Pollo s'approche de Step.

– Oh, on mange pas mal chez ce Colonello...

– Non, on mange bien.

– De toute façon ils voulaient quarante euros par tête de pipe.

– Alors tu as bien fait !

Pollo met les gaz et, en riant à gorge déployée, il s'éloigne avec Pallina. Babi se penche en avant.

– Ce qui veut dire qu'on a pas payé ?

– Ben, où est le problème ?

– Le problème ? Mais tu te rends compte qu'ils peuvent porter plainte ? Ils ont peut-être relevé quelques numéros.

– Avec les phares éteints, ils peuvent pas. On le fait toujours et personne nous a jamais chopés. Alors ne nous porte pas la poisse !

– Moi, je porte pas la poisse. J'essaie seulement de te faire réfléchir. Même si ça me paraît très difficile. Mais tu ne penses pas à ceux du restaurant ? Ces gens qui travaillent, qui sont toute la journée dans la cuisine à suer devant leurs fourneaux, qui mettent le couvert pour toi, qui te servent à manger, qui débarrassent, qui nettoient, et toi, t'as pas la moindre considération pour eux.

– J'ai pas de considération pour eux ? Je t'ai même dit qu'on bouffe du tonnerre dans ce restau.

Babi ne dit pas un mot. C'est inutile. Elle se laisse aller en arrière sur la selle en s'écartant un peu de lui. Le vent de la nuit et l'humidité des bois l'effleurent en lui donnant des frissons. Mais il n'y a pas que ça. Elle est avec un type qu'elle ne comprend pas, qu'elle ne peut pas comprendre. Elle regarde en haut, devant elle. Une nuit limpide. Les lointaines étoiles brillent. De petits nuages transparents caressent la lune. Ce serait si beau si...

– Eh Step ! – Hook s'approche – Tu paries cinquante euros sur celui qui va jusque dans le centre sur une seule roue ?

Step ne se le fait pas répéter deux fois.

– OK.

Il rétrograde et met les gaz. La moto se cabre. Babi a juste le temps de se tenir. De nouveau. Elle n'en peut plus ! Mais au moins cette fois elle n'a pas la figure sur la route.

– Step ! Step ! – Elle hurle en le bourrant de coups de poing dans le dos – Arrête, redescends !

Step réduit doucement les gaz. La moto touche terre avec ses deux roues. Hook continue en criant victoire.

– Mais qu'est-ce qui te prend ? Tu es devenue folle ?

– J'en ai marre du wheeling, des coups, des poursuites ; j'en peux plus, tu as compris ? – Babi hurle – Je veux mener une vie normale, tranquille. Celle de gens qui vont à moto comme tout le monde. Je ne veux pas m'enfuir des restaurants, je veux payer, comme tout le monde. Je ne veux pas que tu donnes des coups. Je ne veux pas entendre qu'un de tes copains a mis un couteau entre les jambes d'un type parce qu'il a appelé son ex-copine, et je ne voudrais pas l'entendre même si c'était sa femme ! Je déteste la violence, je déteste les casseurs, je déteste les tyrans, je déteste les gens qui ne savent pas vivre, pas parler, pas discuter, qui ne respectent pas les autres. Tu as compris ? Je les déteste !

Ils restent un instant sans rien dire, se laissant bercer par la vitesse régulière de la moto, par le vent, qui semble tout doucement la calmer. Puis Step éclate de rire.

– On peut savoir ce qui t'amuse autant ?

– Tu sais ce que je déteste, moi ?

– Non, quoi ?

– Perdre cinquante euros.

43

Devant la pompe à essence de la piazza Euclide, un petit groupe de garçons et de filles écoute un type très marrant. Il aurait beaucoup de succès dans un cabaret. Mais il s'est obstiné à faire Sciences éco, même si devant les profs il fait plutôt du spectacle muet. Un peu plus loin, devant le Pandémonium, deux jeunes un peu plus âgés se sont donné rendez-vous. Arrive une BMW Z3. En descend une brune aux bas aussi parfaits que ses jambes. Elle porte une veste noire et un bermuda plissé en soie transparente. La voiture est bleue, et un clip publicitaire ne pourrait pas faire mieux. Mais quand le type descend, la magie s'évanouit. Il a du ventre et trois poils sur la tête. Un vrai publicitaire ne l'embaucherait jamais. Un peu plus loin, devant le marchand de journaux, une camionnette est arrêtée. Deux carabiniers contrôlent sans beaucoup de conviction les papiers des garçons qui sont là, puis ils s'en vont.

Une voiture passe à toute vitesse en klaxonnant. Une fille aux cheveux blonds se met à la fenêtre pour saluer quelqu'un, puis, dans un bruit de pneus, disparaît à droite en direction de la via Siacci. Une brune entre au Café Shop pour acheter des cigarettes.

Puis, les uns après les autres, ils arrivent tous. En klaxonnant et pétaradant. Certains montent sur le trottoir avec leur moto, d'autres la garent en face du rideau de fer de l'Euclide. Babi descend de la moto de Step, rejette ses cheveux en arrière avec sa main. Au même moment Pallina s'approche d'elle.

– Trop fort, hein ?

– Quoi ?

– Ben, qu'on ait pu se tirer comme ça, dans la nuit, sans payer. Moi, je ne l'avais jamais fait. Vraiment, c'est trop marrant. Et ils sont tous sympa, hein ?

– Non. Et je ne me suis pas du tout marrée.

– Bof, pour une fois...

– Pas pour une fois. Tu le sais très bien. Pour eux c'est une habitude. Pallina, tu ne comprends pas. C'est comme si tu volais. Si tu manges sans payer, tu as volé.

– Tu parles ! Une assiette de tortellini et une bière. Le hold-up du siècle !

– Pallina, quand tu ne veux pas comprendre il n'y a vraiment rien à faire, hein ?

Tout à coup quelqu'un lui donne deux coups, pas particulièrement légers, sur l'épaule : c'est Maddalena. Elle mâche un chewing-gum et la fixe en souriant.

– Fais gaffe ! Tu ne dois pas venir ici.

– Pourquoi ?

– Parce que je ne veux pas de toi.

– Je n'ai pas l'impression que cet endroit soit à toi. Tu ne peux donc pas me l'interdire.

Babi se tourne vers Pallina, mettant fin à la discussion. Elle essaie d'entamer une conversation quelconque. Mais cette fois un coup violent l'oblige à se retourner.

– T'as peut-être pas compris ? Tu dois foutre le camp – Maddalena tape sur l'épaule de Babi – Compris ?

Babi soupire.

– Mais qu'est-ce que tu me veux ? Je ne te connais pas. Qui tu es ?

Maddalena hausse le ton. Elle devient toute rouge.

– Je suis quelqu'un qui va te casser la gueule ! – Puis elle s'approche et lui hurle à deux doigts du visage – Tu piges ?

Babi fait une grimace de mépris. Autour d'elles, quelques personnes se sont retournées pour voir ce qui allait se passer. Petit à petit, les gens cessent de bavarder et les entourent. Ils savent très bien comment ça va finir. Babi aussi le sait. Elle essaie de repousser Maddalena. Elle est près, trop près, d'elle.

– Écoute, arrête ! J'aime pas les scènes en public.

– Ah, tu n'aimes pas ça ? Alors reste chez toi...

Maddalena avance d'un air menaçant. Babi tend les mains, essayant de l'éloigner.

– Écoute, je te l'ai dit, je n'ai pas envie de discuter...

– Qu'est-ce que tu fais ? – Maddalena regarde la main de

Babi sur son épaule – Tu mets les mains sur moi ? Enlève tout de suite cette main de là !

Et elle tape violemment sur le bras de Babi.

– D'accord. Je m'en vais. Step ?

Babi se tourne pour le chercher. Mais au même moment elle sent une violente brûlure sous la pommette droite. Elle se retourne. Maddalena est devant elle. Elle a les poings levés, fermés et menaçants, elle sourit. C'est elle qui l'a frappée. Babi met sa main sur sa joue. Elle est chaude et elle lui fait mal. Maddalena lui flanque un coup de pied dans le ventre. Babi vascille légèrement. Maddalena la prend de biais, mais lui fait tout aussi mal. Babi se retourne pour s'en aller.

– Où est-ce que tu penses aller, sale conne ?

Un coup de pied dans le derrière la projette en avant. Babi réussit à ne pas perdre l'équilibre. Elle a les larmes aux yeux. Elle continue à marcher lentement. Elle entend autour d'elle des chuchotements, des gens qui rient, d'autres qui la fixent en silence. Quelqu'un la montre du doigt.

Des filles la regardent d'un air inquiet. Au loin, le bruit de la circulation. Puis elle voit Step. Il est là, devant elle. Soudain elle entend des pas rapides derrière elle. C'est Maddalena. Elle ferme les yeux et baisse légèrement la tête. Elle va de nouveau la frapper. Elle se sent brusquement tirée en arrière par les cheveux, et presque traînée. Elle tourne sur elle-même pour ne pas tomber. Elle se retrouve la tête en bas, tirée à toute vitesse par Maddalena, une furie hurlante qui la bourre de coups de poing sur le cou, sur la tête et dans le dos. Les racines de ses cheveux semblent vouloir lâcher, une douleur atroce atteint son cerveau et la rend folle. Elle tente de se libérer. Mais chaque coup, chaque mouvement de résistance déclenche un élancement aigu de plus, une douleur lancinante. Elle la suit, la talonne. Babi tend les mains en avant, s'accrochant au blouson de la fille, en poussant de toutes ses forces, toujours plus près, de plus en plus vite, sans voir où elle va, sans comprendre. Puis elle entend un bruit de ferraille, de métal qui rebondit. Maddalena a atterri sur des mobylettes, elle est tombée par terre, entraînant dans sa chute une SH 50 et un vieux Free. Elle est coincée dessous, alors qu'une roue sale aux rayons rouillés tourne encore. Le guidon et le cadre lourd la bloquent. Brusquement, Babi sent la rage monter en elle comme une marée, comme une énorme vague de haine. Elle sent son visage rouge, son souffle haletant, sa pommette douloureuse, sa tête torturée, et en un instant elle est sur son adversaire. Elle se met à la frapper à grands coups de pied comme un animal : méconnaissable. Maddalena essaye de se relever mais Babi se penche sur elle et la roue de coups de poing, la cognant partout. Elle hurle, la griffe, la tire par les cheveux, laissant sur son cou de longues griffures. Puis deux mains fortes la soulèvent du sol. Babi se retrouve en train de donner des coups de pied dans le vide, se démenant, tentant de se libérer pour frapper de nouveau, mordre et blesser encore. Un dernier coup de pied, précis, mais pas vraiment voulu, touche une autre bécane. Une SH 50 s'abat lentement à côté de Maddalena, enfin KO.

– Oh, ma bécane… s'exclame un jeune qui n'a rien à voir là-dedans.

Pendant qu'on l'entraîne, Babi regarde la foule. Maintenant les gens ne rient plus. Ils s'écartent pour la laisser passer. Elle se laisse aller en arrière, s'abandonnant à celui qui l'emporte. Elle éclate d'un rire nerveux qui monte vers le ciel. Elle se rappelle cette fille vulgaire qui était à la place d'honneur. Elle rit encore, et de plus en plus fort, mais n'entend plus rien sortir de sa bouche.

Le vent frais caresse son visage. Elle ferme les yeux. La tête lui tourne. Son cœur bat très fort. Son souffle est haché et de violentes vagues de rage, pas encore calmées, la secouent par moments. Sous elle quelque chose s'arrête. Elle est sur la moto. Step l'aide à descendre.

– Viens ici.

Ils sont sur le pont du corso di Francia. Elle monte les marches. Elle s'approche de la fontaine. Step mouille son bandana et le lui passe sur le visage.

– Ça va mieux ?

De la tête, Babi fait signe que oui. Step s'assied sur le muret à côté, balançant ses jambes écartées. Il la fixe en souriant.

– C'était bien toi ? Celle qui déteste les casseurs ? Les violents ? Eh ben... Si je te l'avais pas enlevée des mains, tu la tuais, la pauvre.

Babi fait un pas vers lui et éclate en sanglots. C'est comme si quelque chose s'était brisé, une digue, une barrière libérant ce fleuve de larmes. Il la fixe, il écarte les mains, ne sachant pas bien quoi faire. Puis il embrasse ses frêles épaules qui tremblent.

– Allez, arrête. C'est pas ta faute. Elle t'a provoquée.

– Moi, je voulais pas la frapper, je ne voulais pas lui faire du mal. Sérieusement... je ne voulais pas.

– Oui, je sais.

Step lui met une main sous le menton. Il recueille une larme salée, puis il lui relève le visage. Babi ouvre les yeux en reniflant et en battant des cils, riant encore, toute énervée. Step s'approche doucement de sa bouche et y pose un baiser. Elle semble encore plus délicieuse que d'habitude, sous lui, chaude et soumise, légèrement salée. Elle se laisse aller, cherchant un réconfort dans ce baiser, d'abord doucement, puis de plus en plus fort, désespérée jusqu'au moment où elle se cache contre son cou. Et lui sent ses joues mouillées, sa peau fraîche, ses petits sanglots cachés là derrière.

– Maintenant ça suffit – Il l'éloigne de lui – Allez, arrête – Step monte sur le petit mur – Si t'arrêtes pas de pleurer, je me jette en bas. Il fait quelques pas incertains sur le bord de marbre. Il écarte les bras pour garder son équilibre – Alors tu arrêtes ou je me jette...

Plusieurs mètres en dessous il y a le fleuve tranquille et sombre, l'eau noicie par la nuit, les berges pleines de buissons. Babi le regarde d'un air inquiet, mais elle continue à sangloter.

– Ne fais pas ça... je t'en prie.

– Alors arrête de pleurer.

– C'est plus fort que moi...

– Alors salut...

Step fait un saut et se jette dans le vide en criant. Babi court vers le bord du muret.

– Step !

Elle ne voit rien, uniquement le cours du fleuve entraîné par son courant.

– Bououououou !

Step jaillit de sous le muret et l'attrape au vol par le revers de son blouson. Babi crie.

– Tu y as cru, hein ?

Il l'embrasse.

– Il ne manquait plus que ça. Tu ne vois pas dans quel état je suis, et tu me fais ce genre de blague.

– Je l'ai fait exprès. Une belle peur, c'est ce qu'il faut, ça chasse tout le reste.

– Mais c'est pour les sanglots.

– Parce que tu ne sanglotais pas ? Allez, viens par ici.

Il l'aide à escalader le mur. Ils se retrouvent en dehors du pont, suspendus dans le noir, sur une petite corniche. Sous eux le fleuve, un peu plus loin, l'Olimpica éclairée. Enveloppés par les ténèbres et le murmure du courant, ils s'embrassent de nouveau. Avec passion, pleins de désir. Il lui enlève son tee-shirt et lui touche les seins, les libérant. Puis il ouvre sa chemise et pose sa peau lisse contre sa poitrine. Ils restent là, respirant leur chaleur, écoutant leurs cœurs, sentant leurs peaux s'effleurer dans le vent frais de la nuit.

Plus tard ils fixent le ciel et les étoiles, assis sur le bord du muret. Babi est étendue, désormais calme et tranquille, la tête posée sur les jambes de Step. Il lui caresse les cheveux. En silence. Puis Babi voit quelque chose d'écrit.

– Tu ne ferais jamais une chose de ce genre pour moi.

Step regarde autour de lui. Une petite bombe romantique a pulvérisé son message d'amour : « Cerbiatta je t'aime ».

– C'est vrai. Moi, je sais pas écrire. C'est toi qui le dis.

– Ben, tu pourrais la dicter à quelqu'un qui écrirait pour toi – Babi rejette la tête en arrière en lui souriant.

– Ah ! ah !... de toute façon j'écrirais plutôt quelque chose de ce genre, qui me semble bien mieux adapté à toi.

Sur une colonne, juste en face d'eux il y a un autre graffiti : « Cathia a le deuxième plus beau cul d'Europe ». « Deuxième » a été rajouté avec une petite parenthèse. Step sourit.

– C'est une phrase beaucoup plus sincère. Surtout parce que c'est toi qui as le premier.

Babi descend vite du muret et lui donne un petit coup de poing. :

– Cochon !

– Qu'est-ce que tu fais ? Tu me frappes moi aussi ? Alors c'est vraiment un vice chez toi...

– Très drôle !

– Bon, j'arrête – Step essaye de l'embrasser. Babi s'enfuit – Tu ne me crois pas ? Je te le promets...

– Bien sûr... Parce que sinon, je te frappe !

44

– Alessandri ?

– Présente.

– Bandini ?

– Présente.

Boi fait l'appel. Babi, assise à son bureau, vérifie avec inquiétude son mot d'excuse. Maintenant il ne lui semble plus aussi parfait. Boi saute un nom. Une élève qui est présente et tient à son identité se lève et depuis son banc, le lui fait remarquer. Avec une prof comme ça son mot d'excuse passera inaperçu. Le moment venu, elle apporte son cahier au bureau avec les deux autres absentes de la veille. Elle reste là, debout, le cœur battant. Mais tout marche comme sur des roulettes.

Babi retourne à sa place et suit, relax, le reste du cours. Un billet a atterri sur son bureau. De son banc, Pallina sourit. C'est elle qui l'a lancé. C'est un dessin. Une fille est allongée par terre et une autre à côté d'elle dans une pose de boxeur. Au-dessus, un gros titre : BABI III. Une parodie de *Rocky*. Une flèche indiquant la fille à terre est surmontée de l'inscription MADDALENA et, entre parenthèses, LA MINABLE. A côté d'une autre fille, une autre phrase : BABI, SES POINGS SONT EN GRANIT, SES MUSCLES EN ACIER. QUAND ELLE ARRIVE, TOUTE LA PIAZZA EUCLIDE TREMBLE ET LES MINABLES ENFIN SE TIRENT. Babi ne peut pas s'empêcher de rire.

Au même moment, la cloche sonne. Boi, après avoir péniblement rassemblé ses affaires, quitte la classe. Les filles n'ont pas le temps de sortir de leur banc que Giacci entre. Toutes retournent rapidement à leur place. La prof va vers son bureau. Babi a l'impression qu'en entrant elle regarde autour d'elle, comme si elle cherchait quelque chose. Et que, en la voyant, elle éprouve une sorte de soulagement et sourit. Pendant qu'elle s'assied, Babi se dit que ce n'est qu'une impression. Il faut qu'elle arrête. Elle fait une fixation là-dessus. Dans le fond, Giacci n'a rien contre elle.

– Gervasi !

Babi se lève. Giacci la fixe en souriant.

– Venez, venez, Gervasi.

Babi quitte sa place. Ce n'était pas qu'une impression. En histoire, elle a déjà été interrogée. Giacci a vraiment quelque chose contre elle.

– Apportez aussi votre carnet de correspondance.

Cette phrase la frappe en plein cœur. Elle sent qu'elle va s'évanouir. La classe se met à tourner autour d'elle. Elle regarde Pallina. Elle aussi est devenue toute blanche. Babi, son carnet à la main, terriblement lourd, presque impossible à porter, s'approche du bureau. Pourquoi veut-on son carnet ? Sa conscience chargée semble n'avoir rien à lui suggérer. Puis une petite lumière. Peut-être veut-elle revérifier le mot d'excuse. Elle s'accroche à cette lueur d'espoir, à cette improbable illusion. Elle pose le carnet son bureau.

Giacci l'ouvre en la fixant.

– Hier vous n'êtes pas venue à l'école, n'est-ce pas ?

Même cette fragile lueur d'espoir s'éteint.

– Non.

– Et pourquoi ?

– Je n'étais pas très bien.

Maintenant elle va très mal. Giacci s'approche dangereusement de la page des excuses. Elle trouve la dernière, l'incriminée.

– Et cette signature est censée être celle de votre mère, n'est-ce pas ?

La prof lui met le carnet sous les yeux. Babi regarde sa tentative d'imitation. Tout à coup, elle lui paraît complètement fausse, incroyablement tremblée, ouvertement trafiquée. Un « oui » si faible sort de ses lèvres qu'on ne l'entend presque pas.

– Étrange. J'ai eu votre mère au téléphone, et elle n'était pas au courant de votre absence. Et encore moins d'avoir signé quoi que ce soit. Elle est en route pour l'école. Elle n'avait pas l'air contente du tout. Vous en avez fini avec cet établissement, Gervasi. Vous serez renvoyée. Une signature falsifiée, si elle est dénoncée à qui de droit, comme je le ferai, équivaut à une suspension définitive. Dommage, Gervasi, vous pouviez avoir de bonnes notes au bac. Ce sera pour l'année prochaine. Voici.

Babi reprend son cahier. Maintenant il semble incroyablement léger. Tout à coup, tout lui semble différent, ses mouvements, ses pas. C'est comme si elle flottait dans l'air. En retournant à sa place, elle remarque les regards de ses compagnes, et cet étrange silence.

– Cette fois, Gervasi, c'est vous qui vous êtes trompée !

Babi ne comprend pas très bien ce qui suit. Elle se retrouve dans une pièce avec des bureaux en bois. Sa mère est là, elle pousse des cris perçants. Ensuite, Giacci arrive avec la directrice. Elles la font sortir. Toutes trois continuent à discuter pendant qu'elle attend dans le couloir. Une bonne sœur passe au fond. Elles échangent un regard sans sourire ni se saluer. Plus tard, sa mère sort. Elle la tire par un bras. Elle a l'air hors d'elle.

– Maman, je vais être renvoyée ?

– Non, demain matin, tu retournes à l'école. Il y a peut-être une solution, mais il faut d'abord que j'en parle avec ton père, pour savoir s'il est d'accord lui aussi.

Quelle solution ça peut bien être pour que sa mère ait besoin du consentement de son père ? Après le repas, elle l'apprend enfin. Ce n'est qu'une question de gros sous. Ils devront payer. Ce qu'il y a de bien dans les écoles privées, c'est que tout peut se résoudre facilement. Le seul vrai problème c'est de savoir combien coûte ce – facilement.

Daniela entre dans la chambre de sa sœur avec le téléphone à la main.

– Tiens, c'est pour toi.

Babi, épuisée par les événements, s'est endormie.

– Allô.

– Salut, tu viens ?

C'est Step. Babi s'assied mieux sur le lit. Maintenant elle est complètement réveillée.

– J'aimerais bien, mais je ne peux pas.

– Allez, on va au Parnaso ou au Pantheon. Je t'offre une glace au café avec de la crème, à la Tazza d'Oro. Tu as déjà essayé ? C'est mythique.

– Je suis punie.

– Encore ? Mais c'est pas fini ?

– Si, mais aujourd'hui la prof a trouvé la fausse signature et ç'a été un massacre. Cette andouille m'en veut à mort. Elle a fait un rapport à la directrice. Il aurait fallu que je refasse toute mon année. Mais ma mère a tout arrangé.

– Elle est forte, ta mère ! Un sacré caractère... mais elle obtient toujours ce qu'elle veut.

– Ben, ce n'est pas aussi simple que ça. Elle a dû payer.

– Combien ?

– Cinq mille euros. Pour les bonnes œuvres.

Step siffle.

– Merde, quelle générosité !... – Suit un silence gêné. – Allô, Babi ?

– Oui, je suis là.

– Je croyais qu'on avait été coupés.

– Non, j'étais en train de penser à Giacci, ma prof. J'ai bien peur que l'affaire ne s'arrête pas là. Je l'ai mouchée devant toute la classe et elle veut me faire payer à tout prix !

– Plus que cinq mille euros ?

– Ceux-là, c'est ma mère qui les a déboursés, clairement... je suis une sorte de donation. Maintenant, elle va s'en prendre à moi. Quelle barbe ! J'avais de si bonnes notes ! Pour le bac, je me serais baladée.

– Alors tu ne peux vraiment pas venir ?

– Non, tu plaisantes. Si ma mère téléphone et que je ne suis pas là, ce sera vraiment la fin du monde.

– Alors c'est moi qui passe chez toi.

Babi regarde sa montre. Il est presque cinq heures. Raffaella rentrera beaucoup plus tard.

– D'accord, viens. Je t'offre un thé.

– Tu n'aurais pas une bière ?

– A cinq heures ?

– Il n'y a rien de plus beau qu'une bière à cinq heures, et il y a autre chose, je déteste les Anglais.

Il raccroche. Babi descend rapidement de son lit. Elle enfile ses chaussures.

– Dani je fais un saut au supermarché, il te faut quelque chose ?

– Non, rien. Qui vient ? Step ?

– Je reviens dans cinq minutes.

Babi achète deux sortes de bière, une boîte de Heineken et une de Peroni. S'il s'agissait de vin, elle s'y retrouverait mieux. Mais elle ne connaît vraiment rien à la bière. Babi revient à toute vitesse à la maison et met les canettes dans le freezer. Un instant plus tard, l'interphone sonne.

– Oui ?

– Babi, c'est moi.

– Premier étage.

Elle appuie deux fois sur le bouton de l'interphone et va à la porte. Elle ne peut pas s'empêcher de se regarder dans le verre d'un tableau. Tout va bien. Elle ouvre la porte. Elle le voit monter les marches en courant. Il ne s'arrête qu'à la dernière pour préparer ce sourire qui lui plaît tant.

– Salut.

Babi s'efface pour le laisser passer. Il entre et sort une boîte de sous son blouson.

– Tiens, ce sont des biscuits anglais au beurre. Je les ai achetés tout près d'ici. Ils sont du tonnerre.

– Des biscuits anglais au beurre... alors il y a quelque chose d'anglais qui te plaît...

– A vrai dire je n'en ai jamais mangé. Mais mon frère en raffole. Il adore les tartes aux pommes et les trucs de ce genre, donc ils sont sûrement excellents. Moi j'aime que le salé. Même pour le petit déjeuner, alors je me fais un toast ou un sandwich. Mais les gâteaux, presque jamais.

Babi est légèrement inquiète de voir à quel point elle et lui sont différents, même dans les choses les plus simples.

– Merci, je vais les manger tout de suite.

En réalité elle est au régime, et ces petits rectangles croustillants au beurre doivent faire au moins cent calories chacun. Ces biscuits, il ne les a pas achetés dans un magasin, il les a pris chez lui. Puis, en y réfléchissant mieux, elle se rassure. Dans le fond, il rend service à Paolo. Un peu de régime ne lui ferait sûrement pas de mal. Daniela sort de sa chambre exprès pour le voir.

– Salut Step.

– Salut.

Il lui tend la main en souriant, il n'a pas l'air d'attacher beaucoup d'importance au fait qu'elle connaisse son surnom. Babi foudroie sa sœur du regard. Daniela, comprenant très vite, fait semblant de chercher quelque chose et repart aussitôt dans sa chambre. Peu après, l'eau boue. Babi prend une boîte rose. Puis, elle laisse tomber une cuillère de petites feuilles de thé dans la casserole. Un léger parfum se répand peu à peu dans la cuisine.

Ils passent au salon. Elle, avec une tasse de thé à la cerise fumante entre les mains, lui, avec les deux bières, mettant ainsi un point final à ses hésitations. Babi prend un album de photos dans la bibliothèque et le lui montre. Que ce soit dû à la Heineken ou à la Peroni, le fait est qu'il s'amuse. Il écoute ses récits colorés qui commentent chaque photo différente, un voyage, un souvenir, une fête.

Cette fois, il ne s'endort pas. Photo après photo, il la voit grandir, comme ça, en feuilletant les pages recouvertes de cellophane. Il la voit percer ses premières dents, souffler une bougie, aller à bicyclette, et la voilà, un peu plus grande, sur le manège, avec sa sœur. Sur un traîneau avec le Père Noël, au zoo avec un lionceau dans les bras. Petit à petit il voit son visage s'amincir, ses cheveux devenir plus clairs, ses petits seins pousser. Et, puis d'un coup, en tournant la page, c'est une femme. Plus une gamine grognon en bikini, les mains sur les hanches. Un petit deux pièces couvre le corps bronzé d'une belle jeune fille aux jambes lisses, devenues plus minces et plus longues. Maintenant ses yeux clairs sont capables de comprendre, son innocence est un choix. Elle est assise sur un pédalo, et ses épaules menues, peut-être un peu trop anguleuses, apparaissent, toutes dorées, entre ses cheveux blondis par la mer. Au fond, des baigneurs, un peu flous, ne savent même pas qu'ils ont été immortalisés.

Page après page, elle ressemble de plus en plus à l'originale qui est assise à côté de lui. Step, intéressé par ce que dit Babi, regarde ces photos, descend la seconde bière et pose de temps en temps quelques questions. A un moment Babi, qui sait ce qui suit, essaye de sauter une page.

Step, amusé par ces mille versions miniatures de Babi, est plus rapide qu'elle.

– Eh non, je veux voir.

Ils font semblant de lutter, uniquement pour pouvoir s'embrasser et se sentir un peu plus près l'un de l'autre. Et lui, après avoir gagné, éclate de rire. Faisant une grimace et louchant, elle sourit au milieu de la page. Cette photo n'a jamais plu à Babi.

– Bizarre, c'est celle qui te ressemble le plus.

Elle fait semblant d'être vexée et lui donne une tape. Puis elle range l'album, prend sa tasse, les deux canettes de bière vides et va à la cuisine. Step, resté seul, se promène dans le salon. Il s'arrête devant des tableaux de peintres qu'il ne connaît pas. Sur une large table basse, des petites boîtes et des cendriers en argent sont rangés un peu n'importe comment, mais ils auraient de toute manière fait le bonheur de ses copains.

Babi lave sa tasse et jette les canettes vides à la poubelle, en les recouvrant de la brique de lait vide et de bouts de Sopalin froissés. Il ne doit pas rester de traces. Quand elle revient au salon, Step a tout simplement disparu.

– Step ? – Pas de réponse. Elle va vers sa chambre – Step ?

Elle le voit. Il est debout à côté de son bureau et feuillette son agenda.

– C'est pas beau de lire ce qu'écrivent les autres sans leur permission.

Babi lui arrache l'agenda des mains. Il la laisse faire. Maintenant, il a lu ce qui l'intéressait. Il le mémorise.

– Pourquoi ? Il y a quelque chose d'écrit qui pourrait me mettre en colère ?

– Ce sont mes affaires.

– Il n'y aurait pas par hasard quelques lignes sur le péteux à la BMW ?

– Non, c'est trois fois rien, un petit flirt.

Ça l'amuse de prononcer avec exagération ce mot étranger.

– C'est un petit flirt, dit Step en la singeant.

– Évidemment, pas comme ton histoire avec cette furie déchaînée.

– Mais de qui tu parles ? – Step fait semblant de ne pas comprendre.

– Allez, tu as parfaitement compris de qui je parle ! De cette petite brune, la bagarreuse, que j'ai remise à sa place hier. Tu ne vas pas me dire qu'elle m'a sauté dessus par goût du sport. Entre vous, c'est plus qu'un flirt...

Step rit, s'approche d'elle et l'embrasse, en l'entraînant sur le lit. Puis il commence à lui enlever son tee-shirt.

– Non, arrête. Si mes parents arrivent et qu'ils nous chopent, ils seront fous furieux et s'ils nous chopent dans ma chambre, comme ça, ce sera la fin du monde !

– Tu as raison – Step la prend et la soulève facilement, habitué à des poids beaucoup plus lourds que ce tendre corps – Allons par là, ce sera mieux.

Et sans lui laisser le temps de répondre il se glisse dans la chambre des parents et ferme la porte. Puis il l'étend sur le lit et tout en l'embrassant dans la pénombre de la pièce, il s'allonge à côté d'elle.

– Tu es fou, tu le sais hein ? lui murmure-t-elle à l'oreille.

Lui ne répond pas. Un dernier rayon de soleil filtre à travers le store baissé et éclaire sa bouche. Elle voit ses dents blanches et parfaites sourire avant de se perdre dans un baiser. Puis, sans bien savoir comment, elle se retrouve dans ses bras alors qu'il n'a plus rien sur lui. Elle sent sa peau l'effleurer, ses mains prendre doucement ses seins. Babi a les yeux fermés, ses douces lèvres s'ouvrent et se ferment à un rythme constant, changeant un tout petit peu de temps en temps, petite fantaisie dans ce jeu de baisers. Brusquement elle se sent plus tranquille, plus libre. La main de Step s'empare sans bruit de sa ceinture.

Il défait le passant. Dans l'obscurité de la chambre elle entend le crissement du cuir et le bruit de la boucle métallique. Elle est très attentive, tout en continuant à l'embrasser. La pièce semble suspendue dans le vide. Seul le lent tictac d'un lointain réveil et leurs souffles confondus haletant d'amour. La ceinture se tend de plus en plus et la pointe sort enfin du troisième trou aux bords noircis, le plus abîmé, celui qui sert le plus, fruit de son pénible régime. Et en un instant son Levi's s'ouvre. Les boutons argentés prisonniers sont libérés par l'action magique de ce pouce et de cet index. L'un après l'autre, de plus en plus bas, dangereusement. Elle retient son souffle et tout à coup quelque chose se passe au milieu de ces baisers enchantés. Un petit changement presque imperceptible. Cette douce magie semble s'évanouir. Même s'ils continuent à s'embrasser, comme s'il y avait entre eux une attente silencieuse. Step semble guetter quelque chose, une ébauche, un signe de son désir. Mais Babi est immobile, elle ne laisse rien transparaître. En effet, elle n'a pas encore pris de décision. Personne n'est jamais allé jusque-là avec elle. Son jean est ouvert et elle sent la main de Step sur sa jambe. Elle continue à l'embrasser sans vouloir penser, sans bien savoir ce qu'il faut faire. Au même moment la main de Step décide d'oser. Elle avance tout doucement, délicatement, mais Babi la sent quand même. Elle entrouvre les yeux dans un soupir. Les doigts de Step sur sa peau, sur ce bord ourlé de rose, sur sa petite culotte. L'élastique s'écarte légèrement de sa peau mais échappe aussitôt des mains de Step pour reprendre sa place. Une seconde tentative plus décidée. Sous son jean la main de Step s'empare de sa hanche, et là, hardie et impérieuse, elle passe sous l'élastique. Elle glisse vers le bas, vers le centre, en lui caressant le ventre, de plus en plus bas, jusqu'aux abords frisés, aux confins inexplorés.

Mais soudain quelque chose survient. Babi lui bloque la main. Step la regarde dans la pénombre.

– Qu'est-ce qu'il y a ?

– Chut.

Babi s'appuie sur le côté, l'oreille aux aguets, guettant, au-delà de la chambre, de la porte du garage, en bas dans la cour. Un bruit imprévu, un dernier coup d'accélérateur bien connu. Cette marche arrière.

– Ma mère, vite, dépêchons-nous.

En un instant, ils sont de nouveau plus ou moins présentables. Babi tire sur la couverture du lit. Step finit d'enfiler sa chemise. On frappe à la porte de la chambre. Ils restent un instant sans bouger. C'est Daniela.

– Babi, attention, maman est revenue.

Elle n'a pas le temps de finir sa phrase. La porte s'est grande ouverte.

– Merci, Dani, je sais.

Babi sort en traînant Step derrière elle. Lui résiste un peu.

– Non, je veux lui parler, je veux éclaircir cette situation une fois pour toutes !

Il arbore de nouveau un sourire insolent.

– Arrête de plaisanter. Tu ne sais pas ce que ma mère te fera si elle te chope.

Ils vont au salon.

– Vite, sors par ici, comme ça tu ne la rencontreras pas.

Babi déverrouille la porte principale. Il sort sur le palier. L'ascenseur mène directement à la cour. Elle l'appelle. Ils échangent un baiser hâtif.

– Je veux un rendez-vous avec Raffaella.

Elle le pousse dans l'ascenseur.

– Disparais !

Step appuie sur le bouton rez-de-chaussée, suivant avec un sourire le conseil de Babi. Au même moment, l'autre porte, la porte secondaire, s'ouvre. Raffaella entre. Elle pose des sacs sur la table de la cuisine. Puis elle a comme une intuition, quelque chose dans l'air, peut-être le bruit de l'autre porte.

– Babi, c'est toi ?

Elle va tout de suite au salon. Babi vient d'allumer la télévision.

– Oui maman, je regarde la télé.

Mais une légère rougeur la trahit. Cela suffit à Raffaella. Elle va rapidement vers la fenêtre qui donne sur la cour. Un bruit de moteur qui s'éloigne, dans un coin des feuilles de lierre qui bougent encore. Trop tard. Elle ferme la fenêtre. Dans le couloir, elle rencontre Daniela.

– quelqu'un est venu ?

– Je ne sais pas maman, je suis toujours restée dans ma chambre pour travailler.

Raffaella décide de laisser tomber. Avec Daniela, c'est inutile d'insister. Elle va dans la chambre de Babi. Tout semble en ordre. Il n'y a rien d'anormal. La couverture du lit est parfaite. Mais elle pourrait aussi avoir été retapée. Alors, sans que personne puisse la voir, elle l'effleure de la main. Elle est fraîche. Personne ne s'est allongé dessus. Elle pousse un soupir et va dans sa chambre. Elle enlève son tailleur et le met sur un cintre. Puis elle prend un pull-over en angora et une jupe moelleuse. Elle s'assied sur le lit et les enfile. Ignorante et tranquille, à cent lieues d'imaginer que justement là, quelques instants plus tôt, sa fille était en train d'embrasser ce garçon qu'elle ne supporte pas. Là où elle est assise, elle, sur cette couverture encore chaude de leurs caresses.

Plus tard Claudio rentre, lui aussi. Il discute longuement avec Babi de la fausse signature, des cinq mille euros dépensés, de son comportement pendant ces derniers jours. Puis il se met devant la télévision, enfin tranquille, attendant que le repas soit prêt. Mais, au même moment, Raffaella l'appelle de la cuisine. Claudio rejoint tout de suite sa femme.

– Qu'est-ce qui se passe encore ?

– Regarde...

Raffaella lui montre les deux canettes de bière que Step a bues.

– Bon, de la bière. Et alors ?

– Elles étaient cachées dans la boîte à ordures sous des papiers.

– La belle affaire ! Elles ont dû boire de la bière. Quel mal y a-t-il ?

– Ce garçon était ici cet après-midi. J'en suis sûre...

– Quel garçon ?

– Celui qui a attaqué Accado, celui pour qui ta fille n'est pas allée à l'école. Stefano Mancini, Step, le petit ami de Babi.

– Le petit ami de Babi ?

– Tu ne vois pas comme elle a changé ? Est-ce possible que tu ne t'aperçoives de rien... tout est de la faute de ce voyou... elle participe à des courses à moto, fait de fausses signatures... Et puis tu as vu ce bleu qu'elle a sous l'œil ? Pour moi, il doit aussi la battre.

Claudio en reste sans voix. De nouveaux problèmes. Est-ce possible qu'il ait frappé Babi ? Il doit faire quelque chose, intervenir. Il va lui dire deux mots, oui, il le fera.

– Tiens – Raffaella lui donne un bout de papier – Le numéro de la moto de ce garçon. Tu téléphones à notre ami Davoni, tu le lui donnes, il remonte à l'adresse et tu vas lui parler.

C'est ce qu'il faut faire. Elle s'accroche à ce dernier espoir.

– Tu es sûre que c'est le bon ?

– Je l'ai lu devant l'école de Babi, l'autre jour. Je m'en souviens parfaitement – Claudio glisse le papier dans son portefeuille – Ne le perds pas !

Ces mots de Raffaella sont une menace plus qu'un conseil. Claudio retourne au salon et se laisse tomber sur le divan, devant la télévision. Un couple parle de ses problèmes devant une femme aux manières un peu trop masculines. Comment font-ils pour avoir envie d'aller discuter à la télévision devant tout le monde, alors que lui ne le fait même pas chez lui, tout seul, dans sa cuisine. Et maintenant il va falloir qu'il aille discuter avec ce garçon. Il va le tabasser, lui aussi. Il pense à Accado. Peut-être qu'il finira dans la même chambre d'hôpital. Ils se tiendront compagnie. Ce qui ne le rend pas plus gai. Accado ne lui est pas tellement sympathique. Claudio sort son portefeuille et va vers le téléphone. Stefano Mancini. Step. Ce type lui a déjà coûté cinq mille euros et deux bières. Il prend le bout de papier avec le numéro de la moto et appelle son ami Davoni. Puis, en attendant que quelqu'un lui réponde, il pense à sa femme. Raffaella est incroyable. Elle a vu une ou deux fois la moto de ce garçon, et elle se souvient parfaitement du numéro. Lui qui a cette Mercedes depuis un an, il ne sait pas encore son numéro par cœur.

– Allô, Enrico ?

– Oui.

– Salut, ici Claudio Gervasi.

– Comment vas-tu ?

– Bien, et toi ?

– Très bien... quel plaisir de t'entendre !

– Écoute, excuse-moi de te déranger, mais j'aurais un petit service à te demander – Pendant un instant Claudio espère qu'Enrico ne sera pas gentil – Mais bien sûr, dis-moi tout.

C'est quand même vrai que quand on n'a pas besoin d'un service, tout le monde est disposé à vous le rendre !

45

Elle ne comprend pas si ce léger cliquetis sur le store est un rêve ou la réalité. C'est peut-être le vent. Elle bouge dans son lit. Elle l'entend de nouveau. Un peu plus fort, précis comme un signal. Babi sort de son lit. Elle s'approche de la fenêtre. Elle regarde à travers les fentes du store. Éclairé par la lumière de la pleine lune, il est là. Tout étonnée, elle soulève le store en essayant de faire le moins de bruit possible.

– Step, qu'est-ce que tu fais ici ? Comment as-tu fait pour monter ?

– Rien de plus facile. J'ai sauté sur le muret et j'ai grimpé le long des tuyaux. Allez, on y va.

– Où ?

– Ils nous attendent.

– Qui ?

– Les autres. Mes copains. Allez, ne fais pas d'histoires. Amène-toi ! Et cette fois, si tes parents me chopent, ce ne sera pas de la tarte.

– Attends que je mette quelque chose.

– Non, on va tout près d'ici.

– Mais je n'ai rien sous ma chemise de nuit.

– Tant mieux.

– Allez idiot, attends une minute.

Elle laisse la fenêtre entrouverte, s'assied sur son lit et s'habille en vitesse. Soutien-gorge, slip, un sweat-shirt, un jean, ses Nike et elle se retrouve à la fenêtre.

– On y va, mais on passe par la porte.

– Non, on descend par ici, c'est mieux.

– Mais quoi, tu rigoles ? Moi, j'ai peur. Si je tombe, je me tue. Et si mes parents se réveillent en entendant mes hurlements et le choc, qu'est-ce qui se passera ? Allez, suis-moi... mais fais doucement !

Elle le guide dans l'obscurité de la maison endormie, en

faisant des petits pas sur l'épaisse moquette et en baissant lentement les poignées de porte. Elle enlève l'alarme, prend les clés et ils filent. Un petit déclic quand la porte se referme derrière eux, accompagnée jusqu'au bout pour éviter qu'elle fasse du bruit. Puis l'escalier, la cour, la descente, la moto, avec le moteur éteint pour qu'on ne les entende pas.

Après avoir dépassé la grille, Step passe la première, puis la seconde et met les gaz. Ils volent en avant, désormais, libres d'aller où ils veulent, au milieu de ceux qui sont endormis et seuls dans leur lit.

– Qu'est-ce qui se passe ici ?

– Suis-moi et tu verras. Ne fais pas de bruit, je t'en supplie – Ils sont via Zandonai, après l'église. Ils passent une grille. Ils parcourent un chemin sombre à travers quelques buissons – Voilà, passe là-dessous.

Step soulève un bout de grillage qui a été arraché à la base. Babi se baisse en faisant bien attention de ne pas s'accrocher. Peu après ils marchent dans le noir sur l'herbe fraîchement tondue. La lune éclaire tout autour d'eux. Ils sont à l'intérieur d'une résidence.

– Mais où va-t-on ?

– Chut !

Step lui fait signe de se taire. Puis, après avoir escaladé un petit mur, Babi entend des bruits. De lointains éclats de rire. Step lui sourit et la prend par la main. Ils sautent par-dessus un buisson, et voilà qu'elle apparaît. Elle est là, sous la lumière de la lune, bleue et transparente, tranquille, bordée par la nuit. Une grande piscine. Dedans il y a quelques garçons. Ils nagent sans faire trop de bruit. De petites vagues dépassent les bords et vont se perdre dans l'herbe. On entend comme une étrange respiration, cette eau qui va et vient, disparaissant dans le vide d'une petite grille.

– Viens.

Quelques garçons la saluent.

Babi reconnaît leurs visages mouillés. Ce sont tous les copains de Step. Maintenant elle a même appris quelques noms : le Sicilien, Hook, Bunny. Ils sont plus faciles à retenir que ceux de son entourage où tous s'appellent Guido, Fabio, Francesco. Il y a aussi Pollo, et Pallina qui s'approche du bord en nageant.

– Zut, j'étais sûre que tu ne viendrais pas. J'ai perdu mon pari.

Pollo la tire loin du bord.

– Tu vois ce que je t'avais dit ?

Ils rient.

Pallina veut lui faire boire la tasse, mais elle n'y arrive pas

– Maintenant il faut que tu payes !

Ils s'éloignent en s'éclaboussant et en s'embrassant. Babi se demande ce qu'ils avaient parié, mais elle en a une vague idée.

– Mais Step, je n'ai pas mon maillot !

– Moi non plus. J'ai mon boxer. Qu'est-ce que ça peut faire. Presque personne n'en a.

– Mais il fait froid.

– J'ai apporté des serviettes pour après,il y en a une pour toi. Allez ne lambine pas.

Step enlève son blouson. Une seconde après tous ses vêtements sont par terre.

– Fais gaffe, si je te jette à l'eau tout habillée, ce sera pire. Et tu sais que je suis capable de le faire.

Elle le regarde. C'est la première fois qu'elle le voit nu. Les reflets de la lune mettent ses muscles en valeur. Des abdominaux parfaits, des pectoraux bombés et denses. Babi enlève son sweat-shirt. Il mérite son surnom, pense-t-elle. The Beau Gosse... Peu après, ils sont tous les deux dans l'eau. Ils nagent l'un à côté de l'autre. Un frisson la fait un peu trembler.

– Brr, il fait froid.

– Maintenant tu vas te réchauffer. Fais attention de ne pas aller sous l'eau les yeux ouverts. Elle est pleine de chlore. C'est la première piscine ouverte du quartier, tu sais ? C'est une sorte d'inauguration. L'été arrive bientôt. C'est chouette, non ?

– Superchouette.

– Viens ici.

Ils s'approchent du bord. Des bouteilles flottent un peu partout.

– Tiens, bois.

– Mais moi, je ne bois jamais d'alcool.

– Ça te réchauffera.

Babi prend la bouteille et l'approche de sa bouche. Elle sent le liquide frais légèrement aigre et pétillant descendre dans sa gorge. C'est bon. Elle se détache de la bouteille et la passe à Step.

– Ce n'est pas mauvais, ça me plaît.

– Je veux ! C'est du champagne – Step avale une longue gorgée. Babi regarde autour d'elle. Du champagne ? Où l'ont-ils pris ? Ils l'ont sûrement volé – Tiens.

Step lui repasse la bouteille. Elle décide de ne plus y penser et en boit une autre gorgée. Elle calcule mal et en boit un peu trop. Elle s'étrangle presque et le champagne avec toutes ses petites bulles lui remonte dans le nez. Elle se met à tousser. Step éclate de rire. Il attend qu'elle se reprenne. Puis ils nagent ensemble vers l'angle opposé. Un buisson plus gros que les autres les protège des rayons de la lune. Il ne laisse filtrer que quelques reflets d'argent qui s'évanouissent dans ses cheveux mouillés. Step la regarde. Elle est très belle. Il embrasse ses lèvres fraîches et aussitôt ils se retrouvent dans les bras l'un de l'autre. Maintenant leurs corps nus s'effleurent pour la première fois. Enveloppés par cette eau froide ils cherchent et trouvent de la chaleur entre eux, se découvrant, frémissant, s'écartant parfois l'un de l'autre pour ne pas se gêner. Step se détache d'elle, fait une petite brasse latérale et revient peu après avec une nouvelle prise.

– Celle-ci est encore pleine.

Une autre bouteille. Ils sont encerclés par les bouteilles. Babi sourit et boit. Lentement cette fois, pour ne pas s'étrangler. Ça lui semble encore meilleur. Puis elle cherche ses lèvres. Ils continuent à s'embrasser avidement pendant qu'elle se sent flotter et ne comprend pas bien pourquoi. Est-ce l'effet normal de l'eau, ou celui du champagne ? Elle laisse sa tête aller doucement en arrière, elle l'appuie sur l'eau, et pendant un instant elle cesse d'avoir le vertige. Les bruits aux alentours vont et viennent, puis disparaissent. Ses oreilles, effleurées par de petites vagues, passent de temps en temps sous l'eau, et des sons étranges et agréables l'atteignent en l'étourdissant encore un peu plus. Step la tient entre ses bras, la fait tourner autour de lui, en la traînant. Elle ouvre les yeux. Des vaguelettes de courant lui caressent la joue et de temps en temps de désagréables petites éclaboussures effleurent sa bouche. Elle a envie de rire. Plus haut, des nuages argentés se déplacent lentement dans le bleu infini. Elle se redresse. Elle étreint ses fortes épaules et l'embrasse passionnément. Lui la regarde dans les yeux. Il pose sa main mouillée sur son front et, en caressant ses cheveux, il les rejette en arrière, découvrant son visage lisse.

Puis il descend le long de la joue, jusqu'à son menton, le long de son cou, puis plus bas sur ses seins ourlés d'eau, frémissant de froid et d'émotion, et encore plus bas, là où cet après-midi, lui le premier, lui et lui seul, a osé l'effleurer. Elle l'embrasse plus fort. Elle appuie son menton sur son épaule et, les yeux mi-clos, elle regarde au loin. Une bouteille à moitié vide flotte tout près d'eux. Elle monte et descend. Et pense au message enroulé qui est dedans. « Au secours, mais ne me sauvez pas. » Elle est en proie à mille émotions, et tout à coup elle comprend. Oui, c'est elle qui est en train de sombrer.

– Babi, Babi. Elle entend qu'on l'appelle et sent qu'on la secoue très fort. Daniela est devant elle.

– Mais quoi ? tu n'as pas entendu ton réveil ? Allez, bouge-toi, on est en retard. Papa est déjà presque prêt.

Sa sœur sort de la chambre. Babi se retourne dans son lit. Elle repense à cette nuit. Step qui est entré en cachette dans la maison. La fugue à moto, le bain dans la piscine, avec Pallina et les autres. La cuite. Elle est dans l'eau. Sa main. Peut-être qu'elle a tout imaginé. Elle se touche les cheveux. Ils sont parfaitement secs. Dommage, c'était un rêve, très beau, mais seulement un rêve. De sous la couverture elle tend la main et cherche à tâtons la radio. Elle la trouve et l'allume. Stimulée par la nouvelle et joyeuse chanson de Simply Red, *Fake*, elle sort du lit. Elle est encore légèrement endormie et elle a un peu mal à la tête. Elle s'approche de la chaise pour s'habiller. Son uniforme est là, mais elle n'a pas préparé le reste de ses affaires. Quelle idiote, pense-t-elle, j'ai oublié. C'est la première fois. Mes parents ont raison. Je suis peut-être en train de changer sérieusement. Je vais devenir comme Pallina. Si désordonnée qu'elle perd tout. Bof, ça voudra dire que nous serons encore plus amies. Elle ouvre le premier tiroir. Elle sort un soutien-gorge. Puis, pendant qu'elle fouille dans la lingerie en cherchant un slip, elle trouve une douce surprise. Caché au fond, dans un petit sac en plastique, il y a une culotte et un soutien-gorge mouillés. Une légère odeur de chlore se répand autour d'elle. Ce n'était pas un rêve. Ces sous-vêtements, elle les a posés la veille sur la chaise, comme toujours, avec la seule différence qu'elle s'en est servi cette nuit comme maillot de bain. Elle sourit. Puis, tout à coup elle se rappelle qu'elle était dans ses bras. C'est vrai, elle a changé. Elle commence à s'habiller. Elle met son uniforme, et à la fin, en enfilant ses chaussures, elle prend une décision. Elle ne lui permettra jamais d'aller plus loin. Rassurée, elle se regarde dans la glace. Ses cheveux sont ceux de tous les jours, ses yeux les mêmes que ceux qu'elle a maquillés la veille. Sa bouche aussi est la même. Elle se coiffe en souriant, pose la brosse et sort en courant de la pièce pour aller prendre son petit déjeuner. Elle ne sait pas que bientôt elle changera encore. Au point de passer devant ce miroir et de ne pas se reconnaître.

46

Giacci descend au parloir. Elle salue quelques mères qu'elle connaît, puis elle va au fond de la salle. Un garçon portant un blouson noir et des lunettes de soleil est vautré dans un fauteuil. Il a une jambe sur l'un des accoudoirs et, comme si cela ne suffisait pas, il fume d'un air insolent. Il a la tête en arrière et de temps en temps souffle des bouffées de fumée.

Giacci s'arrête.

– Excusez-moi ? – Le garçon fait semblant de ne pas entendre. Giacci élève la voix – Excusez-moi ?

Step finit par relever la tête.

– Oui ?

– Vous ne savez pas lire ? lui demande-t-elle en lui montrant l'écriteau : « Défense de fumer », bien visible sur le mur.

– Où ?

Giacci décide de ne pas insister.

– Ici on n'a pas le droit de fumer.

– Ah, je ne m'en étais pas aperçu.

Step laisse tomber sa cigarette par terre et l'éteint d'un coup de talon sec. Giacci s'énerve.

– Qu'est-ce que vous faites ici ?

– J'attends Mme Giacci.

– C'est moi. A quoi dois-je l'honneur de votre visite ?

– Ah, c'est vous. Excusez-moi pour la cigarette.

Step s'assied mieux sur le fauteuil. Un instant il semble sincèrement désolé.

– N'en parlons plus, alors, que voulez-vous ?

– Voilà, je voudrais vous parler de Babi Gervasi. Vous ne devez pas la traiter comme ça. Vous savez, madame la prof, cette jeune fille est très sensible. Et puis ses parents sont de vrais casse-couilles, vous comprenez. Alors, quand ça ne va pas avec vous, ils la punissent, et qui trinque, c'est moi qui ne peux pas sortir avec elle, et moi je ne suis absolument pas d'accord, madame la prof, vous comprenez ?

Giacci est hors d'elle. Comment se goujat se permet-il de lui parler de cette façon ?

– Non, je ne comprends absolument pas, et je ne comprends surtout pas ce que vous faites ici. Vous êtes un parent peut-être ? Son frère ?

– Non, disons que je suis un copain.

Subitement la prof se rappelle qu'elle l'a déjà vu. Oui, par la fenêtre. C'est le garçon avec lequel Babi s'est éloignée de l'école. Elles en ont longuement parlé, elle et sa mère, la pauvre femme. Ce type est dangereux.

– Vous n'êtes pas autorisé à rester ici. Partez, où j'appelle la police.

Step se lève et passe devant elle en souriant.

– Moi je suis venu uniquement pour parler. Je voulais trouver une solution avec vous, mais je vois que c'est impossible.

Giacci le regarde d'un air supérieur. Il ne lui fait pas peur, ce type. Avec tous ses muscles, ce n'est qu'un gamin, un petit esprit, insignifiant. Step s'approche d'elle comme s'il voulait lui faire une confidence.

– Voyons si vous comprenez ce mot, madame la prof. Écoutez bien : « Pepito » – Giacci devient toute blanche. Elle n'en croit pas ses oreilles – Je vois que vous avez com pris le principe. Alors comportez-vous bien, madame la prof, et vous verrez qu'il n'y aura pas de problèmes. Dans la vie, le tout, c'est de trouver les mots qui conviennent. Souvenez-vous-en : « Pepito ».

Il la laisse au milieu de la pièce, pâle, encore plus vieille qu'elle ne l'est, avec un seul espoir : que rien de tout cela ne soit vrai. Giacci va chez la directrice, demande la permission de partir, court chez elle, et quand elle arrive elle a presque peur d'entrer. Elle ouvre la porte. Pas le moindre bruit. Rien. Elle va dans toutes les pièces en criant, en appelant le chien par son nom, puis elle se laisse tomber sur une chaise. Encore plus fatiguée et plus seule que les autres jours. Le concierge apparaît sur le pas de la porte.

– Madame Giacci, comment ça va ? Vous êtes toute pâle. Écoutez, aujourd'hui deux jeunes sont venus de votre part pour aller promener Pepito. Moi, je leur ai ouvert. J'ai bien fait, hein ?

Giacci le fixe. C'est comme si elle ne le voyait pas. Puis, sans haine, résignée, pleine de tristesse et de mélancolie, elle fait signe que oui. Le concierge s'éloigne. Giacci se lève péniblement de sa chaise et va fermer la porte. De longs jours de solitude l'attendent dans cette grande maison, sans les joyeux aboiements de Pepito. Comme on peut se tromper sur les gens. Babi lui avait paru une jeune fille orgueilleuse et intelligente, peut-être un peu trop sûre d'elle, mais pas assez mauvaise pour faire une chose pareille. Elle va à la cuisine pour se préparer à manger. Elle ouvre le réfrigérateur. A côté de sa salade, la nourriture de Pepito est prête. Elle éclate en sanglots. Maintenant elle est vraiment seule. Maintenant elle a définitivement perdu.

47

Cet après-midi-là Paolo finit tôt au bureau. Tout content, il rentre chez lui. Mais soudain il entend aboyer. Au salon, un loulou à poil blanc frétille de la queue sur son tapis turc. Juste devant, il y a Pollo avec une cuillère en bois à la main.

– Prêt ? Vas-y !

Pollo lance la cuillère en bois sur le divan d'en face. Le loulou ne se retourne même pas, se fichant éperdument de l'endroit où est allé choir ce morceau de bois. Il préfère se mettre à aboyer.

– Merde, pourquoi il n'y va pas ? Ce clébard ne fonctionne pas ! On a fauché un débile. Il sait seulement aboyer.

Sur un fauteuil Step s'arrête de lire le nouveau *Dago*.

– C'est pas un chien de rapport. Il n'est pas dressé. Qu'est-ce que tu crois ?

Step s'aperçoit que son frère est là. Il est sur le pas de la porte avec son chapeau sur la tête.

– Oh Pa' salut, comment ça va ? Je t'ai pas entendu entrer. Comment ça se fait que tu rentres si tôt aujourd'hui ?

– J'ai fini plus tôt. Mais qu'est-ce que ce chien fait chez moi ?

– Il est tout neuf. On l'a pris à moitié, Pollo et moi. Il te plaît ?

– Absolument pas. Je ne veux pas le voir ici. Regarde – Il s'approche du divan – Il est déjà tout plein de poils blancs.

– Allez Paolo, ne joue pas les tyrans. Il restera dans ma demi-maison.

– Quoi ?

Le chien bat de la queue et commence à aboyer.

– Tu vois, il est d'accord.

– Déjà que tu me réveilles toi, quand tu rentres, alors qu'est-ce que ce sera avec ce chien qui aboiera tout le temps. Il n'en est pas question.

Furieux, Paolo s'éloigne.

– Merde, il est pas content.

Pollo a une idée. Il hurle pour qu'on l'entende dans la pièce à côté.

– Paolo, pour les deux cents euros que je te dois... moi je l'embarque.

Step se met à rire et se replonge dans *Dago*. Paolo apparaît sur le pas de la porte.

– Affaire conclue. De toute façon, cet argent, je n'en aurais jamais vu la queue. Au moins comme ça, je suis débarrassé de ce chien. A propos, Step, on peut savoir où sont passés mes biscuits au beurre ? Je les ai achetés avant-hier pour le petit déjeuner, et ils ont déjà disparu.

– Bof, c'est Maria qui a dû les manger. Moi je ne les ai pas pris, tu sais que je ne les aime pas.

– Je ne sais pas comment ça se fait, mais tout ce qui arrive est toujours de la faute de Maria. Alors, on la renvoie, cette Maria ? Elle ne fait que des dégâts...

– Tu rigoles ? Maria est mythique. Elle fait de ces tartes aux pommes. Celle d'avant-hier, par exemple... dit Pollo.

– C'est vous qui l'avez mangée ? J'en étais sûr !

Step regarde sa montre.

– Merde, il est tard. Il faut que j'y aille.

Pollo se lève à son tour.

– Moi aussi il faut que j'y aille.

Paolo reste seul dans le salon.

– Et le chien ?

Avant de sortir Pollo a juste le temps de répondre.

– Je repasserai.

– N'oublie pas que tu l'emmènes ou que tu me donnes les deux cents euros !

Paolo regarde le loulou. Il est là, au milieu du salon, en train de battre de la queue. Bizarre qu'il n'ait pas encore pissé sur son tapis. Ensuite il ouvre son cartable en cuir et en tire un nouveau paquet de biscuits anglais au beurre. Où peut-il bien les mettre ? Il choisit la petite armoire du bas, celle où on range les enveloppes et le papier à lettres. Dans cette maison on n'écrit jamais à personne. Il les cache sous un paquet d'enveloppes encore fermé.

Quand il se relève il voit que le loulou le regarde fixement. Ils restent comme ça pendant un moment. Peut-être qu'ils me l'ont laissé exprès. Il y a bien des chiens chercheurs de truffes, pourquoi pas des chiens chercheurs de biscuits ? Et, l'espace d'un instant, Paolo, bêtement, n'est plus aussi sûr de sa cachette.

48

Babi est derrière Step. Sa joue appuyée sur son blouson, le vent soulève la pointe de ses cheveux.

– Alors, comment ça s'est passé à l'école aujourd'hui ?

– Très bien. On a eu deux heures de permanence. Giacci était absente. Elle a eu des problèmes familiaux. Dis donc, si nous on a des problèmes avec elle, imagine avec sa famille...

– Tu verras qu'à partir de maintenant, tout se passera beaucoup mieux avec elle. J'en ai comme le pressentiment.

Babi ne comprend pas bien le sens de ses paroles et change de sujet.

– Tu es sûre que ça ne me fera pas mal ?

– Absolument sûr ! Tout le monde en a. Tu as vu comme le mien est grand. Sinon je serais mort, non ? Toi tu en feras faire un tout petit. Tu ne t'en apercevras même pas.

– Je n'ai pas encore dit que je le ferai. J'ai seulement dit que je venais voir.

– C'est bon, comme tu veux, si ça te plaît pas, le fais pas, d'accord ?

– Voilà, on est arrivés.

Ils marchent dans une ruelle. Par terre il y a du sable apporté par le vent, qui vient de la plage toute proche. Ils sont à Fregene, un village de pêcheurs. Pendant un instant Babi se demande si elle n'est pas folle. « Mon Dieu, je vais me faire tatouer, pense-t-elle, il faut que je le fasse faire dans un endroit caché, mais pas trop. » Elle imagine sa mère le découvrant. Elle se mettrait à hurler. Sa mère hurle toujours.

– Tu es en train de te demander où tu vas te le faire faire ?

– Je suis toujours en train de me demander si je vais me le faire faire.

– Allez, le mien t'a tellement plu quand tu l'as vu. Et puis Pallina en a un, elle aussi.

– Oui, je sais, mais quel rapport ? Elle se l'est fait toute seule, à la maison, avec une aiguille et de l'encre de Chine.

– Oui, mais le mien est beaucoup mieux. Avec la petite machine on peut aussi y mettre des couleurs... c'est une merveille.

– Mais on est sûr qu'ils la stérilisent ?

– Bien sûr. Qu'est-ce que tu vas chercher ?

« Moi je ne me drogue pas, et je n'ai jamais fait l'amour. Ce serait la pire des poisses d'attraper le sida en me faisant faire un tatouage », songe Babi.

– Voilà, c'est ici.

Ils s'arrêtent devant une espèce de cabane. Le vent agite les roseaux qui recouvrent le toit de tôle. La fenêtre a des vitres de couleur. La porte est en bois marron foncé. On dirait presque du chocolat.

– John, on peut ?

– Oh ! Step, entre.

Babi le suit. Elle est frappée par une forte odeur d'alcool. Au moins on est sûr qu'il y en a, maintenant il faut voir s'ils s'en servent. John est assis sur une espèce de tabouret et il est en train de s'affairer sur l'épaule d'une jeune fille blonde assise devant lui sur un petit banc. Babi entend le bruit d'un petit moteur, qui lui rappelle celui de la roulette du dentiste. Elle espère seulement qu'il ne fait pas aussi mal. La fille regarde devant elle. Si elle souffre, elle ne le montre pas. Un garçon appuyé au mur, arrête de lire le *Corriere dello Sport*.

– Ça te fait mal ?

– Non.

– Mais tu es sûre que ça ne te fait pas mal ?

– Je t'ai dit que non.

Le garçon se remet à lire son journal. On dirait qu'il est agacé que ça ne lui fasse pas mal.

– Et voilà – John éloigne la petite machine et s'approche de l'épaule pour mieux regarder son travail – Parfait.

La fille pousse un soupir de soulagement. Elle tend le cou pour voir si elle partage l'enthousiasme de John. Babi et Step, curieux du résultat, s'avancent. Le garçon cesse de lire et se penche en avant. Ils se regardent tous sans rien dire. La jeune fille cherche autour d'elle un peu d'approbation.

– Il est beau, hein ?

Un papillon aux mille couleurs resplendit sur son épaule blanche. La peau est un peu gonflée. La couleur encore fraîche, mêlée au rouge du sang, paraît particulièrement brillante.

– Superbe ! lui répond en riant celui qui doit être son petit ami.

– Très beau – Babi décide elle aussi de lui faire plaisir.

– Tiens. Mets ça – John lui pose un pansement adhésif sur l'épaule – Il faut que tu nettoies ça tous les matins pendant quelques jours. Tu verras, il n'y aura pas d'infection.

La fille serre les dents et aspire une bouffée d'air par la bouche. Une chose est sûre. L'alcool, John s'en sert, au moins après. Le type sort cinquante euros et paye. Puis il sourit et prend dans ses bras la fille fraîchement tatouée.

– Aïe. Tu me fais mal !

– Oh, excuse-moi, trésor – Il la prend délicatement par le bras et sort de la pseudo-cabane.

– Alors Step, montre-moi comment va ton tatouage...

Step tire sur la manche droite de son blouson. Sur son avant-bras musclé apparaît un aigle avec une langue rouge flamboyante. Step bouge les doigts comme un pianiste. Ses tendons oscillent sous la peau, donnant vie à ces grandes ailes.

– Il est vraiment beau – John regarde son travail d'un air satisfait – Il faudrait en faire un autre.

– Un de ces jours, peut-être. Pour l'instant on est venus ici pour elle.

– Ah ! pour cette belle demoiselle. Et que voudrait-elle qu'on lui fasse ?

– Avant tout qu'on ne me fasse pas mal... et puis, cette petite machine, vous la stérilisez chaque fois, n'est-ce pas ?

John la rassure. Il démonte les aiguilles et les nettoie à l'alcool sous ses yeux.

– Tu es tout à fait décidée ?

– Mais je voudrais un endroit qu'on ne voit pas. Si mes parents s'en aperçoivent, ça sera terrible !

Elle regrette sa phrase. Peut-être que ce sera de toute façon terrible.

– Ben – John lui sourit – J'en ai déjà fait quelques-uns sur les miches, d'autres sur la tête. Un jour une Américaine a rappliqué et elle a insisté pour qu'on lui fasse, oui, bref, vous avez compris où... non ? Avant il a même fallu la raser !

John éclate de rire en montrant d'horribles dents jaunes. Babi le regarde d'un air inquiet. Mon Dieu, c'est un maniaque !

– John.

La voix un peu dure de Step arrive dans son dos. John change aussitôt d'expression

– Oui, excuse-moi Step. Alors, je sais pas, on pourrait le lui faire sur le cou, sous les cheveux, ou sur la cheville, ou sur une hanche...

– C'est ça, sur la hanche, très bien.

– Tiens, choisis dans tout ça.

John sort un gros livre de sous une table. Babi commence à le feuilleter. Il y a des têtes de mort, des épées, des croix, des revolvers, rien que des choses effrayantes. John se lève et allume une Marlboro. Il a compris que ce serait long. Step s'assied à côté d'elle.

– Celui-ci ? – Il lui montre une croix gammée nazie dans un drapeau blanc.

– Quoi !

– Ben. C'est pas mal.

– Ça ?

Il lui montre un gros serpent violacé, avec la gueule grande ouverte, prêt à attaquer. Babi ne lui répond même pas. Elle continue à feuilleter le gros livre Elle regarde rapidement les dessins, mécontente, comme si elle savait d'avance qu'elle ne trouvera rien de bien. A la fin Babi tourne la dernière page et referme le livre. Puis elle regarde John.

– Non, rien ne me plaît.

John tire sur sa cigarette et rejette la fumée en soupirant, Exactement ce qu'il avait prévu.

– Ben, c'est le moment de trouver quelque chose : une rose ?

Babi secoue la tête.

– Une fleur quelconque, non ?

– Je ne sais pas...

– Ben, ma fille, fais un effort, sans ça on y passera la nuit. Je te signale qu'à sept heures j'ai un autre rendez-vous.

– Mais je ne sais pas, je voudrais quelque chose d'un peu bizarre.

John se met à arpenter la pièce. Puis il s'arrête.

– Un jour j'ai fait une bouteille de Coca-Cola sur l'épaule d'un mec. C'était très chouette. Ça te plairait ?

– Non, je n'aime pas le Coca-Cola.

– Babi, dis-lui ce qui te plaît.

– Mais, moi, je ne mange que des yaourts. Je ne peux quand même pas me faire tatouer un yaourt sur la hanche !

Ils finissent par trouver une solution. C'est Step qui la propose. John est d'accord et elle plaît beaucoup à Babi.

Step la distrait en lui racontant la vraie histoire de John, le Chinois aux yeux verts. Tout le monde l'appelle comme ça, et lui se donne des airs orientaux. Il se fait passer pour tel en s'entourant d'objets chinois. En fait il est de Centocelle. Il est avec une gonzesse d'Ostie, dont il a même eu un fils, qu'il a appelé Bruce, en honneur de son idole. En réalité John s'appelle Mario et il a appris à faire ses premiers tatouages au Gabbio. Ses yeux en amande ne sont en fait que deux degrés de myopie corrigés par des lentilles à quatre sous. Mario, ou plutôt John, éclate de rire. Step paye cinquante euros. Babi vérifie son tatouage : parfait. Un peu après, sur la moto, elle défait le premier bouton de son jean, écarte le pansement et le regarde de nouveau, toute contente. Step s'en aperçoit.

– Il te plaît ?

– Beaucoup

Sur sa peau délicate encore rougie apparaît un petit aigle, pareil à celui de Step, fils de la même main, savoure l'air frais du crépuscule.

On sonne. Paolo va ouvrir. Devant lui se tient un monsieur très distingué.

– Bonsoir, je voudrais voir Stefano Mancini. Je suis Claudio Gervasi.

– Bonsoir. Mon frère n'est pas là.

– Savez-vous quand il rentrera ?

– Non, je ne sais pas, il ne m'a rien dit. Certaines fois il ne rentre même pas pour le dîner, il rentre en général très tard le soir – Paolo regarde ce monsieur. Dieu sait ce que

Step a encore fait. De nouveaux ennuis en perspective. Comme d'habitude, une histoire de coups – Écoutez, asseyez-vous, il reviendra peut-être bientôt, ou il téléphonera.

– Merci.

Claudio entre dans le salon. Paolo ferme la porte et n'y tient plus.

– Excusez-moi. Puis-je vous aider en quelque chose ?

– Non, je voulais parler avec Stefano. Je suis le père de Babi.

– Ah, je comprends.

Paolo fait un sourire entendu. En fait il n'a rien compris. Il ne sait pas le moins du monde qui est cette Babi. Une autre fille, d'autres coups. Des ennuis encore pires.

– Excusez-moi un instant.

Paolo passe à côté. Claudio, resté seul, regarde autour de lui. Il s'approche de quelques posters accrochés au mur, puis il sort son paquet de cigarettes et en allume une. « Toute cette histoire a au moins un avantage. Je peux fumer tranquillement. Bizarre que ce type soit le frère de Stefano, de ce Step qui a rossé Accado, il a l'air d'un garçon très comme il faut. Peut-être que la situation n'est pas vraiment désespérée. Comme d'habitude, Raffaella exagère. Ça ne valait peut-être même pas la peine de venir. Ce sont des histoires de gamins. Ils trouvent naturel de se mettre ensemble. C'est une affaire de ce genre, une toquade. Peut-être que Babi sera vite oubliée. » Il regarde autour de lui à la recherche d'un cendrier. Il en voit un sur une petite table derrière le divan. Il s'approche pour y jeter ses cendres.

– Attention ! – Paolo est sur le pas de la porte avec un chiffon à la main – Excusez-moi, mais vous êtes en train de marcher juste à l'endroit où le chien a fait pipi.

Pepito, le petit loulou à l'épais poil blanc apparaît dans un coin du salon. Il aboie comme s'il était heureux de revendiquer son exploit.

Step et Babi s'arrêtent dans la cour, devant la maison. Babi constate que l'emplacement où est garée leur voiture est vide.

– Mes parents ne sont pas encore rentrés. Tu veux monter un moment ?

– Oui, d'accord.

Puis il se souvient du chien qu'il a laissé à la maison avec son frère. Il sort son portable.

– Attends, j'appelle d'abord mon frère, je veux savoir s'il a besoin de quelque chose.

Paolo va répondre.

– Allô ?

– Salut Pa'. Comment ça va ? Pollo est passé prendre le clebs ?

– Non, ton débile de copain n'est pas encore venu. J'attends encore dix minutes et je mets le loulou à la porte.

– Allez, fais pas ça. Faut pas maltraiter les animaux. Tu ferais mieux de le sortir pour le faire pisser.

– C'est déjà fait, merci !

– Dis donc, ce que tu es prévoyant ! Tu es trop fort, frangin.

– Tu n'as pas compris. C'est *lui* qui l'a déjà fait : il a trempé tout mon tapis turc !

Paolo préfère à l'image du manager super efficace celle du pauvre type qui éponge le pipi du chien avec un chiffon. Tout ça pour le culpabiliser, pense Step. Rien à faire. Il emet un rire gras.

– J'y crois pas !

– Tu peux y croire. Au fait, ici il y a un monsieur qui t'attend.

Paolo se tourne vers le mur pour qu'on ne l'entende pas.

– C'est le père de Babi. Mais qu'est-ce qui s'est encore passé ?

Step regarde Babi d'un air étonné.

– Sérieusement ?

– Tu crois vraiment que je plaisante avec toi pour ce genre de choses ?... Alors, qu'est-ce qui se passe ?

– Rien, je t'expliquerai après. Passe-le-moi, allez.

Paolo tend le combiné à Claudio.

– Monsieur Gervasi, vous avez de la chance. Mon frère au téléphone.

En allant vers l'appareil, Claudio se demande s'il a vraiment de la chance. Il aurait peut-être mieux valu ne pas le trouver. Il essaye de prendre une voix assurée et grave.

– Allô ?

– Bonsoir. Comment allez-vous ?

– Bien. Stefano. Écoutez, je voudrais vous parler.

– D'accord, de quoi parlons-nous ?

– C'est une chose un peu délicate.

– On ne peut pas en parler par téléphone ?

– Non. Je préférerais vous voir et vous le dire de vive voix.

– D'accord. Comme vous voulez.

– Alors, où pouvons-nous nous rencontrer ?

– Je ne sais pas. Dites-le, vous.

– De toute manière il n'y en a que pour quelques minutes. Vous, où êtes-vous actuellement ?

Step a envie de rire, ce n'est peut-être pas le moment de lui dire qu'il est chez lui.

– Je suis chez un copain. Du côté du Ponte Milvio.

– On pourrait se retrouver devant l'église de Santa Chiara. Vous voyez où c'est ?

– Oui. Mais moi je vous attendrai au chêne. Je préfère. Vous savez ce que c'est ? Une sorte de petit jardin.

– Oui, je connais. Alors, disons dans un quart d'heure.

– D'accord. Vous pouvez me repasser mon frère, s'il vous plaît ?

– Oui, tout de suite.

Claudio lui repasse le combiné

– Il veut vous parler.

– Oui Step, je t'écoute ?

– Paolo, tu m'as fait mousser, j'espère ? Tu l'as fait asseoir ? Je te le demande, j'y tiens. C'est une personne importante. Pense que c'est sa fille qui a mangé tous tes biscuits au beurre...

– Mais vraiment...

Paolo n'a pas le temps de répondre que Step a déjà raccroché. Claudio se dirige vers la porte.

– Excusez-moi, mais je dois partir. Au revoir.

– Mais bien sûr. Je vous raccompagne.

– J'espère que nous aurons l'occasion de nous revoir dans des circonstances plus tranquilles.

– Certainement.

Ils se serrent la main. Paolo ouvre la porte. Au même moment Pollo arrive.

– Je suis venu chercher le chien.

– Ce n'est pas dommage, il était temps.

– Ben, bonsoir.

– Bonsoir.

Pollo regarde d'un air perplexe le monsieur qui s'en va.

– C'était qui, ce type ?

– Le père d'une certaine Babi. Il voulait voir Step. Mais qu'est-ce qui s'est passé ? Qui est cette Babi ?

– La petite amie du moment de ton frère. Où est le clebs ?

– Dans la cuisine. Mais pourquoi voulait-il parler à Step ? Il y a un problème ?

– Qu'est-ce que j'en sais, moi ! – Pollo sourit en voyant le chien – Viens ici Schwarzy, on y va.

Le loulou, rebaptisé depuis peu, court à sa rencontre en aboyant. Peut-être y a-t-il une certaine sympathie entre eux ? A moins que le chien ne préfère être appelé comme ça plutôt que Pepito ? Giacci ne l'a sans doute jamais compris, mais en réalité, c'est un dur.

Paolo l'arrête.

– Mais, ce ne serait pas que cette Babi est...

De la main il fait un cercle, en gonflant son ventre déjà distendu.

– Enceinte ? Tu parles ! D'après ce que j'ai compris, Step n'y arriverait pas, sauf s'il était le Saint Esprit.

– Eh Babi, ciao, il faut que j'y aille !

Step la prend par le bras.

– Mais où ? Reste encore un peu.

– Je peux pas, j'ai un rancard.

Babi refuse de l'embrasser.

– Oui, je sais qui tu vois. Cette horrible pétasse, cette petite brune. Mais elle n'a pas encore compris ? La raclée que je lui ai mise n'a pas suffi ?

Step rit et l'embrasse de nouveau.

– Mais qu'est-ce que tu racontes ?

Babi essaye de lui résister. Ils luttent pendant un instant. Puis Step gagne facilement et lui donne un baiser. Babi serre les lèvres. A la fin elle accepte sa douce défaite. Mais elle lui mord la langue.

– Aïe !

– Dis-moi tout de suite avec qui tu sors.

– Tu ne devineras jamais.

– Ce n'est pas celle dont j'ai parlé, n'est-ce pas ?

– Non.

– Je la connais ?

– Très bien. Excuse-moi, mais commence par me demander si c'est un homme ou une femme.

Babi soupire.

– C'est un homme ou une femme ?

– Un homme.

– Alors je suis déjà plus tranquille.

– Je vois ton père.

– Mon père ?

– Il est allé chez moi pour me parler. Quand j'ai téléphoné à mon frère, il était là. On doit se retrouver dans un instant piazza dei Giochi Delfici.

– Et qu'est-ce qu'il te veut, mon père ?

– Je sais pas moi ! Mais quand je le saurai je t'appelle et je te le dis. D'accord ?

Il lui donne un baiser impérieux. Elle se laisse faire, encore tout étourdie, tout étonnée de cette nouvelle. Step démarre la moto et s'éloigne à toute vitesse. Elle le regarde disparaître au bout de la rue. Puis elle monte chez elle. Silencieuse, réellement inquiète. Elle essaye d'imaginer leur rencontre. De quoi parleront-ils ? Et où ? Et qu'est-ce qui se passera ? Ensuite, en pensant surtout à son père, elle espère qu'il n'y aura pas de bagarre.

49

Quand Claudio arrive, Step est déjà là, assis sur le bord du muret, en train de fumer une cigarette.

– Salut.

– Bonsoir, Stefano.

Ils se serrent la main. Ensuite Claudio allume lui aussi une cigarette pour se sentir plus à l'aise. Hélas, il n'obtient pas le résultat escompté. Ce garçon est bizarre. Il est là, souriant en silence, avec son blouson noir. Il le fixe. Il est très différent de son frère. Sans compter que l'un est beaucoup plus costaud que l'autre. Tout à coup, au moment où il va s'asseoir à côté de lui sur le petit mur, il se souvient de quelque chose. Ce garçon a rudoyé Accado, il lui a cassé le nez. Et maintenant il sort avec sa fille. C'est un type dangereux. Il aurait mille fois préféré parler avec le frère.

Claudio reste debout. Step le regarde d'un air interrogateur

– Alors, qu'est-ce qu'on dit de beau ?

– Eh bien, voilà, Stefano. Ces derniers temps, il y a eu des problèmes chez moi...

– Si vous saviez combien il y en a eu chez moi...

– Oui, je sais, mais vous voyez, nous, avant, nous étions une famille très tranquille. Babi et Daniela sont deux gentilles filles.

– C'est vrai. Babi est vraiment une fille très bien. Écoutez Claudio, on ne pourrait pas se tutoyer. Déjà que moi j'aime pas parler, de façon générale. Si on doit penser à tous ces « Vous » en plus, ça devient impossible.

Claudio sourit.

– Bien sûr.

Dans le fond, ce garçon n'est pas antipathique. Ne fût-ce que parce qu'il ne l'a pas encore rossé. Step descend du muret.

– Écoute, pourquoi on n'irait pas s'asseoir quelque part ? Comme ça on parlera plus tranquillement, et on pourra éventuellement boire quelque chose.

– D'accord. Où va-t-on ?

– Tout à côté, il y a un endroit que des copains à moi viennent d'ouvrir. C'est comme si on était chez soi, personne ne nous dérangera – Step enfourche sa moto – Suis-moi.

Claudio monte dans sa voiture. Il est content. Sa mission s'annonce plus facile que prévu. Tant mieux. Il suit Stefano vers la Farnesina. Au Ponte Milvio ils tournent à droite. Claudio fait bien attention de ne pas perdre de vue la petite lanterne rouge qui file dans la nuit. S'il arrivait une chose pareille Raffaella ne le lui pardonnerait jamais. Peu après, ils s'arrêtent dans une petite rue, derrière le piazzale Clodio. Step montre à Claudio une place libre où il peut mettre sa voiture, pendant que lui laisse sa moto juste devant le Four Green Fields. Au sous-sol, il y a une formidable pagaille. Une foule de gars sont assis sur des tabourets devant un long comptoir. Tout autour, des tableaux et des écussons de bière de différents pays. Un type avec de très fines lunettes et des cheveux longs circule frénétiquement derrière le comptoir pour préparer des cocktails de fruits ou de simples gins tonic.

– Salut Antonio.

– Oh ! salut Step, qu'est-ce que je te sers ?

– Je sais pas encore. On va voir. Toi, qu'est-ce que tu prends ?

Pendant qu'ils vont s'asseoir, Claudio se rappelle qu'il n'a rien mangé. Il décide de boire léger.

– Un Martini.

– Une bonne bière blonde et un Martini.

Ils s'asseyent à une table du fond, où il y a un peu moins de raffut. Presque aussitôt arrive vers eux une superbe fille à la peau d'ébène, répondant au nom de Francesca. Elle apporte ce qu'ils ont commandé et s'arrête à leur table pour bavarder avec Step. Step lui présente Claudio, qui lui tend la main en se levant poliment. Francesca a l'air surprise.

– C'est la première fois que quelqu'un de votre genre vient dans cette salle.

Elle retient la main de Claudio un peu plus longtemps que d'ordinaire. Lui, légèrement embarrassé, la regarde.

– C'est un compliment ?

– Bien sûr ! Vous êtes d'une distinction fascinante.

Francesca rit. Ses longs cheveux noir corbeau dansent joyeusement devant ses magnifiques dents blanches. Puis elle s'éloigne d'une démarche sensuelle, sachant très bien qu'on la regardera. Claudio décide de ne pas la décevoir. Step s'en aperçoit.

– Beau cul, hein ? Elle est brésilienne. Les Brésiliennes ont toutes un cul de rêve. Du moins c'est ce qu'on dit. Moi je ne sais pas pourquoi je ne suis pas encore allé au Brésil, mais si elles sont toutes comme Francesca...

Step vide joyeusement la moitié de sa bière.

– Oui, elle est vraiment mignonne.

Claudio boit son Martini, bien embêté qu'on ait lu aussi clairement dans ses pensées.

– Alors, qu'est-ce qu'on était en train de dire ? Ah oui ! que Babi est une fille très bien. C'est bien vrai.

– Oui, bref, Raffaella, ma femme...

– Je la connais. Elle a un sacré caractère, à mon avis.

– Oui, en effet.

Claudio finit son Martini. Au même moment Francesca passe de nouveau. Elle arrange ses cheveux et lance un regard provocant en direction de leur table.

– Tu as fait une touche, Claudio, hein ? Si on prenait quelque chose d'autre ? – Il ne lui laisse pas le temps de répondre – Antonio fais-moi apporter une autre bière. Et toi, qu'est-ce que tu veux ?

– Merci, je ne prends rien...

– Comment ça, tu ne prends rien ? Allez...

– D'accord, je prends aussi une bière, allez...

– Alors deux bières, avec quelques olives, des chips, un truc à grignoter.

Peu après, ce qu'ils ont commandé arrive. Claudio est un peu déçu. Ce n'est pas Francesca qui le leur sert, mais un type très laid, un Noir bien en chair avec une bonne bouille. Step attend qu'il s'éloigne.

– Lui aussi est brésilien. Mais c'est une autre histoire, hein ?

Ils se sourient. Claudio goûte sa bière. Elle est bonne et fraîche. Stefano est un type sympathique. Peut-être même plus sympathique que son frère. Et même sans aucun doute. Il boit encore un peu de bière.

– Bref, j'étais en train de dire, Stefano, que ma femme est très inquiète pour Babi. Tu sais, c'est sa dernière année avant le bac.

– Oui, je sais. J'ai aussi appris son histoire avec la prof, les problèmes qu'il y a eu...

– Ah, tu l'as su...

– Oui, mais je suis certain que les choses vont s'arranger.

– Je l'espère vraiment...

Claudio avale une longue gorgée de bière en pensant aux cinq mille euros qu'il a dû débourser. Step, quant à lui, pense au chien de Giacci et à Pollo qui essaye de lui apprendre à rapporter les objets.

– Tu verras, Claudio, que tout ira bien. Giacci n'emmerdera plus Babi. Ce problème est réglé, je t'assure.

Claudio essaye de sourire. Comment lui dire que le vrai problème, c'est lui ?

Au même moment entre un groupe de garçons. Deux d'entre eux voient Step et viennent à sa rencontre.

– Oh, salut Step ! Merde, où t'étais passé ? T'imagines pas ce qu'on t'a cherché, on attend encore la revanche.

– J'ai eu à faire.

– Tu flippes, hein ?

– Merde, qu'est-ce que tu dis ? Flipper pour quoi ? On vous a détruits... Et après ?

– Calmos, ne te fous pas en rogne. On ne t'a plus vu. Tu as empoché le fric et tu t'es barré.

L'autre garçon s'arme lui aussi de courage.

– Même que vous avez merdé sur la dernière bille.

– Remerciez le Ciel que Pollo ne soit pas là. Sinon je rejouais tout de suite, et sans merder. On a fait une série de billes incroyable, un trou après l'autre.

Les deux garçons n'ont pas l'air très convaincus.

– Bon, d'accord.

Ils vont chercher à boire au comptoir. Step les voit bavarder. Ensuite ils regardent vers lui et se mettent à rire.

– Écoute, Claudio, tu sais jouer au billard ?

– Autrefois, je jouais souvent, j'étais même assez fort. Mais il y a une éternité que je n'ai pas touché à une queue.

– Allez, je t'en prie, il faut que tu m'aides. Moi, ceux-là, je les bats les doigts dans le nez. Il suffit que tu appuies mes billes. Pour ce qui est de mettre les billes dans les trous, je m'en occupe.

– Mais vraiment, excuse-moi, il faut que nous parlions...

– On parlera après, d'ac ?

Peut-être que ce sera plus facile de parler après une partie de billard. Et si nous perdons ? Il préfère ne pas y penser. Step va vers les jeunes au comptoir.

– Alors je marche. Allez. Antonio ouvre-nous la table. On va le rejouer tout de suite, ce fric.

– Et toi, avec qui tu joues, avec ce type ? – L'un des garçons montre Claudio.

– Oui, pourquoi ? Il te dégoûte ?

– Comme tu veux, si ça te va...

– Évidemment, si Pollo était là, ce serait une autre histoire. Vous le savez très bien. Ce qui veut dire que je vais vous faire cadeau de ces sous. D'accord ?

– Non, si tu le prends comme ça, on ne joue pas. Parce qu'après tu diras qu'on a gagné parce que Pollo n'était pas là.

– Allons donc, vous deux je vous battrais même seul.

– C'est à voir !

– Vous voulez augmenter la mise ? Disons deux cents euros. Vous y êtes ? Mais juste une partie, parce que j'ai pas beaucoup de temps.

Les deux gars échangent un regard. Puis ils observent le compagnon de Step. Assis au fond de la salle, Claudio joue d'un air gêné avec son paquet de cigarettes. C'est peut-être ça qui les décide.

– OK, c'est fait. Allez, on passe à côté.

Les garçons prennent la boîte de billes.

– Claudio, tu sais jouer à l'américaine ? Une seule partie, deux cents euros ?

– Non, Stefano, merci. Il vaut mieux que nous parlions.

– Allez, on n'en fait qu'une. Si on perd, c'est moi qui paie.

– Le problème n'est pas là...

– Qu'est-ce que vous faites ? Vous jouez au billard ? – C'est Francesca. Elle se plante devant Claudio, souriante, avec tout son enthousiasme brésilien – Allez, je viens vous voir, et je suis votre supporter. Je fais la pom-pom girl.

Step regarde Claudio d'un air interrogateur.

– Alors ?

– Alors, juste une !

– Yahoou ! On passe à côté, on va les défoncer.

Francesca, amusée, prend Claudio par le bras et ils passent tous trois dans la salle voisine.

Les billes sont déjà disposées sur le tapis vert. L'un des deux garçons lève le triangle. L'autre se met au bout de la table et, d'un geste précis, il coupe. Des billes de toutes les couleurs s'éparpillent en glissant silencieusement sur le tapis. Certaines se heurtent avec un bruit sec, puis, tout doucement, s'arrêtent. Ils commencent à jouer. Les premiers coups, simples, calibrés, puis de plus en plus forts, prétentieux et difficiles. Claudio et Step ont les billes rayées. Step est le premier à faire un blouse. Les autres font deux billes, et une troisième par hasard. Quand vient le tour de Claudio, il joue une bille longue. Mais il manque d'entraînement. Le tir est trop court. Il n'arrive même pas à s'approcher du trou. Les deux garçons se regardent d'un air amusé. Ils sentent déjà les tunes dans leur poche. Claudio allume une cigarette. Francesca lui apporte un whisky. Claudio remarque que, comme toutes les Brésiliennes, elle a de petits seins fermes et droits sous son pull noir. Peu après c'est de nouveau à lui. La deuxième bille lui réussit mieux. Claudio la centre en plein et avec un effet précis, la met au centre. Quinze pour lui. Les deux autres l'ont laissé jouer, sûrs qu'il allait la rater.

– Centre ! – Step lui donne une tape sur l'épaule – Beau coup !

Claudio le regarde en souriant, avale une autre gorgée de whisky et se penche sur le billard. Il se concentre. Il frappe la bille blanche légèrement à gauche, elle prend la bande, puis, doucement propulsée, file le long du bord. Un coup parfait. Trou. Les deux copains se regardent d'un air inquiet. Francesca applaudit.

– Bravo !

Claudio sourit. Avec la pointe de sa langue il mouille la petite craie bleue et la passe rapidement sur la queue.

– Autrefois c'est vrai que j'étais fort !

Ils continuent à jouer. Step réussit lui aussi quelques blouses. Mais les deux autres ont plus de chance. Après plusieurs coups il ne leur reste plus qu'à mettre une seule bille, la rouge, et puis la une, dans le trou. Mais c'est au tour de Claudio de jouer. Sur la table il y a encore deux billes rayées. Claudio éteint sa cigarette. Il prend la craie et tout en la passant rapidement sur la queue, il étudie la situation. Elle n'est pas des meilleures. La douze est assez près du trou du fond, mais la dix est presque au milieu de la table. Il faudrait qu'il fasse une sortie parfaite, qu'il l'arrête juste devant et la fasse entrer dans le trou central gauche. Autrefois il y serait peut-être arrivé, mais maintenant... Depuis combien d'années n'a-t-il plus joué ? Il avale la dernière gorgée de whisky. Il se retourne, et son regard croise celui de Francesca. Au moins depuis autant d'années que semble en avoir cette superbe fille. Il se sent légèrement étourdi. Il lui sourit. Elle a la peau couleur de miel, avec ces cheveux noirs et ce sourire tellement sensuel. Et tendre en même temps. Il lui a donné dix-huit ans. Peut-être en a-t-elle encore moins. Mon Dieu, pense-t-il, elle pourrait être ma fille. Pourquoi suis-je venu ici ? Pour parler avec Step, mon ami Step, mon copain. Il ouvre et ferme les yeux. Il sent l'effet de l'alcool. Bon, maintenant il doit jouer, autant finir la partie. Il appuie la main sur la table, y pose la queue et la fait glisser entre le pouce et l'index, pour l'essayer. Puis il encadre la bille blanche. Elle est là, immobile au milieu de la table, attendant d'être heurtée. Il aspire longuement, puis il expire. Encore un essai, et il frappe. Avec précision, avec la force qui convient. Bande latérale, puis la bille frôle la douze : trou. Parfait. Après la bille blanche commence à remonter et s'arrête plus loin, taquine et cruelle, au-delà de la moitié du champ, devant Claudio. Les deux adversaires se regardent. L'un d'eux lève les sourcils, l'autre pousse un soupir de soulagement. L'espace d'un instant ils ont cru perdre la partie. Ils se sourient. Dans cette position, c'est vraiment un tir impossible. Claudio fait le tour de la table. Il étudie les distances. Difficile. Il devrait faire quatre bandes. Il est dans un angle et, les mains appuyées sur le bord de la table, il réfléchit.

– Qu'est-ce que ça peut foutre, essaye.

Claudio se retourne. Step est derrière lui. Il a très bien compris à quoi il pensait.

– Oui, mais quatre bandes...

– Et alors ? Au pire on perd, mais si tu réussis, merde, la gloire...

Claudio et Step regardent leurs deux adversaires. Ils se sont fait apporter deux bières et sont en train de boire à leur victoire.

« Qu'est-ce que ça peut foutre, au pire on perd ! » Maintenant Claudio est complètement saoul. Il passe de l'autre côté de la table. Il met de la craie sur la queue, se concentre et frappe. La bille blanche semble voler sur le drap vert. Une. Claudio repense à tous ces après-midi passés à jouer au billard. Deux. Aux copains de jadis, quand ils étaient inséparables. Trois. Aux filles, à l'argent qu'il n'avait pas, et comme il s'amusait. Quatre. A sa jeunesse passée, à Francesca, à ses dix-sept ans... et au même moment la bille vole dans le trou central.

– Centre !

– Yahoou ! – Claudio et Step s'embrassent – Merde tu as du bol, regarde où elle est sortie.

La bille blanche est arrêtée en face de la une jaune, à quelques centimètres du trou du fond. Claudio la fait rentrer avec une grande facilité.

– On a gagné !

Claudio embrasse Francesca et réussit même à la soulever. Puis, en dansant avec elle, il atterrit sur l'un des deux adversaires.

– Merde, tire-toi de là.

Le type pousse Claudio, le faisant valser contre le billard. Francesca se relève aussitôt. Claudio, légèrement étourdi, met plus de temps. Le type l'attrape par sa veste et le tire vers lui.

– Espèce de faux-cul. Il y a des années que t'as pas joué, hein ? Les gars, je manque d'entraînement...

Claudio, terrorisé, reste là, sans trop savoir quoi faire.

– Il y a très longtemps que je n'avais pas joué, sérieusement.

– Ah oui ! Eh ben, avec le dernier coup on ne dirait vraiment pas...

– Ce n'était qu'un coup de chance.

– Eh, ça suffit, lâche-le – Le type fait semblant de ne pas entendre Step – J'ai dis lâche-le !

Brusquement il se sent tiré en arrière. Claudio se retrouve libre, avec sa veste en place. Il reprend son souffle pendant que le type finit contre le mur. Step a la main sur sa gorge.

– Quoi ? T'entends pas ? J'ai pas envie de me bagarrer. Allez, sors tes deux cents sacs. C'est vous qui avez insisté pour jouer.

L'autre s'approche avec l'argent à la main.

– Mais, tu nous as baisés, ce type joue dix fois mieux que Pollo.

Step prend l'argent, le compte et le met dans sa poche.

– C'est vrai, mais c'est pas de ma faute... je le savais pas, moi non plus...

Puis il prend Claudio par le bras et ils sortent en vainqueurs de la salle de billard. Claudio s'envoie un autre whisky. Cette fois pour se remettre de sa frayeur.

– Merci, Step. Merde, ce type voulait me casser la gueule.

– Non, c'est tout du cinéma, c'est un minable ! Tiens Claudio, tes cent euros.

– Non, voyons, je ne peux pas les accepter !

– Pourquoi pas ? Putain, la partie c'est pratiquement toi qui l'as gagnée !

– D'accord, alors buvons un coup. C'est moi qui paie.

Un peu plus tard Step, voyant dans quel état est Claudio, l'accompagne à sa voiture.

– Tu es sûr d'arriver jusqu'à chez toi ?

– Absolument sûr, ne t'inquiète pas.

– Sûr, hein ? J'en ai pour cinq minutes à t'escorter.

– Non, sérieusement, je vais bien.

– D'accord, comme tu veux. Une belle partie, hein ?

– Super !

Claudio est en train de fermer la portière.

– Claudio, attends ! – C'est Francesca – Qu'est-ce que tu fais, tu ne me dis pas au revoir ?

– Tu as raison, mais dans toute cette pagaille...

Francesca se glisse dans la voiture et l'embrasse sur la bouche, tendrement, ingénument. Puis elle se détache de lui et lui sourit.

– Alors, ciao, à bientôt. Viens me voir de temps en temps. Je suis toujours ici.

– Bien sûr que je viendrai.

Puis il démarre et s'éloigne. Il baisse la vitre. L'air frais de la nuit est agréable. Il glisse un CD dans le lecteur et allume une cigarette. Puis, complètement ivre, il tape des mains sur le volant.

– Waouh ! Putain cette bille ! et cette gonzesse...

Brusquement il se sent heureux comme il ne l'a pas été depuis longtemps. Puis, à mesure qu'il se rapproche de la maison, il redevient triste. Qu'est-ce que je peux bien dire à Raffaella ? Il se glisse dans le garage sans bien savoir quelle sera la version définitive. La manœuvre, déjà difficile quand on est à jeun, devient impossible quand on est saoul. En descendant de la voiture, il regarde l'éraflure sur sa portière et la Vespa tombée par terre. Il la relève en s'excusant tout seul – Pauvre Puffina, j'ai cabossé ta Vespa – Puis il monte chez lui. Raffaella est là, elle l'attend. C'est le pire interrogatoire de sa vie. Pire que dans un film policier. Raffaella n'est que le méchant flic : l'autre, le sympa qui offre un verre d'eau ou une cigarette, elle connaît pas.

– Alors, on peut savoir comment ça s'est passé ? Allez raconte !

– Bien, et même très bien. Dans le fond, Step est un type très comme il faut, un brave garçon. Nous n'avons pas à nous inquiéter.

– Comment : pas à nous inquiéter ? Mais il a cassé le nez à Accado !

– Il a peut-être été provoqué. Qu'en savons-nous ? Et puis, Raffaella, disons la vérité, Accado est un beau casse-couilles...

– Mais qu'est-ce que tu racontes ? Mais tu lui as dit de laisser notre fille tranquille ? Tu lui as dit qu'il ne doit ni la voir, ni lui téléphoner, ni aller la chercher à l'école ?

– En fait nous n'en sommes pas arrivés là.

– Et que lui as-tu dit ? Qu'as-tu fait jusqu'à maintenant ? Il est minuit !

Claudio s'écroule.

– Nous avons joué au billard. Pense donc, trésor, nous avons battu deux petits merdeux ! Moi j'ai réussi les deux dernières billes. J'ai même gagné cent euros. Trop fort, non ?

– Trop fort ! L'habituel débile, l'incapable ! Tu es saoul, tu pues la fumée, et tu n'as même pas réussi à remettre ce délinquant à sa place !

Raffaella s'en va, hors d'elle. Claudio fait une ultime tentative pour la calmer.

– Raffaella, attends !

– Quoi ?

– Step a dit qu'il a fini sa licence.

Raffaella claque la porte et s'enferme dans sa chambre. Même ce dernier mensonge n'a servi à rien. Diable, elle doit être vraiment furax. Pour elle, ce bout de papier est tout. Dans le fond elle ne m'a jamais pardonné de ne pas avoir de diplômes. Puis, abattu par cette considération, agité par la soirée en général, il se traîne jusqu'à la salle de bains. Il soulève la lunette et vomit. Plus tard, quand il se déshabille, un petit papier tombe de la poche de sa veste. C'est le numéro de téléphone de Francesca. La jolie fille aux cheveux noir de jais et à la peau couleur de miel. Elle a dû me le glisser quand elle m'a embrassé dans la voiture. Il le relit. Oui, cette scène lui rappelle le film *Papillon*. Steve McQueen, en prison, reçoit un message de Dustin Hoffman et l'avale pour le faire disparaître. Claudio apprend le numéro par cœur, puis il préfère jeter le papier dans les WC S'il avait essayé de l'avaler, il aurait recommencé à vomir. Il tire la chasse éteint la lumière, sort de la salle de bains et se glisse dans son lit. Il reste comme ça, encore légèrement ivre, flottant entre les draps, doucement entraîné par sa tête qui tourne. Quelle soirée grandiose ! Un coup magnifique. Un incroyable carambolage. La bière, le whisky, son copain Step. Ils ont gagné deux cents sacs. Et Francesca ? Ils ont dansé ensemble, il l'a prise dans ses bras, il a serré son corps ferme. Il se rappelle ses cheveux noirs, sa peau couleur de miel, son doux baiser dans la voiture, tendre, sensuel, parfumé. Il est tout excité. Il repense au petit papier qu'il a trouvé dans sa poche. C'est une pure et simple invitation. C'est gagné. Du gâteau. Demain je l'appelle. Bon sang, quel est son numéro ? Il essaye de se le répéter. Mais il s'endort, au bord du désespoir. Il l'a déjà oublié.

50

– Et vous avez gagné ? – Pollo n'en croit pas ses oreilles.

– On leur a piqué deux cents euros, net !

– Juré ? donc le père de Babi est un type sympa ?

– Mythique ! un vrai frère ! Pense que Francesca m'a dit qu'elle en pince vachement pour lui.

– Moi, il m'a paru un peu mou.

– Pourquoi, quand est-ce que tu l'as vu ?

– Quand je suis retourné chez toi pour récupérer le clebs.

– Ah oui, au fait, Schwarzy, comment va-t-il ?

– Du tonnerre ! Tu sais, ce chien est vraiment intelligent. Je suis sûr qu'il apprendra très vite à rapporter les choses. L'autre jour, j'étais en bas de la maison, je lui ai lancé un bâton et il est allé le rechercher. Sauf qu'après il s'est mis à jouer avec une petite chienne dans le parc. Pour lui, elles sont toutes bonnes. Le pauvre, j'ai l'impression que Giacci ne le faisait jamais baiser !

Step s'arrête devant une porte cochère.

– On est arrivés. Je t'en prie, ne fous pas le bordel.

Polo le regarde de travers.

– Ça m'arrive de foutre le bordel ?

– Toujours.

– Ah oui ? Moi qui suis venu juste pour te rendre service !

Ils montent au deuxième étage. Babi fait la baby-sitter pour Giulio, le fils des Mariani, un petit garçon de cinq ans aux cheveux aussi clairs que sa peau.

Babi les attend à la porte.

– Salut.

Step l'embrasse. Elle est un peu surprise de voir Pollo. Lui marmonne quelque chose qui doit être un « salut » et s'installe tout de suite sur le divan à côté du petit. Il change de chaîne, à la recherche de quelque chose de mieux que ces dessins animés japonais débiles. Naturellement Giulio commence à faire des histoires. Pollo essaye de le convaincre.

– Non, allez, maintenant ce sera bien plus chouette. Les tortues volantes arrivent !

Giulio donne tête baissée dans le panneau. Il se met, lui aussi à regarder en silence *Le Procès du lundi*, en attendant avec confiance. Babi va à la cuisine avec Step.

– On peut savoir pourquoi tu l'as amené ?

– Bof, il a tellement insisté... et puis Pollo a un faible pour les enfants.

– On ne dirait pas ! Il l'a fait pleurer dès qu'il est arrivé !

– Alors, disons que je l'ai fait pour être seul avec toi – Il l'embrasse – Tu sais, tu fais ressortir le meilleur de moi-même. Au fait, pourquoi on ne se déshabillerait pas ?

Il l'entraîne en riant dans la première chambre qu'il trouve. Babi essaye de résister, mais elle se laisse finalement convaincre par ses baisers. Ils finissent tous les deux sur un petit lit.

– Aïe !

Step se passe la main dans le dos. Un char blindé plein de pointes l'a piqué juste entre les deux omoplates. Babi se met à rire. Step le jette sur le tapis. Il libère le lit des guerriers électroniques et autres monstres démontables. Puis, enfin tranquille, il pousse la porte avec le pied et se livre à son jeu préféré. Il lui caresse les cheveux en l'embrassant, sa main court rapidement sur les boutons du chemisier en les défaisant. Il lui enlève son soutien-gorge et l'embrasse là où sa peau est plus claire, plus tendre, rosée. Puis brusquement quelque chose transperce son cou.

– Aïe !

Step met la main là, où il a été piqué. Dans l'obscurité il la voit rire, armée d'un étrange pantin aux oreilles pointues. Et ce sourire si frais, cet air si innocent le touchent encore plus profondément.

– Tu m'as fait mal !

– On ne peut pas rester ici, c'est la chambre de Giulio. Pense un peu s'il entrait !

– Mais Pollo est là. Je lui ai donné des ordres précis. Cet enfant terrible est pratiquement neutralisé, immobilisé. Il ne peut pas se lever du divan – Step replonge entre ses seins. Elle lui caresse les cheveux en se laissant embrasser.

– Giulio est très gentil. C'est toi qui es un enfant terrible.

Pollo est en train de manger un sandwich qu'il a pris dans la cuisine en même temps qu'une bonne bière glacée, quand Giulio se lève du divan.

– Où vas-tu ?

– Dans ma chambre.

– Non, tu dois rester ici.

– Non, je veux aller dans ma chambre.

Giulio va s'en aller, mais Pollo le tire par son pull-over de laine rouge en le traînant pratiquement à côté de lui sur le divan. Giulio essaye de résister, mais Pollo lui met un coude sur le ventre pour le bloquer. Giulio commence à pleurnicher.

– Lâche-moi ! lâche-moi !

– Allez, maintenant les dessins animés commencent.

– C'est pas vrai.

Giulio regarde de nouveau la télévision et, peut-être à cause d'un gros plan de Biscardi, il éclate en sanglots. Pollo le lâche.

– Tiens, tu veux goûter ça ? C'est très bon, il n'y a que les grands qui en boivent.

Giulio semble vaguement intéressé. Il prend la canette de bière des deux mains et en boit une gorgée.

– J'aime pas ça, c'est amer.

– Alors regarde tonton Pollo ce qu'il te donne...

Un instant plus tard, Giulio joue par terre, tout content. Il fait rebondir les petits ballons roses que tonton Pollo lui a donnés. Dans le fond, il en faut peu pour faire plaisir à un enfant. Deux ou trois préservatifs suffisent. Et Step ne semble pas en avoir besoin, pense Pollo en rigolant. Puis, comme il s'ennuie, il décide de passer quelques coups de fil.

Dans la pénombre de la chambre pleine de jouets, Step lui caresse le dos et les épaules. Il fait glisser sa main le long d'un bras puis il le prend et le met contre son visage. Il l'embrasse. Il effleure sa peau de ses lèvres. Babi, les yeux mi-clos, est prisonnière de ses soupirs. Step lui ouvre délicatement la main, en baise la paume et la pose sur son torse nu, l'abandonnant à ses pensées. Babi reste immobile, soudain effrayée. « Mon

Dieu, j'ai compris. Mais je n'y arriverai jamais. Je ne l'ai jamais fait. Je n'y arriverai pas. » Step continue à l'embrasser tendrement dans le cou, derrière les oreilles, sur les lèvres, pendant que ses mains, plus sûres et plus calmes, plus expertes, s'emparent d'elle comme de douces vagues, laissant sur cette plage inconnue un plaisir naufragé.

Puis, entraînée par ce courant, par cette brise de passion, elle aussi bouge. Elle s'enhardit. Elle se détache lentement de là où il l'a laissée et se met à le caresser. Step la serre contre lui pour lui donner confiance, la rassurer. Ses doigts descendent légèrement sur sa peau. Elle sent son ventre, ses abdominaux durs. Pour elle, chaque degré est un gouffre, un abîme, un pas difficile à accomplir, presque impossible. Et pourtant elle doit le faire. En retenant son souffle dans l'obscurité de la chambre, elle saute le pas. Ses deux doigts caressent le début de doux poils frisés, puis ils se retrouvent plus bas sur son jean, sur ce bouton, le premier pour elle dans tous les sens du terme. Au même moment, sans savoir pourquoi, elle pense à Pallina. Elle qui est déjà plus sûre d'elle, plus experte. Babi imagine quand elle lui racontera. « Alors tu sais, je n'ai pas continué, je n'y suis pas arrivée ». C'est peut-être ça qui lui donne du courage, un dernier élan. Brusquement elle le fait. Elle l'ouvre. Ce premier bouton doré sort de la boutonnière avec un bruit léger, un bruit de jean. Dans le silence de la chambre elle l'entend nettement, gentil et clair. Elle y est arrivée. Elle pousse presque un soupir. Maintenant, tout est plus facile. Sa main, désormais plus assurée, passe au deuxième puis au troisième bouton et plus bas, pendant que les bords du jean s'écartent, de plus en plus libres. Step se détache doucement d'elle et laisse aller sa tête en arrière. Babi le rejoint aussitôt, se réfugiant timidement dans un baiser, ayant honte de cette petite distance. Puis un bruit subit. Des portes qui claquent.

– Qu'est-ce qui se passe ?

Et toute cette magie se brise comme par enchantement. Babi retire la main et se redresse.

– C'était quoi ?

– Qu'est-ce que j'en sais ? Allez, viens ici – Step l'attire de nouveau contre lui.

Un autre bruit. Quelque chose qui se brise.

– Non, merde, là-bas il y a un vrai massacre.

Babi descend du lit. Elle arrange sa jupe, reboutonne son chemisier et sort rapidement de la pièce. Step se laisse tomber sur le lit les bras ouverts.

– Enculé de Pollo !

Puis il referme son jean. Quand il arrive au salon, il n'en croit pas ses yeux.

– Qu'est-ce que vous foutez ici ?

Ils sont tous là, Bunny et Hook en train de lutter sur le tapis, près d'eux il y a une lampe renversée. Schello est assis avec les pieds sur le divan, il déguste un paquet de frites et regarde *Sex and the City*. Lucone a le petit garçon sur les genoux et lui fait fumer un joint.

– Regarde Step. Regarde si ce type n'est pas givré !

Babi se jette comme une furie sur Lucone, lui arrache le joint des mains et l'écrase dans le cendrier.

– Dehors ! Sortez d'ici. Immédiatement !

En entendant ces cris, Dario et un autre type sortent de la cuisine, une bière à la main. Arrive le Sicilien avec une fille. Ils sont tout rouges. Step pensent qu'ils viennent de faire ce que lui et Babi n'ont même pas ébauché. Tant mieux pour eux. Babi commence à les pousser un par un vers la porte.

– Sortez tous d'ici... dehors !

Amusés, ils se laissent traîner en faisant encore plus de boucan. Step aide Babi.

– Dehors les gars, allez – C'est Pollo qu'il pousse en dernier – Toi, je te réglerai ton compte après.

– Mais j'ai seulement appelé Lucone ; c'est pas de ma faute, s'il a averti les autres.

– La ferme – Step lui flanque un coup de pied dans le derrière et le balance dehors. Puis il aide Babi à tout remettre en ordre.

– Regarde, regarde ce qu'ils ont fait, ces vandales.

Elle lui montre la lampe cassée et le divan taché de bière. Des chips partout. Babi a les larmes aux yeux. Step ne sait plus quoi dire.

– Excuse-moi. Allez, je te donne un coup de main pour nettoyer.

– Non merci, je vais le faire toute seule.

– Tu es fâchée ?

– Non, mais il vaut mieux que tu t'en ailles. Les parents ne vont plus sans tarder.

– Tu es sûre que tu ne veux pas d'aide ?

– Sûre.

Ils échangent un baiser hâtif. Puis elle referme la porte. Step descend. Il regarde autour de lui. Personne. Il enfourche sa moto et démarre. Mais au même moment tout le groupe sort de derrière une voiture. Un chœur s'élève dans la nuit. « Oh ! le gentil baby-sitter oh ! oh ! oh ! » avec un crépitement d'applaudissements. Step descend de sa moto et se met à courir après Pollo.

– Oh, j'y suis pour rien ! Adresse-toi à Lucone. Tout est de sa faute.

– Putain, je te défonce !

– Et toi, tu ne faisais rien là-bas ? Tu t'ennuyais peut-être ?

Ils continuent à se poursuivre dans la rue au milieu des lointains éclats de rire des autres et de la curiosité de quelques locataires insomniaques.

Babi ramasse les morceaux de la lampe, les jette dans la poubelle, nettoie par terre et enlève les taches du divan. A la fin, épuisée, elle regarde autour d'elle. Ben, ça aurait pu être pire. Je dirai que j'ai cassé la lampe en jouant avec Giulio. Le petit ne pourra pas dire le contraire. Il est là, il dort d'un sommeil profond, complètement HS.

51

Le lendemain matin, Step se réveille et va à la salle de gym. Mais pas pour s'entraîner. Il cherche quelqu'un, qu'il finit par trouver : c'est un gamin d'une quinzaine d'années, Giorgio, qui l'admire énormément. Il n'est pas le seul. Les copains de Giorgio parlent, eux aussi, de Step comme d'une sorte de dieu, d'un mythe, d'une idole. Ils connaissent toutes ses aventures, tout ce qu'on raconte sur lui et alimentent ainsi ce qui est devenu une espèce de légende. Ce gamin est fiable. Le seul à qui Step puisse demander un service de ce genre sans courir le risque de perdre sa réputation. Aussi parce que la terreur commence là où finit l'admiration.

Un peu plus tard, Giorgio est à la Falconieri. Dans les couloirs, il marche en rasant les murs pour ne pas être remarqué et entre enfin dans la III B, la classe de Babi. Giacci donne son cours, mais bizarrement elle ne dit rien. Babi reste sans voix : devant elle, un magnifique bouquet de roses rouges. Amusée, elle lit le billet : *Mes copains sont un peu désastreux, mais je te promets que ce soir nous serons seuls pour dîner. Quelqu'un qui n'y est pour rien.*

La nouvelle fait vite le tour de l'école. Personne n'a jamais fait quelque chose de ce genre. A la sortie, Babi descend l'escalier de la Falconieri avec son énorme bouquet de roses dans les bras, dissipant les derniers doutes. Tout le monde parle d'elle. Daniela est fière de sa sœur. Raffaella est plus furieuse que jamais, et Claudio écope d'une nouvelle engueulade.

Cet après-midi-là, Step est en train de ranger des BD de Pazienza qu'il vient d'acheter, quand on sonne à la porte. C'est Pallina.

– Bon, d'abord j'ai fait la jalouse, maintenant je fais le facteur. La prochaine fois, qu'est-ce que je devrai faire ?

Step rit en lui prenant le paquet des mains, puis lui dit au revoir. C'est un tablier à petites fleurs roses avec un mot : *J'accepte seulement si c'est toi qui fais la cuisine et surtout si tu mets mon cadeau. P.-S. Je viens, mais à huit heures et demie, pas avant parce que mes parents sont là !*

Peu après, Step est dans le bureau de son frère.

– Paolo, ce soir j'ai besoin de la maison, absolument.

– Mais moi j'ai invité Manuela.

– Tu l'inviteras un autre jour... Allez, Manuela, tu la vois quand tu veux, merde, alors que Babi ne peut venir que ce soir...

– Babi ? Mais qui est-ce ? La fille du type qui est venu l'autre soir ?

– Oui, pourquoi ?

– Il avait l'air plutôt furieux. Tu lui as parlé, depuis ?

– Évidemment. On est allés jouer au billard ensemble et on s'est même saoulés.

– Vous vous êtes saoulés ?

– Oui, vraiment... En fait, lui seul était saoul.

– Tu l'as fait boire ?

– Comment, je l'ai fait boire ! C'est lui qui a bu. Mais bon, on s'en fout. Alors on est d'accord, hein ? Ce soir tu sors. OK ?

Puis, sans attendre la réponse, il s'enfuit du bureau. Il est tellement pris par ce qu'il doit faire qu'il ne s'aperçoit même pas du sourire que lui adresse la secrétaire de Paolo.

De retour chez lui, il téléphone à Pollo. Il lui demande de ne pas passer ce soir, de ne pas téléphoner, et surtout de ne pas venir foutre le bordel.

– Fais gaffe. Il y va de ta tête. Et pire encore, de notre amitié, et je ne plaisante pas !

Puis il fait une liste des choses à acheter, va au supermarché d'en bas et achète de tout, jusqu'à un paquet de ces biscuits anglais au beurre qui plaisent tant à son frère. Dans le fond, Paolo le mérite. C'est un brave garçon, somme toute. Il a quelques marottes du genre voiture, travail et surtout Manuela. Avec le temps, ça lui passera. Mais il y repense, en rentrant chez lui. Non, Manuela ne lui passera jamais. Il y a déjà six ans qu'ils sont ensemble, et il n'y a pas de signes de fléchissement. Un vrai cageot pourtant, et d'après ce qu'il a compris, elle a fait quelque chose de pas très clair de son côté. A part son frère, il n'arrive pas à comprendre quel cinglé pourrait avoir une aventure avec Manuela. Moche, antipathique, et prétentieuse en plus. Une madame je-sais-tout. Il n'y a rien de pire. Pauvre Paolo. Mais au fond, ça le regarde. « Moi, à sa place, je me ferais la secrétaire. » Et, sur cette dernière considération, il allume la radio et s'en va laver la salade.

A huit heures, tout est prêt. Il a écouté le dernier classement américain à la radio et n'a pas mis le tablier de Babi, mais l'a posé sur une chaise, prêt à mentir au moment opportun. Il contrôle les résultats de ses efforts. Carpaccio, parmesan et roquette. Salade mixte à l'avocat, puis une macédoine de fruits arrosée de marasquin. Les souvenirs remontent, qu'il laisse passer tranquillement. Cette macédoine, il en mangeait souvent quand il était petit. Il est heureux, c'est sa soirée, et il ne veut pas que quoi que ce soit puisse la gâcher. Regardant la table avec satisfaction, il redresse une serviette. Il est vraiment un grand chef, bien qu'il ne sache pas que les couteaux se placent à droite. Puis il se met à errer nerveusement dans l'appartement, se lave les mains, s'assied sur le divan, fume une cigarette, allume la télévision. Puis il se lave les dents. Huit heures et quart. Dans certaines occasions, le temps semble ne jamais passer. Elle arrive dans un quart d'heure, on dînera ensemble, on bavardera tranquillement. On sera sur le divan sans que personne ne nous dérange. Ensuite on ira dans ma chambre et... Non, Babi ne le fera jamais. C'est trop tôt. Ou peut-être que si. Il n'est jamais trop tôt pour certaines choses. On sera ensemble depuis un certain temps, et ça finira bien par arriver. Il essaye de se rappeler une chanson de Battisti – Quelle impression de légère folie colore mon âme, le tourne-disque, les lumières tamisées et... Champagne glacé et l'aventure peut... Merde ! Voilà ce que j'ai oublié ! Le champagne ! Fondamental ! Step va rapidement à la cuisine, ouvre toutes les portes de placard. Rien à faire. Il trouve seulement un pinot gris, qu'il met au freezer. C'est mieux que rien. Au même moment, le téléphone sonne. C'est Babi.

– Je ne viens pas.

Elle a une voix froide et contrariée.

– Pourquoi ? J'ai tout préparé. J'ai même mis le tablier que tu m'as offert, dit Step en mentant.

– Mme Mariani a téléphoné. Son collier en or avec des diamants a disparu. Elle m'a accusée. Ne me rappelle pas.

Babi raccroche. Une seconde plus tard, Step est chez Pollo.

– Qui ça peut bien être ? Tu te rends compte ? De sacrés copains de merde.

– Allez Step, ne parle pas comme ça ! Combien de fois ça t'est arrivé d'aller chez quelqu'un et de piquer quelque chose. Pratiquement à chaque teuf.

– Oui, mais jamais dans la maison d'une de nos copines.

– C'était pas la maison de Babi...

– Non, mais c'est elle qu'on accuse. Tu dois m'aider à faire une liste de ceux qui étaient là... – Step prend un bout de papier et se met à chercher frénétiquement un stylo – Oh, mais il n'y a rien pour écrire, ici...

– C'est pas la peine. Moi je sais qui a pris le collier.

– Qui ?

Alors Pollo donne un nom, le seul que Step n'aurait jamais voulu entendre. C'est le Sicilien.

Step roule dans la nuit. Il n'a pas voulu que Pollo l'accompagne. C'est une affaire entre le Sicilien et lui. Personne d'autre. Cette fois, ce n'est pas une simple affaire de pompes. C'est beaucoup plus compliqué.

Le sourire du Sicilien n'augure rien de bon.

– Salut, Sicilien. Écoute, je ne cherche pas la bagarre.

Un poing frappe Step en pleine figure, qui vacille en arrière. Celui-là, il ne s'y attendait vraiment pas. Il secoue la tête pour se reprendre. Le Sicilien se jette sur lui. Step l'arrête d'un coup de pied bien placé. Puis, pendant qu'il reprend son souffle, il pense au repas qu'il a préparé, au tablier à fleurs et à combien il aurait voulu que cette soirée fût différente. Une soirée tranquille, à la maison, avec sa petite amie dans les bras. Le Sicilien est là, face à lui, en position. Des deux mains, il lui fait signe d'avancer.

– Viens, allez, approche.

Step secoue la tête et respire à fond. « Merde, je ne sais pas comment ça se fait, mais mes rêves ne se réalisent jamais », pense-t-il.

Au même moment, le Sicilien se précipite sur lui. Cette fois, Step est préparé. Il s'écarte sur le côté et le frappe au visage, d'un direct puissant et précis. Sous son poing, il sent le nez du Sicilien s'aplatir et le cartilage déjà mou, éprouvé, craquer de nouveau. Ses sourcils se froncent sous l'effet de la douleur. Alors, il voit son visage, cette grimace, sa lèvre inférieure qui avale son propre sang, et son sourire... A ce moment-là, il comprend que ça va être difficile.

Babi est assise sur le divan. Elle regarde nonchalamment la télévision en sirotant une infusion à la rose, quand on sonne à la porte.

– Qui est-ce ?

– Moi.

Step est en face d'elle. Ses cheveux sont ébouriffés, sa chemise est déchirée et son sourcil droit saigne encore.

– Qu'est-ce qui t'est arrivé ?

– Rien. J'ai simplement retrouvé ça... – Il lève la main droite. Le tour de cou en or de Mme Mariani brille dans la pénombre de l'escalier – Maintenant tu peux venir dîner ?

Après avoir rendu le collier à la dame, et inévitablement perdu sa place de baby-sitter, Babi se laisse emmener par Step jusqu'à chez lui.

Mais, alors qu'ils ouvrent la porte, quelle terrible surprise... Près de la petite table du salon, éclairée par une romantique bougie, se trouve Manuela. Peu après, Paolo arrive de la cuisine. Il apporte la macédoine préparée par Step et, comme si ça ne suffisait pas, il arbore le tablier à fleurs que lui a offert Babi.

– Salut Step. Excuse-moi, hein... mais j'ai téléphoné et personne ne répondait, alors nous sommes venus à la maison, nous avons un peu attendu. Et à dix heures, nous nous sommes dit : maintenant ils ne viendront plus. Et nous avons donc commencé à manger. N'est-ce pas ?

Il cherche l'approbation de Manuela qui fait signe que oui et ébauche un sourire. Step regarde son assiette. Il y a encore quelques restes de sa salade à l'avocat.

– Et, comme je vois, vous avez même fini. Alors, il était comment le dîner ? C'était bon, au moins ?

– Excellent.

Manuela semble sincère. Puis elle retombe aussitôt dans son mutisme. Elle a compris que ce genre de question ne demandait pas de réponse.

– Alors file-moi ta tire, Paolo, on va aller manger quelque chose dehors.

Paolo pose la macédoine sur la table.

– Mais vraiment...

– Quoi ? Tu es gonflé. Tu as bouffé tous mes plats, tu as fini la salade que j'ai préparée de mes propres mains tout l'après-midi, et tu fais des histoires ?

Paolo sort les clés de sa poche et les remet à son frère avec un timide « Va doucement, hein ? »

Alors qu'ils vont sortir, Step se retourne vers Paolo :

– A propos, je t'ai acheté des biscuits au beurre. Si tu en veux pour le dessert, ils sont dans la petite armoire de la cuisine.

Paolo esquisse un sourire, mais désormais toutes ses pensées vont vers sa Golf gris métallisé et la façon dont elle pourrait bien finir.

Step et Babi vont manger des crêpes du côté des Piramide. Puis, poussés par les joyeuses bulles de la bière, ils écartent l'idée de rentrer chez lui. Ça gênerait Babi à cause de Paolo. Alors Step, maudissant son frère et son boudin de nana, tourne à droite, en direction du Janicule. Ils se garent sur le dégagement qui jouxte les jardins, entre d'autres voitures aux vitres déjà embuées par l'amour, pleines de passions illicites, de ce plaisir inconfortable consommé à la hâte. Devant eux, au loin, la ville est en train de s'endormir.

Plus près, à califourchon sur un mur, quelques jeunes se font passer d'illégales bouffées de gaieté artificielle. Step change de station : 92.7. La radio romantique. Il vient sur le siège de Babi et commence à l'embrasser. Puis tout doucement se retrouve sur elle, malgré la douleur de son épaule contusionnée, de son sternum et de ses hanches éprouvés par les coups du Sicilien. Un frais désir efface tous les bleus. Des baisers passionnés font oublier les difficultés techniques du frein à main qui devient inefficace, et de la rebelle manette du siège. Step respire la peau tendre et parfumée de Babi. Son souffle devient irrégulier sous l'effet de l'émotion. Il essaie de nouveau de baisser le siège. Rien à faire, il est bloqué. Alors que, de la main droite, il tourne le bouton vers le bas, il pose son pied sur le tableau de bord et pousse de toutes ses forces... On entend un crac, un bruit sec. Le dossier dégringole, Babi et Step avec lui, riant sans penser à rien – surtout pas à Paolo, ni à son air embêté, ni à sa voiture métallisée. Alors chacun s'empare du jean de l'autre, comme si c'était un concours, un défi sensuel. Puis Babi ralentit, inexpérimentée et gênée, ferme les yeux, et à la fin, tout en l'embrassant, est émue par sa victoire personnelle. Mais quand elle s'aperçoit que Step veut aller plus loin, elle l'arrête.

– Non, qu'est-ce que tu fais ?

– Rien...

Babi l'éloigne, un peu agacée.

– Allons, ici, dans une voiture ? Ma première fois doit être quelque chose de très beau, dans un endroit romantique, avec des fleurs, avec la lune...

– La lune est là – Step ouvre un peu le toit – Tu vois, elle est légèrement voilée, mais elle est là. Et puis sens... – Il inspire à fond – C'est plein de fleurs tout autour. Qu'est-ce qui te manque ? C'est un endroit romantique, allez. Et on écoute de la musique romantique, en plus. C'est parfait !

Babi se met à rire.

– Moi j'imaginais quelque chose d'autre – Elle regarde sa montre – Il est très tard. Si mes parents rentrent et ne me trouvent pas, ils vont me tuer ! Allez, dépêchons-nous.

Ils remontent leurs jeans, et essayent ensemble de réparer le siège de Babi. Rien à faire. Ils reviennent en riant avec le dossier cassé. Chaque fois que Step accélère, Babi se retrouve par terre. Ils imaginent ce que Paolo va dire. Quelle soirée... avec cette fin, elle est devenue tragi-comique. Il raccompagne Babi jusqu'à la porte de chez elle et lui souhaite une bonne nuit. Il conduit rapidement dans la nuit, jouissant de cette – romantique abstinence et du parfum de Babi qui lui est resté sur la peau.

– Mais où étais-tu passé ? Il y a une heure que je t'attends. Je dois raccompagner Manuela chez elle.

Paolo est déjà nerveux. Step imagine ce que ça serait s'il lui parlait du siège.

– Tu pouvais prendre ma moto, puisque tu prends toutes mes affaires.

Paolo ne rit pas du tout et s'enferme au salon avec Manuela. Step va dans sa chambre, se déshabille et se glisse dans son lit en éteignant la lumière. Il est détruit... Du salon lui parviennent des voix. Celles de Paolo et de Manuela. Ils discutent de quelque chose, et la voix de son frère est répétitive et ennuyeuse.

– Dis-moi la vérité. Je veux savoir la vérité.

– Je te l'ai dite.

– J'ai dit : dis-moi la vérité.

– Mais c'est ça, je te le jure.

– Je te le demande pour la dernière fois. Dis-moi la vérité. Je veux savoir la vérité.

– Je te jure que je t'ai tout dit.

Manuela semble très décidée. Dans l'obscurité de la chambre, Step secoue la tête – Je ne sais pas ce qui est le pire : les châtaignes du Sicilien ou les discussions de mon frère. Qui sait ce que Paolo veut savoir ? De toute façon Manuela ne le lui dira jamais. Une seule chose est certaine. L'unique grande vérité, c'est que Manuela rentrera chez elle allongée sur le siège. Et à cette pensée Step, tout guilleret, s'endort.

52

Babi est à Fregene da Mastino avec toute sa classe : elles fêtent les Cent-Jours. Elle viennent de finir leur repas et se promènent sur la plage. Certaines de ses amies jouent au drapeau. Babi, elle, est assise sur un pédalo et bavarde avec Pallina. C'est alors qu'elle le voit. Il vient vers elles avec son sourire, ses lunettes de soleil et son blouson noir. Le cœur de Babi bat à tout rompre. Pallina s'en aperçoit tout de suite.

– Eh, tu ne vas pas t'évanouir, non ?

Babi lui sourit puis court à la rencontre de Step. Elle part avec lui, sans lui demander comment il a fait pour la trouver, ni où il l'emmène. Elle salue ses compagnes d'un – ciao distrait. Quelques-unes d'entre elles s'arrêtent de jouer et la suivent du regard, envieuses et rêveuses, mourant d'envie d'être à sa place, au bras de Step, the Beau Gosse. La jeune fille qui est au centre appelle très fort – Numéro... sept. Deux autres courent péniblement dans le sable pour la rejoindre. Elles s'arrêtent l'une en face de l'autre, les bras ouverts, se regardant dans les yeux, se défiant avec des sourires, faisant des mines, soutenues par leurs camarades. Puis brusquement, le petit mouchoir blanc qui vole dans le vent redevient leur seul souci.

Arrivée devant la moto, Babi regarde Step, curieuse.

– Où va-t-on ?

– C'est une surprise – Step passe derrière elle et sort de sa poche le bandana bleu qu'il lui avait chipé un jour puis lui bande les yeux – Ne triche pas, hein... Tu ne dois rien voir.

Amusée, elle l'ajuste au plus serré.

– Eh eh, ce petit foulard, j'ai l'impression que je le connais...

Puis elle lui passe l'un des écouteurs de son Sony et ils s'envolent sur les notes de Tiziano Ferro.

Plus tard... Babi est derrière lui, serrée, la tête appuyée sur son dos, les yeux toujours couverts par le bandana. Elle a l'impression de planer, un vent frais caresse ses cheveux tandis qu'une odeur de genêts parfume l'air. Depuis quand sont-ils partis ? Elle essaie de calculer le temps d'après le CD qu'ils sont en train d'écouter. Il y a donc près d'une heure qu'ils roulent. Mais où peuvent-ils bien aller ?

– C'est encore long ?

– On est presque arrivés. Tu ne regardes pas, hein ?

– Non.

Babi, heureuse, s'appuie de nouveau contre son dos, en le serrant plus fort. Follement amoureuse... Step rétrograde doucement, tourne à droite puis aborde la pente, en se demandant si elle a compris.

– Voilà, on est arrivés. Non, n'enlève pas le bandana. Attends-moi ici.

Babi essaye de comprendre où elle se trouve. Il est tard dans l'après-midi. Elle entend un bruit lointain, répétitif et étouffé, mais elle n'arrive pas à comprendre de quoi il s'agit. Puis, tout à coup, un bruit plus fort, comme si on cassait quelque chose.

– Me voilà – Step la prend par la main.

– Qu'est-ce qui s'est passé ?

– Rien. Suis-moi.

Babi, un peu inquiète, se laisse guider. Maintenant le vent a cessé, l'air est devenu plus froid et semble plus humide. Sa jambe heurte quelque chose.

– Aïe !

– C'est rien.

– Comment c'est rien ? Mais c'est ma jambe !

Step se met à rire

– Tu râles tout le temps. Arrête-toi ici.

Step l'abandonne un instant. La main de Babi se retrouve vide, en suspens.

– Ne me laisse pas.

– Je suis là, près de toi.

Alors, un bruit fort et continu, mécanique, un bruit de bois. Un store qui remonte. Step lui enlève délicatement le bandana. Babi ouvre les yeux, et alors tout lui apparaît.

Dans le soleil couchant, la mer resplendit devant elle. Chaud et rouge, l'astre du jour semble lui sourire. Elle est dans une maison. Elle sort sur la terrasse en passant sous le store. En bas, à droite, la plage de leur premier baiser s'étale, romantique. Au loin, les collines qu'elle aime tant, la mer, des rochers inconnus : Port'Ercole. Une mouette passe tout près en la saluant. Babi, très émue, regarde autour d'elle. Cette mer argentée, les genêts jaunes, les buissons vert foncé, cette maison solitaire sur les rochers. Sa maison, la maison de ses rêves. Et elle est là, avec lui, et elle ne rêve pas. Step l'embrasse alors.

– Tu es heureuse ?

Elle fait signe que oui puis tourne ses yeux vers lui. Mouillés de larmes, brillants d'amour, superbes. Il la contemple un instant, puis lui demande.

– Qu'est-ce qu'il y a ?

– J'ai peur.

– De quoi ?

– De ne jamais plus être aussi heureuse que maintenant... Folle d'amour, elle l'embrasse de nouveau dans la tiédeur du crépuscule.

– Viens. On rentre.

Ils parcourent alors cette maison inconnue, ouvrant des pièces mystérieuses, inventant l'histoire de chaque chambre, imaginant les propriétaires, qui ne sont évidemment au courant de rien.

Ils relèvent tous les stores, trouvent une grande chaîne hi-fi et l'allument – Même ici on reçoit 92.7. Tous joyeux, ils se promènent dans la maison en ouvrant les tiroirs, en découvrent les secrets, s'en amusent ensemble. Éloignés, ils s'appellent de temps en temps pour se montrer une nouvelle découverte, aussi insignifiante soit-elle. Tout semble magique, important, incroyable.

Step va détacher la mallette de sa moto puis rentre dans la maison. Peu après, il appelle Babi, qui le rejoint dans la chambre. La grande fenêtre donne sur la mer. Maintenant, le soleil semble faire un clin d'œil : il est en train de disparaître, silencieux, derrière l'horizon. Son dernier croissant colore joliment de rose tendre les nuages qui s'effilent au-dessus de lui. Il traverse la mer pour venir s'éteindre sur les murs de cette chambre, dans leurs cheveux, sur les draps neufs qui viennent d'être mis.

– C'est moi qui les ai achetés. Ils te plaisent ?

Babi ne répond pas. Elle regarde autour d'elle. Un petit bouquet de roses rouges repose dans un vase, près du lit. Step essaye de le prendre sur le ton de la plaisanterie.

– Je te jure que je ne les ai pas achetées au feu rouge...

Il ouvre sa mallette.

– Et voilà !*

Quelques glaçons flottent encore sur de la glace fondue. Step en sort une bouteille de champagne et deux coupes enveloppées dans du papier journal.

– Pour ne pas les casser, explique-t-il en sortant une petite radio de la poche de son blouson. Je ne savais pas s'il y en avait une ici.

Il l'allume, la règle sur la même fréquence que la stéréo de la maison et la pose sur la table de nuit.

Un petit écho de *Certaines nuits* résonne dans la chambre.

– On dirait que c'est fait exprès... même si on n'en est encore qu'au coucher de soleil...

Step s'approche d'elle, la prend dans ses bras et la couvre de baisers. L'instant paraît si beau à Babi qu'elle en oublie tout, ses décisions, ses peurs, ses scrupules. Calmement, elle le laisse lui ôter ses vêtements, le déshabillant elle aussi. Pour la première fois, elle se retrouve entièrement nue entre ses bras, pendant qu'une lumière magique, venant de la mer, éclaire timidement leurs corps. Une jeune étoile curieuse brille dans le ciel. Puis, entre une mer de caresses, le bruit lointain des vagues, le cri joyeux d'une mouette et le parfum des fleurs, l'événement se produit.

Step glisse délicatement sur elle. Babi ouvre les yeux, tendrement dominée. Step la regarde. Elle ne semble pas avoir peur. Il lui sourit, passe une main dans ses cheveux pour la rassurer. Au même moment la petite radio toute proche entonne *Beautiful*, qui se répand innocemment dans toute la maison, mais ni l'un ni l'autre ne le remarque. Ils ne savent pas que cette chanson va devenir *leur chanson*. Elle ferme les yeux en retenant son souffle, brusquement emportée par une incroyable émotion, par cette douleur d'amour, par la magie de devenir sienne pour toujours. Elle lève son visage vers le ciel en soupirant, en s'accrochant à ses épaules, en l'embrassant passionnément. Puis elle se laisse aller, délicatement, plus calme... elle est à lui. Elle ouvre les yeux : il est là, en elle. Un tendre sourire frémit sur son visage, qu'elle couvre de baisers. Mais elle n'est plus là, cette jeune fille aux yeux bleus épouvantés, aux mille doutes, aux mille peurs. Elle a disparu. Babi se rappelle que depuis qu'elle est toute petite, elle a toujours été fascinée par l'histoire des papillons. Ce cocon, cette petite chenille qui se teinte de splendides couleurs et apprend brusquement à voler. Alors, elle se voit de nouveau : papillon délicat et neuf, qui vient de naître entre les bras de Step. Il lui sourit toujours et l'embrasse en la regardant profondément. Alors à son tour, elle lui donne un baiser, tendre, nouveau, passionné. Son premier baiser de jeune femme.

Plus tard, alors qu'ils sont allongés entre les draps, Step lui caresse les cheveux pendant qu'elle le serre contre elle, la tête appuyée sur sa poitrine.

– Je ne suis pas terrible, hein ?

– Tu es terrible.

– Non, je me sens nulle. Tu dois m'apprendre.

– Tu es parfaite. Viens.

Step la prend par la main et l'emmène. Parmi les fleurs des draps, une petite fleur rouge qui vient d'éclore se distingue des autres, la plus pure et la plus innocente de toutes.

Dans la baignoire, ils se retrouvent de nouveau dans les bras l'un de l'autre. Puis ils boivent du champagne en bavardant joyeusement, un peu éméchés. Et, ivres d'amour, ils s'aiment de nouveau. Cette fois sans peur, avec plus d'élan, plus de désir. Maintenant, cela semble plus beau, plus facile de bouger les ailes : elle n'a plus peur du vol et comprend comme il est beau d'être un jeune papillon. Ensuite, dans des peignoirs de bain, ils descendent dans la petite calanque privée. Ils s'amusent à inventer des noms qui ne peuvent pas aller avec les deux lettres inconnues brodées sur leur poitrine. Après avoir rivalisé pour trouver les plus bizarres, ils abandonnent les peignoirs sur les rochers.

Babi perd, elle est la seconde à plonger. Ils nagent dans l'eau fraîche et salée, dans le sillage de la lune, soutenus par de petites vagues, s'embrassant de temps en temps, s'éclaboussant, s'éloignant pour se retrouver, pour goûter leurs lèvres au champagne marin. Plus tard, assis sur un rocher, enveloppés dans les peignoirs d'Amarildo et de Sigfrida, ils observent, rêveurs, les mille étoiles au-dessus d'eux, la lune, la nuit, la mer sombre et tranquille.

– Ce que c'est beau ici.

– C'est ta maison, non ?

– Tu es fou !

– Je le sais !

– De toute ma vie, je ne me suis jamais sentie aussi bien. Et toi ?

– Moi ? – Step l'embrasse très fort – Super super bien.

– Au point de pouvoir toucher le ciel avec un doigt ?

– Non, pas à ce point.

– Comment pas à ce point ?

– Beaucoup plus. Au moins trois mètres au-dessus du ciel.

Le lendemain matin, alors que la douche efface les dernières traces de sable de ses cheveux, Babi repense à la veille au soir avec émotion.

Elle prend son petit déjeuner, souhaite une bonne journée à sa mère, puis monte dans la voiture avec Daniela, prête à se rendre à l'école comme tous les matins. Son père s'arrête au feu sous le pont du corso di Francia. Babi est encore somnolente et distraite quand, brusquement, elle le voit. Elle n'en croit pas ses yeux : tout en haut, de la colonne blanche du pont, un graffiti domine tous les autres, impossible à effacer. Il est là, sur le marbre froid, beau, bleu comme ses yeux. Son cœur commence à battre plus fort. Pendant un instant, elle a l'impression que tout le monde peut l'entendre et la lire, cette phrase, exactement comme elle le fait en ce moment. Elle est là, en hauteur, inatteignable. Là où n'arrivent que les gens qui s'aiment vraiment : « Toi et moi... Trois mètres au-dessus du ciel. »

53

24 décembre.

Il est réveillé. En réalité, il n'a pas dormi du tout. La radio est allumée. Ram Power16. Les uns le vivent, d'autres se souviennent. De quoi doit-il se souvenir ? Il a mal à la tête et ses yeux le brûlent. Il se retourne dans son lit.

Des bruits viennent de la cuisine. Son frère est en train de prendre son petit déjeuner. Il regarde sa montre. Neuf heures. Qui sait où va Paolo à pareille heure, la veille de Noël. Il y a des gens qui ont toujours à faire, pense-t-il, même les jours de fête. Il entend la porte claquer : Paolo est sorti. Step est soulagé, il a besoin d'être seul. Puis il ressent une étrange souffrance. Il n'a pas besoin de lui. Il est seul. A cette idée, il se sent encore plus mal. Il n'a pas faim, pas sommeil, n'éprouve rien. Il reste comme ça, couché sur le dos. Il ne sait pas pendant combien de temps. Peu à peu, il revoit cette chambre à une époque plus heureuse. Combien de fois n'a-t-il pas trouvé, en se réveillant, les boucles d'oreilles de Babi sur la table de nuit, combien de fois sa montre, combien de fois n'ont-ils pas été dans ce lit, dans les bras l'un de l'autre, amoureux, pleins de désir. Il se rappelle ses pieds froids, ces petits orteils glacés qu'elle appuyait en riant sur ses jambes, plus chaudes. Après qu'ils avaient fait l'amour, quand ils restaient là à bavarder, regardant la lune par la fenêtre, la pluie ou les étoiles, heureux, qu'il fasse chaud ou qu'il pleuve. Lui caressant ses cheveux, quoi qu'il se passe dehors, malgré les guerres, les problèmes du monde, les voies nouvelles, malgré les gens. Puis il la voit se diriger vers la salle de bains. Débordant d'amour, il voit encore les marques plus claires sur sa peau, l'ombre d'un maillot de bain qu'elle vient d'enlever, d'un soutien-gorge défait. Il l'entend parler derrière cette porte fermée, la voit s'avancer avec sa démarche rigolote, les cheveux défaits, puis courir toute honteuse vers le lit, plonger sur lui, encore humide de sa douche, encore parfumée d'amour et de passion. Step se retourne de nouveau dans son lit. Il regarde le plafond. Combien de fois ont-ils vu arriver, à leur grand désespoir, l'heure de se rhabiller, le moment où il devait la raccompagner chez elle. A ce moment-là, silencieux, assis sur ce lit, ils avaient commencé tout doucement à s'habiller, en se passant de temps en temps quelque chose qui appartenait à l'autre. Échangeant un sourire, un baiser, elle enfilant sa jupe, tous deux bavardant penchés, laçant leurs souliers, laissant la radio allumée avant de repartir. Où peut-elle bien être en ce moment ? Pourquoi ? Son cœur se serre.

Les jours de fête, on range sa chambre, on se sent plus gai ou plus triste. On ne sait pas où mettre certaines pensées.

– Dani, celle-ci, tu la veux ? Sinon je la jette.

Daniela regarde sa sœur. Babi est devant la porte avec la veste bleue à la main.

– Oui, laisse-la, moi je la mets.

– Mais elle est toute décousue.

– Je la ferai réparer.

– Comme tu veux.

Babi laisse la veste sur le lit. Daniela la regarde sortir de la chambre. Combien de fois Babi et elle ne se sont-elles pas bagarrées pour cette veste ? Elle n'aurait jamais pensé que Babi voudrait la jeter. Sa sœur a vraiment changé. Puis elle pense à autre chose et se remet à emballer les derniers cadeaux. Babi a presque fini de vider l'armoire quand sa mère entre.

– Bravo, tu as dégagé un tas de choses.

– Oui, tiens, tout ça est à jeter. Daniela n'en veut pas, elle non plus.

Raffaella prend quelques vêtements posés sur la table.

– J'en ferai un paquet pour les pauvres. Ils devraient passer les prendre aujourd'hui. Plus tard, on sort ensemble, si tu veux ?

– Je ne sais pas, maman.

Babi rougit légèrement.

– Comme tu veux. Ne t'inquiète pas.

Raffaella sourit et sort de la chambre. Babi ouvre un tiroir. Elle est contente, c'est une période où elle s'entend vraiment bien avec sa mère. Bizarre. Il y a six mois elles n'arrêtaient pas de se disputer. Elle se souvient de la fin du procès, quand elle est sortie du palais de justice et que sa mère l'a rejointe en courant.

– Mais tu es folle, pourquoi n'as-tu pas dit comment les choses se sont réellement passées ? Pourquoi n'as-tu pas dit que ce délinquant a frappé Accado sans raison ?

– Pour moi les choses se sont passées comme je l'ai dit. Step est innocent. Il n'y est pour rien. Qu'est-ce que vous en savez, vous, de ce qui s'est passé ? De ce qu'il a éprouvé à ce moment-là ? Vous, vous n'essayez pas de comprendre, ni de pardonner. La seule chose que vous soyez capables de faire, c'est de juger. Vous décidez de la vie de vos enfants selon vos désirs, d'après ce que vous pensez, vous. Sans savoir le moins du monde ce que nous en pensons, nous. Pour vous, la vie c'est comme jouer aux cartes, tout ce que vous ne connaissez pas est une mauvaise carte que vous voudriez n'avoir jamais tirée. Vous ne savez pas quoi en faire, elle vous brûle les mains. Mais vous ne vous demandez pas pourquoi l'un est violent, l'autre se drogue... Qu'est-ce que ça peut vous faire ? Ce n'est pas votre fils, ça ne vous regarde pas. Mais cette fois, ça te concerne maman, ta fille est avec un type qui a des problèmes, qui ne pense pas seulement à avoir la GTI 16 soupapes, ou le Daytona, ou à aller en Sardaigne. Il est violent, c'est vrai, mais il l'est peut-être parce qu'il ne sait pas exprimer certaines choses, parce qu'on lui a dit trop de mensonges, parce que c'est sa seule façon de réagir.

– Mais que dis-tu là ? Ce sont des idioties... Mais y as-tu pensé. De quoi as-tu l'air ? Tu es une menteuse. Tu as menti devant tout le monde.

– Moi, je me fiche pas mal de tes amis, de ce qu'ils pensent, de la façon dont ils me jugent. Vous dites sans cesse que ce sont des gens qui se sont faits tout seuls, qui sont arrivés. Mais arrivés où ? Qu'est-ce qu'ils ont fait ? Uniquement des sous. Ils ne parlent pas avec leurs enfants. En fait, ils se fichent pas mal de ce qu'ils font et s'ils souffrent. Dans le fond, vous vous foutez complètement de nous.

A ce moment-là, Raffaella lui a donné une gifle en pleine figure. Babi s'est passé la main sur la joue, puis a souri.

– Je l'ai dit exprès, qu'est-ce que tu crois ? Maintenant que tu m'as flanqué une gifle, tu as la conscience tranquille. Maintenant tu peux retourner bavarder avec tes amies et t'asseoir à la table de jeu. Ta fille a été bien élevée. Elle a compris ce qui est juste et ce qui ne l'est pas... Elle a compris qu'il ne faut pas dire de gros mots et qu'il faut bien se conduire Mais tu ne vois pas que tu es ridicule, que tu fais rire ? Tu m'envoies à la messe le dimanche, mais si j'écoute trop les Évangiles, alors non, ça ne va plus. Si j'aime trop mes semblables, si j'amène à la maison quelqu'un qui ne se lève pas quand tu entres ou ne se tient pas bien à table, tu tords la bouche. Tu devrais inventer des églises pour vous, un Évangile pour vous, où tout le monde ne ressuscite pas, mais seulement ceux qui ne mangent pas à table en tee-shirt, qui ne signent pas en mettant le nom en premier, ceux qui savent de qui sont leurs enfants, ceux qui sont bronzés et beaux, qui s'habillent comme vous aimez, vous. Vous êtes des pantins.

Puis Babi est partie. Raffaella l'a regardée jusqu'à ce qu'elle l'ait vue monter sur la moto de Step et s'éloigner avec lui.

Combien de temps a passé ? Combien de choses ont changé ? Elle soupire en ouvrant le second tiroir.

Pauvre maman, ce que je lui en ai fait voir. Dans le fond, c'est elle qui a raison. Peut-être que je viens juste de le comprendre. Mais il y a des choses plus importantes dans la vie. Elle continue à ranger ses affaires. Mais de ces choses si importantes, pas une ne lui vient à l'esprit, sans doute parce qu'elle ne veut pas y penser, c'est plus commode comme ça. Peut-être qu'en réalité il n'y en a pas tant que ça. Quelques remords. Un soutien-gorge qui a fait rire Step.

« Ce que tu es sexy, ce soir. » L'un après l'autre ils arrivent, implacables, mélancoliques et tristes, lointains. Les souvenirs. La fête de ses dix-huit ans à Ansedonia. A dix heures du soir, brusquement, un bruit de moto. Tous les invités vont sur la terrasse. Enfin quelque chose dont on peut parler. Step, Pollo et tous ses copains viennent d'arriver. Ils descendent de moto et entrent en riant, insolents et sûrs d'eux, regardant autour d'eux, les copains à la recherche d'une belle nana, et lui d'elle.

Babi court à sa rencontre, se perdant dans ses bras, entre un – bon anniversaire, trésor et un baiser provocant sur la bouche.

– Attention, mes parents sont là.

– Je sais, c'est pour ça que je l'ai fait ! Viens, on file...

Après le gâteau avec les bougies et la Rolex que sa famille lui a offerte, ils s'éclipsent. Elle se laisse séduire par ses yeux rieurs, par ses propositions amusantes, par sa moto rapide. Et en avant dans la descente, vers la mer nocturne, dans le parfum des genêts, loin des insipides invités, du regard méprisant de Raffaella, de Claudio, déçu, qui aurait voulu danser la valse avec sa fille, comme le font tous les pères.

Mais elle n'est plus là, elle est loin. Petite fille majeure, elle se perd en dansant au milieu de ses baisers, sur les notes de douces vagues salées, d'une lune romantique, de son jeune amour.

– Tiens, c'est pour toi – Sur son cou resplendit un magnifique collier en or avec des turquoises pareilles à ses yeux pleins de bonheur. Babi lui sourit, et lui, tout en l'embrassant, arrive même à la convaincre – Je te jure que je ne l'ai pas volé.

Et la veille du bac. Quels rires, cette fois, tous en train de réviser chez eux jusqu'à tard le soir. Sans arrêt des hypothèses, des tuyaux clandestins. Tous croient savoir le sujet de la dissert. On se téléphone, on est sûr et certain d'avoir le bon.

– C'est le cinquantième anniversaire de la télévision. On a découvert un nouvel écrit de Manzoni. C'est sur la Révolution française, sûr et certain...

Certains disent qu'ils l'ont su par l'Australie, où les sujets sont sortis la veille, d'autres par un ami prof, par une commission, une autre même par un médium. Le lendemain, quand le futur devient présent, on découvre que le prof n'est pas un véritable ami, que le médium est un simple imposteur, et l'Australie une terre trop lointaine pour pouvoir aider qui que ce soit. Et quelle surprise quand les sujets sont sortis !

Babi a eu une mention très bien. Tout heureuse, ravie du résultat, elle a couru chez Step. Lui a ri, plaisantant avec elle.

– Comme tu es mûre*... Une vraie pêche mûre...

* En italien, le bac se dit *maturità* : maturité. D'où le jeu de mots, intraduisible en français.

Il l'a déshabillée en riant, en se moquant un peu d'elle, comme s'il s'attendait à ce résultat. Ils ont fait l'amour, et elle a pris sa revanche en riant.

– Tu aurais pu l'imaginer ? Toi, une simple mention assez bien, tu as l'honneur de baiser une émérite mention très bien... Mais tu te rends compte de la chance que tu as ?

Il lui a souri.

– Oui, je m'en rends compte.

Et il l'a embrassée en silence.

Quelque temps après, Babi est allée voir Giacci. Dans le fond, après leurs affrontements, la prof semblait même avoir de la sympathie pour elle. Elle avait commencé à la traiter gentiment, avec égards, et même avec un peu trop de respect. Ce jour-là, quand elle est allée chez elle, elle a compris pourquoi.

Ce respect n'était que de la peur. Peur de rester seule, de perdre son seul ami, son seul compagnon. Peur de ne pas revoir son chien, peur de la solitude. Babi en est restée sans voix. Elle a écouté ce qu'a dit la prof, ses méchancetés. Elle était en face d'elle, avec son Pepito de nouveau dans ses bras. Cette vieille femme semblait encore plus fatiguée, plus aigre, plus déçue par le monde, par les jeunes. Babi a pris la fuite en s'excusant, ne sachant plus quoi dire, ne sachant plus qui elle était, qui était en face d'elle, quelle aurait été sa note, la vraie, celle qu'elle aurait méritée.

Babi va à la fenêtre et regarde dehors. Quelques arbres de Noël s'allument et s'éteignent sur les terrasses des maisons, dans les luxueux salons de l'immeuble d'en face. C'est Noël. Il faut être bon. Je devrais peut-être l'appeler. Mais combien de fois n'ai-je pas été bonne ? Combien de fois n'ai-je pas pardonné ? Y compris à Giacci. Elle se rappelle les mille discussions qu'ils ont eues, leur façon différente de voir les choses, les disputes, le doux plaisir de faire la paix en espérant que tout puisse encore s'arranger. Mais il n'en a rien été. Discussion après discussion, jour après jour, avec sa famille qui lui fait la guerre, les coups de téléphone en cachette, les appels en pleine nuit. Sa mère qui répond. Step qui attaque. Parce que son portable ne capte pas chez elle... Et elle punie, de plus en plus souvent. La fois où Raffaella a organisé un dîner à la maison en l'obligeant à rester. Elle avait invité un tas de gens très bien, et le fils d'un de leurs amis, très riche. Un bon parti, lui avait-elle dit. Puis Step est arrivé. Daniela a ouvert sans demander qui c'était. Step a ouvert grand la porte en lui cognant la tête.

– Pardon Daniela, je n'ai rien contre toi, tu le sais.

Il a pris Babi par un bras et l'a entraînée dehors au milieu des hurlements de Raffaella et des efforts du – bon parti qui tentait de l'arrêter. Le type s'est retrouvé par terre avec la lèvre fendue. Ce soir-là, Babi s'est endormie en pleurant dans les bras de Step.

– Comme tout est devenu difficile. Je voudrais tant être loin avec toi, sans problèmes, sans mes parents, sans toutes ces complications, dans un endroit tranquille, hors du temps.

Lui a souri.

– Ne te fais pas de soucis. Moi, je sais où nous irons, et là, personne ne nous embêtera. On y est souvent allés, il suffit de le vouloir.

Babi le regarde avec des yeux pleins d'espoir.

– Où ?

– Trois mètres au-dessus du ciel, là où vivent les amoureux.

Mais le lendemain elle est rentrée chez elle, et c'est là que tout a commencé, ou plutôt fini.

Babi s'est inscrite à la fac. Elle suit les cours de sciences économiques, et passe ses après-midi à travailler. Elle commence à le voir moins souvent, maintenant. Un après-midi avec lui. Ils sont allés chez Giovanni boire un verre. Ils sont en train de discuter au bar quand arrivent deux types effrayants. Step n'a pas le temps de réaliser, qu'ils lui tombent dessus et commencent à le rouer de coups de poing en le coinçant entre eux, le frappant à la tête à tour de rôle, dans une alternance meurtrière. Babi s'est mise à hurler. Step a fini par se dégager. Les deux types ont filé sur une petite Vespa trafiquée. Step est resté par terre, hébété. Puis, avec l'aide de Babi, il s'est relevé. De deux mouchoirs en papier, elle a essayé d'arrêter le sang qui lui coulait du nez, en tachant son chemisier. Plus tard, il l'a raccompagnée chez elle en silence, sans trop savoir quoi dire. Il a parlé d'une bagarre datant de très longtemps, quand ils n'étaient pas encore ensemble. Elle l'a cru, ou a voulu le croire. Quand Raffaella a vu sa fille rentrer à la maison, le chemisier tout taché de sang, elle a eu un choc.

– Qu'est-ce que tu t'es fait ? Babi, tu es blessée ? Qu'est-ce qui t'est arrivé ? C'est de la faute de ce délinquant, n'est-ce pas ? Tu ne comprends donc pas que ça finira mal ?

Elle est allée dans sa chambre, s'est changée en silence. Elle a compris que quelque chose ne marchait pas. Il fallait qu'elle change quelque chose, et ce ne serait pas aussi facile que d'enlever un chemisier et de le laver. Quelques jours plu tard, elle a revu Step. Il avait une autre entaille sur le visage, des points de suture au sourcil.

– Mais qu'est-ce que tu t'es fait ?

– Tu sais, pour ne pas réveiller Paolo je suis rentré chez moi et je n'ai pas allumé dans le couloir. Je me suis cogné contre un angle. Je ne te dis pas la douleur, un mal de chien.

Exactement comme celui qu'il a provoqué chez Babi. La vérité, c'est Pallina qui la lui a dite au téléphone. Ils sont allés à Talenti chez Zio d'America, avec des bâtons et des chaînes, conduits par Step. Une bagarre gigantesque. Il y a même eu un article dans le journal. Babi a encaissé. C'est inutile de discuter avec Step, il ferait toujours comme il voudrait, à sa façon. Il a la tête dure. Elle lui a dit mille fois qu'elle détestait la violence, les coups, les casseurs.

Elle range ses étagères, en retire quelques cahiers qu'elle jette sur la moquette : sans intérêt. Des cahiers des années passées, des notes prises au lycée, de vieux livres.

– Qu'est-ce qu'on fait ce soir ? On va aux courses de moto ? Allez, tout le monde y va.

– J'espère que tu plaisantes, ce n'est pas possible ! Moi je ne remettrai plus jamais les pieds dans cet endroit ! Pour rencontrer cette demeurée déchaînée et recevoir de nouveaux coups... On a une soirée, si ça te dit de venir, lui répond-elle.

Step a mis une veste bleu marine. Il est resté tout le temps assis sur un divan en regardant autour de lui, essayant de trouver quelque chose d'amusant dans ce qu'il entendait, mais sans y réussir. Lui, ces gens, il les a toujours détestés. Dans ce genre de bringues, il est toujours venu en trouble-fête, il a tout cassé, il s'est amusé comme un dingue à voler dans les chambres à coucher et à balancer les affaires. Les autres. Qui sait où ils sont en ce moment. A la Serre, faisant du cent quarante sur la roue arrière, sur leur moto avec les copains qui font les supporters, avec Siga qui prend les paris, avec les Camomilla. Ciccio et tous les autres. Quelle merde, cette fiesta. Il croise le regard de Babi. Il lui sourit. Elle est embêtée, elle sait très bien ce qu'il pense.

Babi réussit à attraper un livre plus haut que les autres. Puis elle se rappelle cette soirée comme si c'était maintenant.

L'interphone sonne comme s'il était devenu fou. La maîtresse de maison traverse le salon en courant, la porte s'ouvre et Pallina est là, très pâle. Bouleversée, elle éclate en sanglots.

C'est une nuit terrible. Elle arrête d'y penser. Elle commence à rassembler les livres qu'elle a jetés par terre, et, quand elle se penche de nouveau, elle le voit. Il est là, clair et sec, jaune, décoloré par le temps. Cassé, sur la moquette foncée, sans vie depuis longtemps, le petit épi qu'elle avait mis dans son agenda la première fois qu'elle avait séché les cours pour partir avec Step. Ce matin-là, dans le vent qui annonçait l'été, elle était sûre que ça ne pourrait jamais en être un autre. Elle ramasse l'épi. Il se brise entre ses doigts, comme des pensées anciennes, comme des rêves légers et de faibles promesses.

Step surveille la cafetière sur la cuisinière. Le café ne sort pas encore*. Il monte le feu. Juste à côté, il y a encore un peu de cendre, un reste de bout de papier jauni. Ses chers dessins, les planches d'Andrea Pazienza. Ce sont des originaux. Il les a volés à la rédaction d'un nouveau journal, *Zut*, quand Andrea était encore en vie et y travaillait. Une nuit, il a cassé la vitre d'une fenêtre avec son coude et il est entré.

---

* Il s'agit d'une cafetière italienne en deux parties : quand l'eau bout, elle remonte à travers la poudre de café.

Rien de plus facile. Il n'a pris que les planches du mythique Paz, puis il a filé par la porte, se perdant dans la nuit, tout heureux, avec les dessins de son idole à la main. Peu de temps après, Andrea est mort.

En juin, sa photo dans un journal. Autour d'Andrea, toute la rédaction. Ce cliché a dû être pris quelques jours après son vol. Step ramasse ce morceau de papier entre les feux de la gazinière. Quelle planche était-ce ? Ce devait être celle avec le visage de Zanardi. Maintenant il s'en fiche. Il les a toutes brûlées ce soir, après le coup de téléphone. Il est là en train de regarder brûler les couleurs, les figures de ses héros se ratatiner dans les flammes et les phrases mythiques de poètes inconnus partir en fumée. Son frère entre dans la cuisine.

– Mais qu'est-ce que tu fabriques ? Mais quoi ? Tu es cinglé ? Regarde, tu es en train de brûler la cuisine...

Paolo essaye d'éteindre ces flammes trop hautes, mais Step l'arrête.

– Step, mais qu'est-ce que tu as dans le crâne ? Après c'est moi qui devrai payer. Ces conneries, va les faire dehors !

Step voit rouge. Il le plaque contre le mur, près de la fenêtre, lui met une main sur la gorge, l'étranglant presque. Paolo en perd ses lunettes. Elles valsent et se brisent en tombant par terre. Puis Step se calme. Il le laisse partir. Paolo ramasse ses lunettes cassées et sort en silence, sans rien dire. Step se sent encore plus mal. Il entend la porte de la maison claquer. Il est resté là, regardant ses dessins qui brûlent, noircissant le mur au-dessus de la cuisinière, malheureux comme il ne l'a jamais été. Seul comme jamais.

Il pense à Battisti – Rouer de coups de poing un homme uniquement parce qu'il a été un peu impoli, en sachant que ce ne sont pas les offenses qui le brûlent. C'est vrai, il a raison. Et ça le brûle encore plus. Cet homme est son frère. Le café monte brusquement en glougloutant comme s'il avait lui aussi quelque chose à dire. Step en verse dans sa tasse et le boit. Il laisse dans sa bouche un goût chaud et amer, le même goût que les tristes souvenirs de son cœur.

Septembre. Les parents de Babi ont acheté un billet pour Londres. Ils se sont entendus avec la mère de Pallina. Ils veulent éloigner leurs filles de leurs récentes mauvaises fréquentations.

Une affaire vite réglée. Un plan bien conçu. Un ami qui fait un saut à la préfecture. Des passeports neufs. Deux personnes montent dans le charter pour l'Angleterre, mais les billets, changés quelques jours plus tôt, portent des noms différents. Pollo et Pallina.

Ce sont quinze jours inoubliables pour tous. Pour les parents de Babi, pleins d'illusions, contents, et enfin tranquilles. Pour Pollo et Pallina qui se promènent à Londres, vont dans les pubs et les boîtes, expédiant à tout le monde des cartes postales achetées à Rome à la Lyon Book, des cartes postales anglaises signées d'avance par Babi. Et Step et elle, loin de tous dans l'île grecque d'Astipalea. Un voyage épique. A moto jusqu'à Brindisi, puis en ferry, dans les bras l'un de l'autre sous les étoiles, allongés sur le pont, sur des sacs de couchage de couleur, chantant avec des étrangers des chansons anglaises, améliorant ainsi leur accent, mais sûrement pas comme l'auraient voulu leurs parents. Puis les moulins blancs, les chèvres, les rochers, une petite maison sur la mer. La pêche à l'aube, dormir l'après-midi, sortir la nuit, se promener sur la plage. Maîtres du lieu et du temps, seuls, comptant les étoiles, oubliant les jours, téléphonant des mensonges.

Step boit son café. Il lui semble encore plus amer. Il se met à rire. La fois où Babi l'a invité à dîner avec tous ses copains. Tentative de les rendre civilisés. Ils se sont assis à table et se sont assez bien comportés, comme Step le leur avait expressément recommandé. Puis ils n'ont plus tenu le coup. L'un après l'autre ils se sont levés, emportant leurs assiettes, vidant des bières et partant au salon. Il ne faut jamais inviter les gens le mercredi. Jamais quand il y a des matchs. Naturellement tout a fini tragiquement. La Roma a perdu, un type de la Lazio a commencé à se foutre des autres et la bagarre a démarré. Step a dû les mettre tous dehors.

Divergences, différences, difficultés. Il a essayé de la retrouver. Au carnaval, Babi et lui se sont déguisés en Tom et Jerry, et c'est justement à cette fiesta que sont arrivés Pollo et les autres. Un effet du hasard ? Ou plus simplement un mouchardage de Pallina ? Tous ont fait semblant de ne pas le reconnaître. Ils ont salué Babi, ce petit Jerry aux yeux bleus, et ils ont ignoré Tom, en riant chaque fois que ce gros matou aux muscles gonflés passait.

Le lendemain, sur la place, Pollo, Schello, Hook et quelques autres se sont approchés de lui d'un air grave.

– Step, il faut qu'on te le dise. Tu sais, on est allés à une bringue, et Babi y était.

Step les regarde en faisant semblant de rien.

– Et alors ?

– Ben... quoi, elle était déguisée en souris et il y avait un gros matou qui tentait le coup... Comme un porc. Il avait même l'air d'un malabar, d'un chef. Si tu veux un coup de main pour lui faire son affaire, dis-le-nous. Tu sais, c'est embêtant. il y a des gros chats qui ont...

Pollo n'a pas le temps de finir sa phrase. Step lui saute dessus, lui bloquant la tête sous son bras et lui frictionnant la nuque avec son poing dur. Au milieu des rires des autres, des rires de Pollo et de ses propres rires. Quels copains ! Brusquement il se sent triste. Ce soir-là. Pourquoi est-il allé à cette fête ? Pourquoi y est-il allé au lieu d'aller aux courses. Mais Babi avait tellement insisté. Sinon, peut-être que ça ne serait pas arrivé.

Peut-être...

L'interphone sonne comme s'il était devenu fou. La maîtresse de maison traverse le salon en courant, la porte s'ouvre. Pallina, le visage tout blanc, très pâle, tremblante, apparaît sur le pas de la porte. Ses yeux sont tristes, brillants de larmes et de souffrance. Step s'approche d'elle. Elle le regarde en retenant avec peine ce premier sanglot.

– Pollo est mort.

Puis elle l'embrasse en cherchant en lui ce qu'elle ne peut plus trouver nulle part. Son copain, son homme, ses éclats de rire forts et puissants. Ils sont partis à toute vitesse avec Babi, avec la Y 10 que ses parents viennent de lui offrir. Tous les trois, dans cette voiture, avec ce goût inconnu qui se teinte de souffrance et de silence. Ensuite, il l'a vu. Des lumières clignotant autour d'un point unique. La moto de son copain. Les uniformes détestés et les voitures de police autour de Pollo, étendu par terre, ne pouvant plus ni rire, ni plaisanter, ni le faire enrager, ni lui dire de conneries. Un type mesure quelque chose en tendant un mètre. Quelques autres jeunes regardent. Mais personne ne peut voir ni mesurer tout ce qui s'en est allé. Step se penche sur lui, en silence, caresse le visage de son ami. Ce geste d'amour qu'ils n'ont jamais échangé pendant des années d'amitié, qu'il ne s'est jamais permis de faire. Puis il murmure en pleurant : « Tu vas me manquer. » Et Dieu seul sait combien il a été sincère.

Le café est fini. Brusquement il a envie de lire les dernières nouvelles du *Corriere dello Sport*, de voir ce type encombrant, Pollo, terroriser la bonne, entrer chez lui le matin en le réveillant, traverser la vie en foutant le bordel, et en riant. Puis il se demande depuis combien de temps il n'a pas mangé de sandwichs au saumon. Depuis longtemps, très longtemps. Peut-être parce que s'il en voulait un, il pourrait l'avoir.

Babi regarde le cadeau qu'elle a acheté pour Pallina. Il est là, sur son bureau, emballé dans du papier rouge avec un ruban doré. Elle l'a choisi avec soin. Il lui plaira sûrement : elle l'a payé un bon prix. Et pourtant il est encore là. Elle ne l'a pas appelée, elles ne se sont pas téléphoné. Combien de choses ont changé pour Pallina. Elle n'est plus la même, elles ne se voient plus, n'arrivent pas à se parler. Peut-être aussi parce qu'elles ont pris deux orientations différentes après le lycée. Elle sciences éco, Pallina une école de graphisme. Elle a toujours aimé dessiner. Babi se souvient de tous les petits billets qu'elle lui a envoyés pendant les cours. Des caricatures, des phrases spirituelles, des commentaires, les portraits de leurs camarades. Devine qui c'est ? Elle était tellement forte qu'il n'en fallait pas plus à Babi. Elle regardait le dessin, levait la tête et voilà qu'elle la trouvait. Cette fille au menton en avant, aux oreilles un peu décollées, au sourire forcé. Et elles riaient de loin, simples camarades de classe mais grandes amies. Tous les prétextes étaient bons pour s'attirer des remontrances, comme si elles étaient fières de cette gaieté, de ces sourires à peine cachés.

Ensuite, ce soir-là, et les jours suivants, et le mois suivant. Silences prolongés, pleurs. Pollo n'est plus là, et elle ne peut pas en prendre son parti. Jusqu'au jour où la mère de Pallina l'a appelée. Elle a couru chez elle. Elle l'a trouvée allongée sur son lit, en train de vomir. Elle avait avalé une demi-bouteille de whisky et absorbé tout un flacon de valériane. Le suicide du pauvre, c'est ce que Babi lui a dit quand elle a vu qu'elle était capable de comprendre. Pallina s'est mise à rire, puis elle a éclaté en sanglots dans ses bras. La mère les a laissées seules, ne sachant pas bien quoi faire. Babi lui caresse la tête.

– Allez Pallina, ne fais pas comme ça, on passe tous par des moments terribles, on a tous pensé au moins une fois à en finir, que ça ne valait pas la peine de vivre. Mais tu as peut-être oublié les croissants de Monti, la pizza de Baffetto, les glaces de Giovanni – Pallina sourit, sèche ses larmes avec son poignet, en reniflant – Moi aussi, il y a quelque temps, quand je me suis fait larguer par ce con de Marco, je pensais mourir, ne plus tenir le coup, ne plus avoir la moindre raison de vivre. Mais après, je me suis reprise, c'est toi qui m'as aidée, qui m'a emmenée à droite et à gauche, et j'ai rencontré Step. Bien sûr, maintenant je voudrais le tuer, lui et sa manière de vivre, mais c'est quand même mieux comme ça, non ?

Elles éclatent de rire. Pallina sanglotant encore un peu, Babi lui passe un mouchoir en papier pour qu'elle sèche ses yeux. Mais, depuis ce jour-là, quelque chose a changé, s'est fêlé. Elles se sont appelées de moins en moins souvent, et ces fois-là elles n'avaient plus grand-chose à se dire.

Peut-être parce que lorsqu'on s'est montré trop faible devant un ami, on est mal à l'aise par la suite. Peut-être parce que nous pensons toujours que notre douleur est unique, incommunicable, comme tout ce qui nous concerne.

Personne ne peut aimer comme nous aimons, nous, personne ne souffre comme nous souffrons, nous. Ce mal de ventre, justement « c'est moi qui l'ai, pas toi. » Peut-être que Pallina ne lui a jamais pardonné d'être allée à la soirée avec Step. Si cette nuit-là Step était allé aux courses, il n'aurait pas permis à Pollo de participer à la compétition. Step, qui l'aurait sauvé, qui n'aurait pas permis qu'il meure. Step, qui était son ange gardien. Babi regarde le cadeau. Peut-être qu'il y a d'autres raisons, plus secrètes, plus difficiles à comprendre. Elle devrait l'appeler. A Noël, tous les gens sont meilleurs.

– Babi !

C'est la voix de Raffaella. Bon, elle téléphonera plus tard à Pallina.

– Oui maman ?

– Tu peux venir un instant ? Regarde qui est là.

Alfredo est là, immobile, sur le pas de la porte.

– Bonjour.

Babi rougit légèrement. De ce côté-là, elle n'a pas changé. Alors qu'elle s'approche de lui, elle s'en rend compte et se dit que dans ce domaine, elle ne changera peut-être jamais. Alfredo essaye de la mettre à l'aise.

– Il fait bon ici.

– Oui, dit Babi dans un sourire.

La mère les laisse seuls.

– Ça te dit d'aller voir l'exposition de crèches, piazza del Popolo ?

– Oui. Attends, je vais enfiler quelque chose. Il fait chaud ici, mais dehors il doit faire un de ces froids...

Ils se sourient, il lui serre la main. Elle le regarde d'un air complice, puis passe à côté de lui. C'est drôle, ça fait des années qu'ils vivent dans la même résidence et ils n'ont jamais fait connaissance.

– Tu sais, j'ai beaucoup travaillé ces derniers temps, je prépare ma thèse, et puis j'ai largué ma copine.

– Moi aussi.

– Tu prépares une thèse ? lui demande-t-il, amusé.

– Non, j'ai largué mon copain.

En fait, Step ne le sait pas encore, mais elle a déjà pris sa décision. Une décision difficile, fruit de disputes, de discussions, de problèmes avec ses parents et, dans le fond, peut-être, de la présence d'Alfredo. Babi enfile son manteau et traverse le couloir. Au même moment, le téléphone sonne. Babi regarde pendant un instant le téléphone. Une sonnerie, deux. Raffaella va répondre.

– Allô ?

Babi reste à côté d'elle, la regarde d'un air interrogateur, inquiet, lui demandant du regard si c'est pour elle. Raffaella secoue doucement la tête et d'une main, couvre le combiné.

– C'est pour moi… tu peux partir.

Babi, rassurée, lui dit au revoir avec légèreté.

– A tout à l'heure.

Raffaella la regarde sortir, répond par un sourire au salut poli d'Alfredo. La porte se referme.

– Allô ? Non, vous ne me dérangez pas, Babi est sortie. Non, je ne sais pas quand elle rentrera.

Step raccroche. Il se demande si elle est vraiment sortie. Sinon elle le lui aurait dit. Seul sur ce divan, il se souvient, à côté d'un téléphone muet, sans espoir. Se rappelant les jours heureux, les sourires, les jours d'amour et de soleil. Puis, lentement, il l'imagine près de lui, dans ses bras, sur ce divan, comme autrefois.

Illusion d'un moment, violents instants d'une passion désormais solitaire. Après, il se sent encore plus seul, vidé même de son orgueil. Plus tard, en marchant au milieu des gens, il voit dans les voitures des couples heureux, dans la circulation des jours de fête, les sièges pleins de cadeaux. Il se souvient… C'est difficile de conduire avec une femme contre soi, quand on doit changer de vitesse et que l'on en est incapable, parce que l'on n'a qu'une seule main libre et qu'elle sert déjà à tourner le volant…

Il continue son chemin parmi les faux pères Noël, les odeurs de châtaignes grillées, les flics qui sifflent et les gens aux bras chargés d'achats, en cherchant ses cheveux, son parfum… il croît la reconnaître en une fille qui marche rapidement, mais doit calmer son cœur déçu.

Via di Vigna Stelluti, un jour plein d'éclats de rire. Step la porte dans ses bras comme une petite fille, l'embrassant sous les yeux des passants, qui les admirent parce qu'ils ne sont pas comme les autres. Ensuite, il entre à l'Euclide et la pose délicatement sur le comptoir, et, alors que les gens les regardent, il commande : – Un jus de poire et un gâteau à la crème pour ma pitchounette. Un peu plus tard, de nouveau dehors, dans la rue, elle dans ses bras, au milieu des gens normaux, ils sont différents. Un couple les observe. Une jeune fille sourit, désirant secrètement un garçon comme lui, excessif et un peu fou. Puis elle pense à son pâle fiancé, au régime qu'elle doit commencer, et à lundi prochain.

Les parents de Babi, en la voyant dans les bras de Step, courent à sa rencontre, inquiets.

– Que t'est-il arrivé ? Tu es tombée de la moto ? Tu t'es fait mal ?

– Non maman, je vais très très bien – Ils la regardent s'éloigner en s'interrogeant. Ces gens toujours à la recherche d'explications rentrent chez eux bredouille.

Quelqu'un bouscule Step, qui ne s'aperçoit même pas que c'est une jolie fille. Où qu'il regarde, tout est plein de souvenirs. Et le jour où ils se sont acheté les mêmes tee-shirts, lui un extra-large, elle un joli médium.

L'été. Le concours de miss à l'Argentario. Babi y a participé pour rire. Lui a pris trop au sérieux le commentaire, du reste sincère, d'un type : « Oh, vise-moi ce cul de rêve. » Et aussitôt la bagarre.

Malicieux, il se rappelle avoir été vidé de la discothèque et ne pas l'avoir vue gagner. Combien de fois n'a-t-il pas fait l'amour avec Miss Argentario ? La nuit à la villa Glori, sous le monument aux morts, sur un banc caché derrière des buissons, dans les hauteurs de la ville. Leurs soupirs éclairés par la lune. En voiture, la fois où les policiers ont interrompu leurs baisers et que Babi, exaspérée, a dû donner ses papiers. Step a salué les flics, déjà loin d'un « Bande d'envieux ! » amusé.

Et ce filet troué. Quand il l'a aidée à l'escalader en pleine nuit, pour l'embrasser à côté des cages, pour qu'ils s'aiment, un peu effrayés, sur ce banc au milieu des rugissements des bêtes féroces et des cris d'oiseaux cachés. Eux, si libres, dans ce zoo plein de prisonniers.

Il paraît que quand on meurt, on voit défiler en un instant les moments les plus significatifs de sa vie. Alors Step essaye d'éloigner tous ces souvenirs, ces pensées, cette douce souffrance. Mais brusquement il comprend. Tout est inutile. C'est fini.

Il continue à marcher pendant un moment. Il se retrouve presque par hasard vers sa moto. Il décide d'aller chez Schello. Ses copains sont tous là pour fêter Noël.

Ses copains. Quand la porte s'ouvre, il éprouve une drôle d'impression.

– Eh, salut Step ! Merde, ça fait un bail qu'on t'a pas vu. Joyeux Noël ! On est en train de jouer aux petits chevaux. Tu connais la règle ?

– Oui, mais je préfère regarder. Tu me files une bière ?

Le Sicilien lui en passe une déjà ouverte.

Ils se sourient. Il en est passé, de l'eau sous les ponts. Il avale une gorgée, puis s'assied sur une marche. La télévision est allumée. Dans un décor de Noël, des concurrents avec des cocardes de couleur participent à un jeu idiot. Un présentateur encore plus idiot en fait trop pour expliquer le suivant. C'est sans intérêt. D'une chaîne hi-fi cachée quelque part sort de la musique. La bière est froide, mais il la réchauffe bien vite. Ses copains sont tous bien habillés ou ont essayé de l'être. Vestes bleu marine un peu larges et jean.

Leur élégance à eux. Certains arborent un complet veston, d'autres un pantalon de velours côtelé un peu trop serré. Tout à coup, Step se souvient de l'enterrement de Pollo. Ils étaient tous là, et bien d'autres encore. Mieux sapés, avec un air plus sérieux. Maintenant, ils rient, plaisantent, se lancent des papiers en rotant, engloutissent de gros morceaux de panettone. Ce jour-là, ils avaient tous les larmes aux yeux. Un adieu à un vrai copain, un adieu sincère, ému, venant du plus profond du cœur. Il les revoit dans cette église, les muscles tendus dans des chemises trop étroites, avec des visages sérieux, écouter le sermon du prêtre, puis sortir en silence. Dans le fond, des filles échappées de l'école qui pleurent. Des copines de Pallina, des copines de bringue, de sorties nocturnes, de bières au comptoir. Ce jour-là, tous ont réellement souffert. Chaque larme a été sincère. Cachés derrière des Ray-Ban, des Web, des lunettes miroir ou des Persol noires, tous les yeux sont devenus brillants en regardant ce « Ciao Pollo » réalisé en chrysanthèmes roses. Signé « Les copains ». Dieu, ce qu'il me manque. L'espace d'un instant, son regard devient humide. Il rencontre un sourire. Celui de Madda. Elle est dans un coin en train d'embrasser un type que Step a souvent vu au gymnase. Il lui sourit, puis regarde ailleurs.

Step boit encore un peu de bière. Pollo lui manque à en mourir. La fois où devant le Gilda, ils ont fait semblant d'être gardiens de parking et ont fauché une Ferrari, avec téléphone à bord. Ils se sont baladés toute la nuit, appelant tout le monde, téléphonant à des copains en Amérique, à des filles qu'ils connaissaient à peine, en insultant leurs parents encore tout ensommeillés. Et quand ils sont allés rendre le chien à Giacci, Pollo qui ne voulait pas le lui rendre...

– Merde, je me suis trop attaché à Schwarzy. C'est un mythe, ce chien. Pourquoi est-ce que je devrais lui rendre, à cette vieille sorcière ? Je suis sûr que si Arnold pouvait choisir, il resterait avec moi. Putain, de toute sa vie, il ne s'est jamais autant marré qu'avec moi : tous les jours je le fais baiser, il dort avec moi, il est nourri aux petits oignons, qu'est-ce qu'il peut vouloir de plus ?

– Oui, mais tu n'as pas réussi à lui apprendre à rapporter les objets.

– Une semaine de plus et j'y arrivais, j'en suis sûr.

Step a ri, puis ils ont sonné à l'interphone de Giacci. Ils lui ont laissé le clebs attaché à la grille avec une corde, et se sont cachés tout près, derrière une voiture. Ils ont vu Giacci sortir en courant par la porte cochère, libérer le chien et l'embrasser, puis se mettre à pleurer en le serrant sur sa poitrine.

– Putain, pire que Merola, a commenté Pollo.

Puis l'incroyable est arrivé. Giacci lui a enlevé l'espèce de laisse et l'a jetée au loin. Arnold a sauté par terre, a couru à toute vitesse en aboyant comme un fou. Une seconde plus tard, il est revenu avec la corde dans la gueule, frétillant de la queue, tout fier de l'avoir rapportée. Pollo n'en pouvait plus. Il a jailli de derrière la voiture en hurlant de joie : – Je le savais ! Putain je le savais. Il y est arrivé !

Pollo a voulu reprendre Schwarzy. Giacci a hurlé comme une folle en courant vers eux, le chien a continué à fixer ses deux étranges maîtres avec beaucoup moins de doutes que Buck. Mais Step a embarqué son copain sur sa moto en le tirant par un bras, puis ils sont partis à toute blinde, en hurlant comme toutes les autres fois. Le jour, la nuit, sans phares, hurlant à tue-tête, arrogants, maîtres de tout, maîtres de leur vie. Et cette pensée lui fait encore plus mal. Ils se sentaient immortels, et ils ne l'étaient pas.

– Comment ça va ?

Step se retourne. C'est Madda. Son sourire caché par le bord d'un verre plein de petites bulles, ses cheveux aussi émoustillants que son regard.

– Tu en veux ? lui propose-t-elle.

Step montre sa bière.

– Ah ! – Madda est déçue, mais elle essaye de le cacher – Qu'est-ce que tu fais de beau ce soir ? Où est-ce que tu dînes ? Elle se rapproche de lui.

– Je ne sais pas encore, je n'ai pas décidé.

– Pourquoi tu ne restes pas ici ? On est tous ensemble. Comme au bon vieux temps. Allez !

Step la regarde. Ces nuits, cette passion ! Les courses avec elle, son jardin, la fenêtre, son corps chaud, frais, les chansons d'Eros. Ce regard provocant, exactement comme en ce moment. Step la regarde encore pendant un instant. Il voit au fond de la salle un garçon qui le fixe, lui aussi, intrigué, embêté, se demandant s'il faut intervenir. Step voit une autre fille, encore plus loin, quelque part dans cette ville, en voiture, à une soirée, avec quelqu'un d'autre. Il se demande comment c'est possible. Et pourtant elle est tout entière dans son cœur... Step passe la main dans les cheveux de Madda, puis secoue la tête en souriant. Elle hausse les épaules.

– Dommage.

Madda rejoint le type au regard insistant. Quand elle se retourne, Step n'est plus là. Sur la marche, il n'y a plus que la canette de bière vide. Le bruit de la chaîne couvre le bruit de la porte qui se referme. Maintenant, il fait froid dehors. Step ferme son blouson de cuir, en remonte le col pour se couvrir le cou. Puis, presque sans réfléchir, il démarre sa moto. Quand il l'arrête, il est pratiquement devant la résidence de Babi. Il reste là, assis sur la Honda, regardant les gens qui passent en se hâtant, chargés de paquets. Un garçon et une fille qui se tiennent par la main semblent s'intéresser à quelque chose dans une vitrine. Leurs cadeaux sont sûrement déjà chez eux, bien emballés. Ils rient, sûrs d'avoir bien choisi, puis s'en vont, laissant la place à une mère et sa fille : le même nez, mais à des âges différents. Fiore sort de la loge, fait quelques pas devant la grille et fait un signe à Step. Puis, sans rien dire, il retourne au chaud.

Step se demande s'il sait. Quel con. Les concierges savent toujours tout. Il l'a sûrement vu. Il connaît en personne celui que je ne connais qu'au téléphone.

– Allô ?

– Salut.

Il reste un instant silencieux, sans savoir quoi dire, laissant son cœur libre de galoper. Il y a plus d'un mois qu'il ne bat plus comme ça. Puis la question la plus banale :

– Comment vas-tu ?

Puis mille autres, pleines d'un enthousiasme qu'il perd tout doucement dans des paroles inutiles, des nouvelles de la ville, des nouveautés sans intérêt, du moins pour lui. Pourquoi a-t-il téléphoné ? Il écoute ses phrases creuses en se posant à chaque instant cette question : pourquoi ai-je appelé ? Puis, brusquement, il l'apprend :

– Step... je suis avec quelqu'un.

Il ne dit rien, frappé comme il ne l'a jamais été dans sa vie, plus que par mille coups de poing, blessures, chutes, coups de tête dans la gueule, morsures ou mèches de cheveux arrachées. Alors, prenant sur lui, il affermit sa voix, trouve au fond de son cœur et l'oblige à sortir, en se contrôlant, cette phrase :

– J'espère que tu seras heureuse.

Puis plus rien, le silence. Ce téléphone muet. Ce n'est pas possible. C'est un cauchemar. Vouloir revenir en arrière un peu avant de l'avoir appris et s'arrêter en équilibre, sans vivre, sans aller plus loin. Dans un équilibre terrible, irréel. Seul dans son lit, prisonnier de son esprit, de ses questions, de vagues idées sans forme. Les visages de types entrevus, d'amants possibles, apparaissent et se mélangent, se prêtant les uns, les autres des nez, des yeux, des bouches, des corps. Il l'imagine dans les bras d'un autre. Son visage tout près de celui d'un partenaire imaginé, mais hélas bien réel. Alors il la voit sourire. Quel a pu être leur premier contact, leur premier baiser. Il l'imagine chez elle en train de se préparer nerveusement avant de sortir, essayant des robes, mariant les couleurs, pleine d'enthousiasme pour toutes ces nouveautés. Il entend son cœur battre plus vite à la sonnerie de l'interphone. Il la voit sortir par la porte cochère, belle comme elle l'a été si souvent pour lui, plus belle encore maintenant que lui ne l'est plus... Il la voit monter dans une voiture chère, saluer joyeusement le type avec un baiser sur la joue puis s'éloigner avec lui en bavardant. Jeunes et pétillants, avec un tas de choses à se dire, chacun savourant le parfum de l'autre et leur fantaisie commune. Ensuite, un dîner plein de regards et d'attentions, de sourires, de bonne éducation... du cinéma. Plus tard, il la voit se promener dans la ville, loin de lui, de leur vie, de leurs souvenirs. Il la voit rejeter ses cheveux en arrière, comme elle l'a toujours fait, mais pour un autre maintenant. Il la voit sourire puis ses lèvres se rapprocher lentement de celles de l'autre. Alors il souffre comme jamais. Puis il se demande pourquoi Dieu, s'il existe, l'a-t-il permis ? Pourquoi ne l'a-t-il pas arrêtée ? Pourquoi ne lui a-t-il pas montré en ce moment quelque chose de moi, quelque chose de splendide, le plus beau souvenir, une lueur de leur amour passé ? Quelque chose qui puisse empêcher cet étranger, qui arrive après lui, ce baiser désormais esquissé ?

Step frissonne, il tremble légèrement. Il descend de sa moto pour marcher un peu. Dans un magasin, quelque chose lui plaît. Il entre pour l'acheter. Quand il ressort, il a l'impression de mourir : une Thema passe rapidement devant lui, mais pas assez pour que leurs regards ne puissent pas se rencontrer. En un instant ils se disent tout et souffrent de nouveau ensemble. Babi est là, derrière la vitre. Ils se suivent encore un peu des yeux dans une tristesse nouvelle. Puis elle disparaît dans la résidence. Pourquoi ? Que sont devenus tous ces après-midi et ces nuits clandestines passés dehors ? Et maintenant, c'est cet autre qui est à côté d'elle. Qu'a-t-il à voir avec elle ? Avec notre vécu ? Il s'assied sur sa moto pour l'attendre. Puis il repense à tout ce que lui a toujours dit Babi.

– Je déteste les violents. Si tu continues à faire comme bon te semble, nous ne resterons pas ensemble, je te préviens.

– D'accord, je vais changer, avait-il marmonné.

Mais maintenant ? Maintenant ce sont les choses qui ont changé. Maintenant ils ne sont plus ensemble. Maintenant ils n'ont plus besoin de se cacher. Et lui n'a plus besoin d'être un autre. Il peut être lui-même, comme et quand il veut. Il est libre. Violent et seul. De nouveau. La Thema s'arrête devant la barrière et attend qu'elle se lève pour sortir par la grille. Step allume le moteur de sa moto et passe la première. Il descend rapidement du trottoir et suit la voiture. Le type est maintenant seul et conduit très vite. Step met les gaz. Au stop, il faudra bien qu'il s'arrête. Après la via Jacini, il y a beaucoup de circulation, un embouteillage, comme toujours. La Thema s'arrête. Step s'approche de la voiture en souriant. Il va descendre de sa moto, mais au même moment, il comprend : à quoi ça servirait de lui casser la gueule, de voir son sang, d'entendre ses gémissements ? A quoi servirait-il de lui flanquer des coups de pied, de bousiller sa voiture, de casser les vitres pour y passer la tête ? Est-ce que ça lui rendrait les jours heureux passés avec Babi, ses yeux amoureux, son entrain ? Ça lui servirait uniquement à s'endormir soulagé. Et peut-être même pas... Il entend déjà ses paroles :

– Tu vois ? Je ne me trompais pas sur ton compte, tu es un violent ! Tu ne changeras jamais !

Alors, sans plus regarder la voiture, il met les gaz. Il la dépasse tranquillement, libre, sur sa moto, se déplaçant avec agilité dans la circulation de ce jour de fête. Seul, sans curiosité, sans haine.

Il continue à accélérer en sentant le vent froid sur son visage, l'air de la nuit qui pénètre dans son blouson.

Tu vois, Babi, ce que tu penses n'est pas vrai. J'ai changé. Et puis tu sais, à Noël tous les gens sont meilleurs.

54

Step rentre chez lui, traverse le salon, puis s'arrête brusquement. De la pièce voisine arrivent des bruits, une chanson joyeuse. Il ouvre la porte de la cuisine. Paolo est là, debout devant la cuisinière et un amas de casseroles.

– Ah ! tant mieux, je craignais que tu ne reviennes plus ! Tu es prêt pour un gueuleton du tonnerre ?

Step s'assied à table. Il n'a pas envie de plaisanter mais il est content. Son frère a oublié l'histoire de la veille.

– Comment ça se fait que tu sois ici ? Tu ne devais pas aller dîner chez Manuela ?

– Engagement reporté. Je préfère être avec mon frangin. Mais faisons un pacte. Même si le gueuleton est dégueulasse, tu fiches la paix à mes lunettes... – Paolo sort de la poche intérieure de sa veste une paire de lunettes flambant neuves – Je ne te dis pas combien je les ai payées, sinon tu diras que je ne parle que de fric. Quoi qu'il en soit, c'est vrai que les commerçants en profitent parce que c'est Noël !

Paolo pose sur la table, près de Step, une énorme salade de roquette, avec du parmesan et des champignons de Paris.

– Et voilà ! Cuisine française !

Step remarque qu'il a mis un simple tablier blanc. Le tablier à fleurs dont Babi lui avait fait cadeau est accroché près de l'évier. Il se demande si son frère y a pensé.

– Blague à part, pourquoi ne dînes-tu pas avec Manuela ?

– Mais c'est quoi, ce soir ? Un interrogatoire ? C'est Noël, nous devons être heureux, parlons d'autre chose. C'est une sale histoire.

– J'en suis désolé.

Step prend un morceau de parmesan et le laisse fondre dans sa bouche.

– Oui, merci. Essaye quand même de ne pas finir la salade, hein ? Écoute, pourquoi ne vas-tu pas à côté pour commencer à mettre le couvert ? La nappe est là, dessous.

Step en prend une au hasard.

– Non, prends la rouge. Elle est propre, et puis c'est Noël. A propos, papa et maman ont téléphoné... ils voulaient te souhaiter un bon Noël. Pourquoi ne les rappelles-tu pas ?

– J'ai essayé... c'était occupé.

Step va au salon.

– Pourquoi n'essayes-tu pas maintenant ? ?

Step décide de ne pas répondre.

– Fais comme tu veux... Mais je te l'aurai dit.

Paolo se brûle un doigt en vérifiant si les pâtes sont cuites. Lui aussi décide de ne pas insister.

Plus tard, ils sont assis l'un en face de l'autre. Un petit arbre de Noël scintille sur un meuble tout proche. La télévision est allumée, mais à faible volume, les présentateurs parlent sur un fond de musiques joyeuses.

– La vache, Paolo, elles sont vraiment délicieuses, ces pâtes. Sérieusement.

– Elles manquent un peu de sel.

– Non, d'après moi, elles sont très bien comme ça.

En un instant, il redevient prisonnier de ses souvenirs. Babi rajoutait toujours un peu de sel sur tout. Il se moquait d'elle parce qu'elle le faisait systématiquement, pour chaque plat, avant même de l'avoir goûté.

– Mais goûte d'abord, peut-être que c'est déjà très salé.

– Non, tu ne comprends pas, moi j'aime saler...

Doucement têtue. Non, il ne comprend pas. Il ne peut pas comprendre. Comment c'est arrivé ? Comment ça peut-il ne plus exister ? Comment peut-elle être avec un autre ? Il revoit cette voiture conduite avec assurance. Il les imagine ensemble, dans les bras l'un de l'autre.

Il est sûr d'une seule chose. C'est qu'il ne pourra jamais l'aimer comme lui l'aimait, l'adorer comme il l'adorait, il ne sera pas capable de percevoir la grâce de ses mouvements, ces petits signes sur son visage. C'est comme s'il était le seul à pouvoir connaître la saveur de ses baisers, la vraie couleur de ses yeux. Jamais aucun homme ne pourra voir ce que lui a vu.

Et ce mec moins que tout autre. Lui réel, cru, inutile, matériel. Il le voit comme ça, incapable d'aimer Babi, désirant uniquement son corps, incapable de la voir vraiment, de la comprendre, de la respecter. Ses gentils caprices ne l'amuseront pas. Il n'aimera pas ses petites mains, ses ongles rongés, ses pieds un peu potelés, ce petit nez discret, mais pas tant que ça. A moins qu'il voie tout ça — quelle terrible souffrance ! –, il ne sera jamais capable de l'aimer, pas comme lui. Ses yeux s'emplissent de tristesse. Paolo le regarde d'un air inquiet.

– Tu en as assez, hein ? Si ça ne te plaît pas, laisse. Il y a un plat de résistance du tonnerre.

Step regarde son frère et secoue la tête en essayant de sourire.

– Non Paolo, elles sont très bonnes, sérieusement.

– Tu veux en parler ?

– Non, c'est une sale histoire.

– Pire que la mienne ? Step fait signe que oui. Ils se sourient. Un regard fraternel dans le vrai sens du terme, peut-être pour la première fois. Puis brusquement on sonne à la porte. Un son long et décidé fend l'air, apportant joie et espoir. Step court vers la porte, et l'ouvre.

– Salut Step.

– Oh ! salut Pallina – Il essaye de cacher sa déception – Viens, tu veux entrer ?

– Non, merci, je suis passée pour te souhaiter un bon Noël. Je t'ai apporté ça.

Elle lui donne un petit paquet.

– Je l'ouvre maintenant ?

Pallina fait signe que oui. Step le retourne dans ses mains pour trouver le bon côté, et l'ouvre rapidement. Un cadre en bois et dedans, le plus beau cadeau qu'il ait jamais pu désirer. Lui et Pollo sur la moto, serrés l'un contre l'autre, les cheveux courts, les jambes en l'air, riant dans le vent. Quelque chose lui fait mal, très profondément, tout au fond de lui-même.

– Pallina, elle est très belle, merci.

– Mon Dieu Step, ce qu'il me manque !

– A moi aussi.

Et c'est seulement à ce moment-là qu'il s'aperçoit de la façon dont est habillée Pallina. Combien de fois ne l'a-t-il pas vue avec son blouson en jean derrière sa moto, combien de tapes ne lui a-t-il pas données, amicalement, avec force, avec gaieté.

– Step, je peux te demander quelque chose ?

– Tout ce que tu veux.

– Prends-moi dans tes bras – Step s'approche timidement d'elle, ouvre les bras et la prend contre lui. Il pense à son copain, à combien il était amoureux d'elle – Serre-moi fort, plus fort. Comme il le faisait, lui. Sais-tu qu'il me disait toujours : « Comme ça, tu ne m'échapperas jamais. Tu resteras toujours avec moi. » – Pallina appuie sa tête sur l'épaule de Step – Et c'est lui qui est parti. Elle se met à pleurer – Je pense à lui à en mourir, Step. Il t'adorait. Il disait que tu étais le seul à le comprendre, que vous étiez les mêmes tous les deux.

Step regarde au loin. La porte est légèrement floue. Il la serre fort, plus fort.

– Ce n'est pas vrai, Pallina. Il était bien meilleur que moi.

– Si, c'est vrai – Elle sourit en reniflant et se détache de Step – Bon, maintenant, je rentre chez moi.

– Tu veux que je te raccompagne ?

– Non merci. Il y a Dema qui m'attend en bas.

– Salue-le de ma part.

– Joyeux Noël, Step.

– Joyeux Noël.

Il la suit du regard jusqu'à l'ascenseur. Pallina lui sourit une dernière fois, puis elle ferme la porte et appuie sur le bouton RDC. En descendant, elle sort son paquet de Camel light, en allume la dernière cigarette, celle qui est à l'envers. Mais elle la fume avec tristesse, sans espoir. Elle sait que son seul vrai désir est irréalisable.

Step va dans sa chambre, pose la photo sur la table de nuit puis retourne à table. Près de son assiette se trouve un paquet bien enveloppé.

– Et ça, qu'est-ce que c'est ?

– Ton cadeau – Paolo sourit – Tu ne sais pas qu'à Noël on s'offre des cadeaux ?

Step commence à ouvrir le paquet, tandis que Paolo le regarde d'un air amusé.

– Hier j'ai vu que tu avais brûlé toutes tes BD, et j'ai pensé que tu n'avais plus rien à lire.

Step le déballe complètement. Il a presque envie de rire. *Mon nom est Tex*. La BD qu'il déteste le plus.

– Si elle ne te plaît pas, tu peux la changer.

– Tu plaisantes, Paolo, merci. Sérieusement, je ne l'ai pas. Attends un instant : moi aussi, j'ai quelque chose pour toi.

Peu de temps après, il ressort de sa chambre avec un petit paquet. Il l'a acheté cet après-midi pendant qu'il attendait devant la maison de Babi. Avant de la voir. Il préfère ne pas y penser.

– Tiens.

Paolo prend le cadeau et l'ouvre. Une paire de Ray-Ban noires Predator apparaît dans ses mains.

– Elles sont comme les miennes. Elles sont très résistantes et ne se cassent jamais. Même si quelqu'un te les fait tomber par terre, lui dit-il, complice. A propos, tu ne peux pas les changer.

Paolo les met.

– Comment me vont-elles ?

– Superbien. Merde, tu as l'air d'un dur. Tu fais presque peur.

Puis brusquement, elle lui revient à l'esprit, éclatante, parfaite, drôle.

– Écoute Paolo, j'ai une idée, mais ne me dis pas non comme d'habitude. Aujourd'hui c'est Noël, tu ne peux pas me le refuser.

Le vent froid ébouriffe ses cheveux.

– Step, tu pourrais ralentir ?

– Mais je suis à quatre-vingts.

– En ville on ne doit pas dépasser le cinquante.

– Arrête ton cinéma. Je sais que ça te plaît.

Step accélère. Paolo le serre très fort, tandis que la moto fonce dans les rues de la ville, traverse les carrefours, passe à l'orange, silencieuse et agile. Les deux frères sont l'un contre l'autre. La cravate de Paolo sort de son blouson et fait allégrement voleter dans la nuit ses austères losanges.

Et Paolo, terrorisé, sous les nouvelles lunettes noires surveille la route, prêt à signaler le moindre danger. Devant lui, Step conduit calmement. Le vent caresse ses Ray-Ban. Quelques personnes se garent en hâte, en double file, devant une église. Ils vont à la messe. Religiosité de Noël, prières alourdies par le goût du panettone. L'espace d'un instant, il a envie d'y entrer lui aussi, de demander quelque chose, de prier.

Puis il se demande : ce qu'un type comme lui pouvait foutre à Dieu... un type comme ça. Rien. Dieu est heureux. Lui, il a les étoiles. Step regarde le ciel. Nettes, elles apparaissent par milliers, immobiles et brillantes. Tout à coup, ce bleu sombre lui semble lointain comme jamais, inatteignable. Alors il accélère, pendant que le vent lui mord le visage, que ses yeux se remplissent de larmes, et pas seulement à cause du froid. Il sent que Paolo se serre plus fort contre lui.

– Eh Step, pas si vite. J'ai peur.

Moi aussi, j'ai peur, Paolo. J'ai peur des jours qui viennent, de ne pas arriver à tenir le coup, j'ai peur de ce que je n'ai plus, de ce qui sera la proie des vents. Il décélère, rétrograde doucement. Le temps d'un instant il croit entendre le rire de Pollo. Ce rire puissant et joyeux. Sa bonne bouille, sa voix amicale.

– Merde, Step, on s'éclate, hein ?

Et en avant les bières, en avant les nuits blanches, toujours ensemble, toujours pleins de joie de vivre. Et la bagarre, avec une clope pour deux et des rêves à revendre. Alors il accélère de nouveau. Brusquement, d'un seul coup. Paolo hurle alors que la moto se dresse. Step continue comme ça, toujours plus vite sur une seule roue, en se cabrant comme dans le bon vieux temps, souriant au bouquet de fleurs posé sur le bord de la route.

Loin, plus loin, sur le divan d'une maison chic, deux corps nus se caressent.

– Tu es très belle – Elle lui sourit, un peu honteuse, encore un peu lointaine – Mais ça, qu'est-ce que c'est ?

Un léger embarras.

– Rien, c'est un tatouage.

– C'est un aigle, n'est-ce pas ?

– Oui – Puis un amer mensonge : – Je l'ai fait avec une amie.

A ce moment-là, il n'y a pas de coq pour chanter. Mais un sentiment de tristesse n'en envahit pas moins son cœur. Et un mauvais sort radiophonique s'acharne sur elle, comme pour la punir. *Beautiful*. Leur chanson. Babi se met à pleurer.

– Pourquoi pleures-tu ?

– Je ne sais pas.

Elle ne trouve aucune réponse. Peut-être qu'il n'y en a pas. Ailleurs, des gens jouent en hurlant dans un grand vacarme. Des cartes de couleur tombent sur des tapis verts. Des grand-mères fatiguées se font raccompagner chez elles. Une jeune fille brune s'endort, romantique, en étreignant son oreiller. Elle rêve de rencontrer le garçon qu'elle a vu passer.

Doucement, la roue redescend au sol, comme ça, comme elle est montée, sans problème.

Paolo reprend son souffle. Step ralentit, léger.

C'est l'été. Ils sont petits tous les deux. Sa mère et son père sont là, heureux, sous le parasol. Ils bavardent, allongés sur deux draps de bain bleu pâle, portant l'inscription du nom de leur hôtel. Step sort de l'eau en courant vers eux, les cheveux mouillés, des gouttes d'eau salées perlant sur son visage.

– Maman, j'ai faim !

– Change d'abord de maillot, et ensuite je te donnerai ta pizza.

Alors, sa mère l'enveloppe dans un gros peignoir. Elle le tient au-dessus de ses épaules en souriant. Lui enlève docilement son maillot. Puis, ayant peur de rester nu, il enfile aussitôt le sec. Il essaye de ne pas le salir avec le sable mouillé, plus foncé, qu'il a sur les chevilles. Il n'y arrive pas. Ça le fait rire. Sa mère l'embrasse. Elle a des lèvres douces et fraîches, une odeur de soleil et de crème. Step s'en va tout content, sa part de pizza à la main. Moelleuse, encore chaude, avec le bord croustillant, exactement comme il l'aime.

Tout doucement, la moto fait demi-tour. C'est l'heure de rentrer à la maison. C'est l'heure de recommencer, lentement, sans ratés dans le moteur. Sans trop réfléchir. Avec une seule question : est-ce qu'un jour je retournerai là-haut, dans cet endroit si difficile à atteindre ? Là où tout semble plus beau. Mais, malheureusement, à l'instant même où il se la pose, il en connaît déjà la réponse.

Loi n° 49-956
du 16 juillet 1949
sur les publications
destinées à la jeunesse

Conception couverture :
Anne Catherine Boudet, Elisabeth Cohat
Maquette : Françoise Pham
Imprimé en France sur les presses de la
Société Nouvelle Firmin-Didot
Dépôt légal : juin 2006
N° d'édition : 134111
N° d'impression : 79983
ISBN 2-07-055074-5